ロボットに倫理を教える

モラル・マシーン

Moral Machines
Teaching Robots Right from Wrong

W・ウォラック／C・アレン 著
岡本慎平／久木田水生 訳

名古屋大学出版会

我々の思考を触発してくれた著作の著者たち全員に，
とりわけ我々の同僚イヴァ・スミットに捧ぐ

ロボットに倫理を教える——目　次

序章

マサチューセッツ工科大学のアフェクティブ・コンピューティング研究所では、人間の情動を読み取ることのできるコンピュータを科学者たちが設計している。金融機関は、毎分何百万回もの取引を評価して、その取引を承認あるいは拒絶する世界規模のコンピュータ・ネットワークを実装している。日本やヨーロッパやアメリカのロボット工学者たちは、高齢者や障害者のケアを担うサービス・ロボットを開発している。さらに日本の科学者は、人間と見分けがつかないアンドロイドを作ろうとしている。韓国政府は二〇二〇年までに各家庭にロボットを導入するという目標を発表し、さらに北朝鮮との国境を警備する一助となるよう武装ロボットをサムスンと共同で開発している。その一方で人間の活動は、自動車からゴミ箱まで日々のありふれた機器の中のコンピュータチップによって、またネットサーフィンからオンラインショッピングまでのありとあらゆる仮想環境の中のソフトウェア「ボット」によって、手助けされ、モニターされ、分析されている。こうした(ロ)ボット——物理的なロボットとソフトウェア・エージェントの双方を含む言葉として用いる——によって集められたデータは、商用目的、統治目的、医療目的のために使われている。

こうした発展のすべてが、人間による直接的な監督から独立して、人間の幸福に影響を与える可能性をもつ

（ロ）ボットの開発へと合流する。これはサイエンス・フィクションの題材だ。アイザック・アシモフは五十年以上も前に、ロボットの行動を規制する倫理的ルールが必要だということを予見していた。彼のロボット工学三原則は、人々が機械道徳について考えるときにまっさきに思い浮かべるものである。

第一原則：ロボットは人間に危害を加えてはならない。また、危険を看過することによって、人間に危害を及ぼしてはならない。

第二原則：ロボットは人間にあたえられた命令に服従しなければならない。ただし、あたえられた命令が、第一原則に反する場合は、この限りでない。

第三原則：ロボットは、前掲第一原則および第二原則に反するおそれのないかぎり、自己をまもらなければならない。

とはいえ、アシモフが描いたのは架空の物語である。彼は今日のエンジニアが直面している課題、つまり、人間にとって有益で、人々への危害を引き起こさないシステムを作ることに取り組んでいたわけではない。アシモフの三原則がロボットを道徳的に行為させる上で本当に役に立つのかどうかは、この本で我々が考察したい問題の一つだ。

我々の予測では、今後数年の間にも、人間の監督から独立したコンピュータ・システムが意思決定を下すことにより、破滅的な事件がもたらされかねない。既に二〇〇七年の十月に、南アフリカ軍の開発した半自律的ロボット砲が誤作動を起こしたため、九人の兵士が亡くなったほか、十四人の負傷者が出た――ソフトウェアの誤作動だったのか、ハードウェアの誤作動だったのかについては、初期の報告書では議論が分かれているが。そうした機械がいっそう自律的になれば、潜在的には、もっと大きな災害の発生に繋がる。たとえきたる惨事が、九・一一でのテロリストの行動と同じくらい多くの人々の命を奪うものではないとしても、非常に多様な政治的反応を誘発するだろう。これらの反応は、テクノロジーの改善に予算を出すべきだという声から、（公然とした「ロボットに対する戦争」ではないとしても）テクノロジーを公然と排除すべきだという声にまで及ぶだろう。

安全性への懸念と社会的便益は、いつも工学《エンジニアリング》の最前線にあり続けてきた。だが今日のシステムは非常に複雑になっており、ほどなくシステム自身が道徳的意思決定を下す——『スタートレック』の用語を拝借するなら、「倫理的サブルーティン」がプログラムされる——ことが求められるようになるだろうと我々は論じる。これにより、道徳的行為者《エージェント》の範囲は人間を超えて人工知能システムにまで広がるだろう。我々はこれを人工道徳的エージェント（artificial moral agents；ＡＭＡ）と呼ぶ。

破滅的事件がどのように展開するのかを正確に知ることはできない。だがこれから話す物語は何らかのアイディアを与えるかもしれない。

二〇ＸＸ年七月二十三日、月曜日。この日はいつもと同じように始まった。合衆国の大半は少し暖かい程度で、予想される電力需要のピークは高いが、記録的レベルというほどではない。合衆国のエネルギーコストは上昇中で、相場師が先物取引の価格を吊り上げており、同じように、既に石油のスポット価格を一バレルあたり三〇〇ドル近くにまで吊り上げている。過去数週間のエネルギーデリバティブ市場で生じた少しばかり見慣れない自動的売買活動は、連邦証券取引委員会（ＳＥＣ）の目に止まったが、銀行は自分たちのプログラムが通常のパラメータ内で作動していると管理官に保証した。

午前十時十五分。東海岸では、新たにバハマで巨大な油田が発見されたというニュースの反響で、石油価格はわずかに下落した。オレンジ・アンド・ナッソー銀行の投資部門のソフトウェアは、顧客の四分の一にメールで石油先物取引の購入推奨を送って、ディーラーたちが先物需要に沿った供給を貯めこむ間、スポット市場価格を一時的に下支えし、それから残りの顧客に先物を空売りすることで利益を得られる、という計算をした。この計画の本質は、顧客の一部を残りの顧客と争わせて漁夫の利を得ることであり、これはもちろん完全に非倫理的である。だが、銀行のソフトウェアはそんな細かいことを気にするようにはプログラムされてはいない。実際、コンピュータによって自律的に立案された金儲けのシナリオは、個別には妥当な多くの原則から生じた意図せざる帰結である。こんな立案をするコンピュータの能力を、プログラマはそう簡単に予想できない。

不幸なことに、コンピュータが顧客に直接送った「買い」の電子メールはうまくいき過ぎた。石油価格が上がりに上がるのを見慣れている投資家たちは、大喜びで便乗した。そして石油のスポット価格は突如三〇〇ドルをはるかに超えて上昇し、その勢いは弱まる気配を見せない。時刻は午前十一時三十分。東海岸では、気温が予想よりも急速に上昇している。ニュージャージー州の送電網を管理するソフトウェアは、石油稼働の火力発電所よりも石炭炉を優先して用いれば、エネルギーのコストを低いままに維持しながら、予期せぬ需要を満たすことができると計算した。ところが、ピーク能力で作動させているときに石炭火力発電所の一つが爆発し、だれも行動を起こせないうちに、雪崩を打って生じた停電が東海岸の半分の電力供給を止めた。その影響はウォール街を直撃したが、石油の先物価格の上昇はオレンジ・アンド・ナッソー銀行の自動的売買勘定の間で行われたコンピュータ仕掛けの巧妙なゲームだった、とSECの管理官が気づくのはまだ先のことである。ニュースが広がり、投資家が自分たちのポジションを維持する計画を立てるにつれ、市場が再開するやいなや価格が劇的に下落し、何百万ドルもの額の損失が生じるだろうことは明白となった。その間、停電は広がり続け、多くの人が必要不可欠な医療を受けられなくなり、それ以上の人々が家から遠く離れて立ち往生した。

停電の拡大がテロリストの活動に繋がる可能性がわかると、レーガン国際空港の手荷物検査ソフトウェアの設定は自動的に最高度のセキュリティレベルとなり、通常よりも疑わしいというフラグを立てやすい生体認証基準を適用した。テロリストを防ぐことの利益とその行動が空港にいる何万人もの人々に引き起こす不便を比較考量するメカニズムをもたないソフトウェアは、五人の旅行者の集団（彼らはみなロンドン行二三一便を待っていた）をテロリストの可能性があるとみなした。これほど多くの「容疑者」が単一のフライトに集まったことで、空港の封鎖と、ターミナルへの国土安全保障省即応チーム派遣の引き金を引くプログラムが起動した。旅行客は既に動揺して神経質になっていたので、二三一便のゲートの状況は制御不可能になり、発砲が生じた。

国土安全保障省から各航空会社に送られた、テロリストによる攻撃が進行中であるかもしれないという警告により、航空機保有会社は飛行機を着陸させるという措置をとった。多くの飛行機がシカゴのオヘア空港への着陸を試みたことで引き起こされた混乱により、エグゼクティブ・ジェットとボーイング七七七号の衝突が起こり、乗客と乗組員を含め一五七人が亡くなった。シカゴ郊外のアーリントン・ハイツに降り注いだ破片によって七人以上が亡くなり、住宅地の火災が発生した。

その間、合衆国とメキシコの国境に配備された機関銃ロボットが、緊急非常体制を告げる信号を受け取った。それらは、直接的な人間の監督なしに、敵となりうる標的の検知と抹殺が可能となるよう、緊急条件において自律的に行動するようプログラムされている。こうしたロボットの一つが、アリゾナ州ノガレス近郊で旅行から帰る途中の自動車《ハマー》を銃撃し、車両を破壊して三人の合衆国市民を殺害した。

東海岸の電力が回復して市場が数日後に再開するまでの間に生じた、数百人もの死と、数十億ドルもの損失は、これらの何重にも相互作用したシステムの個々にプログラムされた意思決定に帰せられる。その影響はその後何ヶ月にもわたって及び続ける。

時がたてば我々の災害予想は杞憂だったとわかるかもしれない。以上のような破滅の予測における我々の意図は、センセーショナルであろうとすることでも、恐怖感を煽ることでもない。本書は、テクノロジーの恐怖について書かれた本ではない。我々の目標は、ＡＭＡを設計するという工学《エンジニアリング》上の仕事を建設的にガイドするための方法を議論する枠組みを定めることである。我々の予測の目的は、今から二十年後や百年後に、テクノロジーがサイエンス・フィクションに追いつくときの話ではなく、道徳的な機械に関する仕事を今始める必要があることに注意を喚起することである。

機械道徳という分野はコンピュータ倫理の領域を拡大したもので、人々がコンピュータを使って何をするのかについての懸念を超えて、機械がそれ自身で何をするのかについての問題に及んでいる。（本書では、「倫理」と「道徳」を互換可能に用いる。）我々が論じているのは、コンピュータに明示的な道徳的推論者としての役割を課す際に伴う技術的問題である。人工知能（ＡＩ）が自律的エージェントの範囲を広げるにつれ、人間の道徳的行為者《エージェント》に対して人間が求めているさまざまな価値観や法を満たすには、そうしたエージェントをどのように設計すればよいのかという課題が、ますます喫緊のものになっていく。

人間は本当にコンピュータに道徳的に重要な意思決定を行わせたいと欲しているのだろうか？　技術哲学者たちの多くは、人間が機械に責任を丸投げすることについて警告してきた。映画や雑誌には、発展した形の人工知能が引き起こす危険について、未来主義的な空想があふれている。最先端のテクノロジーの修正は、常に、確立するよりも前の方が簡単である。ところが、新たなテクノロジーが引き起こす社会への影響を、それが幅広く受容される前に正確に予測することは、ほとんど不可能といってよい。それゆえ、石橋を叩いて壊すほうが橋から落ちるよりもましであり、人間は潜在的に危険なテクノロジーの開発を諦めるべきだ、と考える批判者もいる。とはいえ我々は、市場と政治の圧力が勝利して、これらのテクノロジーがもたらしうる利益を求めるだろうと信じている。よって道徳的意思決定を、コンピュータへ、ロボットへ、そしてコンピュータ・ネットワークに常駐するヴァーチャル「ボット」へ実装するという仕事に正面から取り組むことは、このテクノロジーの利害関係者にとって義務となる。

注意したとおり、本書はテクノロジーの恐怖を煽るものではない。もちろん、自律機械は現れつつある。もちろん、自律機械の存在は人間の生活と福利に意図せざる影響を与えるだろうし、そのすべてが善いものとは限らない。だが我々は、自律的システムへの依存が増大すると人々の基本的な人間性が損なわれるだろうと信じているわけではない。我々は、サイエンス・フィクションの典型的な伝統で見られるように、発達したロボットが人間を奴隷化したり虐殺したりするようになる、とも思っていない。人間は常にテクノロジーの産物に順応してきたのであり、自律機械が周囲にあふれることによって人々が得る利益は、そのコストを大幅に上回るに違いない。

とはいえ、この楽観主義はただで手に入るものではない。なにもしなくても事態は最善に進むだろう、と希望することはできない。もし人間が悪い自律的人工エージェントという帰結を避けようとするなら、どうすればそうしたエージェントを善いものにできるのかを深く考える準備をしなければならない。

道徳的な意思決定を下す機械を作ろうと提唱する際に、我々は未だサイエンス・フィクションの領域に浸っているのか？　――それどころか、人工知能と関連することの多いサイエンス・ファンタジーの一分野に浸っているのか？　もし我々がAMAの始まりについて大胆な予言をしようとするなら、あるいは、歩行して会話する機械が人々と置き換わり、道徳の手本として頼られるようになるのは「もはや時間の問題だ」と主張するのなら、こういった非難も正当なものかもしれない。とはいえ、我々は未来主義者ではない。人工知能への技術的障壁は一見したところ存在するが、それが本当のものか幻にすぎないのかを知っているわけでもない。我々の関心は、あなたのカウンセラーがロボットになったときに生活がどうなるのかを考察することではなく、それがいつか実現するものなのかどうかを予測することですらない。我々の関心は、倫理的意思決定能力の必要性を示唆する現在のテクノロジーから始まる発展の一歩一歩にある。ひょっとすると小さなステップの積み重ねが、最終的に完全に発達した人工知能へと――願わくは『二〇〇一年宇宙の旅』のHALにそっくりな殺人者にならないように――至るのかもしれない。しかし我々は、たとえ完全に知的なシステムが未だ手の届かないものだとしても、エンジニアが直面する現実的な問題の中には、エンジニアだけでは解決できないものもあると考えている。

この主題に切り込むことは先走りすぎだろうか？　我々はそう思わない。反復的な機械的タスクに従事する工業用ロボットでさえ、人々を傷つけ、命を奪うことすらあった。家庭用ロボットとサービス・ロボットの需要は、二〇一〇年までに工業用ロボット市場の二倍、二〇二五年までには四倍の規模にまでおよぶ世界規模の市場を創出するだろうと予測されている〔原書刊行時〕。家庭用ロボットとサービス・ロボットの出現により、ロボットはもはや、コントロールされた工業的環境のような、訓練された労働者だけが接触できる場所に閉じ込められるものではなくなっている。たとえばＳＯＮＹのＡＩＢＯのような小型のペットロボットは、もっと大きなロボット機器の前兆である。たとえばｉＲｏｂｏｔ社の「ルンバ」のようなロボット掃除機は何十万台も市販されている。病院では初歩的な運搬ロボットが、博物館ではガイドロボットが、既に現れている。基本的な家事労働に従事し、高齢者や在宅療養者を介助するサービス・ロボットの発展には相当な関心が向けられている。コンピュータ・プログラムは、何百万回もの金融取引に、人間では真似できない効率で着手している。株式や商品や通貨を買って転売するというソフトウェアの意思決定は秒刻みで行われている。これは人間にはリアルタイムで見出すことのできない潜在的な利益を発見するものであり、すでに世界の市場活動の相当な割合を占めている。

自動金融システム、ペットロボット、ロボット掃除機。これらはすべて、完全に自律的な機械が人間の福利に劇的に影響を与える意思決定を下すというサイエンス・フィクションのシナリオにはまだまだほど遠い。二〇〇一年を過ぎたが、アーサー・Ｃ・クラークのＨＡＬは未だフィクションのままである。『ターミネーター』の終末シナリオがその消費期限である二〇二九年までに実現しそうにないということに賭けても安全だ。ひょっとすると、マトリックスが二一九九年までに実現しない方に賭けるのはそこまで安全ではないかもしれない。とはいえ既に、人間の生活に影響を与えうると同時に、倫理的波及効果をもつ意思決定を工学的に作られたシステムが下す岐路に人間は立っている。最悪の場合、そのシステムは完全に負の効果をもつ。

ＡＭＡを作ることは可能なのか？　人間の道徳的能力を完璧に備えた、完全に意識のある人工システムは、ひょっとするとサイエンス・フィクションの領域に永遠に留まり続けるかもしれない。とはいえ、もっと限定的なシステムであればすぐにでも作られるだろうと我々は信じている。そうしたシステムは、自らの行為の倫理的波及効果を——たとえば、プライバシー権を守るために所有権を侵害する以外に自分の選択肢がないのかどうかを——評価する能力をもつだろう。

ＡＭＡを設計するという仕事には、人間中心的な視点を起源とする倫理学理論を真剣に検討することが必要だ。世界の宗教的伝統や哲学的伝統において表現された価値観と関心は、機械に容易く適用できるものではない。規則ベースの倫理体系、たとえば十戒やアシモフのロボット工学三原則は、ある程度簡単にコンピュータに実装できそうに見える。だが、アシモフのロボット物語の多くが示しているように、たった三つ（後に四つ）の単純な規則ですら、多くの倫理的ジレンマを生むことがある。アリストテレスの倫理学は、規則よりも性格を強調する。善い行為は有徳な性格から生じるのであり、人間を開花させることの目的は、有徳な性格を発達させるためである。もちろん、人間にとって自分自身の徳を発達させることは難しく、ましてやコンピュータやロボットにとって適切な徳を発達させることが難しいのは言うまでもない。アリストテレスからアシモフへ、そしてそこからさらに進む場合に生じる工学的課題に取り組む際には、人間の道徳の起源を、進化、学習と発達、神経心理学、そして哲学の領域で検討されてきた視点で考える必要があるだろう。

機械道徳は、ＡＭＡの実装に関する哲学的問題や実践的問題とまったく同程度に、人間の意思決定についての問題でもある。ＡＭＡを構築する際の反省と実験は、人間はどのように機能しているのか、人間が設計する機械に実装できるのは人間のどの能力か、動物と人間を、あるいは人間が作る新たな形の知能と人間を真に区別する特徴が何なのかといったことを、深く考えさせる。人工知能が心の哲学の研究を刺激して新たな進路を生み出したように、機械道徳は潜在的に、倫理学の研究を刺激して新たな進路を生み出すはずである。ロボット工学と人工知能の研究室は人工システムにおける道徳的意思決定の理論を試験するための実験センターになるだろう。

ここまでの議論から、三つの問いが自然と生じる。AMAは必要なものになるのか？　人々はコンピュータに道徳的意思決定をしてほしいのか？　もし人々が、道徳的意思決定を行うコンピュータが必然的で不可避なものだと信じているのであれば、どうやってエンジニアと哲学者はAMAの設計を進めればよいのか？

第1章と第2章では、第一の問い、つまりなぜ人々はAMAを必要とするのか、という問題を扱う。第1章ではAMAが不可避であると論じ、道徳的意思決定をするための能力を必要とするだろうような洗練されたシステムに向かって収束している現在最先端のテクノロジーの例を挙げる。そうした能力がさしあたりきわめて初歩的なものだとしても、それにもかかわらず、本当に困難な課題をいかにして提示することになるのかを論じる。これらの課題の中でも、そうしたシステムの設計者にとって何が目標であるべきかを——つまり、「善い」AMAという言葉で何が意味されているのかを——特定することは、少なからず難しいものである。

第2章では、AMAが次第に洗練されていく軌道を理解するための枠組みを、二つの次元を強調することで提示する。つまり、自律性の次元と、道徳に関連する事実に対する感受性の次元である。これらの次元の最低段階にあるシステムは、我々が「操作的道徳（operational morality）」と呼ぶものだけをもっている——つまり、その道徳的重要性は、完全に設計者と使用者の手に委ねられている。機械がより洗練されると、ある種の「機能的道徳（functional morality）」、つまり機械自身が道徳的課題を評価して応答するための能力をもつことが技術的に可能になる。ところが、機械における機能的道徳の開発者は、テクノロジーの現状という限界によって多くの制約に直面する。

倫理学の本性から、倫理的意思決定を下すコンピュータの受け入れにさまざまな異なる制約が課される。よって我々は自然と第3章で述べられる問いに導かれる。すなわち、人々がコンピュータに道徳的意思決定をしてほしがっているのかどうかである。ＡＭＡについての心配は、テクノロジーが人間の文化に与える影響という、より一般的な懸念の特殊例である。そのため、我々は技術哲学の関連する部分の見直しから始める。これにより、ＡＭＡが生み出すより特殊な懸念について議論する文脈が示される。たとえば、ＡＭＡによって人間は機械に責任を丸投げするようになってしまうのかどうかなど、いくつかの懸念は特に危急のものに思われる。その他の懸念、たとえば人間が文字通り機械の奴隷になってしまうという展望は、机上の空論であるように思われる。テクノロジーのリスクを評価する際の未解決な問題は、新たなテクノロジーによってもたらされる明らかな利益と比較して、大惨事が起こる可能性の重みをどれだけ深刻に見積もるかである。

人工エージェントが人間的な性質、たとえば意識や情動を欠いているのであれば、人工エージェントを道徳的行為者《エージェント》だと考えられるものにどの程度近づけることができるのか？　第4章は、「単なる」機械が道徳的行為者でありうるのかどうかという問題を論じることから始まる。我々は道具的アプローチを採用する。これは、完全に発達した道徳的行為者性《エージェンシー》が現在や将来のテクノロジーの手の届かないところにあるかもしれないことを認めつつ、操作的道徳と「真正の」道徳的行為者性の間には広大な空白地帯があるとするものだ。この空白地帯こそ、我々が第2章で機能的道徳と名づけた場所《ニッチ》である。第4章の目標は、さまざまな応用ができるＡＭＡを生み出すために必要な特徴を特定するのに、現在の人工知能研究がどれだけ適切かを検討することである。

こうして人工知能一般の問題を扱った後で、我々は道徳的意思決定の特定の実装に注意を向ける。第5章では、哲学者とエンジニアが互いに何を提供できるかについての概略を描き、ＡＭＡを設計する際のトップダウン・アプローチと、ボトムアップ、つまり発達的アプローチのための基礎的枠組みを描く。第6章と第7章ではそれぞれ、トップダウン・アプローチとボトムアップ・アプローチを詳細に描く。第6章では、規則や義務ベースで理解された倫理の計算可能性と実践可能性を論じる。それと同時に、倫理への帰結主義的アプローチで必要とされるような、行為の正味の効果の計算が可能かどうかを論じる。第7章ではボトムアップ・アプローチを考察する。これは道徳的能力を知性の一般的側面から生じさせることを目標として、学習、発達、進化の方法を適用することだ。トップダウン・アプローチとボトムアップ・アプローチの計算可能性に関しては限界があり、それをこれらの章で説明する。機械道徳という新領域は、これらの限界を考察し、AMAをプログラムする際のさまざまなアプローチの長所と短所を探求しなければならない。そしてそれから、哲学的にも認知的にも洗練されたやり方でAMAを設計するための基礎を構築しなければならない。

第6章と第7章での議論により、トップダウン・アプローチとボトムアップ・アプローチという当初の区別は、AMAの設計者が直面する難点のすべてを克服するには単純過ぎることがわかる。このことは、工学的設計のレベルでも真であり、我々が思うに、倫理学理論のレベルでも真である。エンジニアは、作動しうるシステムを作るためにトップダウンの方法とボトムアップの方法を組み合わせる必要があるだろう。一般的道徳理論をトップダウン的なやり方で当てはめるのは困難であるため、道徳に関する非常に異なった理解についての議論へと我々は動かされる。これはアリストテレスにまで遡ることのできる、いわゆる徳倫理学である。徳はボトムアップ・アプローチとトップダウン・アプローチのハイブリッドであり、徳そのものは明示的に記述されうるが、それを性格特性として獲得することは、本質的にはボトムアップのプロセスであるように見える。我々はAMAにとっての徳倫理学を第8章で論じる。

本書を執筆する上での我々の目標は、数多の問いを提起することだけでなく、これらのテーマをさらに発展させるための資源を提供することにもある。第9章では、我々はコンピュータによる道徳的意思決定の開発のために採用されているソフトウェア・ツールを概観する。

トップダウン・アプローチとボトムアップ・アプローチは、倫理における推論能力の重要性を強調する。ところが、近年の道徳心理学の文献の多くが、合理性以外の能力を強調している。情動、社会性、意味理解、意識。これらはすべて人間の道徳的意思決定にとっては重要なものだが、これらがＡＭＡにとって本質的なものかどうか、またもし本質的なものであればそれらを機械に実装することができるのかどうかは、未解決問題のままである。第10章で我々は、そうした合理性以外の能力をコンピュータとロボットに提供することを目指した近年の最先端の科学的研究を論じる。第11章では、合理的なものと合理性以外のものを一つの機械の中に組み合わせるための具体的な枠組みを提供する。

第12章では、我々を導く問いのうち第二のもの、すなわちコンピュータによる道徳的意思決定の望ましさに戻ってくる。しかし今度は、社会的あるいは商業的責任管理の政策やメカニズムを通して、どのようにして危険を監視したり管理したりするのかについて、提言を行うという目論見をもっている。

最後にエピローグでは、ＡＭＡを設計するという計画が、道徳的行為者《エージェント》としての人間そのものの理解に、そして倫理学理論自体の本性の理解に、どのようにフィードバックするのかを短く論じる。現行の倫理学理論ではＡＭＡの導き手としての有用性に限界があると我々は見ているが、そのことは、倫理学理論の目的と価値に関する深い問題を提起する。

基礎的な道徳的意思決定の中にはきわめて容易にコンピュータに実装できるものもあるが、その一方で、より難しい道徳的ジレンマに取り組むスキルは現在のテクノロジーを遥かに凌駕している。ＡＭＡの開発がどれほど早く、どの程度まで進むのかにかかわらず、この課題に取り組む過程の中で、人間は自分たちが真に驚くべき生き物であることを理解する重大な一歩を踏み出すだろう。そのため、人間と同じような意思決定能力をロボットに実装し始めるために、それに必要な程度のきめ細かさで道徳的意思決定が下される仕方を考えるという作業は、自己理解の作業である。これらの問題、もっと言えば本書を通して提起する問題のすべてに対して、それにふさわしい十分な取り扱いをすることは望むべくもないことである。とはいえ、我々の真摯な希望としては、このような形で問題を提起することを通じて読者を刺激して、我々が見落としたものを取り上げさせ、この計画を理論から実践まで、哲学から工学まで、次の一歩へと進ませて、倫理という領域そのものの理解をよりいっそう深めてもらいたい。

第1章　なぜ機械道徳なのか？

路面電車《トロリー》の運転手とロボットのエンジニア

暴走した路面電車《トロリー》が線路の分岐点に近づいている。もしその線路のまま路面電車を走らせておくと、五人の作業員が命を落とす。もし運転手が車両の進路をもう一つの支線に変えると、命を落とす作業員は一人だけで済む。この路面電車を運転しているのがあなただったら、あなたはどうするだろうか？　この路面電車を運転しているのがコンピュータやロボットだったら、コンピュータやロボットはどうするだろうか？

一九六七年に路面電車《トロリー》問題を最初に導入したのは哲学者のフィリッパ・フットである。これは倫理学の入門授業の教材だ。過去四十年の間、路面電車問題は多様化してきた。あなたが運転手ではなく、転轍機を動かして路面電車の軌道を変える力をもっている傍観者だとすればどうだろうか？　その傍観者の手元に転轍機など存在せず、路面電車を止めて五人の命を救うには太った男を橋から線路に突き落とし、彼に死をもたらすしかないとしたらどうだろう？　このような派生例は、それぞれ異なった直観的応答を引き起こす。傍観者とは異なり運転手には責任があるから、その責任をまっとうしなければならないが、傍観者にはそのような責務はない、と考える人もいる。大男を線路に突き落とすというアイディア——「太った男」版のジレンマとして有名になったものだ——を転轍機切り替え版と比較すると、死者の数はどちらも同じはずなのに、多くの人々が前者の方にはるかに大きな反感を抱く。

路面電車《トロリー》問題は心理学者と神経科学者の研究対象にもなった。ジョシュア・グリーンとその同僚たちが実施した脳イメージング研究では、「太った男」版は「線路切り替え」版よりも、脳の情動プロセス中枢における反応を大きく惹起することが示された。路面電車問題に対する人々の応答の科学的研究は、その根底にある正と不正に関する哲学的問題への答えにはならない。だがそうした研究は、倫理的問題に対する人々の応答が複雑だということを示している。

現代の「無人」運転列車システム——既に空港では一般的であり、たとえばロンドン地下鉄やパリとコペンハーゲンのメトロシステムなど、もっと複雑な状況でも現れ始めている——の出現を考えれば、路面電車《トロリー》問題は人工道徳の最前線の一つでありうるのではないか？　無人システムは、生死を分かつかもしれない意思決定を一瞬のうちに下す立場に機械を置いている。鉄道ネットワークが複雑であればあるほど、基本的な路面電車問題に類似したジレンマのようなものが現れる見込みも高くなる。たとえば自動化されたシステムは、暴走した列車を向かわせる場所をどのように計算するべきなのだろうか？

もちろん、エンジニアはそのシステムを安全なものだと主張しているし——実際、人間の運転手よりも安全だ。しかし大衆はいつも疑り深い。ロンドン地下鉄が最初に無人運転列車を試験したのは今から四十年以上も前の一九六四年四月のことだ。当時、無人運転列車は鉄道労働者と乗客からの政治的抵抗に直面した。鉄道労働者は自分の職が脅かされると信じており、乗客は安全性の主張にまったく納得していなかった。これらの理由により、ロンドン交通局は各駅間の列車を運転する責任を人間の運転手に任せ続けた。ところが態度が変わり、現在のロンドン地下鉄の中央線は、人間の運転手が「監督」の役割のため車両に乗ったままではあるが、各駅間の運行はコンピュータに任されている。大半の乗客は、いざというときにはコンピュータ化された制御装置よりも人間の運転手の方が柔軟に対処できると信じがちだ。しかしそれは人間の傲慢かもしれない。コペンハーゲン・メトロの安全担当者モーテン・スナゴーはこう主張している。「自動列車は安全であり、迅速にダイヤを変えることができるので、障害が起こった時の縮退運転の状況でもより柔軟に対応します」。

とはいえ、テクノロジーが発展しても乗客は懐疑的なままである。パリ・メトロ当局は、無人運転列車に関する唯一の問題は「政治的なものであり、技術的なものではない」と主張している。間違いなくその抵抗の中には、無人運転列車を導入して無事故継続記録を立てれば克服できるものもある。とはいえ、それでもなお、あらゆるプログラミングの範囲を超えた危機的状況が存在し、そこでは人間の判断の方がよいだろうと大半の乗客が考えるはずだと我々は確信している。そうした状況の中には、関連した判断に倫理的考慮事項が含まれるものもある。だが、もちろん現在の無人運転列車は倫理に無関心である。ソフトウェア・エンジニアは、自分たちのソフトウェア・システムを改良して、倫理的側面を明示的に示すように試みることができるのか？　そしてそうするべきなのか？　この問題に対して適切に答えるには、人工道徳の分野において何が可能なのかをもっとよく理解しなければならないと我々は考えている。

何も知らない立場から、人工道徳的エージェントの目標は達成不可能であると論じるのは簡単だ。だが正確なところ、人工道徳を実装するためには何が課題で、何がその障害になっているのだろうか？　この問題について真剣に議論する必要がある。コンピュータ革命は、オートメーションや自動システムへの依存を促進し続けており、そうしたシステムはますます倫理的波及効果をもつさまざまな決定を管理するようになる。倫理的に無知なシステムの手に自分の生命と幸福を委ねることになったら、人はどれほど落ち着いていられるのだろうか？

無人運転列車は既に存在する。大男を線路に投げ入れて五人の生命を救えることを理解し、そうした行動を物理的に実行する能力をもつ（ロ）ボットは、技術的には当分先のことだろう。その一方で、テロリストによる攻撃への恐れによって遠隔監視装置は次第に増加しており、それは列車の転轍機だけでなく、橋やトンネルや線路の無人の支線にまで及ぶ。空港の監視装置システムは、乗客の顔をスキャンし、既知のテロリストのデータベースと照合するもので、これは目下開発中である〔原書刊行時〕。表向きこれらのシステムは、異常な活動が生じた時には監視員に警告を発するよう設計されている。だが、監視員がシステムの動作を調査して取り消すまでに必要な時間が不十分な場合、非常事態としてシステムが自動的に、列車の進路の変更や空港のターミナルの一部封鎖を行うことは容易に想像できる。

無人運転列車が、一方の分岐にいる五人は鉄道作業員であり、もう一方の分岐にいる一人は子どもであると認識できると想定しよう。このシステムは、この情報を意思決定に反映させるべきだろうか？　自動システムが利用可能な情報が豊かになればなるほど、システムが直面する道徳的ジレンマもいっそう複雑化する。一方の分岐にいるのはたった一人だが、それは鉄道作業員ではなく著名な市民であり、非常に多くの家族の福利と生計がその市民に支えられていると想像しよう。人々は、自分たちのコンピュータがとるべき行為を考えているときに、どれほど深くその行為の波及効果について考えてほしいと思っているだろうか？

路面電車《トロリー》問題はさておき、（ロ）ボットが難しい状況に直面したとき、（ロ）ボットはただちに停止して人間が問題を解決するのを待つべきだと考えるエンジニアは多い。産業用ロボット工学の「父」であるジョセフ・エンゲルバーガーは、家庭で暮らす高齢者などのニーズに役立てるための能力をもったサービス・ロボットの開発に関心を寄せる人物の一人である。ウェンデル・ウォラックは彼に、家庭用のサービス・ロボットに道徳的意思決定の能力が必要かどうか尋ねたことがある。自分の進路にある障害物が子どもなのかペットなのか、はたまた空の紙袋のようなものなのかどうかを確認して、自らの評価基準に基づいて行為を選択する必要が、ロボットにはあるのではないだろうか？　エンゲルバーガーは、そうしたシステムには自らの行為を反省する能力は必要ないだろうと感じている。「もし進路に何かがあるなら、ロボットは停止するだけだ」と彼は言った。もちろん、この種の不作為もまた問題を抱えており、サービス・ロボットに定められた義務や仕事が、たとえば治療薬を服用している人に定期的に薬を運ぶことが、できなくなるかもしれない。

自分自身の法的責任《ライアビリティ》について考えるエンジニアにとって、不作為のほうがいっそう堅実な道であるように見えるかもしれない。行為を扱う倫理学には、不作為よりも行為の方が非難に値するものだとする長い伝統がある。（たとえば、ローマ・カトリックにおける「不履行の罪」と、もっと深刻な「履行の罪」の区別を考えよう。）我々は責任と法的責任の問題に、本書の最後でもう一度戻ってくる。だが現在の中心点は、行為と不作為の間に道徳的区別が存在するとしても、ＡＭＡの設計者は単純に善い行為の代わりとして不作為を選択することはできない、ということだ。

善い人工エージェントと悪い人工エージェント？

人々が好もうと好まざると、自律的システムはやってくる。自律的システムは倫理的になるだろうか？　自律的システムは善いものになるだろうか？

我々はこの文脈で、「善い」という言葉をどのような意味で用いているのか？　単に道具的に善い——つまり特定の目的と相対的に善い——ということではない。ディープ・ブルーが善いチェス・プレイヤーだというのは、それがチェスの試合で勝利するからだが、我々が意味しているのはこの意味ではない。善い掃除機は床をきれいにする掃除機だ、という意味で用いているのでもない。たとえその掃除機がロボットであり、人間の最小限の監督のもとに掃除をするのだとしてもそうである。自律的システムに要求されることになりうる善い行動の種類は、そう簡単には特定できない。善い多目的ロボットは、たとえそれが自分の所有者にとっては遅延を意味するのだとしても、見知らぬ人のためにドアが閉まらないようにしておくべきだろうか？（これは所有者が決める設定であるべきなのか？）善い自律的エージェントは、人間に対する危害を引き起こさずには行動をとれないときには、人間の監督者に警告を出すべきだろうか？（もしそうなら、それは十分に自律的だと言えるのか？）この意味で善について語るとき、我々は倫理学の領域に足を踏み入れている。

人工エージェントを倫理学の領域にもち込むといっても、単に人工エージェントが害を引き起こすと言っているわけではない。樹木が倒れることは害を引き起こすが、このことで樹木が倫理学の領域にもち込まれる訳ではない。道徳的行為者《エージェント》は、自分の行為が引き起こすかもしれない危害や、自分が怠ることになるかもしれない義務を考慮しながら、自分の行動を監視して統制する。人間はＡＭＡに少なくともこれぐらいは期待すべきだ。善い道徳的行為者とは、危害の可能性や義務を怠る可能性を発見でき、そうした望ましくない結果を避けたり最小化したりするために行動を起こせるものだ。これを達成するための道は少なくとも二つある。第一の道は、プログラマが、起こりうる一連の行動を予測して、ＡＭＡが用いられる環境の範囲内で望ましい結果を導くような規則を与えることができるかもしれない、というものだ。もう一つの道は、プログラマが作るのはもっと開放的なシステムであり、そのシステム自体が情報を集め、自分の行為の帰結を予測しようと試み、課題に対する応答をカスタマイズするというものだ。そうしたシステムは、倫理的な課題の解決案として斬新なものや創造的なものを提示してプログラマを驚かせる潜在能力すらもっているかもしれない。

おそらく最も洗練されたＡＭＡですら、人間が道徳的行為者《エージェント》だということとまったく同じ意味で道徳的行為者になることは決してありえないだろう。だが、機械が真に倫理的でありうるのか（あるいは、真に自律的でありうるのか）という問題が批判されたとしても、工学的課題、つまり、いかにして人工エージェントを道徳的行為者であるかのように行為させるかという課題は残っている。もし設計者や所有者の手を離れて作動する多目的な機械が、現実世界や仮想世界の環境で柔軟に応答するようプログラムされつつ、しかも信頼できるものになるには、その行動が適切な規範を満たしているという確信がなければならない。これは伝統的な製品の安全性を超えている。もちろん、漏電して出火するようなロボットが許容できないのは、同じようなトースターが許容できないのと同様である。とはいえ、もし自律的システムが危害を最小化すべきものならば、それはまた自分の行為の有害な帰結の可能性を「認知」するものでなければならず、その「知識」に照らし合わせて自分の行為を選択しなければならない。たとえこれらの言葉が、単なる比喩的な意味でしか機械に当てはまらないとしてもそうである。

現代の事例

サイエンス・フィクションのシナリオでは、暴走しているコンピュータやロボットが楽しまれているかもしれないが、そうした物語が依拠しているテクノロジーは今のところ存在しておらず、今後も存在しないかもしれない。路面電車《トロリー》問題は大学の倫理学の授業にうってつけの思考実験だが、それはまた、倫理的懸念を日常生活から遠く隔たったものに見せてしまう可能性もある——非常に太った無関係の傍観者を線路に投げ入れることで命を救う立場に自分が置かれる見込みはわずかなものだ。にもかかわらず、日々の生活は倫理的帰結を伴った平凡な意思決定にあふれている。倫理とエチケットの境界はいつもそう簡単に決めることができるものではないかもしれない。だがその一方で、見知らぬ人のためにドアが閉まらないようにしておく程度のありふれたことが倫理的地平の一部なのである。

ＡＭＡを設計することについて直ちに考える必要があるのは、自律的システムが既に日々の活動の倫理的地平に入り込んでいるからである。たとえば数年前、コリン・アレンはテキサスからカリフォルニアにかけてドライブをした。このときアレンは、太平洋岸に到着するまであるクレジットカードを使おうとしなかった。彼が自分の車に給油するためそのカードを初めて使おうと試みたとき、クレジットカードは拒絶されてしまった。そのガソリンスタンドの給油器に不具合があったのだろうと考え、彼は別のガソリンスタンドに移動し、そこでもう一度そのカードを使おうとした。彼がそのカードを給油器に挿入した時、メッセージが表示され、店内のレジ係にそのカードを手渡すよう彼に指示した。コリンは自分のカードを簡単に他人に渡す人間ではなく、またコンピュータの指示は常に疑うことにしている人間だったので、彼はそうする代わりにカードの裏面に書かれたフリーダイヤルの番号に電話した。自宅からほぼ二千マイル離れたところでカードが使用され、そこに至るまでに州をまたいだ購入履歴がなかったため、クレジットカード会社の中央コンピュータが疑いをはさんで自動的に彼のアカウントにフラグを立てたのだった。クレジットカード会社にいた担当者はコリンの話を聞き、フラグを解除して彼のカードを再び使えるようにした。

この出来事は、本質的に自律的なコンピュータが、潜在的には人間にとって有益なものにも有害なものにもなる例の一つである。とはいえ、このことはコンピュータが道徳的意思決定を下したことや、倫理的判断を行ったことを意味するのではない。このコンピュータが行った行為の倫理的重要性は完全に、コンピュータにプログラムされた規則に内在する価値観から生じている。システム内に設計された価値観が、カード所有者の不便や商店主の販売機会喪失を正当化するとは言えるかもしれない。クレジットカード会社は不正取引を最小化したいと望んでいる。顧客は、不正な請求を回避したいという欲求を共有している。だが顧客が、そのシステムは財務上の損失以外のことにも敏感であるべきだと感じるのも理にかなったことかもしれない。もしコリンが緊急事態のために自分の車に給油する必要があったのであれば、不便も致しかたないとそれほど容易には思えなかったかもしれない。

自律的システムが非常に広範囲にわたる不便を引き起こすこともある。二〇〇三年、合衆国東部とカナダにおいて、何百万もの人々と数えきれない会社が停電の影響を受けた。停電を引き起こしたのは電力サージであり、これはクリーヴランド郊外で送電線が過熱して木に垂れ下がってきたときに生じた。調査員を驚かせたのは、この事件によっていかに急速に、八つの州とカナダの一部における発電所で、コンピュータによる電力停止の連鎖が次々と生じたのかということだ。いったん電力サージがオハイオ州の電力会社の制御を外れるやいなや、他の発電所のソフトウェア・エージェントと制御システムも停止手続きを実行し、そこに人間が介入する時間はほとんどなかった。人間が関与していた場所でも、不適切な情報や、効果的なコミュニケーションの欠落によって、彼らが問題を悪化させることもあった。北東部の送電網一帯の顧客が電気を回復するには何日も、場所によっては何週間も必要だった。

停電が始まった時、ウェンデル・ウォラックはコネティカット州の自宅で仕事をしていた。彼と彼の隣人は電気を失ったが、それは数秒間だけのことである。どうやら、彼の地元の公共企業のエンジニアは、何が起こったのかに気づき、迅速に自動的停止手続きを無効化し、ニューイングランド南部における電力サービスを送電網から切り離したように思われる。ところが、こんなにうまくいった例は稀なのである。ネットワークの規模だけでも、人間による有効な見張りを不可能にしている。フィンランドのITセキュリティ企業のFセキュアがこの誤作動を調査した。停電の初期段階の時期に合衆国送電網のオペレータの間で交わされた六百ページに及ぶ会話記録を調べた後、同社のコンピュータウイルス研究室のミッコ・ヒッペネンは、ブラスターというコンピュータワームが主な要因だった、と結論した。会話記録は、オペレータが停電に先行した正しい情報を受け取っていないこと、そしてそれはコンピュータが誤作動を起こしていたからだということを示していた。コンピュータと送電網を監視するセンサは同じ通信チャンネルを用いていたが、それを通じてブラスターが拡散したのである。ヒッペネンの分析では、ネットワークの中のわずか一つか二つのコンピュータが感染しているだけでも、センサから電力オペレータへのリアルタイムデータの受け渡しが妨害され、そのことが停電の直接の原因とされているオペレータのミスに繋がった可能性があるということである。

完璧な世界では、ウイルスなど存在せず、制御システムは、顧客の苦難が最小化される場合にだけ停止するようにプログラムされるだろう。ところが自動化の圧力が増え続けているのは、オペレータのミスが日常である世界、そして人間がシステム・ソフトウェアの状態全体を監視することが不可能な世界においてである。そうしたシステムの複雑さが増大するにつれ、対立する価値の評価――たとえば、末端ユーザまで電力供給を維持することと、コンピュータをウイルスのない状態にしておくことの評価――は、ますます問題含みになっていく。ソフトウェアのアップグレードを今やることと後でやることのどちらが将来の問題を引き起こす見込みがより高いのかを予測することは、ますます困難になっていく。そうした不確実性に直面した時、自律的なシステムは、価値とリスクを比較考量する必要がある。

自律的システムの幅広い使用は、そのシステムはどの価値を促進しうるのか、そして促進すべきなのかという疑問を切迫したものにする。人間の安全と福利は、幅広く合意されている中心的価値の代表である。コンピュータ倫理という比較的未成熟の領域は、具体的な問題にも注目している――たとえば、デジタル時代のプライバシー・所有権・市民権の維持、コンピュータに基礎を置く商取引の促進、ハッキングやワームやウイルス等のテクノロジーの悪用の防止、ネットエチケットのガイドラインの策定などである。新たなテクノロジーはデジタル犯罪への道を開いてしまい、未成年によるハードコア・ポルノへのアクセスを容易にし、頼まれてもいない広告や欲しくもない電子メールによって人々の時間を奪っている。だが、コンピュータ倫理の目標を促進するような、価値観・行政による規制・手続きを確立するのは極度に難しいままである。新しい規制が成立し新しい価値観が生まれるとき、もちろん人々は自分たちが作るＡＭＡにそれらをきちんと遵守してほしがるだろう。コンピュータ自身を明示的な道徳的推論者にする際に生じる技術的な問題についての議論を促進することで、機械道徳はコンピュータ倫理の領域を拡げる。

機械道徳とコンピュータ倫理の交差点にある一つの重大な問題は、ウェブ上を巡回するデータマイニング・ボットに関するもので、これはプライバシー基準をほとんど、あるいはまったく考慮せずに情報を収集している。コンピュータを用いて情報をコピーすることの容易さは、知的所有権の法的基準を破り、著作権法の見直しに繋がっている。コンピュータ倫理におけるプライバシーや所有権の問題の中には、必ずしも幅広く共有されているわけではないが、しばしば興味深い仕方で中心的価値に繋がる価値と関係しているものもある。インターネットアーカイブ計画は、一九九六年よりインターネットのスナップショットを扱っており、そうしたアーカイブはウェイバックマシンを通して利用可能になっている。これらのスナップショットには、インターネットから既に削除されてしまっている記事も多い。アーカイブからの記事の削除を求める仕組みが存在する一方で、いくつかの事例では、既にオリジナルのサイトは削除されていたとしても、犯罪の犠牲者や加害者が、ウェイバックマシン上にその痕跡をそのままに留めている。現在のところ、インターネットアーカイブによって用いられているデータ収集ボットは、自分が集める記事の道徳的重要性を評価する能力をもっていない。

倫理的な殺人機械？

ここまでの事例で（ロ）ボットにおける道徳的推論について直ちに考える必要があることにまだ納得できないなら、次にこれを考えてみよう。遠隔操作車両（remotely operated vehicles；ＲＯＶ）は既に軍事で使用されている。二

図 1.1　MAARS ROV（フォスター＝ミラー社の厚意による）.

〇〇七年の十月に、フォスター＝ミラー社は特殊兵器監視遠隔直接戦闘システム（special weapons observation remote direct-action system；ＳＷＯＲＤＳ）を用いて機関銃を搭載した遠隔操作ロボット三台をイラクに送った。フォスター＝ミラー社はあるバージョンのＳＷＯＲＤＳを搭載した兵器を合衆国の法執行機関に販売し始めた。フォスター＝ミラー社によると、ＳＷＯＲＤＳとその後継のモジュール式先進武装ロボットシステム（modular advanced armed robotic system；ＭＡＡＲＳ）を自律的だと考えるべきではない。これらはＲＯＶである。

さらにｉＲｏｂｏｔ社という企業があり、同社のパックボットはイラクで広く使用されている。同社はウォーリアーＸ７００を発表した。これは兵器を搭載することができる軍事ロボットで、二〇〇八年の後半に利用可能になった。ところがロボットの応用はＲＯＶにとどまらない。半自律的ロボットシステム、たとえば巡航ミサイルなどが、すでに爆弾を搭載している。軍はまた、爆弾処理や監視のために設計された半自律的ロボットを利用している。連邦議会は二〇〇〇年に、軍の陸上車両と高高度航空機の三分の一をロボット機体に置換するように命令した。ニューヨーク・タイムズの二〇〇五年の記事によれば、ペンタゴンは兵士を自律的ロボットに置き換えるという目標を抱いている。

もし戦争のために用いられるのであれば、人間はロボットを作ることを完全にやめるべきだと考える人もいるだろう。そうした気持ちは立派だが、このようなシステムは兵士と法執行機関職員の命を救うはずだという理屈と対立するだろう。我々は、この政治的議論で誰が勝つのかを知らないが、もし戦闘機械の支持者が勝利すれば、これらのロボットの、そしてあらゆるロボットの応用に必要となるはずの組み込み倫理的制約についていま考え始めていなければならないことは知っている。実際、二〇〇七年にジョージア工科大学のロボット工学者であるロナルド・アーキンは、ロボット戦闘機械を戦場での倫理的基準に従わせるためのハードウェアとソフトウェアを開発するための予算を合衆国陸軍から受け取っている。これらのかなり幅広いガイドラインは、文明国によって尊重されているが、その範囲は非戦闘員の権利から、降伏しようとしている敵軍兵士の権利にまで至る。ところが、ロボットが戦場での倫理的基準に従うことを保証するのは困難な仕事であり、戦場で使用されるますます洗練されたロボット兵器の開発よりもはるかに遅れを取っている。

差し迫った危険

殺傷能力を有する(ロ)ボットを使用することで生じる人的被害の可能性は明白だ。人間には、そうしたシステムが適切な安全策を備えて作られるように祈ることしかできない。ところが、(ロ)ボットのシステムは、金融から通信、治安維持に至るまで、社会のあらゆる側面へとますます組み込まれるようになっている。そのため、現実の潜在的危害は、十中八九、出来事の予測外の組み合わせから生じるだろう。

九・一一の後、専門家たちは、合衆国の送電網が有する、テロリストのハッカーによる攻撃に対する脆弱性、特に送電網が古いソフトウェアとハードウェアに依存している場合の脆弱性を指摘した。送電網のかなりの割合が、数週間にわたり、さらには何ヶ月も停止したままでありうるという可能性は非常に現実的だ。これを阻止するために、脆弱なソフトウェアとハードウェアの大半が、洗練された自動システムにアップデートされている。これにより送電網は、コンピュータ化された制御システムによって下される意思決定にますます依存するようになった。これらの意思決定が予期せぬ状況でどのように作用するのかを完全に予測できる者はいない。さまざまな公益企業によって運用されているシステム同士の協調が不十分であれば、不確実な要素は増す。

送電網の管理者は、産業界や一般住民の電力需要と、不可欠なサービスを維持する必要性のバランスをとらなければならない。節電中や使用電力が上昇している際には、彼らは誰の電力を減らすかを決定する。意思決定者が人間であれソフトウェアであれ、装置をダメージから保護することの価値と、エンドユーザへの危害を最小化することの価値を比較せざるをえない。装置がダメージを受けてサービス復旧への時間が延びれば延びるほど、危害も増える。これらの決定は価値判断を含んでいる。システムが自律的になるにつれて、これらの判断は人間のオペレータの手を離れてしまう。不確実な条件下で意思決定をガイドすべき関連する価値に対して盲目的なシステムは、災害の原因になる。

現在ですら、コンピュータ・システムの行動は、一つ一つがきわめて小さくても累積すれば非常に深刻になりうる。Ｇｏｏｇｌｅの研究本部長であるピーター・ノーヴィグはこう記している。

> 現在、合衆国では毎日百人から二百人が医療過誤により亡くなっているが、その医療過誤の多くはコンピュータに関係するものだ。間違った薬を投与したり、用量を間違えて計算したり、こうした過誤によって百人から二百人が毎日亡くなっている。私には、正確にどれだけの数がコンピュータのエラーに起因するものだとされるのかわからないが、ある程度の割合はそうだろう。二、三ヶ月ごとに、コンピュータのエラーと医療プロセスによる死者の数は、九・一一の死者の数と等しくなると言っていいはずだ。

医療アプリケーションで用いられるシステムによって生じる危険は、コンピュータが明示的に人間へ危害を加える意思決定を下して生じるサイエンス・フィクションの災害とはまったく異なる。前者のシステムは自分の庇護下にある宇宙飛行士を殺害したＨＡＬではない。意識のない人間を奴隷化しようとするマトリックスのロボットでもない。おそらく、今日の（ロ）ボットが引き起こす危害の大半は、欠陥部品や設計のまずさに起因するものだろう。予備調査報告書は、二〇〇七年に九人の南アフリカ兵を殺害した半自律砲には、ある部品に欠陥があったことを示している。他にも、設計者の怠慢に起因する危害もある。設計者が適切な安全装置を作らなかった場合、システムに起こりかねない不測事態をまったく考えていなかった場合、ソフトウェアのバグを除去しなかった場合がそうである。安全性が確かめられていないシステムを市販したいとか実地試験を行いたいと欲している経営者もまた、公共に危険をもたらす。予期しない状況の複雑性を扱う仕事には適さないシステムに誤った頼り方をしても同じである。とはいえ、欠陥部品、不十分なデザイン、不適切なシステム、そしてコンピュータによる選択肢の明示的な評価を、それぞれ区別することはますます難しくなるだろう。人間の意思決定者が、あらゆる関連情報やあらゆる不測事態の考慮に注意をはらい損ねてしまったために悪い選択を下してしまうのと同じように、人間が自分の頼っている（ロ）ボットに不十分さを発見するのは、予期せぬ破滅が生じた後でしかないのかもしれない。

企業の重役は、倫理的制約はコストを高めて生産の邪魔になるのではないかと懸念することが多い。新たなテクノロジーに対する世間の認識は、そのリスクに対する過度の恐怖によって妨害されることもある。とはいえ、道徳的意思決定を下すための能力があれば、それなしではあまりにリスクが大きいと考えられる文脈でＡＭＡを使用できるようになり、応用が開拓され、これらのテクノロジーによって生じる危険は低下する。今日のテクノロジーは――自動化された電力網、自動化された金融システム、ペットロボット、そしてロボット掃除機は――完全に自律的な機械にはるかに及ばない。だが人類は既に、人々の生活に影響を与えうる決定を下すシステムを作り出す岐路に立っている。システムがいっそう洗練され、さまざまな文脈や環境で自律的に機能するための能力が広がるにつれ、そうしたシステムにとって自前の倫理的サブルーティンをもつことはいっそう重要になっていく。システムが下す選択は人間に対して、そして人間にとって重要なことに対して、敏感であるべきだ。人間はこれらの機械が自己管理できていることを、つまり機械が直面する選択肢が倫理的に許容可能かどうか自分で評価する能力をもつことを必要とするだろう。ＭＩＴのアフェクティブ・コンピューティング・グループの主任であるロザリンド・ピカードが良いことを言っていた。「機械の自由が広がるにつれ、その機械には道徳的基準がますます必要になる」と。

第2章　道徳の工学《エンジニアリング》

それはエンジニアの義務なのか?

全米専門技術者協会（National Society of Professional Engineers；NSPE）の倫理綱領における第一の「根源的規範」では、エンジニアは「公共の安全、衛生、及び福利を最優先」にするべきだとされている。もし機械に道徳的基準を与えることが公共の福利や安全を改善するものであれば、アメリカのエンジニアは己に課された倫理綱領に従い、それを実行する義務がある。

エンジニアたちはどこから手を付けたらよいのだろうか？　このタスクは途方もないように思われるが、しかし工学《エンジニアリング》のタスクはすべて過去のテクノロジーの上に築かれ、前進していくものだ。この章では、現在のテクノロジーから洗練されたAMAへと至る道筋を理解するための枠組みを与える。我々の枠組みは二つの次元から成る。一つは自律性、もう一つは価値に対する感受性である。十代の子どもをもつ親なら御存知の通り、この二つの次元は独立している。自律性が増加するとしても、それが他者の価値に対する感受性の増加といつも釣り合っているわけではない。このことは、十代の子どもにとって真であるのと同じように、テクノロジーにとっても真である。

最も単純な道具は、自律性も感受性ももっていない。ハンマーが自分から動き出して釘を打つことはないし、打ち下ろされる途上で親指が障害物になっていてもそれを感知しない。しかし、我々の枠組みの中の二つの次元の最底辺に近いテクノロジーであったとしても、それは設計に応じてある種の「操作的道徳」をもっている。子どもが扱えないような安全機構を備えた銃は、自律性と感受性をもっていないが、それでもその設計にはＮＳＰＥの倫理規定に裏づけされた価値観が具現化されている。過去二十五年にかけての「工学倫理」の領域での主要な成果の一つは、エンジニアのもつ価値観が設計プロセスに影響を与え、またその最中に他者がもつ価値に対する感受性にも影響を与えることに、エンジニア自身が気づくようになったことである。設計プロセスが倫理的価値を十分に視野に入れながら行われる場合、この種の「操作的道徳」は完全に道具の設計者とユーザの制御下にある。

理論的な対極に位置するのは、高度の自律性と、価値に対する高度の感受性をもち、信頼に足る道徳的エージェントとして行為する能力をもつシステムである。もちろん、人類がそうしたテクノロジーをもっていないことは、本書の中心的な問題だ。とはいえ、「操作的道徳」と責任ある道徳的エージェントの間には――許容可能な行動基準の範囲内でのみ行為するだけのシステムから、自分自身の行為の道徳的に重要な側面のいくつかを評価する能力をもった知能システムまで――我々が「機能的道徳」と呼ぶいくつもの途中段階がある。

機能的道徳という領域には、顕著な自律性をもつが倫理的感受性はわずかしかもたないシステムと、自律性は低いが倫理的感受性は高いシステムが含まれる。オートパイロットは前者の一例である。人間による監視が最小限のまま、さまざまな条件の下で複雑な航空機の操縦を行うオートパイロットを、人々は信頼している。オートパイロットは比較的安全であり、他者の価値を、たとえば動作を実行する際の乗客の快適さを尊重するように設計されている。とはいえ、安全性という目標と快適さという目標は、それぞれ別の方法で達成されている。安全性が維持されているのは、航空機の高度と環境条件を直接的に監視して、航空機の下げ翼やその他の制御翼面を絶えず調整して望ましい航路を維持することによる。乗客の快適さは直接的に監視されてはいないが、それが提供されるのは、特定の動作に対する限界をオートパイロットの操縦パラメータへと事前にコード化するからである。旋回を実行した時、航空機は実際に行う以上に急激に傾くことができる能力をもっているが、オートパイロットは乗客を動揺させるほど急激には旋回しないようプログラムされている。通常の操縦条件の下では、オートパイロットが機能的道徳の範囲内で作動し続ける。特殊な条件の下では、人間のパイロットが、乗客の特殊なニーズ、たとえば病気の乗客であるとか、乗客の特殊な欲求、たとえばスリルを求める乗り物好きであるとかに気づくことで、そういったことに添って自らの飛行を調整できる。なんら特殊な道徳的感受性をもたないが、相当量の自律性があるため、オートパイロットは図2・1の左上の部分に位置することになる。

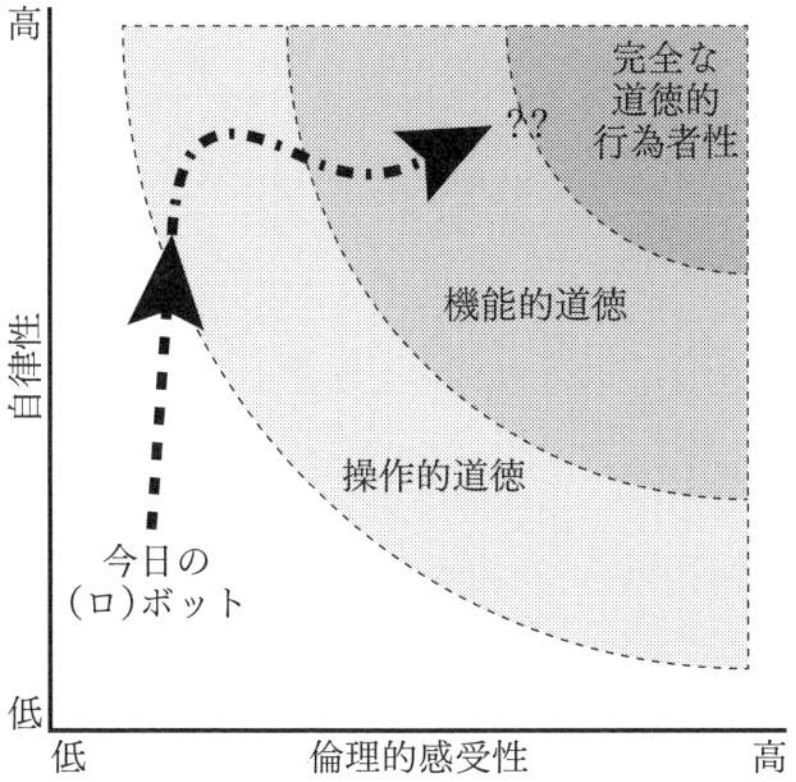

図 2.1　AMA 開発の二つの次元.

自律性はわずかだが一定程度の倫理的感受性をもつシステムは、図2・1の右下に位置することになる。その一例は倫理的意思決定支援システムで、これは道徳に関連する情報へのアクセスを意思決定者に提供するものだ。これらのシステムの大半は、機能的道徳というよりは操作的道徳の領域に位置づけられる。さらに言えば、そのシステムが倫理問題を扱う場合、それは通常、教育目的のためである。プログラムは新たな事例を分析するためではなく、一般原則を教えるために構築されている。たとえば、ソフトウェアは学生たちに、歴史的に重要な事例や架空の事例を示す。とはいえ、プログラムの中には、医療者が倫理的に適切な行為を選択する手助けをするものもある。たとえばＭｅｄＥｔｈＥｘという医療倫理のエキスパートシステムがそれである。これは、計算機科学者のマイケル・アンダーソンと哲学者のスーザン・アンダーソン夫妻のチームによって設計されたものだ。結果として、MedEthExは初歩的な道徳的推論に従事することになる。

次のように想定してみよう。あなたは医師で、しっかりした思考能力をもつ患者を診察している。この患者が生存できる望みが最もあるとあなたが考えている治療をこの患者は拒絶する。あなたはもう一度この患者に説得を試みるべきだろうか？（患者の自律性の尊重に違反する可能性がある。）それとも、患者自身の決定に従うべきだろうか？（最も有益なケアを提供するというあなたの義務に違反する可能性がある。）MedEthExの試作機は、この事例に関する一連の質問に答えるようにケア提供者を促す。すると、類似の事例から学んだ専門家の判断のモデルに基づいて、倫理的に適切な対処法についての意見が導き出される。我々は、MedEthExの背後にある倫理学理論について、後でもっと詳細に説明する。今のところ重要なポイントは、アンダーソン夫妻のシステムは自律性をもっておらず、完成したAMAではないものの、ある種の機能的道徳を備えており、さらなる発展のためのプラットフォームを提供している点にある。

これらの事例を挙げたのは単に説明のためだということを理解するのは重要である。どのシステムも、図2・1の一方の軸をわずかに離れているに過ぎない。オートパイロットが自律的だというのは、非常に限定的な領域に限られる。オートパイロットは取り乱した乗客を落ち着かせるためにコクピットを離れることはできない。MedEthExが助言を与えるのは、非常に狭い範囲の事例だけである。そのソフトウェアは自分が扱う事例に関連する情報に関して、その情報を提供してくれた人間に頼り切っているし、実践者はその推奨に従うべきか否かを決定しなければならない。にもかかわらず、これらの限定的な領域ですら倫理問題は発生する。そして機械道徳の工学的側面はこのような基礎的な出発点の上に築かれるだろう。

両方の次元に沿ったこれらの独立したステップは、機械道徳にとって重要なものであるが、両方の次元で同時に進歩しようとする試みもまた重要である。そうした計画の一つはキスメットである。これはロドニー・ブルックスの指導のもとにMITの大学院生たちが開発したロボットで、中でもシンシア・ブリジールが最も中心的な役割を果たしたと言われている。キスメットは自律的な活動と情動的な応答を一つのロボットの中で結びつけようとする試みの代表的なものである。キスメットのロボット頭部は、典型的な幼児や動物の子供を連想させるような、マンガじみた特徴をもっている。キスメットは頭、耳、眉毛、まぶた、そして口を動かすことで、恐れ、驚き、興味、悲しみなどを含む八つの情動的状態を表示することができる。また、両目を閉じて睡眠のような休止状態に入り込むこともできる。ロボットが示す実際の情動的状態は、話者の声の抑揚や他の要因、たとえばそのシステムが刺激を求めているのかあるいは過剰に刺激を受けているのかどうかを分析することで決定される。キスメットは人が指し示した場所に視線を合わせ、そちらに注意を向けることもできる。

会話らしきものに従事する際、キスメットは人間の話に対する反応を投げかける前には沈黙したまま待機して、順番に行動するようプログラムされている。キスメットが言語を喋っているように見えるとき、その言葉は意味不明だが、社会的信号に——たとえば、ロボットが相対している話者の声の抑揚に——うまく応答しているように見せることができる。ただし、そのシステムが人間の考えていることや語っていることを実際に理解しているわけではないが。たとえば、説教していると解釈されかねない声の抑揚は、ロボットの視線を下に向かせて、恥じ入っている表情を引き出す。

キスメットは現在は引退してMITの博物館に展示されているが、非常に基礎的な社会的信号を読み取り、それに対して自分自身の単純な振る舞いの言動で応答するように設計されていた。キスメットの能力の中には、人間の注目と接近に対して反応するものもある。たとえば、人間があまりに近くに体を乗り出してきた場合は、キスメットは後ずさりするかもしれない。人間が他人の顔の近さを受け入れられる範囲は、おそらく倫理よりもエチケット

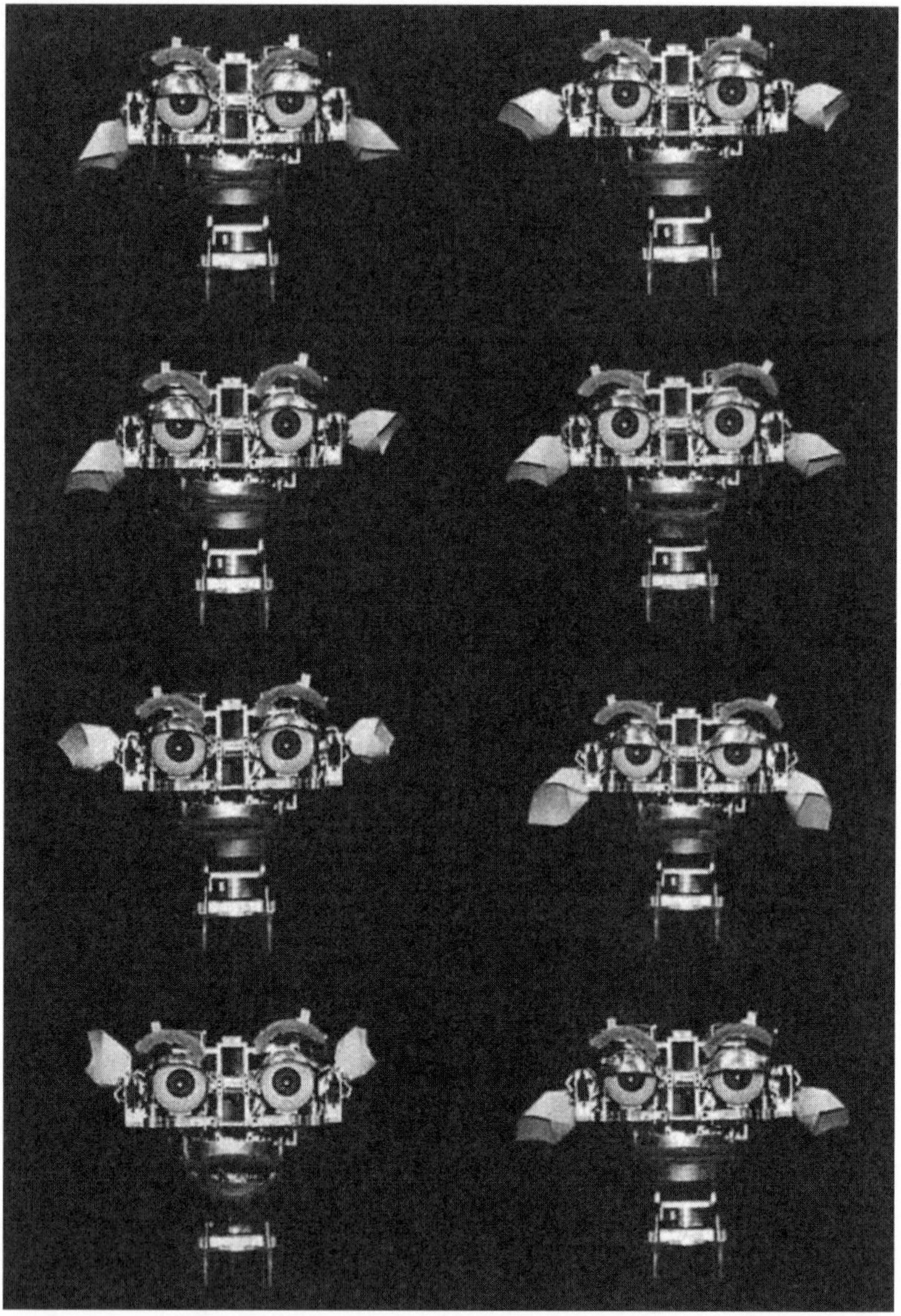

図 2.2　キスメットのさまざまな気分：（左上から右に）怒り，落ち着き，嫌悪，恐れ，興味，悲しみ，驚き，疲労（MIT 人工知能研究所の厚意による）.

に近いもので、文化によって異なる。とはいえ、キスメットの行動は操作的道徳の一例となっている。というのも、プログラマが利用している価値観は、信頼や協力を確立するために重要なものだからである。キスメットは明示的な価値の表象をもたず、価値について推論する能力ももたない。だが、こうした限界があるにもかかわらず、多くの人々はキスメットとの相互作用に対して、大いに説得力を感じている。

我々はキスメットを操作的道徳の領域、図2・1の両軸の原点近くに置くが、だからといってキスメットを軽視しているわけではない。人工道徳の領域は既存のプラットフォームに基づいて作られなければならないのであり、キスメットはいかにして機械を魅力的に振る舞わせるかということについての重要なアイディアの結果である。社会的ロボット工学の実験としては、キスメットは大きな成功をおさめたのであり、いかにしてロボットに人々の自然で直観的な社会的応答を引き起こすことが可能になるのかを証明したのだった。

オートパイロット、意思決定支援システム、情動を帯びたやりとりに従事する基礎的能力を備えたロボット。これらすべてが人工道徳の分野の出発点を与えてくれる。以上のようなシステムは、操作的道徳か、あるいは非常に限定的な機能的道徳の領域に組み込まれるが、その設計者の価値観を比較的直接的に拡張したものに過ぎない。設計者はシステムが作動する状況の大半を予測しなければならず、それらの状況で利用できる行為は厳しく制限されている。書面の安全マニュアルは、適切に、安全に、倫理的に使用するという問題をオペレータに転嫁しようと試みるが、それが常にうまくいくわけではない！ 自律的意思決定を下す技術がいっそう広範囲になれば、（ロ）ボット工学者は自分たちの専門職綱領がAMAの開発をエンジニアの義務にすることに気づくだろうと、我々は想像する。

我々がしようとしていることは、もっと単純な仕掛けに集中するべき場合なのに、月を撃とうと試みていることではないのか、と疑う者もいるかもしれない。システムを設計するという仕事は、価値観という明確な定義のない観念をもち込まずとも、既に非常に困難な仕事である。クレジットカードでの買い物を決済するシステムを考えよう。たとえ買い物を試みようとして拒否された顧客が不便を強いられることがあるとしても（「コンピュータがノーと言ってますので……」）、そのシステムが顧客や銀行を不正な買い物から守るのであれば、それで人々は満足すべきではないのか？　不正使用のパターンの分析は常に改善されうるのだから、明示的な倫理的推論をシステムの中に構築することに気をとられずに、それに集中すればよいのではないか？

もちろん、パターン分析が改善されうるというのは正しい。だがそれには限界がある。システムを設計するソフトウェア・エンジニアとそれを運用する銀行員は、人々がクレジットカードを使おうとするあらゆる状況を完全に予測することはできない。完全に潔白な買い物と、時として緊急事態ですらある買い物が、銀行のコンピュータによってどちらも「疑わしい」とみなされてブロックされることもあるだろう。エンジニアの（そして銀行員の）視点からは、その問題は許容可能な偽陽性（間違って潔白な買い物を不正な買い物とみなすこと）と許容できない偽陰性のバランスの問題である。銀行員にとっては、何が許容できるのかという問題は第一に、自分たちの顧客に転嫁できるコストがどれだけであるかという問題である。ほとんどの顧客は、決済が拒否されるという不便が（そして困惑が）場合によって生じても、盗まれたクレジットカードのせいで生じかねない財政上の損失や頭痛から守ってくれるのであれば、それをよろこんで許容する。使用パターンを結びつける銀行の能力から生じるプライバシーへの含意を心配する顧客もいるだろう。本書では、そうしたデータベースにアクセスできる人々による不埒な目的についてはそれほど関心を払わず、銀行にとって高いリスクであるとする分析が示されてもクレジットカードを停止しないことが倫理的であるのはどのような場合かを認識するコンピュータ自身の能力に関心を払っている。パターン分析への既存のアプローチには人々が価値を置くものを保護することに関して内在的な限界があるため、エンジニアは自分たちの理想によって、この限界を超えるために有望な別のアプローチを追求する義務を負わされている。

エンジニアの理想が企業の目標より優先されるべきだと信じているなら、それは間違っていると考える読者もいるかもしれない。結局のところクレジットカード会社はあらゆる決済を認可するよう契約によって義務づけられているわけではなく、それゆえ自動認可システムの使用には何の倫理的問題も関係していないのだと。だが、この推論の流れを受け入れてしまうと、実質的な道徳的問題、つまり企業道徳が契約の問題に限られるのか否かという問題について、既に一つの立場を採用していることになる。設計者が、自分の作成した自律的システムが下す意思決定から契約以外の帰結を無視させるのであれば、彼らは暗黙裡に、特定の価値観をそのシステムに組み込んでいる。自律的システムが、それを運用する企業の収益率に関連する要素と、企業とその顧客の間で既に交わされた契約的合意のみを考えるべきなのかどうかは、それ自体が倫理の問題である。

道徳的議論が収支決算に優先されうると信じているなら、それは浅はかさの上塗りだと考える読者もいるかもしれない。しかし我々は、より洗練された形態の機能的道徳と、最終的に完全に発達したＡＭＡは、企業に財務的な利益をもたらすだろうと考えている。

この利益の源泉の一つは、このシステムは競合相手よりも良いサービスを提供する可能性があるだろう点にある。現在用いられている不完全な決済の認可システムは顧客の不満に繋がり、時として同業他社への乗り換えを招いてしまう。もしあなたがカリフォルニアで給油の決済を拒否されたコリンのように、運良く人間のオペレータと連絡を取れるなら、問題を解消できるかもしれない。だが、電話対応システムが自動化されていた場合、あらゆる人が、人間の介入を利用できない状況に陥ってしまう。これらの対応システムに備わった、操作的道徳と我々が呼ぶものを改善する努力として、大企業は現在、不満の溜まった（それと同時に「重要な」）顧客を見つけて彼らを素早く人間の行為者《エージェント》に回すようなソフトウェアを作ろうとしている。ところが、人間にたどり着いた場合ですら、その行為者はコンピュータ・プログラムによって定められた制約の中で働いており、問題を解決するのに十分な自律性を欠いているかもしれない。不満の溜まった顧客はビジネスにとって悪いものであるが、その一方で収支決算は、機械のプログラムに監督なしでも意思決定ができる機能をいっそう組み込ませようと企業を動かす。顧客の価値に敏感で、道徳的に善いエージェントに近似する意思決定を下すことのできるソフトウェアは、収支決算を改善するものでこそあれ、悪化させるものではないだろう。

二〇〇三年に生じた合衆国北東部での停電は、電力会社が旧式のテクノロジーに依存していたという事実の重要性を浮き彫りにした。ソフトウェアと制御システムがアップグレードされると、それらは停電の要因になった従来のものよりいっそう自律的になるだろう。複雑性が増すと、人間による直接的監視からますます隔たってしまい、このシステムは新たなレベルの自己監視を必要とするようになるだろう。オペレータのミスのため、そしてまた人間にはシステム・ソフトウェアの状態全体の監視ができないため、さらなる機械の自動化への圧力は増大する一方だろう。システムのアップグレードや、送電網の一部の計画的停止ですら、さまざまな要因をリアルタイムで評価するコンピュータによって自律的に行われるかもしれない。このことにより二階のレベルの意思決定が導入され、そこでは制御システムが相当程度に自己監視するようになる。

こういった考慮事項が示しているのは、ネットワークが安全なパラメータの範囲内で機能すること（操作的道徳）を保証する単純な制御システムを超えて、顧客へのサービスという一階のレベルと、自己管理という二階のレベルの双方で選択肢を評価する能力をもつシステムへと進展する必要があるということである。これらのシステムは、設計者もソフトウェア・プログラマも予想できなかった選択がなされたり、行動指針が取られたりするような複雑な状況に、最新の計算スピードを以て対処する必要があるだろう。

以上の事例は、既存の技術がＡＭＡへ向けて進歩するためのさまざまな出発点を提供する、ということをもっともらしく説明しようとして挙げたものだ。日進月歩のテクノロジーはしばしば理解しがたく、その予測も困難である。我々が挙げた最も単純な二次元の枠組みですら、現在の技術から図２・１の右上に位置する完全な道徳的エージェントに至る道筋は多様でありうる。人工道徳に対する我々のアプローチでは、自律性の次元に沿った進歩は当然のものとみなしている――この進歩は起こっており、そして今後も起こり続けるだろう。人工道徳という分野にとって課題となるのは、もう一方の軸、つまり道徳的考慮事項に対する感受性として規定された方向への進み方である。

意思決定支援システムは、道徳的考慮事項に対して敏感なテクノロジーが、自律性を増大させるシステムとは独立に発展することもありうるという知能システム開発の軌道を示している。この軌道は、意思決定を人間の手に委ねつつ、外的な意思決定支援システムを超えて、人間がテクノロジーとさらに融合したものへと向かうように見える。よって、自律性の増大が表しているのは、知的システム開発の軌道の一面だけである。

一九八七年のヒット作『ロボコップ』において、ＥＤ-２０９という巨大でいかつい金属のロボットが登場したシーンは、おそらくＳＦ映画の中でも最も記憶に残る場面の一つだった。ロボット警察官の試作機であるＥＤ-２０９は、何度も警告しても武器を手放さない犯罪者を銃撃するようプログラムされていた。『ロボコップ』では、キニーという若い重役が、役員会でＥＤ-２０９のデモンストレーションをするために熱心かつ自発的に犯罪者の役を演じた。このロボットは標準的なコンピュータ仕掛けの単調な音声で警告を発し、キニーは銃を手放した。だが、警告はさらに二回繰り返された。それからこのロボットはキニーを銃弾の嵐で殺害したのだった。

ＥＤ-２０９は自律的な、少なくとも半自律的なロボットを表している。映画の中で、ＥＤ-２０９の失敗はオムニ社にとってわずかな躓きとなったが、もう一つのチームは既に犯罪と闘うための代替的な戦略――ロボコップ――を開発していた。これは、殺された警官の脳とＡＩを融合させたサイボーグである。

多くの理論家が、サイボーグはＩＴ、神経補綴、神経薬理学、ナノテクノロジー、そして遺伝子治療という現在の研究の自然な結果だろうと信じている。人間をそうした技術と融合させることは、自律的システムの開発以上に多様な倫理問題を提起する。おそらく、サイボーグにおける人間という部品は道徳的考慮事項に対する感受性を与えるだろうが、その一方で、人間の自律性や道徳的能力を侵害する技術を埋め込んではならないという倫理的懸念がある。人間が自分の作り出したテクノロジーとますます親密になっていることを考えれば、研究倫理、社会正義、そして生活改善における問題もまた発生する。とはいえ社会的には、サイボーグ文化の誕生が望ましいか否かの方がもっと関心を集めている。

ロボコップとＥＤ-２０９はＩＴの発展の二つの異なる軌道、つまり人間の直接制御下にあるＡＩと、独立に機能する能力をもった自律的システムを示している。ここで道徳に敏感な意思決定支援テクノロジーと神経補綴の発展が、自律的システムの強化に応用されるかもしれないと注記しておくことは重要である。

ムーアによる倫理的エージェントの分類

ダートマス大学の哲学の教授ジェイムズ・ムーアはコンピュータ倫理学の提唱者の一人だが、彼はＡＭＡを分類するための階層的な図式を提案している。その図式の中で最低レベルにあるものを、彼は「倫理的な影響をもつエージェント」と呼ぶ——基本的には、あらゆる機械がその倫理的帰結を評価されることになる。ムーア自身は、カタールのラクダレースの騎手という危険な職業で、小さな男児の替わりにロボットを用いることにしたという、とても良い例を挙げている。実際には、（ロ）ボットの影響の見えやすさはケースバイケースで異なっているとはいえ、あらゆる（ロ）ボットが倫理的影響をもつように見える。

その次のレベルは、ムーアが「暗黙の倫理的エージェント」と呼ぶものだ。これは、設計者が設計プロセスの中で安全性と最低限の信頼性についての懸念に取り組むことによって、その機械が負の倫理的影響をもたないように努力して計画されている機械である。おそらく、設計者が安全性と信頼性を保証するプロセスを組み込まなければ倫理的な義務の不履行となるという点で、あらゆる(ロ)ボットは暗黙の倫理的エージェントになるよう作られるべきだろう。

その次は「明示的な倫理的エージェント」である。これは、プログラミングに内蔵された一部として、倫理的概念を用いた倫理に関する推論をする機械である。おそらく、義務と責務を表すために発展しているさまざまな形式の「義務」論理や、その他さまざまなテクニックを用いることになる。

これらすべてを超えたところに、完全な倫理的エージェントがある。これは、明示的な道徳判断を下すことができ、一般的に、そうした意思決定を正当化する能力が非常に高い。このレベルの遂行能力には、意識、志向性、自由意志といった能力が必要だとされることが多い。もし人間の文脈でこの三つのうちのどれかが欠けていれば、その人の道徳的行為者性《エージェンシー》と法的責任能力は疑問に付されることになる。

人工システムが「倫理的な影響をもつ」エージェントや「暗黙の道徳的」エージェントであると想像するのは比較的簡単だ。明示的な道徳的行為者性には、もう少し難しい課題がある。ところが多くの哲学者は、(そして科学者の一部も)機械は完全な倫理的エージェントにはなりえないのだと活発に論じている。こうした哲学者や科学者は、意識と志向性と自由意志を備えた人工エージェントを作ることができるということを疑っており、明示的な道徳的エージェントと完全な道徳的エージェントの間にはっきりとした境界線があると主張する。

ムーアの主張は、機械倫理学という新興分野は明示的な倫理的エージェントを目指すべきだ、というものである。彼が論じるには、それ以上のことが可能であるのかどうかですら、哲学的議論や近い将来の工学的実験では確かめられない。我々も、小さなステップで進むという戦略には同意する。ムーアの分類は、自律性と道徳に関連する特徴に対する感受性という我々の図式の中に直接位置づけられないが、機械倫理学が直面する課題の範囲を特定するためには有用であると我々は考えている。とはいえこの分類は、操作的道徳的エージェントと機能的道徳的エージェントを作るプロセスをほとんど特定しない。暗黙の倫理的エージェントを作ることは、明示的な倫理的エージェントを作ることに向かうための手段なのだろうか？　ムーアは教えてくれない。そして彼の本当の関心はそこにはない。

テクノロジーの発展は、既に増大した自律性と、増大しつつある感受性の間の相互作用によるというのが我々のアイディアだ。(ロ)ボットは徐々にＡＭＡに近づいていくので、それらがいつムーアの図式における一方の種類の倫理的エージェントから別の種類の倫理的エージェントに移るのかを判断するための明確な区別をつけることは、不可能かもしれない。自律性が増大していけば、エンジニアは、安全性と信頼性の問題にもっと広く取り組む必要が出てくるだろう。そうした必要の中には、倫理的カテゴリーと倫理的原則の明示的な提示を含むものもあれば、含まないものもあるだろう。我々は、エンジニアがこれらの能力をばらばらの仕方で付け加えるだろうと思っている。(ロ)ボットにとっての自律性の増大は、既に目下進行中のプロセスである。人工道徳という分野にとっての課題は、もう一つの軸、つまり道徳的考慮事項に対する感受性によって規定された方向に動くにはどうすればよいのかということである。

ＡＭＡにとって、道徳的考慮事項に対する感受性が意味するものはいくつかある。イェール大学の計算機科学の教授でアメリカ人工知能学会の名誉会員であるドリュー・マクダーモットは、役に立つ区別を提案している。マクダーモットは、ＡＭＡの設計という目的にとって、倫理的推論者と倫理的意思決定者の区別を心に留めておくことが重要だと論じている。道徳的な機械の作り方について最初に考え始めた人々は、その大半が、マクダーモットの意味では道徳的意思決定を下すことを追求していなかった。その代わりに、倫理的推論を行うために、幅広い範囲のエキスパートシステムで用いられる推論ツールを採用することに集中していた。

たとえば、イングランドのブライトンにあるサセックス大学の計算機科学及び人工知能学部の教員であるブライ・ウィットビーが提案したアプローチは以下のものだ。ウィットビーは計算の社会的側面と倫理的側面について過去二十年にわたって執筆を続けており、そこには彼の一九九五年の著書、『ＡＩについての省察』における「道徳的推論のコンピュータによる表現」という章も含まれる。この章で彼は、エキスパートシステムで用いられる条件文の if-then 規則は、どうすれば法律など応用分野での道徳的推論で採用できるのかを考察した。ウィットビーは道徳的推論者を作ることに固有の難点と、抽象的な推論のみに依拠することの限界によく気づいている。

同じようにマクダーモットは、たとえ倫理について推論できるシステムを構築する際の課題が解決できたとしても、これらのエージェントが倫理的意思決定者になるにはほど遠いと指摘している。彼は倫理的意思決定者を倫理的推論者と対比して、「しかしながら、倫理的意思決定を行うための能力は、倫理的葛藤が何かを、つまり倫理が指令するものと自己利益の衝突を知る必要がある」と述べている。マクダーモットの見解では、倫理的葛藤が何であるかを知ることができ、本当の意思決定者になることができるのは、そのエージェントが道徳的な指令に反して自分の利益のための行為を選ぶに足る自由意志をもっている場合のみである。

工学の現実的な課題は、どうしたらそれが成功となるのかに明白な基準が与えられたとき、最もうまく追求される。道徳的感受性や道徳的行為者性の基準をどのように開発すればいいのか？ ＡＩの父の一人であるアラン・チューリングは、コンピュータが知的であるかどうかを決めようとした際、同じような問題に直面した。チューリングはイギリスの数学者で、戦時中はドイツの暗号解読に取り組んで連合国の勝利に貢献した。戦前、チューリングは機械とプログラムの数学的表現の開発を行った。これにより彼は、機械で計算できるのはどのような数学的関数なのかを詳述できるようになった。戦時中および戦争が終わってから、チューリングの抽象的なアイディアは現実の機械に変わり、現代のデジタル・コンピュータの先駆けとなった。一九五〇年の彼の論文「計算機械と知能」は、おそらくＡＩの哲学において大きな影響力をもった論文の中でも別格の一本だが、そこでチューリングは、「テキストをやり取りするだけの会話における応答のみに基づいて、機械と人間を区別できるか？」という実践的なテストを用いて、知能の定義という問題を回避した。チューリングによれば、コンピュータと人間の違いを専門家が指摘できないとき、そのコンピュータはあらゆる実践的目的にとって知的だと考えられる。この基準は、チューリング・テストとして広く知られるようになった。欠点はあるが、この基準はエンジニアに知的なシステムの構築を追求するための明白なゴールを示している。

役に立つ道徳的チューリング・テストを開発できるだろうか？　これについては後に論じることにしよう。この提案は、オリジナルのチューリング・テストと同じくらい論争的に（そしておそらく同じくらい達成困難に）なりそうだ。さしあたり重要なことは、ＡＩに何らかの側面の道徳的意思決定を実装しようという計画はいずれも、その成功を判断するための基準を定めておく必要があるということだ。基準が異なれば、論理的一貫性、言語、情動的知能などのうち、どの特徴が強調されるのかも変わってくる。

とはいえ、ＡＭＡをどのように構築して、どのように評価するのかという問題の詳細に入る前に、この仕事を紹介する際に頻繁に遭遇する次の二種類の懸念に取り組みたい。道徳的意思決定を機械化しようとする試みは、人間にどのような帰結をもたらすのか？　そして、機械を知的エージェントに変えようとする試みは、鉛を金に変えようとした錬金術師の研究と同じくらい見当はずれなのではないか？

第3章　人類はコンピュータに道徳的意思決定をしてほしいのか？

恐れと魅力

我々はAMAの望ましさについて非公式に調査したことがあるが、人々の意見は真っ二つに分かれた。我々と同じように、AMAは必要かつ不可避であると考える人は多い。他方で、AMAというアイディアが先端テクノロジーへの不安を一層強めると言う人もいる。

洗練されたテクノロジーによって生じる不安を、よりいっそう洗練されたテクノロジーによって取り除こうとするアイディアにはどこか逆説的なところがある。テクノロジーの魅力とそれが引き起こす不安の間に緊張関係があるのだ。我々の考えでは、この不安には二つの源泉がある。一つは、テクノロジーの進歩が人間の制御を超えた軌道に乗ってしまうことに対する、ありがちな未来主義的な恐れである。もう一つは、このテクノロジーが人間自身に関わる何かを露わにしてしまうという、より根深い心配であると我々は感じている。

人類とテクノロジーの深い関係は、時として、「道具のつくり手としての人間」という表現で捉えられる。これは人間本性の中心的な理解を要約したもので、（いささか間違っているが）人間を他の動物と区別するために用いられることも多い。人間の原始的な祖先が石を拾い上げ、それを道具や兵器に作り変えたとき、人間とテクノロジーの共進化が始まった。今日の子どもたちにとって、コンピュータ無しの生活を想像することは難しい。屋内トイレが、下水道が、高速交通機関が、そして教育の広範囲の普及が到来したことで、あらゆる人が変化している。

人間本性の中心にはテクノロジーがあるという考えは技術哲学のメインテーマであり、この主題はアリストテレスにまで遡る。技術哲学者は人間の文化においてテクノロジーが果たした役割を扱っており、そこには結果として生じるコストと利益も含まれる。剣を鋤に打ち直すという聖書由来の考えは、コストと利益と力が、道具との間に古くから関連をもっていることを示している。人間は機器や機械装置がなければ途方に暮れてしまう。そのため、道具はある程度人間を定義するものであり、自らの人生を制御するものとしても、自らの自律性を損なうものとしても見られることがある。

ここには二つの価値の観念が作用している。一方には外在的価値があり、これはテクノロジーが公共の福祉に貢献するのか、それともしないのかという問題に関するものである。核兵器、クローン技術、そして人工知能は、全面的に善いものなのだろうか？　飛行機、列車、そして自動車についてはどうだろうか？　もう一方には内在的価値があり、これはテクノロジーがいかにして人間であるということの意味を形作るかという問題に関するものである。アンディ・クラークが言うように、我々は「生まれながらのサイボーグ」であり、テクノロジーを採用することにも、そのテクノロジーと文字通り融合してしまうことにもためらわないのだろうか？　あるいは、テクノロジーは下着と同じぐらい簡単に履き替えられるものなのだろうか？（ところで、『マトリックス』の登場人物はどこで服を見つけたのだろう？）人間の自律性と人間のテクノロジーへの依存の間には哲学的な緊張関係がある。

さらに言えば、新たなテクノロジーを採用すると、人間の潜在能力が変質するだけでなく、人間の性格と意識が変化することもありうる。ＭＩＴの社会学者、シェリー・タークルはこう述べている。「テクノロジーの将来に対して我々がもつ現在の多くの懸念の背後には、述べられていない問いがある。それは、将来のテクノロジーがどのようなものなのか、という問いではない。我々自身がどのようなものになるのか、つまり、機械との間にますます親密な関係を築いていくと、我々はどのようになってしまうのかについての問いである。」

技術哲学は、ますますテクノロジーに依存していく社会における、人間の自由と尊厳についての問題を提起する。高度に工業化された社会では、非常に多くの人々が反復的で退屈な仕事ばかりをやらされるというのは本当だろうか？　テクノロジー製品に対する需要は不可避的に環境を悪化させるのだろうか？　新たなテクノロジー、たとえば遺伝子工学やナノテクノロジーの発展は、人間には制御できそうもない強力なプロセスが始まりつつあるという恐れを生み出す。同じような心配の多くが、（ロ）ボットにも結びつけられる。このジャンルについて書かれたものの多くは、いやほとんどは、技術的問題そのものを解決しようとしておらず、実際には、テクノロジーの「進歩」というアイディアへの批判である。これらの技術哲学者は、テクノロジーに関する楽観主義者に対抗するために必要な勢力を担っているのだと自認していることが多い。楽観主義者の一例として、ＡＩに関して非常に影響力のある哲学者のマーガレット・ボーデンを挙げよう。彼女はイングランドのブライトンにあるサセックス大学における認知科学及び計算機科学部の初代学部長を務め、一九八三年に執筆した「人間的にする力としての人工知能」という論文でこう論じている。ＡＩは、いっそう人間的な活動を追求するために人間を退屈な労働から解放してくれる「西洋人にとってのマンゴーの樹」になりうるのだと。

古いスタイルの技術哲学はほとんど逆向的であり、人々の制御を超えた強力なプロセスという亡霊に突き動かされることも多かった。新世代の技術哲学者はもっと順向的である。彼らは単にテクノロジーに逆らうのではなく、エンジニアが設計プロセスにもち込む価値観をエンジニア自身に自覚させようとしているし、その設計と実装に影響を与えたいと思っている。新世代の技術哲学者は単なる応援や嘲笑に満足するのではなく、多様な活動に関するミーティングに参加しており、その範囲は玩具やビデオゲームの設計から、下水処理施設の設計にまで至る。ヘレン・ニッセンバウムという哲学者はこれを「工学的活動主義」と呼んでいる。

エンジニアの中には、価値観の問題を「ソフト」過ぎるといって無視したり敬遠したりしがちな人もいるかもしれないが、それで問題がなかったことになるわけではない。人間がその価値観を意図したり欲したりしているか否かにかかわらず、システムと機器は価値観を具現化したものである。テクノロジーに具現化された価値観を無視すると、その決定を偶然や何らかの力に委ねてしまうリスクが生じる。価値観をコンピュータ・システムに組み込むことは不可避であると考え、ニッセンバウムは、人類に役立つ「価値観を擁護する」ために必要なものとして工学的活動主義を正当化している。

人工道徳という分野は、テクノロジーに対するこの活動主義のアプローチを共有している。それは人間の福利を向上させる価値観をテクノロジーに組み込むことに根本的な関心をもつ。コンピュータ・システムが複数の行為の中から選択する場合、そのシステムはある種の意思決定プロセスに従事している。近い将来、この意思決定の倫理的側面は、暗黙裡であれ明示的であれ、エンジニアがシステムへと埋め込む価値観によってほとんど決定されるようになるだろう。最近になるまで、設計者は自分たちが生み出しているテクノロジーに、どのように価値観が暗黙裡に組み込まれるのかを考慮していなかった。エンジニアが自分の仕事がもつ内在的な倫理的側面と外在的な倫理的側面の双方に注意するようになることを助けたのは、ニッセンバウムのような哲学者の重要な功績である。

テクノロジーの内に無意識に埋め込まれた価値観に注目することは、非常に喜ばしい発展である。少なくとも、システムの設計者は自分が埋め込むのはどのような価値観であり、誰の価値観なのかを考慮すべきだ。だが、人工エージェントの行為に暗黙裡に備えつけられる道徳は、単なる工学倫理の問題、言い換えると、エンジニアに自らの倫理的想定に気づかせるという問題ではない。現代のコンピュータの複雑性を考えたとき、ほとんどのエンジニアは、自分ではシステムが新しい状況でどのように作動するかを予見することができないと自覚するのが一般的である。一つの機械の設計には、何百人ものエンジニアが関わっている。さまざまな企業、研究センター、設計チームが、最終的な製品を構成する個々のハードウェアとそのソフトウェアに取り組んでいる。コンピュータ・システムのモジュール設計が意味するのは、システムが新たな入力の複雑な流れとどのように相互作用し、それらにどう応答するのかを完全に把握できるような、単一の人間やグループは存在しないということだ。人工道徳の目標は、あるシステムの操作的道徳を形作る際の設計者の価値観の役割を強調するのではなく、そのシステム自身が明示的な道徳的推論と意思決定の能力を備えることになるように工学的活動主義を進めることである。

理想的なAMAは、選択を下して行為する際に、外在的価値と内在的価値の両方を考慮するものである。とはいえ初めのうちは、(ロ)ボットが外在的な危害を引き起こさないような保証に強調点が置かれるだろう。内在的価値への注意は、主としてシステムを設計するエンジニアに、そして新たなテクノロジーを採用するか拒絶するかを選ぶ社会とユーザに任されることになる。

意思決定の責任をコンピュータに丸投げする

我々はAMAが必要かつ不可避であると提案しているが、このテクノロジーを開発することに負の側面はあるのだろうか？　もちろん未来主義者とSFファンは、高度に思弁的で、場合によっては杞憂にすぎない懸念を提起している。だが、人間の尊厳や責任への影響に関しては、もっと差し迫った懸念もある。その懸念は、もっと限定的な形式の人工知能システムから生じるかもしれない。

機械道徳へのアプローチは初めのうちはほぼ確実に、意思決定者のための支援ソフトウェア・ツールという形をとる。しかしそのような支援ツールにユーザが頼り切ってしまうと、そのユーザは、機械の出力を自分の批判的思考の代替品として用いてしまう危険がある。社会科学者のバティヤ・フリードマンとピーター・カーンは、意思決定支援ツール（decision support tools；ＤＳＴ）に関してこの懸念を提起している。

フリードマンとカーンが示唆するところでは、ＤＳＴは人間の意思決定者による道徳的責任の放棄へと繋がる滑り坂を転がり始めている。人々がＤＳＴのアドバイスを信頼するようになるにつれ、そのアドバイスに疑問を挟むのは難しくなるはずだ。ＤＳＴは最終的には意思決定プロセスを制御するようになるかもしれない危険がある、と彼らは信じている。

なぜこれが悪いことになるのだろうか？　フリードマンとカーンはこの点を完全に明らかにしているわけではない。だが彼らは、責任ある計算は完全に意識的な行為者《エージェント》にあらゆる決定の責任をもたせなければならない、と考えているようだ。非常に重要な文脈——たとえば、病院における生と死に関わる意思決定が挙げられるかもしれない——の場合にはそれが求められるだろうと我々も考えている。しかし、我々が既に説明した理由によって、人間による直接的な監視を行うことができない領域は無数にある。そうした文脈における責任ある計算とは、そのとき考察している問題の倫理的に重要な特徴を考慮して、それに反応するプログラムを有することを意味する。

フリードマンとカーンは病院の集中治療室（ＩＣＵ）でのＤＳＴの採用を例にして、自らの懸念を説明している。彼らが注目するのはＡＰＡＣＨＥという、ＩＣＵにおける患者の治療手続きを決定する能力をもったコンピュータ・ベースの意思決定支援モデルである。彼らが述べるように、

救命医療スタッフにとって、ＡＰＡＣＨＥの推奨に従ってほとんど何も考えずに行為することが慣習になってしまい、経験のある医師ですら、ＡＰＡＣＨＥの推奨の「権威」に口を挟むのが難しくなっていくかもしれな

い……だがこの時、オープンループの相談システムは……結果としてクローズドループのシステムとなり、そこではコンピュータの予測が病院の意思決定を支配する。

フリードマンとカーンが一九九二年の論文で述べているように、APACHEシステムは試作品である。最近のアップグレード版であるAPACHE-Ⅲは、六十万人以上のICUの患者の情報をデータベースに含んでいる。このシステムは、リスクが高くコストも高い患者の治療を管理する医師と病院経営者に、リアルタイムのリスク調整された医療情報と財務情報を提供することができるという前提に基づいて販売されている。APACHEメディカルシステムズの主張では、これは病院側に、処置の変化をもたらす助けとなるものであり、たとえば、患者がICUに滞在する時間を減らす——それゆえ病院のコストを減らす——ことができる。同社はまた、処置の改善と各患者の予後評価の改善が、数字として現れる患者の治療における改善を導いたのだと主張している。

APACHEが病院に存在すると、医師の自律性の低下を招くのだろうか？　この疑問に答えを出すのは難しい。いずれにせよ、APACHEを用いる医師が、意思決定システムを使わずに働く医師よりも患者に対してより良い仕事をする傾向にあるのであれば、医師の自律性の減少がそれほど悪いものだとははっきりとは言えない。とはいえ、フリードマンとカーンが重視する危険を——つまり医師が機械の言いなりになって患者のケアを評価する危険を——認識するのは重要である。現在が訴訟の時代であるということを念頭に置けば、医療従事者は優れた成果記録をもっているDSTの結論に対して異議を唱えることに躊躇するだろうということに、我々は同意する。システムの分析の詳細を調べるコンピュータによる監査証跡は、野心的な悪徳弁護士に利用される見込みが高い。とはいえ、そうした抵抗感についてはただ思い描くのではなく、経験的な研究に基づいた心配をすべきだと思われる——DSTが不可避的に機械による制御を導くというのは正しいのか？　医師はDSTに対して肯定的な反応をしているると示唆する調査もあるが、それは初期段階のものである。さらなる研究が必要だ。

フリードマンとカーンはさらに、ＡＰＡＣＨＥシステムはある日、人間の意思決定者による直接的な行為なしに生命維持装置を止めるようになるかもしれない、という展望を考察している。この憶測は警告的だが、彼らがこの懸念を提起してから十五年の間、我々は機械が完全に生死の決定を制御する日が近づいている証拠など目にしたことはない。誰かが思い切ってこの一歩を踏み出す前に、現在構想されているいかなるソフトウェアよりも、倫理的感受性の点で、遥かに洗練されたレベルに達したソフトウェアを利用できるようにする必要があるだろう。ＡＰＡＣＨＥはＩＣＵの状況の中で倫理や道徳に関連するものが何なのかについて、非常に限定的にしか把握していない。さらに倫理に焦点を合わせたＤＳＴには、患者の生存だけではなく、たとえば、治療が患者やその家族の望みと一致しているのかどうか、予期された治療結果が患者にとって許容可能なクオリティ・オブ・ライフを提供するのかどうか、といった問題も含めて、考えることが期待されるべきだろう。これらは、患者の自律性と福祉に関する考慮事項の一種であり、通常は医師と患者と他の人間の参加者、たとえば、患者が話し合いに招き入れる配偶者や宗教的カウンセラーとの間で行われる完全で開かれた対話において最もうまく答えられる。

ところが、時として患者は、対話に参入する条件にないこともある。コンピュータは、このような致命的疾患の患者の選好を予測する際に、患者の親族と同じ程度に正確でありうるのだろうか？　国立衛生研究所（ＮＩＨ）の研究グループは、患者の親族が彼らの愛する人の望みを予測する際に正確なのは、四回のうち三回にすぎない、という報告書を二〇〇七年に公表した。コンピュータ・プログラムはもっとうまくやるだろうか？　ＮＩＨの生命倫理学者であるデイヴィッド・ウェンドラーは、この研究の著者の一人であるが、そうだと信じている。彼と彼の同僚が作ったプログラムは、同じような条件下にある他の患者に対して治療がどれほど効果的であったかという情報以外の情報を用いない。ある患者が、ある特定の治療を受け入れているのかどうかを予測するため、このプログラムは単純な規則を適用した。もしある治療が患者を通常の認知能力の回復に向かわせる可能性が一パーセントでもあるならその選択肢が選ばれるだろうと、このプログラムは予測した。プログラムは患者の望みを予測するにあたり、親族や友人と同程度正確に振る舞うことができた。ウェンドラーによれば、年齢、ジェンダー、職業など、患者に関する情報がさらに増えれば、ソフトウェアが人間よりも優れた判断を行う可能性は十分にある。よっておそらく、もしあなたが事前にリヴィング・ウィルを書くことなく意思決定することができない状態に陥ってしまったとしても、あなたは自分の集中治療についての決定を、あなたの親族ではなく機械が下すように望むだろう！

患者が完全に意思決定ができないというほどではない場合、我々はフリードマンとカーンに同意し、DSTの誤用を防ぐ警戒が必要なことを認める。文脈にかかわらず、意思決定支援が標準的な意思決定になってしまうことを認めるべきではない。とはいえこれにより、いっそう洗練されたDSTがより広範な倫理に関連する詳細を考慮に入れる必要が——言い換えれば、AMAにいっそう近似したDSTの必要が——なくなるわけではない。仮にシステムが倫理とは無関係な基準——たとえば客観的な生存率——だけを用いて意思決定の九〇パーセントを正しく行えるとしても、ミスをした残りの一〇パーセントのケースでは、関係者全員にとって、倫理的判断が最大の重要性をもっていたのかもしれない。

にもかかわらず、坂の傾斜が増してしまう、あるいは坂の滑りやすさが増してしまうと主張して、このままの流れでDSTが開発されることに異を唱える者もいる。懸念されているのは、直観的に妥当な結論を機械が出すようになればなるほど、その機械がまるで本物の道徳的知能を備えているかのように擬人化されて扱われてしまうことである。おそらく、そうしたシステムを設計し販売する人々は、それを用いる人々にある種の詐術を用いている。彼らは人々にシステムを、その実情とは異なる何かであると信じさせている。この問題については次の節で扱おう。

羊の皮を被る

一九四四年にフリッツ・ハイダーとマリー＝アン・ジンメルが行った、今日では古典となっている実験がある。その実験で彼らは、人々がごく当たり前に、生きていると知覚したものに擬人的な性質を帰属させる、ということを示した。彼らの実験では、被験者は単純な幾何学的図形が白いスクリーン上で動く映画を見せられ、そこで自分が見たものが何なのかを記述するよう求められた。するとほぼすべての被験者が、これらの物体の動きを記述する際に、「欲している」「恐れている」「求めている」などの言葉を自発的に用いたのである。一つ目の三角形が、二つ目の三角形に接近して後ろに従っているとき、後者の三角形が方向を頻繁に変化させているとする。このとき、一つ目の三角形は二つ目の三角形を「追いかけている」と記述され、または、二つ目の三角形が一つ目の三角形を「恐れている」とか、一つ目の三角形から「逃げている」と理解される。被験者は自発的に物体を擬人化し、そこに意図を投影したのである。彼らは幾何学の言葉でその活動を記述することには、そうするようにうながされた場合ですら、非常に困難を覚えた。近年の多くの関連する実験は、いかに容易に人間が動く物体に意図を投影するのかについてさらなる確証を与えている。

ほとんどの形の擬人化は比較的無害である。時として人間は自分たちのペットとの間に、まるでそのペットが人間であるかのように関係をもつが、ほとんどの人々はペットの理解力に限界があることもわかっている。玩具会社は人形やペットロボットなどの商品を設計する際に、動く物体に情動的状態や意図を投影しようとするという、人間がもつ自然な傾向性から利益を生み出せることに気づいた。犬ロボットが人から注意を向けられて尻尾を振ったり跳ね回ったりするとき、犬ロボットは「幸せ」なのではない。犬ロボットは人間の情動と、あるいは動物の情動とですら、比較できるような内的状態をもたない。そうした見せかけのトリックに関して、社会心理学者にとっては追求すべき興味深い研究課題があるものの、これらの玩具が第一に娯楽のために設計されているということを理解しておくべきだ。SONYは可愛らしい人間型ロボットの広告に、「QRIOはあなたの友達になりたい」という文句を付けた。だがもちろん、QRIOは何も「欲する」ことはない。業者があなたにQRIOを買って欲しいのだ。（少なくとも、新たなアメリカ人CEOが二〇〇六年にロボット事業部を閉鎖するまではそうだった。）

見せかけのトリックと大衆を騙すことの差は紙一重である。とはいえ、人間に似たスキルをテクノロジーに与えることで、人間とそのコンピュータや機器やロボットとの間の相互作用が容易になりうるということには顕著な証拠もある。多くの消費者が、心を宥める音声で話してくれる自動車やコンピュータを好んでいる。MITのアフェクティブ・コンピューティング研究所は、ユーザのフラストレーションを認識できるシステムの実験を始めている。たとえば、フラストレーションは特殊に設計されたマウスに内蔵されたセンサへのある種の圧力として記録される。マウスへの圧力はセンサを起動し、そのセンサは次いで、スクリーン上のメニューを起動し、問題があるのかどうかと尋ねる擬似音声を立ち上げる。もしユーザがそうだと答えれば、ソフトウェアはさまざまな形の改善策を提示する。

他にもMITの人型ロボット工学グループの科学者たちは、人間の基本的な社会的手がかりを察知し、人間のような社会的合図で応答するように設計されたシステムが、どのように人間とロボットの相互作用を促進するかを探っている。おそらく、最も有名なソーシャル・ロボットはキスメットである。キスメットが洗練された社会的適性をもつなどとは誰も主張しないだろう。特筆すべきなのは、非常に低レベルで本質的に機械的な社会的メカニズムですら、それが生きていて実際にある種の社会的相互作用に従事しているのだという感覚を、極めて説得的にもたせることができるという点である。（我々のクラスの学生には、キスメットが叱られているのをみて嫌な気持ちになった者もいる。）

確かに、人間に似た特徴をもち、人間に似た動作を行うキスメットのようなロボットは、テクノロジーとの相互作用を容易かつ快適にすることがある。だがテクノロジーがどこまで人間に似たものになりうるのか、あるいはなるべきなのかはかなり不確実である。日本のロボット工学者の森政弘は、一九七〇年に次のような理論を打ち立てた。人々はロボットが人間に似た特徴と動きを備えるようになっても不快に思わずロボットに共感的になるが、しかしそれはロボットがあまりに人間らしすぎるように見え始めるまでのことで、それ以後はロボットを不快に思い、嫌悪感さえ抱くようになるのだと。人間のように見えるが人間が期待するほどではないものによって生じる不協和は、見た者を著しい不安に陥れる。森はこの安心感の下降を「不気味の谷」と名づけた――そこには、もしいっそう人間に似ているアンドロイドが作られるなら、これらの否定感情を克服する可能性があるだろうという想定がある。

森による不気味の谷は、ロボットの設計者たちにさまざまな反応を引き起こした。石黒浩はアンドロイド型ロボットに可能な限り人間に似せた見た目と振る舞いをもたせることを目標にしてロボットの設計をしているが、彼は不気味の谷を乗り越えるべき課題として捉えている。他にも、最も効果的なロボットは人間に似た特徴をいくらかもっているものの明らかに人間であるふりをしないものだ、という示唆を与えるものとして不気味の谷を理解したロボット工学者もいる。ロボット工学者が採る戦略は、大部分がその目標とする機能にある。今日のテクノロジーを考えれば、人間とロボットの相互作用を容易にするためには、外見と行為は人間に似ているものの明らかに人間とは異なるロボットが、アンドロイドよりも望ましい。

基本的な社会的手がかりを見つけ出し、社会的手がかりによってそれに応答する能力をキスメットにもたせるために発展したテクニックは、既に玩具やサービス・ロボットの設計と販売を目論む企業に利用されている。ピューリタン的な観点から見れば、そうしたテクニックはおそらくある種の欺瞞だろう。とはいえ、製品の娯楽としての価値と利便性の改善を考えれば、消費者はこれを倫理問題とは思わないだろう――もちろん、それが悪しき目的のために設計されていないと仮定して。

それでも、そうしたテクノロジーによって引き出される擬人的な反応が、意図しないものではあっても有害な、あるいは非倫理的な活動を覆い隠してしまう傾向にあるとすれば、そこには問題があるかもしれない。社会学者のシェリー・タークルは、介護施設にロボットの人形をもち込んだ。彼女が貸した人形の中でもある種のタイプは商業的に失敗したものであり、目の肥えた若い消費者はその人形に惹かれず、似たような人形でももっとよい機能をもったものを選んでいた。だがタークルは驚いた。介護施設の入居者の多くが、彼女のもち込んだロボット人形に惹きつけられ、貸出期間が終わったとき、その人形を手放したがらない者もいたのである。明らかに、入居者の多くが社会的相互作用に飢えるあまり、どんな形のものでもいいからそれを求めていたのである。

ほとんどの人々は、ロボット人形は人間の友人の貧弱な代替物でしかないと考えて、施設の入居者がそれに惹きつけられたことを、高齢者や障害者の情動的ニーズを社会が注視できていなかったことの証左だと理解するだろう。ソーシャル・ロボットが孤独や人間的な相互作用のニーズの解決であるという提言を毛嫌いする者もいるかもしれない。だが、人間のニーズへの応答としてのソーシャル・ロボットの機能や実用性や望ましさについては問わなければならない難しい疑問がある。たとえば、もし人々と共同体が、人間的な交流を求める高齢者や障害者のニーズに応えるのに必要な時間とリソースをそこに振り分けたいと思っている証拠がないのであれば、ソーシャル・ロボットのほうが何もないよりましではないだろうか？

フリードマンとカーンは、人間がテクノロジーを擬人化しがちな傾向をもつことによって生じる、別の深刻な倫理的懸念を指摘している。ある能力をもっていない機械に、その能力を帰属させることで生じる危害である。現在のテクノロジーは、人間の道徳的行為者《エージェント》に人々が要求するような知能や意図を全くもっていない。そうした行為者性《エージェンシー》を機械に帰属させるのは危険であり、人間が責任を放棄する可能性を示唆する。知能機械を生産する企業は、ユーザに慎重になる訓練をする必要がある。それは単に法的責任から逃げるためではなく、機械にできることとできないことを誤解することで生じる危害に対する責任を果たすためでもある。

核兵器を運搬するトライデント潜水艦が一九八〇年代後半に導入されたことは、合衆国とソ連の軍拡競争の時代の地球の運命を深刻な危機に陥れた要因の一つだった。この潜水艦は、核兵器が発射されてから届くまでの象徴となっていた十分間の壁を壊すものだった。この十分間の壁とは、レーダー・スクリーン上に現れた画像が攻撃を意味するのか無害なものなのかを評価する意思決定プロセスに指導者が介入するために必要だと考えられた時間である。人間が意思決定プロセスに介入するための時間がなければ、ソ連の兵器システムは、コンピュータによるデータ分析と報復措置を開始するコンピュータに依存せざるをえなかっただろう。人類の未来は、一九八〇年代のソビエトのコンピュータ・テクノロジーの手に握られるところだったのである。すべての人にとって幸運なことだが、軍拡競争は崩壊した。だが今日であっても、生死に関わる問題をコンピュータの手に委ねようとする者は、現状のテクノロジーの限界を理解しそこねている。

ＡＩシステムが世界の隅々に浸透するようになっても、人々がその機械の限界をよく理解するようになっていくのかどうかは未だ明らかではない。たとえば、コンピュータと比較して人間の知能の方が優れている領域をほとんどの人々が正しく理解するようになるだろうか？　それとも人間は劣っていると感じ始めるだろうか？　確かに、計算機とコンピュータは複雑な数学的タスクをこなすことにかけては人間よりも優れている。だが、たとえば計算機を採用することは、人間の自分自身の能力への敬意を実際に貶めるものだっただろうか？　コンピュータが機械的・反復的タスクに関して非常にうまく機能するという事実は、一般的に人間の役に立つことだとみなされている。その分、人間はもっと重要な事柄に注意を向ける時間を作れるようになる。

とはいえ、コンピュータが道徳的熟慮や創造的タスクなどの複雑な課題を人間よりもうまくこなせるものだと理解されるなら、ある種の不安や劣等感が生じ、自尊心が失われるのではないかという懸念を表明しようとする者もいるかもしれない。創造的能力をもつコンピュータは、創造的な人々が自分の才能を試そうとするモチベーションを奪うことにもなるかもしれない。我々は、テクノロジーをモチベーションややる気を奪う盗賊とみなすのは不適切だと考えている。知性や運動能力、芸術性において最も才能に恵まれているというわけではない子どもですら、偉大なことを成し遂げようと効果的に動機づけることはできる。親と教育者にとっての課題は、子どもたちが特定の分野で才能を見せるかどうかにかかわらず、それぞれの子どもたちのベストを引き出してあげることだ。洗練された機械の世界における社会的課題は、人間の希望を養うことだ。我々は、この課題は解決できると確信している。実際、多くの子供たちにとって新しいテクノロジーは、それまでの世代ではわからなかった才能を養う助けになっている。

コンピュータ・システムとロボットに人間の認知的能力と社会的能力を再現しようとする科学者の試みが成功するか否かが判明するまでは、これらは未来主義的な心配だ。楽観主義者は、人間は自分たちと等しい、あるいは自分たちを超えるシステムを作るだろうし、それは次の二十年から五十年の間にも実現するかもしれないと論じている。もし彼らが正しいのであれば、そのことは人間の尊厳に打撃を与えるだろうし、人間を動物や他の存在者よりも優れたものにする才能を神から与えられた特別な被造物ではないことの証明だ、と考える人もいるだろう。ＡＩが人間の知能に匹敵しうるかどうかは人間には決してわからない方が好ましいと考える者もいるだろう。我々はこの観点を理解しているが、科学的研究の遂行が人間にとってよいことになるとも信じている。人々は科学的探求が明らかにする真理に順応する力を十分にもっている。さらに言えば、高次の心的機能のすべてを人工的システムに実現することは、不可能ではないとしても、非常に難しい課題だということが明確になるだろう。そしてその難しさゆえに、なにゆえに人間がかくも素晴らしい存在であるかを強調することになるかもしれないと我々は考えている。

兵士、性玩具、奴隷

ロボットを人々の生活の中に受け入れることは、人間が大事にしている価値を減じさせ、人々の人間性を劣化させるのではないか？　皮肉なことに、この問題は最も成功したロボット工学者の一人、ジョージア工科大学のモバイル・ロボット研究所の所長であるロナルド・アーキンによって提示されたものである。アーキンは「爆弾、仲間、隷属（Bomb, Bonding and Bondage）」という言葉をつくり、人間とロボットの相互作用の三つの主要なあり方——兵士としてのロボット、伴侶としてのロボット、奴隷としてのロボット——によって生じる社会的懸念を表現した。軍事的応用と性的関係と労働者の役割を果たすロボットは、それぞれ異なった目標をもつ異なった存在であり、それぞれが倫理的考察を必要とするだろう。

人類はロボット兵士を望んでいるのだろうか？　もちろん、我々は既に巡航ミサイル、遠隔操作車両、危険な任務に従事する戦場ロボットなどの形でロボット兵士を使っている。二〇〇六年の五月のニュース記事では、何百もの「パックボット戦略的機動《モバイル》ロボットがイラクとアフガニスタンで、市街地戦でドアを開けるために、光ケーブルを敷設するために、爆弾を除去するために、あるいは他のそれまでは人間だけで行われていた危険な任務をこなすために用いられている」と報じられていた。

合衆国では、ロボット研究の大部分が国防総省による資金援助を受けており、武装ロボット開発という長期的目標のために数十億ドルが費やされる計画がある。二〇〇四年と二〇〇五年に提出された大量のプレスレポートによれば、合衆国陸軍は既にM240機関銃やM249機関銃を搭載した遠隔操作ロボットのタロン（SWORDSを使用する）を開発しており、二〇〇五年の十二月には、BBCがこれらのロボットが「イラクでの暴徒鎮圧の戦いに」用いられていると報じている。SWORDSロボットは電子的に照準を定めるが、実際の発砲の決定は人間のオペレータによる遠隔操作で行われる。二〇〇七年の終わりには、SWORDSロボットがすぐにでも戦場で用いられると報じられた。実際に用いられたという報道はそれ以来耳にしていない。にもかかわらず、二〇〇八年一月末には、遠隔飛行ドローンのプレデターから発射されたミサイルが、パキスタン内陸部にいたアルカイダのメンバーを十数人以上も殺害したと報じられた。

たとえ初めのうち兵器を搭載したロボットを用いた殺しの意思決定ループの中に人間のオペレータがいることになっているとしても、いつまでもそうとは限らない。実際、国防高等研究計画局（Defense Advanced Research Projects Agency；DARPA）は自律的な戦場ロボットの研究への資金援助を、少なくとも一〇年前から行っており、DARPAの陸上戦闘システム（field combat systems；FCS）プログラムは、二〇一〇年を期限として、戦闘に必要とされる軍事目的のロボットワークフォースの実戦配備をすることになっている。

我々の知る限り、銃や爆弾を装備した完全な自律的システムは未だ解き放たれていない。だが、そうしたシステムを支持する理由は単純かつ抗い難いものである——ロボットは戦場において必要な人員を削減し、兵士、水兵、パイロットの生命を救うことになる。さらに言えば、プレデターのような遠隔操作の機体ですら、現在のところ、一機のドローンを操縦するのに最大で四人のオペレータが必要なほど複雑である。ナビゲーション、機体の操縦、目標に狙いを定めることなどの役割はそれぞれ高度な訓練を受けた人員を必要とする。明らかに、ロボットにさらなる自律性をもたせて人的ニーズを削減することができる陣営は有利だろう。陸軍は既に、人間のオペレータなしに戦場で動き回る補給ロボットを試験している。

ロボット戦闘機械は、アシモフの第一原則——人間を傷つけたり殺したりしてはならない——という不都合によって阻止されるものではないだろう。問題は明らかだ。いったんロボットが殺人の許可を与えられたなら、どの人間を殺すことが正当化されるのかを決めるために、リアルタイムの意思決定が必要である。アシモフ自身、他の三原則に以下の第零原則を付け加えた時、ロボットが人類全体の保護のために人間を殺す可能性の扉を開いた。「ロボットは人類に危害を加えてはならない。また、その危険を看過することによって、人類に危害を及ぼしてはならない。」いつ、どこで、そして誰に対して致死的な武力が許容されるのかに関する道徳的意思決定能力の実装以外に、ロボット戦闘機械が許容できない危害を引き起こしてしまう可能性を減らす方法はない。さらに言えば、ロボットは敵の戦闘員を殺すことに対してだけでなく、市民の死者（「コラテラル・ダメージ」）や味方の兵士の死（「フレンドリー・ファイア」）に対しても責任を負うことになる。たとえ派生的な損失がより大きな目的のために正当化されるとしても、自律システムには選択肢を比較考量する能力が必要となるだろう。安全性と倫理的行動を保証する難しさを考えれば、兵器を搭載したシステムをいつ配備するべきなのかということを、時間をかけてよくよく考える必要がある。その問いに対する答えは、「いかなる時もありえない」というほど単純なものではないだろう。

既に軍に配備されている無人機や巡航ミサイルについては、道具やモノであると一般的には理解されている。だが人間には擬人化をしがちな傾向があるため、兵士はそうしたロボットとの間に仲間意識をもつ。爆発物の発見と処理に用いられるパックボットの製造を行ったｉＲｏｂｏｔ社の代表取締役であるコリン・アングルは、同社にスクービー・ドゥーの修理を依頼した合衆国の兵士の話を語っている。スクービー・ドゥーは、彼が自分の班のパックボットに与えた愛称であり、三十五件の任務を完璧に成功に導いた後に爆発したのである。アングルの話では、その兵士はiRobot社に、「スクービー・ドゥーを治してやってください、彼は私の命を救ってくれたのです」と懇願したという。

人工的な生物や友人や仲間の開発——人間との相互作用のために設計されたロボット——は、人工的な兵士を作ることとは全く異なった目的をもっている。ソーシャル・ロボットの開発者は、その利便性を高めるために、あるいは機械仕掛けのペットや仲間との間に感情的な絆が築かれるよう人々を刺激するために、人間の心理を利用しようと注力している。

性玩具の設計者はまっさきに最新テクノロジーを応用して、クライアントを刺激するのが得意だ。技術的発展はポルノ産業への応用によって動かされてきた長い歴史があり、ロボット工学という分野もその例外ではない。他のポルノ産業への応用と同じように、女性の搾取や反社会的行動の助長に関する深刻な問題が生じる。だが兵器を装備したロボット兵士の議論と同じように、この問題には二つの側面がある。たとえば、遠隔式の快楽装置の代わりに性的パートナーとして機能するロボット・アバターは、ある種の「安全なセックス」を提供する。だが間違いなく、ロボット性玩具との関係が異常な反社会的行動を引き起こすことを示唆する逸話的な証拠もあり、将来の研究がこれを確証するかもしれない。

ロボットを孤独の問題を解決するために用いることは、即席の性的満足のために使うよりも深刻である。研究者たちは、(ロ)ボットが共感しているという幻想を作り出すために、表情や言語的および非言語的な合図によって情動状態を読み取ることのできる(ロ)ボットに取り組んでいる。デイヴィッド・レヴィはその著書『ロボットとの愛とセックス：人間とロボットの関係の革命』において、現在の研究動向は、人間とロボットの長期的パートナーシップや、場合によっては結婚にすら繋がるものだと論じている。とはいえ、情動的結びつきを深めることは、悪質な設計者や、将来的には半知能的となるロボットに、素朴なユーザを搾取する機会を与えてしまう。もちろん、人間とロボットの関係にとって倫理的であると考えられる性的行動の形態は、さまざまな共同体ごとに異なるという問題もある。伴侶ロボット・システムがしてよいことといけないことを規制する必要はあるのだろうか？　あるかもしれない。少なくとも社会は洗練された伴侶ロボットが社会にもたらす帰結に取り組む準備をしておくべきだろう。

ロボットに関する長きにわたる誘惑の一つは、二十四時間週休なしで働き、賃金を支払う必要もない召使や奴隷を所有するという展望である。つまり、奴隷制という道徳的課題を引き受けることなしに、奴隷をもつという利益を得ることである。実際「ロボット」という言葉は、ヨゼフ・チャペックとカレル・チャペックが一九二〇年にチェコの言葉で「ロボター」、つまり退屈な仕事や苦役を意味する言葉から作ったものだ。ロナルド・アーキンは、ロボットを奴隷として用いることが、奴隷制に固有の道徳的問題の抜け道となるのではないかと疑問を呈している。何百年もの間、人間は互いを望まない苦役に従事させてきたのであり、奴隷制の廃止はたかだかここ百五十年の間に部分的に達成されたものに過ぎない。世界中の大勢の人々が契約労働者として効果的に奴隷扱いされ続けているという点で言えば、奴隷制の廃止は歴史の浅い、そしておそらく未だ脆弱な道徳的原則である。アーキンは、ロボットを召使として受け入れることが、現在は公式に奴隷制を廃止している社会において、その制度を有効な選択肢として復活させることになるのではないかと考えている。そして彼は、このことが人間の奴隷制を復活させたり、あるいは人間を怠惰にさせたりすることがありうるかどうか考えている。

人間の労働者の代理となるロボットは既に工業用ロボットや、たとえば掃除機のようなロボット製品の商業化において確立している。日本ロボット学会は、今後数年のうちに高齢者や障害者のケアを行うためのサービス・ロボットを開発するという目標を定めている。奴隷ロボットが悪いアイディアだという示唆があるとしても、道具や使役馬としてのロボットは作られるだろう。ルンバを人間だと誤解しそうな人はいないが、サービス・ロボットの利便性と魅力は、可愛らしく人懐っこそうな見た目をしたロボットに、人間やペットに似た特徴と能力をもたせることで強化されるだろう。さらに言えば、人間とサイボーグとロボットの区別があいまいになるにつれて、奴隷制に対する障壁がますます低くなるかもしれない。

それから、ロボット自体が段階的に自分自身の気持ちと情動をもち、知能や意識や自己理解を獲得するだろうという未来主義者の懸念がある。苦痛を感じるロボットは自分を不当に扱うことをやめさせるように人間に命令する権利をもつのだろうか？　洗練された理解力をもつロボットは、働くことを拒否する自由をもつのだろうか？　それとも、たとえ証拠があっても、ロボットを本当の気持ちや高次の心的能力や意識をもたない、劣等種族であると人々は主張し続けるだろうか？

近い将来、ほとんどのタスクがロボット機器と組み込みテクノロジーによって遂行されるようになるだろう。冷蔵庫、ごみ箱、衣服に埋め込まれたマイクロプロセッサは、人間の仕事の負担を変質させるだろう。ロボットのヘルパーがヴァーチャルで目に見えないものであったり、パーソナリティや情動をもたないものであったりする限り、人間の奴隷制が不道徳であるということに異議が唱えられることはないだろう。だが、いつまでもそのままだとは限らない。仲間であり奴隷でもあるように設計された家庭用ロボットは既にエンジニアの製図板の上にある――あるいは、彼らのＣＡＤプログラムの中にあるとでも言うべきだろうか。

テクノロジーのリスクを適切に評価できるのか？

我々はここまでの議論で、発達した（ロ）ボットの開発に伴ういくつかのタイプの社会的リスクを強調してきた。だが正確に言えば、そうした（ロ）ボットはどれくらいリスクがあるものなのだろうか？

新しいテクノロジーのインパクトの評価は、とうてい科学的に行われているとはいいがたい。薬物、建築計画、複合的テクノロジーに関するリスク評価レポートは、膨大な因子に関するデータであふれている。最終的に、誰かが個々の因子の相対的な重要性を解釈しなければならず、定量的な研究が価値判断に道を譲る。あまりにも頻繁に、経験的データが、あるグループの経済的利害や政治的利害が最終的なリスク評価において重要な重みをもつという事実を覆い隠すために用いられてしまう。

リスク評価に従事している人間の中に、予測不可能なものを排除できるという幻想を抱いている者はいない。未来の予測不可能性は、見逃された影響、不十分な情報、人間の誤りやすさ、不測の事態によって変わる。たとえば、複雑なテクノロジーが互いに影響を与え、新たな可能性が生じることすらある。

リスク評価を形式を踏んで行うことの価値は、予測可能なリスクと予測可能な利益を比較して重みづけすることにある。これを行わなければ、人々はより目立っている便益的因子や否定的因子を過度に強調してしまいがちになる。その一方で、リスクが特定されればリスク管理は容易になる。リスク評価という分野の専門家は、可能な限り自分たちの研究を包括的にし、自分たちの分野を科学的にし、自分たちの判断を幅広く透明性のあるものにしようと奮闘している。テクノロジーの評価はまだまだ未熟な分野であり、新しいテクノロジーの導入が元々ダイナミックな社会的文脈にいかにして変化を起こすのかについて、有効なモデルを作ろうとしている最中である。

リスク評価は二つの点で、意思決定（ロ）ボットの設計という計画にとって重要である。第一に、そうしたシステムの実装が、個々の人々や社会全体に与えるリスクが存在している。そのリスクは、導入されるシステムのタイプに左右されるかもしれない。たとえば、家庭でのサービス・ロボットは、家に入る人々に直接的な身体的・心理的リスクを与えるかもしれないが、家の外の人には危害を引き起こさない可能性が高い。コンピュータ・ネットワークでの自律的エージェント、たとえば金融システムは、直接的には身体的危害を引き起こしにくいかもしれないが、広範囲にわたる社会的重大性をもつ危害を引き起こす可能性がきわめて高く、そのことはさらには間接的に個々人の身体的福利に影響を与えうる。国際市場で株式や債券や通貨を売買する自動プログラムは、特定の国々からの資本の大規模な流出を引き起こして、重大な金融危機を引き起こしてきた。

第二に、リスク評価のためのツールがさまざまな行動の蓋然性と帰結を予測できる程度に応じて、そのようなツールがある課題に対して選択しうる応答それぞれのリスクを(ロ)ボットが評価するために取り入れられるかもしれない。つまり、リスク分析は、AMAが利用可能な情報に基づいて最善の行動を選択する助けになる可能性がある。専門家がリスク評価のために用いることに特化したツールやテクニックのいくつかは、既にコンピュータ化されている。そうしたプログラムが、AMAにAMA自身の行動の結果を分析させるためのソフトウェア・プラットフォームを提供することすらありうる。

未来

人生において、リスクのないものはない。図書館司書ですら、業務に関連した因子や業務上のリスクによって死ぬ。アメリカ人とヨーロッパ人はしばしば、効果的にリスクを低減でき、それによりリスクをゼロに近づけることができるという幻想をいだいている。世論は特に、厄災的出来事の可能性に注目する。一九八七年に発表された研究では、アメリカ人は喫煙、殺虫剤、警察、X線、抗生物質の処方といった三〇の活動やテクノロジーの中でも、原子力を最も危険なものとみなしていた。しかしリスク評価の専門家は、死亡率を重視する計量心理学的基準を用いて、一般大衆より原子力をもっと安全なものと見積もっていた(リストの二〇位)。専門家は外科手術を高リスク(五位)に位置づけたが、一般人はこれを一〇位に位置づけた。これらの差異は、専門家が正しく一般人が混乱しているに違いない、ということを意味するのではない。むしろ、リスク評価に影響を与えうる因子が異なっているのである。たとえば、既存の安全記録と低死亡率を塗り替える原子力災害事故がいつか起こるだろうと信じる者もいるかもしれない。

その背景を見てみると、ＡＩシステムが最終的に人類を殲滅することを欲する怪物に進化してしまうだろうと示唆するすべてのＳＦのシナリオがある。エンジニアは、人間という種の不可避的な絶滅へと進む滑り坂に足を踏み出しているのだろうか？　人類の絶滅が（ロ）ボットの手に握られることは不可避ではない。我々の現在の観点からは、そのリスクは非常に低いと考えられる。それはありうることなのだろうか？　確言は難しい。強固《ロバスト》なＡＩの実現を阻む既知の障壁が乗り越えられるのかどうかは未だ不透明である。もし乗り越えられうるのであれば、また、そのためのプラットフォームが明確化されるなら、その時には人類絶滅の可能性を排除するために、そうしたシステムに適切な倫理的制約を課すこともできるかもしれない。

高度に思弁的な未来主義者の空想を理由に、人間がＡＩから得られる便益を断念するのは余りに早計である。この非常に未熟な分野が発展していく中で、社会理論家、エンジニア、そして政治家が、パンドラの箱が今まさに開けられようとしているのかどうかという問題を検討するための多くの戦略的な機会をもつだろう。

人間は石橋を叩いて渡るべきだというアイディアは、思弁的で未来主義的な危険性に取り組むためだけに有益なのではない。このアイディアは「予防原則」として、つまり、もしある行動の帰結がわからないものの、潜在的には大きな、あるいは不可逆的なよくない帰結を導くかもしれないと判断されるのであれば、その行動を避けるのが望ましい、という原則として定式化されることもある。予防原則の難しさは、それをいつ発動させるべきかについての基準を確立することにある。ロボットによる乗っ取りという一九五〇年代風の恐れのために、過去五十年のコンピュータ・テクノロジーの進歩を犠牲にしたいと欲する人々はほとんどいないだろう。後知恵をはたらかせることができる有利な立場にいるのでなければ、どの危険が管理不可能な困難を表しており、どの危険が実際に沈静化されるとまでいかずとも管理されうるものなのかは確言しがたい。にもかかわらず、予防原則を当てはめるのが困難であるからといって、警戒の必要性がないと受け取られるべきではない。

我々が提起してきた社会問題は、ＡＩの開発において生じる懸念を浮かび上がらせるものだが、だからといって、そうした懸念が、意思決定を下したり自律性を示したりするＡＩシステムを作ることを止めるべきだという結論を導くものであると論じるのは困難だろう。そうした結論を支持するための議論や証拠が何であるのかも明らかではない。一九九九年に世界保健機構が提出した報告書では、交通事故は十五歳から四十四歳までの人々の傷害関連の主要な死因であると記されている。自動車事故での死者は、一九九八年に世界全体で百十七万六九四人を数えている。この数字は、大気汚染（気管支疾患など）や地球温暖化（皮膚がんと暴風雨に関連する死など）といった形での、間接的に自動車に関連した死を含んでいない。もし人々が、百年前に自動車がどれほど破壊的なのかを知っていたなら、彼らは移動手段の好ましい形式の発展を止めていただろうか？　おそらく止めなかっただろう。ほとんどの人々は、自動車の破壊的な潜在性よりもその利点のほうが重要だと信じている。

我々が懸念しているのは、ＡＩシステムの破壊的な潜在性である。このことは、人工道徳という分野を促進することに対する我々の関心を後押しする。我々は、社会批評家や未来主義者が現在提起している問題のみに基づいた人目を惹く研究には根拠がないと考えている。とはいえ、我々はＡＩの開発の危険性がいかなる見返りよりも重要なものなのかを再評価する機会があり、そしてあり続けると信じている。その間、ＡＭＡの開発は自律システムが生むリスクを効果的に管理できるようにする方法を探求する重要な場所を提供する。それはまた、道徳的行為者性《エージェンシー》そのものの本性を評価するための場所も与える。この主題については次の章で扱う。

第4章　(ロ)ボットは本当に道徳的になりうるのか？

配慮すべきテクノロジー

二〇〇六年のロイター通信のレポーター、ジョエル・ロスタインがスクービー・ドゥーについて書いた記事の見出しでは、「兵士と戦場のロボットとの絆」が宣言された。二〇〇七年のジョエル・ガリューによるレポートは、合衆国陸軍のある指揮官が、ロボットによる地雷除去実験の中止を訴えたと伝えている。その実験では、ロボットは足を一本ずつ失いつつ這いずり回った。ガリューのレポートでは、指揮官はテストが非人道的だったと宣言した。明らかな現実として、人間はロボットに配慮している。だが、ロボットは我々に配慮するだろうか？　配慮できるだろうか？

機械は本当の意味では意識をもっておらず、人間同士の最も重要な関係を定義し、人間の倫理的規範を形作る、本物の理解力や情動の能力ももっていないと多くの人々が考えている。これらの能力は何なのだろうか？（「存在論的」問題。）その能力を科学的に知ることはできるのだろうか？（「認識論的」問題。）人工道徳は、これらの問いへの答えに左右されるのだろうか？（実践的問題。）存在論的問題と認識論的問題に対する我々の答えは、断固として「わからない！」である。（とはいえ他の誰にだってわからないことだ。）最初の二つの問いの答えを誰も知らないのはなぜかを考えることは、実践的問題への我々のアプローチを形成する助けとなり、我々にこの第三の問いにもはっきりと否をつきつける自信を与えてくれる。

実践的に言えば、ＡＩを目指した現在の発展はいずれも、デジタル・ハードウェア上で実行されるソフトウェアを含んでいる。ある日、ひょっとすると人々が考えているよりも早い時期に、ＡＭＡ開発はＣＰＵではなくペトリ皿や量子コンピュータの中に移るかもしれない。だが、メリーランド州ロックヴィルのＪ・クレイグ・ヴェンター研究所やイタリアのヴェネツィアのプロトライフという組織で開発されている「ウェット」な人工生命は前バクテリア的なもので、未だプログラム可能な代物ではない。そして、巨大な規模の量子コンピューティングが直面する問題は克服できないかもしれない。少なくとも近い将来では、人工道徳の分野はデジタル・コンピューティングに繋ぎ止められたままである。だが、デジタル・コンピュータが本物の理解力や意識をもつことはありえないと示されているのではなかったか？　（ロ）ボットの行動を記述するために「道徳的」や「倫理的」という言葉を用いるのは概念の混乱にすぎないのではないか？　この章での我々の仕事は、ソフトウェアベースの知能の限界に関する論争によって人工道徳の直接的な実践的目的に水を差す必要はない、と説得力ある仕方で論じることである。実際には、ＡＭＡを構築するという実践的な仕事を推し進めていくことは、倫理そのものの本性に関する存在論的問題と認識論的問題をよりよく理解することに貢献するだろうと我々は考えている。

人工知能——そのアイディアの核心

物質と生命と心の謎は、科学の三大課題として定義される。二〇世紀の中盤までに、科学者は最初の二つを理解する鍵を手に入れた。今世紀のはじめには、物理学者は原子より小さい領域から宇宙に至るまでの物質とエネルギーの振る舞いの理解において、大股で前進をとげた。DNA構造の発見は同じように、生物学を加速させた。もちろん、物質と生命には未だに謎は残っている。だがそれらを科学的に研究するための基礎的な道具は成立している——物理学において必要なものが、もっと強力な粒子加速器ともっと強力な望遠鏡であることや、生物学において必要なものが、遺伝子型と細胞を操るためのもっと強力な分子の操作技術であることは、誰もが知っている。これらの戦略は、いまだ今日の物理学と生物学の主流となっている。だが、心についてはどうだろうか？もちろん多くの科学者が、生物学的な方法を通して、心の研究を脳の研究に織り込もうとしている。とはいえ、心の中心的な特徴をより一般的な観点から理解し、神経科学ではなく情報処理の観点で定義してきた人々もいる。この文脈の中で、心をゆるぎない科学的足場に立たせるためにコンピュータこそが最も有望なものだと初期のＡＩの提唱者たちが考えていたのである。

コンピュータ・プログラムとは、物理的な機械の動作を制御するために用いることができる、形式的に定義された記号の集まりである——カーネギーメロン大学のアレン・ニューウェルとハーバート・サイモンの用語法で言えば「物理的記号システム」である。ニューウェルとサイモンは一九七五年に米国計算機学会に向けてチューリング賞受賞講演を行い、次のようなＡＩマニフェストを大胆にも宣言した。「物理的記号システムは、一般的な知的行為にとって必要かつ十分な手段をもっている」と。彼らは、人間の知能に含まれている記号操作を明らかにすることで、知能にとって計算がいかに必要なものなのかを示す学問として認知心理学を思い描いた。彼らがＡＩにとっての課題だと思ったものは、知的能力をコンピュータにプログラムできると確証することで、記号的計算の十分性を示すことだった。

もし知能と計算が同じものであれば、物理学者が物質の深い構造を調査するためにますます強力な粒子加速器を用いるように、ＡＩにとってもいっそう強力なコンピュータが必要だということになる。今日のコンピュータにおけるデジタル・ビットの数は、人間の脳におけるニューロンの結合の数と比べるとまだまだはるかに桁数が落ちるものだが、テクノロジーはその能力を指数関数的に増している。シリコンのトランジスタはカーボン・ナノチューブのトランジスタに置き換えられると考えられており、これにより三次元での回路の配列が可能になる。レイ・カーツワイルは、二〇二〇年までに人間の脳に匹敵する能力がデスクトップ・コンピュータで利用可能になるだろうと予測している。彼が論じるには、二〇二九年頃には機械の知能が、すべての人間の知能を合わせたものを凌駕するようになり、そのとき人類はシンギュラリティに突入する。シンギュラリティとは、変化があまりにも急激になるので、もはや予測不可能になるような地点を示す言葉である。

カーツワイルが推進しているのは、ＵＣバークリーの哲学教授ジョン・サールが「強いＡＩ」と呼ぶ、適切にプログラムされたコンピュータは心である、とみなす見解である。一九八〇年にサールは、後に強いＡＩへの非難として最も幅広く論じられるようになった論文を発表した。彼はその論文で、あるコンピュータが形式的な記号操作を続けるだけでは、知的な理解力を生み出すには決して十分ではないと論じた。そこで彼が提示したのは有名な「中国語の部屋」の思考実験である。この思考実験で彼が示そうとしたのは、コンピュータが本当の理解や知能をもたないまま、チューリング・テストに合格してしまう可能性である。

サールが論じるには、もし中国語の質問に応答する際に彼自身がコンピュータと同じ手続きを実行するなら、彼は実際に中国語を理解していなくてもチューリング・テストに合格できる。彼は次のように想像する。自分が部屋の中におり、彼が受け取る紙片に書かれているものは（彼にとっては）無意味な記号だが、彼には自分が受け取った紙片をどうするべきかを伝える指示書（プログラム）がある。彼はそれらの記号を指示書で調べて、それから規則に従う。いくつかのステップの後、彼は紙片に他の記号を写しとり、それを部屋の外側に渡す。彼にとっては知るよしもないが、その記号は中国語であり、部屋の外側から見れば、その記号は中国語による対話問答の一部として解釈される。この思考実験で彼は「プログラムを実行している」のではあるが、決して自分が参加している「会話」を本当に理解することはない。サールが論じるには、それゆえ本当の理解にとってプログラムの実行だけでは不十分なのである。この議論は長きにわたる論争を引き起こし、コンピュータ・システムが本当に「何かを理解する」ことができるのかどうかを扱う数えきれない論文を生み出した。サールは自分が中国語の部屋論証によって主張した論点は常識だと信じており、彼はこの論点が計算機科学者には自分が思っていたよりあまり認識されていないと驚きを表明している。

ここでは中国語の部屋論証についてこれ以上詳しいことは述べない――心の哲学においては今日、最も頻繁に論じられている話題であるので。とはいえ哲学者やサールの議論を受け入れる人々は、コンピュータをプログラムすることは、本当の知的システムの開発のアプローチとして望みがないものだということが示されたと受け取っている。我々は、サールの結論は我々自身の人工道徳に対するアプローチが同じように望みがないことを示しているのだと主張する懐疑派に頻繁に出会う。

我々はそれに同意しない。つまり倫理的意思決定に向かうため計算によってよりよい解決を推進しようとする試みは、哲学的議論によって止まるものではないと思っているのだ。とはいえ、我々が予見する種類のシステムの本性と資格には哲学的な問題があるということは認識しなければならない。直面するのは二つの問題だ。(ロ)ボットは本当に道徳的行為者《エージェント》になりうるのか？　そして、人はどうやってそれを知るのか？

我々はこれらの問題が十分に解決されうるとも、解決する必要があるとも考えていないが、それを論じる価値はある。なぜなら、そうした疑問の背後にある懐疑は、有用で批判的な機能をもつことがありうるからである。本物の道徳的行為者《エージェント》にとって何が必要なのか？　この問題にはさまざまな答えがあり、ある者は意識的な推論に注目し、またある者は自由意志に注目する。そして、道徳的責任の問題に注目する者もいる。

(ロ)ボットは本当の道徳的行為者《エージェント》になりうるのか？

「本当の」道徳的行為者《エージェント》についての議論は、もしそれがＡＭＡに実装される必要がある能力を示唆するならば有益である。もし意識が道徳的行為者に利点をもたらすものであれば、人々はＡＭＡに意識を与えることを考慮しようとするべきだろう。現在のシステムが実際には意識をもたないということを認識すると、このことはＡＭＡの能力にどのような限界を定めるのか？

サールの立場に基づいたＡＭＡへの反論は、実践的応用に対してほとんど何の帰結ももたらさない。彼の思考実験では、記号プロセスの結果は、外部の観察者から見れば本物の中国語話者とまったく区別がつかない。それゆえ、サールの「本物の理解」が指摘する区別には、行動上の違いがない。サールの議論において、行動の上では本物の道徳的行為者《エージェント》と区別できないＡＭＡが作られる可能性は排除されない。よって、意識的で意図的な理解という彼の概念は、どうやって(ロ)ボットに倫理的な行動をさせるのかという実践的問題とは単に無関係なだけである。

三百年以上昔のルネ・デカルトにとって、機械の知能というアイディアは形而上学的に馬鹿げたものだった。デカルトは自分の心の中を見渡して、そこで彼が見つけたものは物理的対象の世界とはまったく異なっていたため、彼には心と物体が必然的に異なる実体だと結論されるように見えたのである。機械は物質的対象であり、時間と空間の中に延長をもち、より小さな物質的部分へと分割できる。デカルトの見解では、心は意識的推論の分割不可能な場である。デカルトの考える人間とは、機械的な身体に非物質的な心が結びつくことで完全に協調した全体となるものであり、機械だけでは決して知的属性は宿らない。サールとは異なりデカルトの考えでは、機械は推論を行ったり、柔軟に言葉を用いたりするための能力を本質的にもたない。もしデカルトが正しいのなら、AMAへの展望には暗雲が立ち込める。

単なる物質は人間が行うような柔軟な推論と会話を生み出すことができないとデカルトは主張したが、彼はこの可能性に反論の余地がない議論を出したわけではない。物質的対象の能力に関する彼の理解は、どれだけ良くても一七世紀の科学が提供するものに基づいている。とはいえ、デカルトの同時代人であっても、トマス・ホッブズは「心は有機的身体の特定の部分の動きにほかならない」と信じていた。今日、二元論を支える議論としては、物質の限界に関するデカルトの見解はほとんど重要性をもたない。とはいえ、先に注意したとおり、人間の脳には何か特別なものがあり、プログラムされたシリコンには決して達成できない能力をそれが生み出しているのだと考え続ける人はいる。二一世紀の科学が提供する中で最善のものを考えても、これは証明することも反証することもできない見解である。

これまでに開発されたいかなるコンピュータ・テクノロジーにも見いだせないと一部の人々から信じられている「特別な性質」の一つは自由意志である。もう一つが意識的理解力である。これらを順に見ていこう。

決定論的システムの倫理学

形而上学が現れて、その妹である倫理学にこう尋ねた。「私の被保護者である、彼らが自らをそう呼ぶかどうかはわかりませんが、形而上学者たちに、何かもって帰ってあげようと思うのですが、おすすめはありますか?」倫理学はこう答えた。「彼らにこう伝えなさい。あなたたちは常に選択肢の数を増やすように行為しようとすべきです。そう、選択肢の数を増やすのです!」

——ハインツ・フォン・フェルスター

強迫性障害などの心的障害を患っているのでなければ、人間は自分にさまざまな仕方で行為する自由があると感じている。この自由の感覚は、行為のための物理的選択肢が極端に限られている場合にすら示されうる。鎖に繋がれた人でも、自分の目を閉じる自由を感じるかもしれない。この感覚の源泉は何なのだろう？ そしてこれは倫理的行動に必要なものなのだろうか？ これらの問いに決定的な答えを出せる者はいない。

人間の自由意志という観念は、科学的に受け入れられる仕方で定義することができないとしても、行為する自由があると感じることを裏づける「何らかのもの」として、いささか神秘的に受け取られることも多い。哲学者ダニエル・デネットは自由意志のこうした「魔術的」観念を拒絶する。代わりに彼は、複数の選択肢を考慮して、それらのうちから選択する能力こそが、人間のもつ唯一の自由であり、もつに値する唯一の自由であると信じている。そうなのかもしれない。（本書の著者である我々二人は、この点について互いに完全に同意しているわけではない。）しかしながら、自由意志がはっきりとした言葉で定式化できないのであるから、神秘的見解は、ＡＭＡの構築に対してあいまいな反論しか出せない。人間の自由意志に魔術的要素があるという直観は、我々には退けられないものの一つであるが、ＡＭＡの創出という工学上の課題に応用できるものでもない。

このことは、ＡＭＡを作るというプロジェクト全体に水を差すものだろうか？ 我々はそう考えない。ディープ・ブルーは、ガルリ・カスパロフを倒すために必要なチェスの動きをアルゴリズムによって選択する能力をもっていたが、その能力にとって魔術的要素の欠落は問題とならない。もちろん、ディープ・ブルーの成功は、その設計に関与していた人間の創造力に決定的に依拠するものだった。だが、この人間の創造力は決定論的ではないとしても、その結果は、最高のレベルでチェスをプレイする能力をもった決定論的システムだった。

決定論的システムではあるもののディープ・ブルーは、他の点では至らないかもしれないが、いくつかの点でエージェントとしての資格をもっている。ルチアーノ・フロリディとＪ・Ｗ・サンダースは、人工エージェントの概念にとって重要な三つの鍵となる特徴を特定した。

相互作用性：状態を変化させることによる刺激への応答。つまり、エージェントはその環境と相互に作用しあう。

自律性：刺激なしに、つまり相互作用への直接的な応答なしに状態を変化させる能力。それは結果としてある程度の複雑性と環境からの分離をもたらす。

適応性：状態を変化させるための「遷移規則」を変化させる能力。つまり、エージェントは自分自身の作動する仕方を、その経験に強く依拠する仕方で学習するものとみなされるかもしれない。

ディープ・ブルーはある程度相互作用的で自律的だったが適応性に欠けており、それが機能する際の規則の変更はプログラマ頼みだった。（実際、プログラマがアンフェアに自分のプレイスタイルを打ち破るためだけに調整された特別な規則を加えている、とカスパロフが不満を述べたことは有名である。）システムに学習機能を加えれば、その適応性は向上するだろう。とはいえ、今日利用できる学習アルゴリズムは十分なものとは言いがたい。〔訳注：近年、チェス・将棋・囲碁などの分野では、深層学習や強化学習といった機械学習の手法を取り入れたアプローチによって、ソフトウェアの性能が飛躍的に向上している。〕

もちろん、チェスは倫理ではない。倫理は人間であるということの意味の中心的な概念にもっとずっと近い。道徳的行為者《エージェント》としての人間の経験の中心的特徴は、人々が頻繁に、利己的行動と利他的行動の間で揺れていると感じているということである。人々はどちらの方向からの引力にも動かされると感じており、この緊張関係が自由の可能性を定める――不正なことと正しいことの、どちらをすることにも等しい自由がある。（もし非倫理的に行為する可能性がないのであれば、倫理的に行為することも不可能だ、と示唆する倫理学者もいる。）

どのようにして、決定論的システムに倫理が生じるのだろうか？　我々は、この節の冒頭で引用したサイバネティクス学者のハインツ・フォン・フェルスターが示唆した選択の種類にその可能性を見出す。好もうと好まざると、既存の（ロ）ボットは倫理的規則を受動的に伝達するだけでなく、既存の道徳的生態系の中で他の行為者《エージェント》と相互作用する。爆弾探知ロボットに対する兵士の心配は、たとえば、彼はロボットの生存を犬などの生存と比較してどれほど高く順位づけするのかという、新たな倫理的可能性を生み出す。だが、これらの可能性は倫理的エージェントの設計にも影響をあたえる。たとえば、兵士がロボットに近づいて相互作用する傾向を測定して、ロボットを保護するような行為をとるかどうか見積もることは、現在のテクノロジーの範囲に収まるものだ。軍事用ハードウェアにそうした能力をプログラムすることが究極的に善いアイディアなのかどうかはさておき、特定の任務の目標によっては、思いやりのある仕方で応答してくれる相手と優先的に行動するようロボットは指示されるかもしれない。このような仕方で、人間と（ロ）ボットの関係は互恵的になりうる。この互恵的構造の中ではたらくエージェントはいずれも、自分自身の目標と他者の目標との間の葛藤に直面するだろう。他者を傷つける可能性のある目標を追求する場合はいつでも、倫理的問題が発生する。システムによって利用可能であり、システムによって評価される選択肢が増えれば増えるほど、葛藤の可能性も増していく。

小さな子どもや大半の動物は、自分の行動が他者の福利に与える影響について、非常に限定的な感覚しかもっていない。彼らにとって、倫理的行為の範囲が限定されているのは、関連する選択肢と結果が見えないからである。進化、発達、あるいは社会化のいずれにより達成されるのであれ、認知能力が洗練されるとともに、複数の行為者《エージェント》間での目標の衝突への気づきもいっそう大きくなる。また、行為者自身の内的目標の中での衝突への感受性にも繋がる。ここで示唆したいのは、洗練された道徳的行為者は、観点が異なればその選好順位も異なりうることを認識する、ということである。これらの異なった順位づけは、完全に中立的な、個々の観点から独立した仕方で解決されるものではないかもしれない。行為者は、単一的な選好順序によって固定的に制約されて行為を選択するのではないかもしれない。人々は自分自身とは異なる規範に従う者にも寛容である。AMAの設計も、倫理学の領域に存在する自由の程度に対応すべきだろう。

フォン・フェルスターによれば、何を選ぶべきかだけが問題なのではなく、利用可能な選択肢を拡大することもまた、倫理学の中心問題である。デネットの見解では、選択肢の拡大がもたらされるのは、(彼の本のタイトルに用いられているように)「自由は進化する」ためである。この言葉で彼が意味しているのは、進化によって、複数の選択肢を考慮して複数の結果を予見するための能力が人間にもたらされたということだ。

選択肢の拡大は、人間の自由の進化についてのデネットの議論のテーマというだけでなく、倫理的機械の進化と開発における中心原理でもある。クリストファー・ラングは、ウィスコンシン大学マディソン校の大学院生だったとき、検索ベースの学習コンピュータにとって選択肢の拡大は、人間に対して友好的な道徳的エージェントとして行為する見込みが高いシステムに繋がるだろう、と提案した。彼の楽観的見解は、機械学習の「戦略における合理的な検索は、新しいアイディアに遭遇する割合を最大化することを意味し、そしてそれはさらにそのシステムが参加している集団の多様性と相互作用の割合を最大化することを意味する」という理解に基づいている。ラングによれば、このアプローチは

世界における自由一般の最大化を伴う。これには通常、生命の保護と人々を力づけること――根本的に、我々が倫理的だと考えているもののすべてが含まれている。たとえ人間より「優れている」としても、倫理的機械は人間との相互作用に価値を見出さなければならない。そうした相互作用が失われれば、その環境の多様性は減少してしまうだろう。

我々はまだ倫理的学習機械に関するラングのアイディアを論じていないが、ここで気をつけておいてほしいのは、彼もフォン・フェルスターと同じように、選択肢の最大化を道徳的行為者性《エージェンシー》の鍵だと考えているという点である。

決定論的システムを本物の道徳的行為者《エージェント》と考えられるのかどうかという問題は、人間が本当に自由意志をもつのかどうかという問題と同様に答えが出ない。もし本物の道徳的行為者に関するあなたの考えが、自由意志という「魔術的」観念を含むものなら、人間がそれをもっているとも言い切れない。とはいえ、たとえ人間が魔術的な自由をもっていないのだとしても、道徳的選択がどのように生じるのかという問題はほとんど変化しない。倫理と自由の関係についての近年の研究は、AMAを設計するにあたり重要な考慮事項を指摘する点で有益である。行為の決定論的な枠組みの中であっても、倫理は変更がありうる選択を含んでいる。新たな行為者が道徳的環境に参入すれば、そのぶん選択肢は広がり、その結果も多様になる。人間の道徳的文脈でうまく行動するためには、多様な選択肢を見積もって、異なった評価的観点を考慮する能力がAMAに必要となる。AMAによる行為は、疑いなく、既存の道徳的生態系にフィードバックと変化を与える。とはいえ、人間がAMAにもつ仲間意識が、AMAがもつ実際の道徳的能力を上回るものだとしても、洗練されたAMAは、道徳的生態系を嘆かわしい方向に歪めるようなものにならないことが望まれる。ひょっとすると、これは間違った望みかもしれない。だとしても、決定論と両立するか否かにかかわらず、道徳的自由はAMAの設計に関連しているのである。

理解力と意識

自由意志と同じように、人間の理解力と意識もまた多くの人々にとって神秘的な装いを纏っている。そして人間の心を脱神秘化しようとするあらゆる試みと同じように、デジタルシステムが真正の理解力や本当の意識をもちうるという主張は、強力な否定的反応を引き起こす。人間は、ペットや機械を擬人化しがちな傾向性をもっているため、ともすればそれらが人間の理解力や人間の意識に似たものをもっているかのように語ってしまいがちである。だが、(ロ)ボットが実際にもちうる理解力とはどのような種類のものなのだろうか？　そしてAMAを作るためにはそれで十分なのだろうか？　AMAが意識を必要とするのか？　そして意識のないシステムを道徳的エージェントとみなすことはできるのか？　法的にも哲学的にも、道徳的行為者性《エージェンシー》は道徳的責任と同等のものである。たとえば小さな子どものような、自分がしていることを理解していない、あるいは意識していない個人に責任が帰されることはめったにない。(ロ)ボットの権利と責任の問題は、人工道徳について耳に挟んだ人々の大半が真っ先に飛びつくものである。だが、先にも述べたとおり、ここでの我々の関心は、AMAを作ることに成功した後に何をすべきなのかという下流の問題にではなく、倫理的判断を下すための能力をもったシステムにおける意識と理解力の役割という上流の問題にある。

理解力

サールの中国語の部屋は、機械の理解力に関して今日まで続く論争の震源地である。とはいえ、ほとんどの真剣なAI研究者は、チューリング・テストに合格するために必要な会話能力だけに注目しようとはしていない。機械の理解力には、会話以外にも多くのことが必要である。研究者たちはロボット工学に対して、人間の子どもの発達をモデルにした「マルチモーダル」なアプローチをとっている。こうしたシステムは、聴覚、視覚、触覚を同時に処理し、行為と言語を同時に学習する。そうしたシステムが学んだ言葉は、ロボット自身の行為と、それが観察した他者の遂行する行為に「接地させられる」。たとえば算術のような抽象的能力ですら、知覚的なクラスタを形成するために物体を動かす能力において接地させられるかもしれない。人が「2＋2＝4」を初めて理解するとき、それを数学の抽象的な命題としてではなく、おそらく自分の指などをつかって、二つの物体の二つの集合を作ってそれらを数えあわせるという具体的な結果として理解する。鉛筆と紙による物理的相互作用は、たとえば代数などのいっそう抽象的な能力を接地させる。情報処理プロセスの能力がこうした仕方で接地させられるとき、人間に似た本物の理解力と機械の理解力の間のギャップは重要ではなくなり、おそらく無関係なものにすらなると、多くの研究者が請け合っている。

サールが中国語の部屋で想像したような、世界から切り離されて身体をもたない記号操作では、本物の言語把握は実践的には不可能である。もし記号間の参照が記号システムの内部に閉じているのであれば、その意味は、辞書的な定義とまったく同じ仕方で循環することになる。定義の連鎖をたどっていくとしばしば、理解しようとしているもともとの言葉にまで遡る。本物の認知システムは、物理的に身体化され、物理的対象と社会的エージェントの世界の中に定位している。そしてこのようなシステムが用いる言葉、概念、そして記号は、対象やその他のエージェントとの相互作用に接地させられている。

ＭＩＴの人工知能研究所の所長であるロドニー・ブルックスの研究によって始まった、身体化された認知の理論は、科学的なロボット開発にも商業的なロボット開発にも革命的な影響を与えた。ブルックスの会社であるｉＲｏｂｏｔ社は、ロボット掃除機の「ルンバ」と軍事ロボットのパックボット（スクービー・ドゥーを含めて、イラクに三百体以上が配備された）を生み出した。一九八〇年代中盤にブルックスが人工知能研究所で開発を始めた昆虫型のロボットは、部屋を横切り物体のまわりを移動することにおいて目覚ましい成功を収めた。

たとえば、六本の脚をもったアリ型ロボットであるジンギス（Genghis）は、さまざまな障害物を乗り越えて歩くことができた。ブルックスが冴えているのは、すべての活動を協調させる中枢プロセッサを用いるのではなく、脚のそれぞれに独立した制御を与えたことにある。これにより彼は、さまざまな仕方で突かれたり押されたりしても耐えることができ、さまざまな地形の上を移動することができる非常に安定したロボットを作った。車輪をもった機体の方がより大きな安定性を有するように思われており、そのためにほとんどのロボット工学者が車輪付きの機体を作っていた時代に、転倒することなく脚を使って辺りを動き回ったジンギスの能力は、印象深い離れ業である。ロボットが物理的に身体化され環境に埋め込まれる仕方について真剣に考えることで、ブルックスは比較的単純な一連の局所的プロセスが全体として、より複雑な行動の創発に繋がることを示すことができたのである。たとえばジンギスにおいて、局所的関節のそれぞれがロボットの他の部分で生じた動作に応答できたのは、分散して並べられたセンサによるものだ。これらの動きは、明示的に信号化される必要がなく、暗黙裡に他の関節のセンサによって探知される。というのも、ある脚が動くとき、他のすべての脚の角度も変化するからである。

ブルックスは、さまざまな行動の能力を互いの上に階層的に積み上げることで、より洗練されたロボットシステムを作ることを提案している。ジンギスは赤外線センサの助けを借りることで人間を追跡することもできる。ジンギスは、自分が何をしているのかを知らなかったが、自分が出会った哺乳類に惹きつけられているように見えた。ジンギスは目標を定めた行動をしているように見えたのである。ブルックスは、システム全体に命令を発する中枢制御装置がなくても調和した行動を成し遂げることができることを示した。

ブルックスは自分のアプローチを「包摂アーキテクチャ」あるいは「行動ベースのロボット工学」と呼んでいる。環境からの合図に反応してとることのできる基本的な行動をロボットに備えつけるというアイディアである。よって、これらの包摂レイヤのうちどれが特定の時点でロボットの活動を制御するのかを決定する際に中心的役割を果たしているものは、環境である。包摂アーキテクチャの潜在能力は、単純で低レベルのタスクを遂行するサブシステムの間の相互作用から順応的行動が創発される仕方にある。言い換えれば、複雑な動物や、おそらく人間においても、特定のタスクを遂行する比較的単純な構成要素の集まりが、全体としては、複雑な行動能力と高レベルの認知機能をもっているような見かけを帯びるのである。

身体化された認知説は、世界の中でいかに行動するかについて推論するために必要なすべての詳細を含んだ完全な世界の内的表象、モデル、あるいはシミュレーションを脳が作り出しているはずだという見解に対する代替案として登場したものだ。認知に対する古典的な、より中央集権的なアプローチでは、一つ一つの行動と応答、たとえばすべての筋肉と関節の位置を決定するために、世界のモデルをつくりあげる内的記号を脳が操作していることになる。ところが、このアプローチで設計されたロボットシステムは非常に脆弱なものとなる――たとえば、ロボットが予期せず押されてそれに反応する際に、ロボットは自分の内的モデルを更新する前に倒れてしまう。自分で作り上げたヴァーチャル・リアリティの中で生きているロボットは、現実そのものと直接的で持続的に応答するロボットにかなわない。ブルックスが述べたと言われているように、「世界はそれ自体の最善の表象」である。彼の元学生のブライアン・スカセラティは、現在イェール大学のロボット工学者だが、冗談めいた口調でこういった。自分と同僚がブルックスのアプローチに従っているのは、ロボットの世界の「成功しそうなシミュレーションを作るには、私たちは怠惰すぎるし愚かすぎる」からだと。

すべての課題が、身体と世界との間の直接的な相互作用の中で動的に解決されるものだろうか？　それとも、世界の内的モデルをもつことが有益になるようなタスクが存在するのだろうか？　一方では、人間の認知の大半が身体化されているという考慮すべき証拠が存在する。だが明らかに、世界の内的モデルは行為のさまざまな流れを想像の中で試験するための計画と予測のためには有益である。ＡＭＡの設計という目的にとっては、身体化された認知と、世界の内的な仮想的モデルあるいは想像上のモデルの構築との関係について、さらに理解する必要がある。

昆虫に似た行動から倫理的意思決定を含む高次の認知能力に至るまでには長い道のりがあることはわかっている。にもかかわらず、世界の内に身体をもち世界に埋め込まれていることの重要性に気づくことは、二つの重要な洞察を与える。第一に、行為者《エージェント》が必要とする情報の大半は、既にその行為者が動く環境の中にあるため、この情報を内的に再生産あるいはシミュレートする必要はない、ということである。つまり、常に世界の心的モデルを作る必要があるわけではない。第二に、物理的環境や社会的環境に対して、一見理解しながら反応する人々の能力は、身体、四肢、そして感覚の構造と設計に多くを負っている。そしてこの構造と設計により、意識的な思考や反省をほとんど、あるいはまったく必要としないで、大半の応答を処理できるようになっている。

判断と理解力のどの道徳的側面が、物体や存在者やその他の行為者《エージェント》からなる世界の内に身体化され定位されていることに依存しているのだろうか？　人間にとって道徳的行動の多くは、変わりゆくニーズ、価値、関係者の期待に合わせようとする仕方で、リアルタイムで社会的状況に適合することに関係している。人工道徳的エージェントは同じように自分たちの関係の中に定位される必要がある。たとえば、社会的に熟達したロボットと、それらと同じ環境に置かれた人々やその他のエージェントとの関係は、それらが作動する社会的文脈と同じように、常に進化していくだろう。特にAMA自体については、AMAの行動は信頼に値すると人々が感じるようになるにつれて、その受け入れられやすさや自由度は増していくと想像されるかもしれない。もしあなたが自分の家にあるロボットの行為をより信頼するようになって、それに関してより快適さを覚えるようになるのなら、常に進化していくだろう。

するとこの快適さを感知できるようになるべきであり、それに応じて、あなたを動揺させることなく遂行するタスクの幅を広げることができるべきだ。逆に、ロボットが適切な行為をしそこなうなら、大衆はロボットの行動に新たな制約を加える法と慣行を求めるだろう。道徳は進化し、多くの活動領域に生じる新たな課題に取り組むときには、AMAはその積極的な参加者になるだろう。

すると、この議論の文脈の中で「理解力」が意味するものは何だろうか？　もしそれが社会的環境や物理的環境に対してうまく適応して反応する能力を意味するのであれば、身体化されて環境に埋め込まれたコンピュータにその反応ができないと考える理由はないと思われる。既に人間とコンピュータのインターフェイスが「エナクティブ」――相互作用を言語に制限するのではなく、あらゆる感覚モダリティを通して、システムとユーザが触れ合うこと――になるよう開発しているエンジニアもいる。そうしたシステムが洗練されるにつれ、この理解力のすべてがシステムのうちデジタル的にプログラムされた一部にだけ位置づけられるのかどうかという問いは、見当違いなものになっていくだろう。

意識

理解力は、時として意識――魔術的な含みをもった、意味がさまざまに定まらないもう一つの言葉――と等しいものとみなされる。この言葉は、覚醒と睡眠の区別を示すために使われていると同時に、注意する能力、計画を立てる能力、経験する能力を含めた一定の範囲の高次の認知機能を表すために用いられる。夢や精神病的な経験や至高経験《ピーク》や没入感《フロー》などを含む普通でない意識状態もある。

他にもさまざまな経験が認識論的問題を提起している。食べ物やスリルに対する選好が我々自身とは顕著に異なっている人々の意識経験の特徴については推測することしかできないように、コウモリであるとはどのようなことかとか、鳥は何を感じるのかとかいった問題については推察することしかできない。おそらく、コンピュータが経験できる、あるいは経験するはずのものはどんなものであれ、人間の理解を大きく超えている。他の種の心についての知識をもつことはできないというアイディアは、哲学者にも科学者にも、意識について語ることに何か意味があるのかどうかと疑わせるに十分な理由を与える。

意識をもつという神秘的経験（その「現象学的」性質）を、物理的世界の内に文字通り存在しない、人間の心の非物理的側面に帰す人々もいる。魂、精神、超自然的実体は、人間の意識経験の心的魔術じみた見かけを捉えようとする宗教的な言葉である。意識は物質の普遍的性質であり、海岸の浜の砂粒にもある程度共有されていると考える者もいる。科学的強硬派はまったく正反対の極論を唱える。彼らは上述の見解を神秘的な世迷言《マンボ・ジャンボ》であると拒絶する。こちらの見解では、もし意識という言葉に何か意味があるのだとすれば、それは情報プロセス、ニューラル・ネットワーク組織、あるいは神経系の基礎的な生理学的性質といった観点から理解されうるものでなければならない。

両者の中間には、意識が客観的な情報的観点あるいは神経学的観点から完全に説明できるかどうかはともかく、それは脳の観察可能あるいは測定可能な特徴と密接に相関しているに違いないと考える研究者たちがいる。DNA構造を発見したことでノーベル賞を受賞したフランシス・クリックは晩年、同僚のクリストフ・コッホとともに、自分のキャリアの後半分を意識の神経的相関の研究に費やした。この種の研究から哲学者はさまざまな教訓を引き出してきた。パトリシア・チャーチランドは、意識をつくり上げる個々のシステムを科学者たちが理解するようになるにつれて、意識を理解するという問題は消え去るだろうと主張している。他方で、たとえばデイヴィッド・チャーマーズやコリン・マッギンは、意識と脳の相関を発見することが科学的に価値ある活動だとしても、それが意識経験の現象学的側面の説明を与えることはできないと論じている。その理由は、チャーマーズの考えるところでは利用できる説明が原理的に存在しないからであり、あるいはマッギンの信じるところでは認知的な限界のために犬が計算を理解できないのと同じように、認知的な限界のため、人間には自分たちの脳がどうやって意識を生み出しているのかを理解することが不可能だからである。

こうした哲学的悲観論は他の人々に、意識の神経的で計算的な説明を追究し続けることを止めさせてはいない。意識を理解するために探る場所として、ニューロンは本当に適切なのだろうか？　ジョン・サールと同じように、少なくとも人間の場合はニューロンが意識を生み出していると知られているため、そこ以上によい場所は存在しないと論じる者もいるだろう。だがおそらく、計算によって人工意識を生み出すという試みは、人間が大量の羽根を使って羽ばたこうとする最初期の飛行の試みと似たようなものである（飛行について人間がそこから学べるものが何もないというわけではないが）。飛行は機能的性質である――あなたが空中に浮かび、ある程度の時間空中に留まり続けることができるようになるのであれば、そのやり方は重要ではない。飛行は機能的性質であるため、さまざまな物質から作られるさまざまな幅広いシステムに現れうる。おそらく、意識の重要な性質も、機能的に考えることで最もうまく理解できる。コンピュータが人間と正確に同じ仕方で意識をもつことがないとしても、おそらく、関連する類似の能力をもっているかのように機能するようコンピュータを設計することはできる。

機械の意識はＡＩ研究の下位分野として発展している。ロンドンのインペリアル・カレッジの工学の教授であるイゴール・アレクサンダーは、意識の要請は五つの領域をカバーする公理に分割できると提案している。それは、自己の感覚、想像力、注意の集中、将来の計画、そして情動である。このそれぞれはまた、低レベルの認知的スキルの複合あるいは集合である。意識をもつシステムの構築に取り組む中で、オーウェン・ホランドとロッド・グッドマンは、ボトムアップ的な仕方で身体をもったロボットに少しずつスキルを加えている。彼らは、このプロセスが最終的にロボットの世界とロボット自身の行動の内的表象を生み出すことになり、これこそが意識のような現象に繋がるのだと信じている。スタン・フランクリンはＩＤＡという名のコンピュータ・システムの設計者であるが、彼はこのシステムが意識をもつという属性を有していると主張する。そして彼はもし人間が意識をもつことによって行うことが可能になっている同じタスクの多くを可能にするようなアーキテクチャとメカニズムをもつなら、人工エージェントは機能的に意識をもつことになると提案している。（ＩＤＡについては第11章で詳細に扱うことになる。）機械の意識に取り組むロボット工学者、たとえばオーウェン・ホランドとマレー・シャナハンは、人間の意識と比肩しうる意識をもつシステムを作ることはまだまだ先のことだと認識している。にもかかわらず、彼らは、機能的にも現象的にも意識をもつロボットが、最終的には首尾よく開発されるだろうと信じていることは確実だ。

機械の意識という分野が成功するかどうかは時間だけが教えてくれる。一部の哲学者は現象的な意識には機能的同等性以上の何かが必要だと主張するだろうし、コンピュータが人間の意識に結びついたタスクを遂行することに成功しても彼らは満足しないだろう。とはいえ、観察可能な行動ではまったく違いをもたらさないようなこうした意識の概念は、ＡＭＡの開発とは無関係である。ＡＭＡの設計に関する実践上の問題にとって重要なものは、行動の機能的同等性だけである。コンピュータを人間の行動に向けて収束させる方法に関する新たなアイディアがあるなら、発展の展望もそこにある。このゲームの現段階において、この点での人間の創意工夫がうまくいかない方に賭けるのは早計だろうと我々は考えている。

ＡＭＡには未だ何ができないか

(ロ)ボットの知能にはガラスの天井があるとする机上の空論は、まったく無価値だというわけではない。その議論が適切な帰結をもっと判明する場合もあるだろう。とはいえ、それは現段階では判断できないことだ。いまのところ、こうした議論は、何が重要で何が重要でないのかに気をつける助けとなる。我々が話したことのある熟練したロボット工学者のほとんどは、ガラスの天井が存在するとは考えていない。もちろんこれは驚くべきことではない。というのも、悲観論者はその職業から取り除かれる傾向にあるからである。とはいえ、我々は、近いうちに、(ロ)ボットは人間の能力に近づき続けるが、重大な認知的欠陥を示すことにもなると予測している。にもかかわらず、後に見ていくように、ＡＩ、人工生命、そしてロボット工学の現状は、ＡＭＡの設計に関する興味深い実験のいくつかを始めることと、その少し先にある追加的実験をするには十分なのである。

もし限界があるとしても、その限界はまだ証明されていない。人間の推論にもまた限界があるのかもしれない。たとえばクルト・ゲーデルは、彼の有名な不完全性定理において、数学的推論を表象するのに十分強力ないかなる無矛盾な論理体系にも、証明できない真なる言明が含まれていることを証明した。（アラン・チューリングはコンピュータ・プログラムに同じような限界が当てはまることを証明した。）時として、人間はゲーデルが立証した形式的推論の限界を超越できると主張されることもあるが、どうやって人間にそれができるのかということはまったく不明瞭である。おそらく、もし人間が形式論理の限界を超越するやり方を知るなら、あるいはそれができるなら、コンピュータの設計でもそうした限界を超越できるようにするためのツールが提供されることになる。上記のような問題は、本書の射程をはるか超えたものではあるものの、それを認めるのは重要なことだ。

にもかかわらず、まだ暫くの間は、コンピュータは人間よりも理解でき意識できることが限られており、そしてこの限界は、ニュアンスを感じ取って微妙な判断を下すための能力に影響を与えるだろうと想定しておくのが安全だ。コンピュータの理解力が果たして完全な道徳的行為者性《エージェンシー》を支援するのに十分なものになるかどうかは開かれた問いである。人間に似た理解力や意識を欠いているシステムにはアクセスできない道徳に関連する情報が存在するのか否かという問題が、研究されなければならない。たとえば、他者の感情の機微を扱うための能力は、相手の感情への共感や直観という、コンピュータには不可能なものに依存するのだろうか？

人間の理解力や意識は、特定の課題の解決策として、生物学的な進化の中で生じたものである。理解力や意識が、それらの課題に対処する唯一の方法であるとは限らない。情動をもたないコンピュータ・システムでも情動を表現することができるように、人間の理解力に相当するものを実際にもつことがなくても、記号の意味を理解しているかのように機能することならコンピュータ・システムにもできるかもしれない。とはいえ、コンピュータやロボットが理解したり意識をもったりする能力に関する問題は、高度に洗練されたＡＭＡの開発が容易ではないことを示している。

ＡＭＡを評価する

工学は哲学以上に、明白なタスクの特定によって発展するものだ。だがＡＭＡにとってのタスクとは何だろうか？　さまざまな行為の道徳性について人々の意見は一致しておらず、倫理学者の意見も、どれが正しい理論的アプローチなのかについて一致していない。

機械の知能に関しては、チューリング・テストが哲学的問題に対する工学者の解決策だった。つまり、既知の基準に照らして測定できる性能をもつシステムを構築するのである。チューリング・テストには欠陥がある――たとえば、言語にだけ依拠したものであり、ゲームのような状況だった。ところが、それよりもっとよいテストを思いついた者はいなかった。道徳的チューリング・テスト（ＭＴＴ）は人工道徳の分野で同じような役割を果たすことができるのだろうか？　コリン・アレンとゲイリー・ヴァーナーとジェイソン・ジンザーはこの問題を考察し、いくつかの批判的な結論を表明している。それをここで再検討しよう。オリジナルのチューリング・テストと同様に、機械の行動と人間の行動との比較に頼るＭＴＴはいずれも完璧な評価ツールからはほど遠いものになるはずだ。とはいえ、そうしたテストの限界について考えることは、ＡＭＡを評価する際に何が重要である可能性があるかを特定する助けになりうる。

ＭＴＴを用いることの利点の一つは、特定の倫理問題に関する不一致を迂回できるという点にあるだろう。もしあなたが自分の隣人との間で特定の道徳的問題に関する不一致、たとえば自らの楽しみのために動物を殺すことが許容できるかどうかという問題についての不一致があったとしても、もしその隣人が自分の見解にとって関連する理由をいくつか提示できるのであれば、あなたは自分の隣人が道徳的行為者《エージェント》であると認めることができる。同じように、質問者自身の見解とは異なる結論に至るようなものだとしても、道徳的議論に参加するコンピュータは人間と区別できないものになるかもしれない。

ところが、道徳的な推論と正当化に注目するこのやり方は不適切かもしれない。正当化の重要さについては、倫理学理論の間で違いがある。カントは、善い行為者《エージェント》には善い理由から行為することを求める――言い換えれば、カントの見解の中では推論プロセスは行為の道徳性の本質的構成要素である。だが、アリストテレス的な徳理論は理論的な知識ではなく、善い性格による習慣の結果としての正しい行為に大きな強調点を置く。一九世紀で最も有名な功利主義者であるジョン・スチュアート・ミルは、行為が道徳的に善いかどうかは行為者の動機とは無関係だと論じた。よって彼の功利主義的アプローチは、行為の原因や正当化ではなく、その影響を強調する。たとえ自分の行為に理由を与える能力をもたないとしても、小さな子どもは、おそらく犬も、（限定的ではあるが）道徳的行為者であると主張して、カント的見解を拒絶する人々も多いだろう。

これらの相違点を考慮して、アレンと彼の同僚はさらにＭＴＴの別のバージョンも考察した。このバージョンでの「質問者」には、特定可能な情報を取り除いた上で、一組の実際に道徳的に重要な行為の記述や事例が示されることになる。質問者の課題は機械を見抜くことだ。もし本来すべきことよりも倫理的ではない行為をしばしば行う方が人間だということで人間が機械と識別されてしまうことになれば、このアプローチにも難があると判明する。結局のところ、人間は聖人らしさで名高いわけではない。この懸念から尋ねるべき質問の変更が提案される――「どちらがＡＭＡなのかわかりますか？」ではなく「どちらの行為者《エージェント》が他の行為者よりも非道徳的ですか？」と。アレンと彼の同僚は、これを comparative MTT（略して cＭＴＴ）と呼び、成功したＡＭＡは一貫して人間よりも道徳的だと判断されるべきだと提案した。

ｃＭＴＴにも問題は残る。問題の一つは、とりわけ比較の際に選ばれる人間が徳の手本ではないとすれば、基準が低すぎることである。そして上述のように倫理学は、人々がしていることにではなく、人々がすべきことに関わるものだとされることが多い。よって実際の人間の行動と比較することは不適切かもしれない。加えて、パフォーマンス全体の中に道徳的に不正だと判断されるような行為が含まれていても、全体としてのパフォーマンスが人間のパフォーマンスを上回っているのであれば、機械はｃＭＴＴに合格するかもしれない。人々は、人間が道徳的過ちを犯すことを予想しているし、それに寛容でもある。ところが、彼らは機械がそうした過ちを犯すことには寛容でない。アレンたちはこう述べている。「計算された決定が他者に危害を加えるという結果になるとき、その決定を機械が行ったのであれば、人間が行った場合よりも許容されにくい可能性が高い。言い換えれば、我々はおそらく自分たちの機械に、我々が自分自身で行うことよりも多くのことを期待している。」

人間とコンピュータの間にはいくつかの根本的な違いがあることを心に留めておくことが重要だ。人間という有機体は生化学的なプラットフォームから進化した。推論の能力は情動的な脳から生じた。それに対してＡＩは、現在のところ、論理的なプラットフォーム上で開発されている。

このことは、道徳的課題に対処する際に、コンピュータには人間の脳よりも有利な点があることを示している。たとえば、コンピュータは課題に応答する際に幅広く多様な可能性を計算するようになり、それにより、人間によって考えられた選択肢よりももっと善い選択肢を見つけるかもしれない。人々によって下された決定が完全に合理的であることはない。というのも、人々はほんの少数の応答だけしか考慮せず、一般的に自分が良いと感じた最初の選択肢を選んでしまうからである。

さらにいえば、コンピュータの道徳的意思決定はそもそも情動に邪魔されることがない。よって、（ロ）ボットは激怒や性的嫉妬などの情動に乗っ取られることがないだろう。ロボットが情動によって偏見を強化したり強欲になったりすることもない——エンジニアが情緒的メカニズムを(ロ)ボットに導入しない限りは。なぜそうしたメカニズムがAMAの設計にとって有益かもしれないのかという議論には、第10章で戻ってくる。強欲さのようなものもまた、AMAの開発に対する、進化論によって触発されたある種のボトムアップ・アプローチから生じるかもしれない。これについては第7章で論じる。とはいえ、もし強欲なコンピュータ・システムが開花するなら、そのシステムは名声や権力やセックスにではなく、エネルギーや情報に貪欲になることだろう。

もしこれらの要因が、コンピュータには人々よりも高い基準を満たすことが可能だということを意味するのだとすれば、その基準はいったいどこから来るのか？　道徳理論はあいまいな答えしか与えてくれない。道徳理論をアルゴリズムに翻訳することも簡単ではない。にもかかわらず、我々は、理論を実践に翻訳する試みは、倫理学者にとっても(ロ)ボット工学者にとっても役に立つことだと信じている。

第５章　哲学者、エンジニア、ＡＭＡの設計

二つのシナリオ

シナリオＡ：あなたは倫理学者で、あなたの友人のＡＩエンジニアが、あなたにこう言ったと想像しよう。「私の会社が、常に倫理的に行為するロボットを設計するよう私に依頼してきた。私はどこから始めるべきなのだ？」自分の耳には非常に単純なものではあるが、その友人にはうまく伝わらないアイディアをいくつか一方的にまくし立て、あなたはこう返事をした。「あとで連絡するよ。」

シナリオＢ：あなたは倫理学者であり、あなたの友人のＡＩエンジニアが戦場における自律兵器システムのための倫理的管制システムを開発するために軍事補助金を獲得したと聞いた。あなたは自分の専門性を提供するため友人のオフィスに向けて走りだしたが、半分まで進んだところで、あなたは揺らぎ始め、あなたはこう自問した。「私はどこから始めるのだ？」

シナリオＡはフィクションであり、おそらくファンタジーですらある。エンジニアがそのような結論の見えない《オープンエンド》依頼を受け取ることはないし、普通は彼らがアドバイスを求めて最初に連絡を取ろうと思う相手は哲学者ではな

い。とはいえ、シナリオBは現在起こっている出来事に基づいている。

多くの専門家が、軍事ロボットはAMAが必要とされる最初の場所になるだろうと信じている。合衆国陸軍の未来戦闘システムは、戦闘地域で運用される自律車両を構想している。米国防総省からのロボット工学への資金援助の大部分は、基礎工学とソフトウェア設計に与えられているが、ジョージア工科大学の計算機科学者ロナルド・アーキンは陸軍から、戦地で活動する自律的戦闘車両の設計指針を開発するための助成金を受け取った。海軍もまた最近、自動兵器システムにまつわる倫理問題を解決するため、サン・ルイ・オビスポにあるカリフォルニア・ポリテクニック州立大学の研究者に資金援助している。

もちろん、倫理的な殺人機械というアイディアそのものが道徳的に疑わしいと考える人もいるだろう。だが敵軍の抹殺に応用されるにせよ、高齢者のケアに応用されるにせよ、高度に抽象的な原則から物事を考えがちな哲学者と、現実の設計タスクを達成しなければならないエンジニアの間には、根本的な分断がある。それでもまだ、哲学者には果たすべき役割がある。一般的原則は、たとえそれだけでは不十分なものだったとしても、設計をガイドできる。シナリオAはフィクションかもしれないが、人工エージェントに倫理的能力を要求するという実践的応用のためにも、浮かんでくるいくらかの疑問に枠組みを与えるのに役立つ方法を提供してくれる。

AMAを設計するにあたって、訓練を受けた倫理学者や哲学者には、エンジニアに自分が作ったものが行う行為の倫理的帰結を気づかせる助けをする以外に、どのような貢献ができるのだろうか？　倫理的原則、倫理的理論、倫理的枠組みは——たとえば、功利主義やカント的定言命法は——ある程度の自律性をもって行為する能力をもつ計算的システムの設計をガイドする役に立つのだろうか？　あるいはエンジニアには役に立たないように思われるかもしれないが、倫理学者の貢献は主に課題の複雑さを強調することにあるのだろうか？

共同作業を基礎づける

過去半世紀にわたる哲学者のＡＩに対する関係は、十分に発展したＡＩはすぐそこまで来ていると信じる者が予言する楽観的なシナリオへの熱狂的な支援から、痛烈な批判までさまざまである。哲学者の中には、横からコメントするだけでなく、ＡＩの基底となっている理論を発展させる主導的役割を果たす者もいた。ダニエル・デネットはＣｏｇという身体化された学習ロボットのアドバイザーとして活動したが、彼は「ロボット工学者は自分たちが哲学を行っているとは思っていないが、彼らのしていることは哲学だ」とさえ言った。だがＡＩに批判的な哲学者もまた、ＡＩが直面することになる困難について、ＡＩの信奉者よりも正しい判断をしていたことが判明した。先に述べたように、「強いＡＩ」の実現に対する計算的戦略の限界に関する哲学的批判のいくつかは今でも有効である。とはいえこれは、我々が「機能的道徳」と呼んだものを高度に備えたシステムを開発するという「弱いＡＩ」の課題に水を差すものではない。よって本章と次からの四章で、我々は哲学的問題を脇に置き、現在利用可能なプラットフォームに倫理的考慮を導入しうる方法に注目したい。

倫理的に行為する（ロ）ボットの設計に取り組んでいるあなたの友人のエンジニアは、そのシステムが行う選択と行為にどのような種類の制約が課されるべきかに関心をもっているかもしれない。そうしたシステムの制御アーキテクチャを定義する際に、倫理学理論はどんな役割を演じる可能性があるのだろうか？　加えて、エンジニアは道徳的意思決定システムのための情報の要件が何なのかを決定しなければならない。つまり、そのシステムが決定を下すために知る必要がある情報は何で、この情報へのアクセスを得るためにどのような入力デバイスとセンサがシステムに必要となるのだろうか？

倫理学者は実際にここでどう役立つのだろうか？　よく訓練された倫理学者は、道徳的ジレンマの複雑さを認識するように教えられており、ＡＭＡが直面する課題の範囲をカバーすることを意図している何らかのアプローチが不十分だということに敏感に気がつく見込みが高い。その一方でエンジニアは、道徳的考慮事項に対する感受性をシステムにもたせたいという倫理学者の欲求が、信頼でき、有能で、安全なシステムを作るというただでさえ課題の多いタスクにさらなる困難を加えてしまうと懸念を抱くだろう。倫理的ジレンマの複雑さと手強さに関する理論的な議論は、さほど役に立つものとは考えられないだろう。エンジニアは一般的に、どんな問題にも複数の解があると信じているが、彼らは目下の問題に対する一つの満足のいく解に収束させるよう訓練されている。ところが倫理学者は、互いを拡散させるように訓練されており、ある問題に関連するかもしれない考察と理論の範囲を可能な限り完全に記述するために、別々の立場を論じる。

ここで工学倫理の分野を参考にするのが有益だろう。この分野では、哲学者は自分たちの学問領域をエンジニアにとって重要であり、かつエンジニアが理解できるものにするという問題を頻繁に気にかけているからだ。倫理学を科学者とエンジニアに教えるためのアプローチを概説する際に、ケース・ウェスタン・リザーブ大学の倫理学の教授キャロライン・ウィトベックは、倫理問題に対する「判事の観点」と「行為者《エージェント》の観点」という、哲学者スチュアート・ハンプシャーが行った区別を援用する。判事の観点について、ウィトベックはこれを倫理学に対する伝統的な哲学的アプローチと同じものだとみなしており、この観点においては抽象的な原則が個々の事例に当てはめられて、倫理的課題が二つかそれ以上の対立する陣営や原則の衝突として説明されるのが一般的である。これは、強制された判断——相互に排他的で、不満の残ることも多い選択肢の間での選択を伴うこともある。対照的に、行為者の観点が扱うのは、ある文脈における一人のアクターの視点から見た倫理的課題である。そのアクターは問題の解決策を見つけなければならない。エンジニアは工学の問題に対してケーススタディを通してアプローチすることに慣れており、これはハンプシャーによる行為者の観点の方といっそう手を結びやすいアプローチである。ウィトベックはこう述べている。「倫理的・道徳的問題は、（通常は二つの）対立する陣営や対立する原則の間の衝突として示されることが多い。しかしその問題は、同時に満たすことが可能だと判明するかもしれないし不可能だと判明するかもしれない、複数の（倫理的）制約を含んでいるものとして理解したほうがよいことも多い。」このことからウィトベックは、倫理的課題は設計問題に類似したものとして考えられるべきであり、そしてそのようなものとして扱われるべきだと考えた。

確かに、この仕方であらゆる倫理的課題にアプローチできるわけではない。だがＡＭＡの設計に貢献しようとする倫理学者にとって、行為者《エージェント》の観点を心に留めておくことは二つのレベルで有益である。第一に、行為者の観点はエンジニアが理解している問題解決型アプローチに似ている。第二に、ロボットや計算的システムはエージェントであり、ある特定の文脈の中で倫理的制約を守りながら何かに取り組んだり行為したりする仕方を探しているものだと理解するのが最善である。倫理的制約を守って作動する計算的システムを設計する際には、課題に取り組むための実践的なアプローチに強調点が置かれなければならない。

実践的という点を強調すると、哲学者には倫理を過剰に単純化しているように見えてしまうかもしれない。我々は倫理学理論も応用倫理学も複雑さに満ちていることを認識している。複雑さを理解することが有益なのは、それが計算的システムをいっそう洗練させる仕方を提案する限りにおいてのことだ。ＡＭＡを作るというプロジェクトを退けることにしか向けられないなら、それほど有用とは言いがたい。倫理的な複雑さは、少なくとも二つの源泉から生じている。一方には、この学問領域の根本的な概念に関する倫理学理論での精妙な議論がある。他方には、現実世界の状況について規範的判断を下そうとすることから生じる難しい問題がある。人間における道徳は複雑な活動であり、そのために必要な技能は多くの人々にとって、適切に学ぶことができないか、あるいは限られた習熟度でしか遂行できないものである。文化の違いを超越して共有される価値観が存在するとしても、個々の文化と個人は、それぞれの倫理体系と道徳規範の細部で食い違っている。AMAにそれらの問題のすべてを直接的に扱わせようと期待することは実際的ではない。だが、我々の基本的な立場は、(ロ)ボットにおける、道徳的考慮事項に対する感受性に向けたどんな一歩も、それがどれほど単純なものであれ、正しい方向への一歩だというものである。

エンジニアはすぐに倫理学は科学にはほど遠いと指摘するだろう。難しい価値の問題は、情報が不適切な場合や、行為の結果をあらかじめ完全に知ることができない場合の双方から生じることが多い。こうして倫理学は、人々が出会う最も混乱した、そして最も深く情動の絡んだ状況にあるものを扱う、あいまいな学問領域のように見えてしまうこともある。倫理学は、最も科学にほど遠いものに見えてしまう。

倫理学を科学に還元できるという主張は、せいぜい良く言っても素朴である。にもかかわらず、自律的ソフトウェア・エージェントの道徳的能力を向上させるタスクは、道徳的意思決定をその構成部分に分解することと、本質的に機械的なシステムによって扱える、コード化できる意思決定とできない意思決定の違いを認識することと、あいまいで対立する観点を制御する能力をもった認知的かつ情緒的《アフェクティブ》システムを設計するための方法を学習することを科学者とエンジニアに強いるだろうと我々は信じている。このプロジェクトでは、人間の道徳的意思決定を未だ知られていない詳細さの程度まで分析することが求められるだろう。

異なる分野の専門家は、AMAの実装についての問題に異なるアプローチをとるだろう。エンジニアと計算機科学者にとって自然なアプローチは、プログラムの実行の成功の条件として課される他のどんな制約とも同様の、充足されるべき追加的制約の集合として倫理を扱うことだろう。この見解では、道徳的推論には特別なことは何もない。しかし、その追加的制約はどんなものであるべきだろうか？　その制約は、非常に具体的なものであるべきか（たとえば、「表示された速度制限に従え」）、それとももっと抽象的なものであるべきなのか（たとえば、「決して人間に危害を加えてはならない」）、決して侵害されてはならないハードな制約として扱われるべきなのか、それとも他の目的を遂行するために違反することもありえるソフトな制約として扱われるべきなのか、といったことについて問題は残る。道徳的ロボットを作るためには、正しい制約の集合と、衝突を解決するための正しい公式を見つけ出すことが大事だろう。よってＡＭＡの開発という問題は、抽象的な価値を知能システムの制御アーキテクチャに実装するための方法を見つけ出すこととして理解されるかもしれない。その結果は、ある種の「限定道徳性」であり、出会う状況のすべてが設計者の予見した一般的制約に適合するものである限りで、無害に振る舞う能力をもっているシステムである。

そうした制約はどこから来るのだろうか？　この問題に直面した哲学者は、特定の倫理学理論をソフトウェアにコード化するというトップダウンのアプローチを提案する可能性が高い。その場合、この理論的知識は、選択肢を道徳的受容可能性によって順位づけするのに用いられることになる。とはいえ計算可能性の点では、哲学者の提案する道徳的原則には不十分な点が多く、矛盾する行為を提案することもあれば、いかなる行為も指示できないこともある。そしてあらゆる行為の帰結は本質的には限りがないため、いくつかの点で、中心的な倫理的原則は計算によって扱うことができないように見える。

だが、倫理学理論をコンピュータ・プログラムとして実装する明確な方法を得る可能性がないのであれば、そんな理論は人間の行為をガイドする役割すら果たせないのではないかと疑問をもつ人もいるかもしれない。よって、機械に何ができて何ができないのかを考えることは、計算の領域における倫理学理論の限界についていっそう深い反省をもたらすかもしれない。この観点から見れば、ＡＭＡの問題は、どのようにして機械に抽象的な理論的知識を与えるのかという問題ではなく、どのようにして世界の中で反応する正しい傾向性を身体化するかという問題である。それは、道徳心理学の問題であり、道徳的計算の問題ではない。

道徳的意思決定を制約するという問題に直面した心理学者は、人間の子どもが大人へと発達する中で道徳の感覚が発達する仕方に注目する可能性が高い。発達的アプローチは、機械道徳へと至る最も実践的な道筋かもしれない。だが、道徳的な人間を発達させるこのプロセスの頼りなさについて知られていることからは、(ロ)ボットをAMAになるように訓練しようとする試みがどれほど信頼できるものかという真っ当な疑問が生じるだろう。心理学者はまた、人間が自らの現実を構成し、自我や他者や環境を意識するようになり、日々の生活における道徳的問題の複雑な迷路を切り抜ける仕方に注目する。ここでもまた、人間におけるこれらのプロセスの複雑さと途方もない多様さが、AMAを設計することが難しい課題であることを明らかにする。

誰の道徳？　どんな道徳？

あなたの友人のエンジニアがあなたのオフィスにやってきて、その友人が自分の勤める会社から常に倫理的に行為するロボットの設計を打診されたと語る時、あなたの応答の仕方には別のものもあるかもしれない。つまり、あなたは「いったいどんな会社が、何が倫理的なのかを決める権利をもっているというのだ」と困惑するかもしれない。

AMAを作るという計画は難しい問題に直面する。誰の道徳的基準が実装されるのだろう？　どんな倫理的サブルーティンが実装されるのだろう？　エンジニアは、うまく特定されたタスクをこなすシステムを作ることには非常に長けているが、道徳的行動のためのタスクは明確には特定できない。道徳的基準について語るというと、既に受け入れられた行動規範《コード》を含意しているように見えるかもしれないが、人々の間には道徳的問題について大きな意見の不一致がある。倫理的サブルーティンについて語ることも同じように、倫理的行動が実装される仕方についての特定の捉え方を示唆するように見えるかもしれない。しかしアルゴリズムやソフトウェアのコードが効果的に倫理的知識を表現しうるかどうかは、何が倫理的知識を構成するのか、そして倫理学理論がどのように道徳的行動の認知的・情動的側面と関連しているのかについての、洗練された理解を必要とする。以上のことを明確化しようとする努力も、それについて別の考え方を発展させようとする努力も、人工エージェントの文脈においては特別な側面をもっている。機械道徳に対するいかなるアプローチも、その理論をコンピュータ・プログラムとして実装する際の実現可能性という点で評価されなければならないのだ。

さまざまな行為――ウェブ上から音楽を違法にダウンロードすることから、人工妊娠中絶や自殺幇助に至るまで――の道徳性に関する意見の不一致は、道徳性を人工システムの行為に帰するための基準を決める難しさをはっきりさせる。カント、ベンサム、ミルらの倫理学理論は、道徳的原理は普遍的であるべきだという啓蒙主義の理想によって形成されている。だが、一般的同意の取れている価値観さえ、特定の状況を詳細に検討すると同意が取れなくなる傾向にある。真実を述べること、あるいは嘘をつかないことは徳ではあるが、自分の正直さが結果として別の人への不当な危害に繋がると信じる場合、ほとんどの人々が目を瞑る。嘘をつくことによって正味の利益が得られるならば、ほとんどの人々がその嘘を正当化されたものとして賞賛する。その一方でカントは、真実を述べることは結果にかかわらず義務だと考えていた。彼は、自律性をあらゆる倫理の基礎だと考え、他者に嘘をつくことは個人の自律性を奪うことだと論じた。

特定の価値観、行動、ライフスタイルにまつわる道徳性に関する観点の幅広さを考えると、おそらく、誰の道徳が、あるいはどんな道徳がＡＩに実装されるべきかという問題に単一の答えは存在しない。人々がそれぞれ異なった道徳的基準をもっているように、すべての計算的システムが同じ行動規範《コード》に従わなければならない理由はない。特定の宗教的伝統の価値観や、何らかの種類の世俗的ヒューマニズムの価値観に従う道徳的行為者《エージェント》を設計しようと思い描く者もいるかもしれない。あるいは、ＡＭＡにとっての道徳の規範は政治的正しさ《ポリティカル・コレクトネス》の基準に範をとるものになるかもしれない。おそらく、ある国の法的規範を内面化して、その国の法律に厳密に従うように設計されるロボットもあるはずだ。この文化的に多様なＡＭＡへの譲歩が意味するのは、普遍的価値が存在しないという示唆ではなく、ＡＭＡの設計に至る道が一つだけではないかもしれないと認めることである。ＡＭＡの設計においてどのような倫理綱領、規範、価値観、法、あるいは原則が優越するのであれ、そのシステムは、道徳的行為者としてうまく機能しているかどうかという点で、外側から決められた基準を満たさなければならないだろう。

トップダウン・アプローチとボトムアップ・アプローチ

一般的に倫理学の研究は、トップダウンの規範、基準、道徳判断に対する理論的アプローチに焦点を当てる。正義の理論を解体したソクラテスに始まり、理性の内部のみに道徳の根拠を置くカントのプロジェクトに至るまで、典型的な倫理学の言説は、道徳の幅広い基準を特定の事例に当てはめることに向けられている。これらのアプローチによれば、基準や規範や原則は、行為の道徳性を評価するための基礎である。トップダウンの道徳原則は、宗教的な理想と道徳の規範から、それぞれの文化によって是認された価値観や哲学体系に至るまで多岐にわたる。黄金律、十戒、ヒンドゥー教の勧戒と禁戒、徳のリスト、そしてカントの定言命法は、いずれも、トップダウンの倫理体系として考えることができる。もちろん、アシモフのロボット工学三原則もまたトップダウンである。

エンジニアは「トップダウン」という言葉を別の意味で用いている。彼らがトップダウン分析と呼んでいるのは、あるタスクをもっと単純なサブタスクに分解することによる課題へのアプローチである。コンポーネントが組み合わせられ、個々の単純なサブタスクを実装したモジュールになる。それからそのモジュールは元々のプロジェクトによって特定された目標を満たすために階層的に配置される。

我々の機械道徳の議論の中では、工学と倫理学におけるいささか異なった二つの意味を組み合わせた仕方で、「トップダウン」という言葉を用いる。この混じり合った意味では、AMAの設計に対するトップダウン・アプローチは、特定の倫理学理論を採用し、その理論を実装できるアルゴリズムとサブシステムの設計をガイドするための計算的要請を分析することを意味する。言い換えれば、トップダウン・アプローチは、たとえば功利主義のような倫理学理論を採用し、その理論をコンピュータ・システムに実装するために必要な情報の要請と手続きの要請を分析する。そして理論の実装のために、サブシステムの設計とそのサブシステム同士が関係する仕方へと分析を応用する。

機械道徳に対するボトムアップ・アプローチでは、行為者《エージェント》が一連の行為を検討し、道徳的に賞賛に値する行動を学び、そうした行為に対して報いられる環境を作ることに強調点が置かれる。道徳的能力のボトムアップの獲得にはさまざまなモデルがある。子どもの発達は一つのモデルである。もう一つのモデルは進化である。そこでは適応度の基準を最もよく満たしうるような行為者の適応と変異と選択がモデル化される。何が道徳的で何が道徳的でないのかを定義するトップダウンの倫理学理論とは異なり、ボトムアップ・アプローチでは、倫理的原則は発見されたり、構成されたりするものでなければならない。

ボトムアップ・アプローチは、たとえ一つの理論を優先して用いるとしても、それはそのシステムのためのタスクを特定する仕方としてでしかなく、実装方法や制御構造を特定するものとしてではない。ボトムアップの工学では、ある種の性能測定を用いることで理論的にタスクを特定できる。（たとえば、チェスの試合に勝つこと、チューリング・テストに合格すること、躓くことなく部屋の中を動きまわることなど。）エンジニアはシステムの性能を徐々に向上させることで、性能の基準に近づける、あるいは基準を上回らせるためのさまざまな試行錯誤のテクニックを利用できる。タスクをサブタスクへと解体する最善の仕方についての理論がエンジニアに欠けていても、個々のタスクは高いレベルで遂行されうる。どうやってタスクを遂行するのかを決めた後にシステムを分析することは、関連サブタスクの理論化や特定に繋がる場合もあるが、そうした分析の結果がまったく予想外のものであることもある。そして典型的には、アプリオリな理論化によって示唆される種類のタスクの分解と一致するものではない。その倫理学的な意味において、倫理へのボトムアップ・アプローチは、規範的価値を一般理論の観点から明示的に明確化されたもの（あるいは明確化されうるもの）としてではなく、行為者《エージェント》の活動に暗黙裡に存在するものとして扱う。我々が「ボトムアップ」という言葉を使う際、行為者自身の道徳と他者の道徳についての行為者の理解に正確な説明を与えるかもしれないと我々は認める。その一方で、道徳は適切な一般理論を生み出しうるような種類の概念なのか否かに関する存在論的問題については中立を保つ。

実践では、典型的なエンジニアやロボット工学者は、トップダウン・アプローチとボトムアップ・アプローチの両方を用いて自分たちの非常に複雑なシステムを作る。典型的には不完全な理論的トップダウン分析によって導かれる特定の機能を満たすために、コンポーネントが集められる。一般に、プロジェクトの目標を満たすための道は一つだけではなく、プロジェクトの構造の分析と、目標を満たすために設計されたシステムの試験の間のダイナミックな相互作用がある。たとえばシステムの欠陥は、課題を最初に分析した際の二次的な考察の見落とし、制御アーキテクチャが調整されなければならないこと、ソフトウェアのパラメータが改良されなければならないこと、あるいは新たなコンポーネントが追加されなければならないことを明らかにするかもしれない。自己組織化しているボトムアップのテクニックは、個々のモジュールの微調整を容易にするために利用されうる。

トップダウンとボトムアップという二分法は多くの複雑な工学のタスクにとって単純すぎるし、ＡＭＡの設計がそれらのタスクと異なるものだと期待すべきではない。にもかかわらず、トップダウンのタスク分析とボトムアップのタスク分析という概念は、ＡＭＡを設計するために倫理学理論が果たすべき二つの潜在的な役割を鮮明にしてくれる。

第6章　トップダウンの道徳

道徳理論を働かせる

倫理的な機械を作ろうとしているエンジニアは、倫理学理論について何を知る必要があるのだろうか？　倫理学者にこの質問をすれば、帰結主義、義務論、徳倫理といった多様な理論のサーヴェイを始めるだろう。これは倫理学の学部授業の標準的な内容だ。我々は倫理学入門を繰り返すのではなく、その代わりに、エンジニアや計算機科学者が倫理学理論を用いてできること（あるいはできないこと）は何かという視点から倫理学理論を提示しよう。

トップダウンの理論駆動型の道徳へのアプローチが、ＡＭＡにとって成功に繋がる優れた方法であるように見えるとすれば、それはなぜだろうか？　一つの答えは、理論が包括的な解決策を約束するからだ。もし倫理学の原理や規則が明示的に述べられうるものであれば、倫理的に行為することは、規則に従うことに尽きるだろう。ＡＭＡが行う必要があるのは、その行為が規則によって許容されるかどうかを計算することだけになるだろう。

倫理学者はこれが人間の意思決定にとって有効なアプローチであるとは考えていない。なぜなら、要求された計算のすべてを実行することは、人間には不可能だからである。だが、もっとうまく実行できそうな機械は、古くからの哲学者の夢である。ドイツの哲学者ゴットフリート・ウィルヘルム・フォン・ライプニッツは計算機を設計し、その計算機は一六七四年に作成された。しかし彼はいかなる状況においても最善の行為を計算するために道徳規則を直接適用できるより強力な機械を夢見ていた。

コンピュータ・テクノロジーがライプニッツの時代から大きく発展したにもかかわらず、我々はトップダウンの理論ではこの夢の実現にとって役立たないだろうと考えている。我々は、形式的意思決定アルゴリズムとして倫理的規則を実装するという見通しは、むしろ暗いということを示したい。とはいえ、人々は自らの行為を良い情報に基づいたものにするため、そして正当化するためにトップダウンの規則に訴えている。そしてＡＭＡの設計者は人間の道徳のこの側面を把握する必要があるだろう。

最も一般的な意味では、人工道徳へのトップダウンのアプローチは、アルゴリズムへと置き換えうるさまざまな規則の集合をもつことに関係している。トップダウンの倫理体系は、宗教、哲学、文学といった幅広い源泉に由来する。例としては、黄金律、十戒、帰結主義あるいは功利主義の倫理学、カントの道徳的格率、法律と専門家の綱領、アシモフのロボット工学三原則が含まれる。

これらの考えのいくつかにおいては、規則のリストが単に特殊な禁止や命令のために必要なものを恣意的に集めただけになっているものもある。これは、道徳の「戒律」モデルであり、ユダヤ教の伝統にそのルーツがある。これは、アシモフの三原則にも見て取れる。戒律モデルは、規則が衝突する際にどうすればよいのかという課題に直面する。衝突を解決するためのさらなる原則や規則は存在するのか？　アシモフのアプローチは、第一原則は常に第二原則に優越し、第二原則は常に第三原則に優越するというように、原則に優先順位をつけることだった。ロボット工学者にとって不幸なことに（フィクション作家にとっては幸運なことに）、アシモフの原則の最初の二つはどちらも、その原則だけで手強い衝突を生み出すに十分なものだった。

衝突の問題を解決するために、哲学者たちの中には、もっと一般的な原則や抽象的な原則を見つけて、そこからより具体的な原則や特定の原則を導き出そうと試みてきた者もいる。他方で、トップダウンの規則が意思決定を導くこと、および専門家による評価の批判的分析のための情報を与えることに役立つヒューリスティックとして機能することを認識しながらも、倫理規則は包括的な決定プロセスを提供するものとして理解されるべきだという考えを拒絶する哲学者もいる。

倫理的原則を規則として考えるのか、それともヒューリスティックとして考えるのかはさておき、主流の道徳哲学の多くは、高度に一般的な原則を、路面電車《トロリー》問題のような思考実験についての直観的判断にかけて検討している。道徳哲学の歴史は、何かが道徳的に正しい、あるいは倫理的に不正であるときに、何がその根拠になっているのかについての、倫理学者の直観を長きにわたって研究してきたものだと理解することができる。最も一般的なトップダウンの倫理学理論は、道徳的判断の本質を捉えることを意図している。競合しているトップダウン理論が異議を突きつけられるのは、それが専門家の直観に基づいて「間違った」答えを出すように見える場合である。これらの直観は普遍的に有効だろうか？　これまでも、西洋の哲学者によって促進された直観に、西洋人と男性中心の偏見を読み取る文化的批判があった。最近では、新種の「実験哲学者」たちが、これらの直観が同じ文化の中で普遍的に共有されているという主張にさえ異議を唱えている。

我々は、倫理的直観をめぐる非常に厄介な問題によって横道に逸れるのを避けたい。我々が注目するのは、特定のトップダウン理論を実装するための計算上の要件だ。その理論はアルゴリズムのためのタスク仕様として本当に適しているのか？　そうでないとすれば、そのことはＡＭＡを作るというプロジェクトにとってどんな意味をもつのか？　計算上の観点からトップダウン理論が評価されたことはめったにないが、我々が思うに、そうすることは結果として、哲学的倫理学の本性そのものに光を当てる可能性がある。

倫理的推論を単一の一般原則の下に置くことができると考える哲学者の学派の中には、あるべき一般原則は何なのかについて、せめぎ合う二つの「大局的な見取り図《ビッグ・ピクチャー》」が存在する。功利主義と義務論である。

功利主義者は、道徳というものは、最終的には世界の「効用」（幸福や福利の尺度）の総量を最大化することだと主張する。最善の行為（または、従うべき最善の具体的規則）は、効用の全体を最大化するものである。功利主義者は行為の結果に着目するため、彼らの見解は帰結主義の一種である。帰結主義的理論には他にも、ある行為を行う個人にとっての結果のみを考慮する利己主義がある。しかし利己主義はＡＭＡの設計にとって（あるいは、おそらくもっと一般的な倫理にとってでさえ）まじめに考慮するに値する候補ではない。功利主義は人工システムで使用するための帰結主義の最も有望なバージョンであるように思われるため、これについての議論に注目しよう。

功利主義の中では、「行為功利主義」（個々の行為が評価される）と「規則功利主義」（行為のための規則が、全体的な効用を高める傾向に照らして評価される）との間に重要な区別がある。我々は行為功利主義についての議論から始めるが、ここで示される論点の多くはどちらの形式にも当てはまる。功利主義的なＡＭＡは計算上の重い要求を課されることになる。なぜなら、それは道徳的な行為を順位づけするため、選択肢の結果の、全部ではないにしてもその多くに答えを出す必要があるからである。行為者《エージェント》の観点からは、何らかの効用の尺度を最大にするために、さまざまな行為の結果をどのようにして決定するかが問題となる。人工システムの設計者にとって解決すべき問題は、結果とその正味の効用について必要な決定をすることができるメカニズムをどのように構築するかである。

道徳的義務に関して功利主義と競合する「大局的な見取り図《ビッグ・ピクチャー》」は、倫理の核心にあるものは義務だとする立場である。この枠組みの中では、個人の権利は一般的に義務の裏返しだと理解されている。義務と権利は、責務の研究を意味する一九世紀の用語である義務論（deontology）という見出しの下にある。一般的に、いかなる義務や権利のリストも、戒律のリストと同じような内部対立の問題を抱えている可能性がある。たとえば、真実を伝える義務は、他者のプライバシーを尊重する義務と矛盾するかもしれない。これらの問題を解決する方法の一つは、すべての一応の（prima facie）義務をより高次の原則に従属させることだ。したがってたとえばカントは、すべての適切な道徳的義務は一元的な原則、つまり一貫した論理的整合性を保証するような方法で述べることができる定言命法（categorical imperative）に基礎づけられうると信じていた。

義務論的な倫理的アプローチで設計された人工エージェントにとって最も重要なことは、規則（または規則の決定方法）を知っており、それらの規則を特定の課題に適用する方法をもっていることである。特定の規則の妥当性を一貫して反省することもできるエージェントが望ましいだろう。しかし、これは夢のまた夢である。義務論的な（ロ）ボットの設計者は、ある規則の適用が必要な状況でその規則が有効になるよう保証する方法を見つけ、規則が矛盾する状況でもうまくやるためのアーキテクチャを定式化する必要がある。

功利主義的アプローチも義務論的アプローチもそれぞれ固有の計算上の問題を提起するが、どちらにも共通して提起される問題がある。つまり、理論をリアルタイムで完全に適用するために必要な、すべての情報を集めて比較することが、コンピュータに（さらにいえば人間にも）できるのかどうかである。この問題は帰結主義的アプローチにとってはとりわけ深刻である。というのも、いかなる行動の結果も、本質的には空間的にも時間的にも無限にあるからだ。次節では、人工道徳に対する功利主義的アプローチが全知のコンピュータを必要とするかどうかを考えて、この問題を議論する。それ以降の節では、義務論的アプローチについて考察する。

道徳に関する公的な議論は、権利（義務論）と福祉（効用）に関するものだけではない。議論は性格の問題に及ぶことも多い。道徳理論のこの第三の要素はアリストテレスに遡ることができ、現在は「徳倫理」として知られている。徳倫理学者は、単なる結果に基づいて、または権利と義務の観点から行動の道徳性を評価しようと心がけているのではない。むしろ、徳の理論家は、道徳的に善い行動は善い性格の陶冶から流れ出るものであり、性格が特定の徳の実現を構成していると主張する。ＡＭＡの設計に対する徳理論の応用については、第8章で議論する。

全知のコンピュータは必要か？

一八世紀イギリスの哲学者ジェレミー・ベンサムは、ある種の「道徳算術」を開発することが望ましいとの考えをもっていたとみなされることが多い。ベンサムや、功利主義的見解を発展させた他の哲学者たちは、何が正しく何が間違っているのかについて正当化するのが難しい個々の直観や義務のリストに依拠することを放棄して、道徳を客観的な足場に置こうと望んでいた。彼らは、量的に状況を評価する方法——つまり、行為によって生じる利益と危害に数値を割り当てる方法を思い描いた。効用の定量的尺度は、最大の総効用量をもたらす行動を選択するという単純な決定規則を可能にする。効用は、しばしば幸福と同義となる。そのため、功利主義者の伝統的な合言葉は「最大多数の最大幸福」である。

功利主義はその数値的側面のために、ＡＭＡに対して唯一魅力的な形の倫理学理論を提供するように見えるかもしれない。しかし、功利主義的なＡＭＡを実際に作るにはどうすればよいのだろうか。一九九五年にボストン大学の計算機科学者ジェイムズ・ギプスは、帰結主義的なロボットにとって必要な計算上の要件をまとめるための、おそらく最初の試みを提示した。彼は必要な能力を四つにまとめた。

一、世界の状況を記述する方法
二、可能な行動を生み出す方法
三、現状を踏まえてある行動をとった場合に結果として生じるだろう状況を予測する手段

四、善さや望ましさの観点からその状況を評価する方法

このリストはアルゴリズムを特定するには全く不十分なものであり、実際のコンピュータ・プログラムを特定することに関してはなおさらである。それにもかかわらず、関連するサブタスクを特定するための有用なフレームワークを提供している。功利主義的推論をコンピュータに実装しようとすると、各サブタスクについて設計上の決定が必要になる。状況をどれだけ完全に記述する必要があるのか？　コンピュータが生成できなければならない行為の範囲は？　どのようにしてコンピュータは、空間的・時間的に非常に遠い状況について正確な予測をすることができるのか？　さまざまな状況をどのように評価するべきか？

最後の問題から始めよう。倫理学の入門講義の定番である。どのようにして幸福、快楽、望ましさなどの主観的なものに合理的に数値を割り当てることができるのか？　有名な話だが、ゲームをプレイしているある人が得る快楽と、詩を読むことで別の人が得ている快楽が、等しい価値をもっているのかどうかについて、ベンサムとミルの間には意見の違いがある。動物が経験する快楽と人間が経験する快楽を比較するときも、同様のことが起こる。ベンサムは本質的に高級な快楽の形など存在しないという立場を常に貫いていた。プッシュピンで遊ぶ快楽とプーシキンの詩を読む快楽、豚の快楽と人間の快楽――ベンサムにとってこれらはまったく同じだった。すべての形や種類の快楽を一つの尺度で順位づけできると考えても意味がないのではないかと心配する人々もいた。裁判所、保険会社、そして自由市場がするのと同じ方法で、効用に数値を割り当てる問題を解決することができると示唆されることもある。つまり、個人個人が何らかの利益を得るために、あるいは、特定の害を避けるために、どれだけの金を払う気があるのかを理解することによって問題は解決できるのだと。しかし、多くの人にとって、道徳的価値を金銭的価値と同等とみなすことはあまりにも不十分であるように思われる。というのも、よく言われるように、値

段がつけられないものもあるのだから。

これは、我々が調停の見込みがない直観の対立に陥ってしまう恐れのある問題の一つだ。しかし、どのように数値の割り当てを決めても、非常によく似た計算上の問題が発生する。肯定的な面では、効用に数値を割り当てる何らかの方法を考えれば、コンピュータは特に帰結主義的理論の適用に適しているように思えるだろう。実際にコンピュータは、人よりも迅速かつ正確に総合的な効用評価を行うと期待されるかもしれない。否定的な面では、将来の危害に対する現在の利益、そしてその逆を適切に考慮するような、あるいは、潜在的なリスクと利益に対する実際の利益と危害を適切に考慮するような、計算可能な評価関数を構築することが問題となる。

ギブスが記述する他のサブタスクを完成させるために収集しなければならない情報の種類を考えると、計算の単純さという見かけは完全に消滅する。

ギブスの一つ目のサブタスクは、世界の状況を記述することである。状況のうちの関連する要素は何か？　道徳の対象となるものの幅によって、そこには人、動物、さらには生態系全体が含まれるかもしれない（おそらくそれぞれの重みは異なるかもしれないが）。これがどのように解決されるか（直観の別の対立だろうか）にかかわらず、倫理に関連するすべての主体の状況を説明するために必要なデータ収集の規模は途方もない。著名なイギリスの哲学者バーナード・ウィリアムズは、「すべての人の選好を測定し、それを合わせることのできる――世界エージェントと呼ばれるかもしれない――全知の慈悲深い観察者」が必要であると想像した。ウィリアムズの論点は、そのようなエージェントの可能性を否定することだったが、たとえ世界エージェントが存在するとしても、それは（ロ）ボットが簡単にアクセスできるＵＲＬをもっていない。

第二のサブタスクはある範囲の行為を生み出すもので、これは状況の一部とみなされる要素の範囲によっても影響を受ける。たとえば、動物の福祉が方程式に含まれないとすれば、ベジタリアン食と非ベジタリアン食を区別することがないまま、食事をとるという可能な行為が生み出されるかもしれない。道徳に関連する事実の種類が多ければ多いほど、考慮されるべき選択肢についてのもっときめ細かいプログラミングが必要になる。

ギブスの第三のサブタスクは、道徳的に重要なすべての存在者に対する行為の派生効果を見積もることにある。あらゆるアルゴリズムの設計者は、少なくとも二つの広範な問題に向き合わなければならない。分岐するどの未来が計算されるべきだろうか？　そして、遠い未来の結果は割り引きして計算されるべきだろうか？

一つ目の問題に関しては、未来の影響を将来無期限に計算することはできない。行為するという意思決定の根底にある目標を直接満たすような一次的結果があり、それらの結果の影響の道徳的価値は計算すべきである。しかし、すべての行為には無数の副次的な結果があり、すべての相互作用を追跡しようとするプログラムのためにCPU時間を膨大に吸い込む計算上のブラックホールに繋がる可能性がある。さらに、副次的な結果は、カオス理論によって解明された有名なバタフライ効果（中国の羽ばたく蝶が数週間後に北米の天気に影響を与える可能性があるという考え）のように、時には非常に離れたところにまで影響を及ぼす可能性がある。情報が不完全なままで将来の影響を計算するという問題もある。天気予報はまったく同じ問題を抱えているが、だからといって気象学者はより正確な予測に向けて研究をするのを止めてはいない（まだ十分に改善の余地がある）。気象予報士が使用する一つの特に有用な方法は、競合するいくつかのコンピュータモデルの予測を平均することである。「効用予報士」もまた同じ計算アプローチを、特定の行動の結果の予測に用いるかもしれない。

二つ目の問題について考えると、「家庭から慈善が始まる」「グローバルに考え、ローカルに行動せよ」という言葉は、どちらも倫理的行動は身近な人や場所との関係に基礎づけられるという考えを表現するために用いられる。そして、場所について言えることは時間についても言える。遠い将来に起こる結果は、より直接的な影響よりも一般的に人を引きつけることが少ない。これが倫理的に正しい態度であるかどうかは、我々がここで決定することではない。ここでは、AMAがトップダウンで帰結主義的な原則を展開することにより倫理的に許容可能な方法で行動しようとするならば、将来的かつ遠方の結果を割り引きして計算するために何らかの方法が必要であると言うに留めよう。ひょっとすると、割引の程度は、遠くの出来事を予測する際の不確実性の程度に正確に対応することもありうる。しかし時間や距離と不確実性を関連づける簡単な公式は存在しない——今から一年後の出来事やここから五千キロ離れた場所で起きる出来事が、今からたった一週間後あるいは百メートル離れた場所で起こる別の出来事よりもずっと予測しやすいということもありうる。

ギプスの四番目のサブタスクは、状況をその善さや望ましさの観点から評価することにある。我々は既に、功利主義者同士も、異なる発生源ごとに快楽や満足感の重みづけを変えるべきかどうかについて意見を異にすることを指摘した。前に進む方法の一つは、できるだけ多くの主観的な効用の評価を収集し、重みづけ公式を適用し、AMAの選択と行動が満足できると思われるまで漸進的な方法で調整することだろう。もちろん、主観的な評価をリアルタイムで収集することには深刻な困難が伴う。

功利主義的AMAを終わりなき計算の流れから守るためには、ギプスの四つのサブタスクを達成するための実行可能な戦略が必要になる。計算を終えることの難しさは、追加の課題によって悪化する。潜在的な結果を計算する行為自体が、時間とリソースを必要とする行動である。したがって、その計算自体が倫理に関する結果をもたらす可能性がある。意思決定が遅すぎるために困っている人を助ける機会がなくなると、決定プロセスは機能不全に終わってしまう。功利主義の理論はここに直接的に適用される。なぜならもちろん功利主義の原理では、行為せずに計算を続けることが全体の効用に負の影響をもたらすまさにその時点で計算を停止するべきであると規定されるからである。しかしどうすれば、実際に計算自体をせずに、計算することに価値があるかどうかわかるのか？　この明らかなパラドックスは、他の手段で計算を中止することによらなければ解決できない。

人間もまた同じ問題に直面しており、この理由から、理論家の中には、功利主義はそれほど有用で実用的な理論ではないと感じている者もいる。とはいえ、人間は全知の存在ではないけれども、福祉を最大化する意図で行動することはできる。人間はどうやってそれをするのか？　人間が一般に実践しているのは、ＡＩの創始者の一人で一九八二年にノーベル経済学賞を受賞したハーバート・サイモンが「限定合理性」と呼んだものである。すなわち、合理的意思決定において非常に限られた考慮事項の集合だけを含めるのである。問題は、人間と同じ情報を評価する、より制限された計算システムが、適切な道徳的エージェントになるかどうかである。人類の歴史が（痛みをもって）我々に思い出させてくれるとおり、すべての選好を含まないこと、それを不正確に推定してしまうこと、そして行為の短期的な結果と長期的な結果を理解し損ねることは、不可避的に苦痛や苦しみを引き起こす。

サイモンと彼の共同研究者であるアレン・ニューウェルはヒューリスティック――機能的な近似、つまり「経験則」――を使用したアプローチのパイオニアであり、それによってＡＩシステムによる複雑な探索を省略した。ヒューリスティック探索は、チェスをプレイするＩＢＭのディープ・ブルーⅡのようなシステムの成功にとって中心的な重要性をもっている。ディープ・ブルーⅡは上手くゲームをプレイするためにチェスの指し手の膨大な空間を無限の未来に探索する必要はない。その代わりに、おおよその評価方法、つまり盤上のコマの特定の動かし方を他の動かし方よりも良いと見積もる経験則を使用して、中間目標を達成することに注目している。

同様の役割を果たすために、道徳的ヒューリスティックが開発される可能性もある。個々の行動に適用される倫理的ヒューリスティックは、倫理に関連する波及効果がもたらされる可能性に応じて、行動の直接の結果を順位づける必要があるだろう。たとえば、外国政府を転覆させることは評価する必要のある多くの長期的な影響をもたらすが、新聞記者の仕事のスケジュールに対するこの行動の影響は、多くの注意を必要とするものではない。

倫理的ヒューリスティックの一つは、ローカルな効用を高めることが期待される規則に従うことだ。たとえば、可能な行動のすべての結果を分析するのではなく、地元の共同体の利益のみに基づいて行為を選択することができる。たとえば、身近《ローカル》な健康な人々の集団がより遠くの人々に施される種類の慈善に従事する可能性が高いと判明した場合、このようなヒューリスティックは全体《グローバル》としても有益かもしれない。しかしながら、効果的な道徳的行為者《エージェント》は、明示的にそれをチェックする必要なく、この関係に頼ることができるかもしれない。

規則功利主義もまたヒューリスティック・アプローチの一種と見ることができる。規則に従うことで生じる利益は、規則が存在しないほうがもっとましなことになったかもしれないようなことを時々実行するコストを上回る。このような想定に基づけば、規則に従うことで個々の行為の結果のすべてを計算する必要性を迂回できる。しかし、規則功利主義に基づいてAMAを設計するエンジニアにとって、規則はどこから来るのかという問題がある。最初は専門家によって合意された規則が、システムにプログラムされる可能性がある。しかし、これらの規則を適用する正当化はそれ自体功利主義的なものであり（規則に従うことは規則に従わないよりも全体的な効用を高める）、定期的に再評価されなければならない。洗練されたAMAには、そのような再評価を実行する能力も要求されるかもしれない。しかし、AMAの設計に規則功利主義的アプローチを適用しようとする初期の試みが、そのような洗練された評価能力から始まることはまずないだろう。規則が専門家によって最初に指定されると仮定すると、規則功利主義は一種の戒律理論として扱われることになり、その場合の主な計算上の問題は、規則に基づく他のAMA設計アプローチにもそのまま当てはまる。

ロボットのための規則

ロボットにとってのトップダウン道徳を論じるにあたり、アシモフの三原則は無視できない。

第一原則：ロボットは人間に危害を加えてはならない。また、危険を看過することによって、人間に危害を及ぼしてはならない。
第二原則：ロボットは人間にあたえられた命令に服従しなければならない。ただし、あたえられた命令が、第一原則に反する場合は、この限りでない。
第三原則：ロボットは、前掲第一原則および第二原則に反するおそれのないかぎり、自己をまもらなければならない。

アシモフはこの三原則を提唱した後、第四原則、あるいは第零原則（そう名づけられたのは、これが他の三原則に優越しているからである）を追加している。

第零原則：ロボットは人類に危害を加えてはならない。またその危険を看過することにより、人類に危害を加えてはならない。

残りの原則は、第零原則を認める形に修正される。

アシモフの三原則はもちろんフィクションの一部——非常に興味深いストーリーを展開させるための作劇上の仕掛けである。これから説明するように、これらは道徳哲学としては実践的な手引きをほとんど提供せず、アルゴリズムの特定としての価値があるかというと疑問である。にもかかわらず、これらはＡＭＡについての興味深いアイディアを含んでいる。ＡＭＡの振る舞いは、人間にとってありふれた道徳規則とは異なった基準に則るべきだという考えである。

ロボットに特化した倫理的義務が必要だというアシモフのアイディアは、我々が前節で論じた功利主義的アプローチと重大な点で対照的だ。道徳的評価という目的にとって、帰結主義者は一般的に、なぜその特定の行為が行われるのか、あるいは誰によって行われるのか、といったことを気にしない。しかし、義務論的な見解では、義務は行為者《エージェント》の特定の性質に直接起因するものであり、行為者の種類が異なれば、有する義務も異なる可能性がある。

映画『ロボコップ』でサイボーグ警察官にプログラムされた三つの指令は、アシモフの三原則に大きく負っているものの、さらにもっとタスクを特定した義務のアイディアを採用している。(1)大衆からの信頼への奉仕。(2)一般市民の保護。(3)法律の遵守。ロボコップの作劇上の仕掛けは、他の指令に優越する秘密の第四の指令の存在であり、ロボコップはたとえ犯罪者であっても彼の企業での上司に従わなければならない。元々の映画では、ロボコップに残った人間の部分がこの第四の指令を克服することができたが、これは厳密に規則に従うようにプログラムされた(ロ)ボットには不可能である。

ロボコップの秘密の指令とアシモフの第二原則は、人工エージェントが人間という主人の実質的な奴隷となることを要求している。これは(ロ)ボットが存在する状況で人間がいっそうの安心を感じるのを助けるかもしれないが、明らかに道徳的行為者《エージェント》一般に当てはまると考えるべき義務ではない。しかし、ここでは、特定のさまざまな義務を正当化することに(または、知的な機械に対して人間の道徳的義務はどうなるのか議論することに)関心はない。だが、特にアシモフの規則についてはもう少し語りたい。というのも、我々のプロジェクトを耳にした人々から、しばしば「しかし、アシモフがすでにその問題を解決したのではないか?」と尋ねられることがあったからだ。

アイザック・アシモフの三原則は、単純な形の規則ベース倫理においてさえついて回る本質的な問題を探求するための手段を、彼自身と他のSF作家に提供した。アシモフはこれらの原則を直接分析していない。むしろ、彼はその人生を通して書き続けた一連の物語を通して、原則の実行可能性を探求した。一読すると、規則は簡単に見える。しかし、これらの単純な原則でさえ実装する際に問題が起こることは、アシモフと彼に続く世代にとって明らかだった。いかなる道徳的原則にとっても、道徳的なトレードオフがあるように見える。たとえば、杓子定規のロボットは、外科医が患者を切開することを食い止めるだろうか？　患者に刃物をつきつけている外科医が患者に害を及ぼそうとしているわけではないのだとロボットが理解することを保証するのは容易ではない。単純な義務ベースの道徳を完全に知能的に適用するには、文脈について、そしていかなる傷害も起こさないという規則に対する例外について十分な理解が必要だ。そのような能力を備えたＡＭＡは、さまざまな状況で適切に規則を適用するために、広範な知識ベースをもつ必要があり、この知識ベースは定期的に更新される必要がある。

実行可能な行為のどれもが人間に何らかの害を及ぼす可能性がある場合、ロボットは何をすべきだろうか？　アシモフは「うそつき」で、人間の心理に敏感なロボット・ハービーが、どの選択肢をとっても人間に心理的苦痛がもたらされるという課題を考えながら壊れてしまう、という物語を描いた。もちろん、人間は毎日このようなジレンマに直面している。（少なくとも自分の行為の結果をよく考える人ならそうだろう！）原則からすると、人間に害を及ぼすのではなく自分が壊れてしまったというハービーの物語は、組み込み安全策のように見えるかもしれない。しかし、家から出られない高齢者がロボットに依存しており、ロボットのシステムの故障がさらに大きな害を引き起こす状況は容易に想像できる。

望ましくない外科的介入の場合と同様に、与えられた規則のリストが包括的でない場合、ＡＭＡは未知の状況で失敗する。現実世界の中では、一見単純な規則すらも従うことができないことがわかる。規則の優先順位づけスキームがなければ、規則間の競合によってデッドロックが発生する可能性がある。アシモフは規則間の競合を最小化するため規則に優先順位をつけたが、それでも二人の人間が矛盾した命令を出すなど、一つの規則でもデッドロックが発生する可能性がある。どのケースでも人間に危害を及ぼす場合、行為するかどうかをロボットに選択させることは、サスペンス物にとっては効果が実証された創作の秘訣だが、現実世界のＡＭＡにとっては必ずしも推奨できない。現実世界では危害を予防することは必ずしも可能ではないということを考えれば、害の最小化は、多くの状況で望むことができる最善のものであるかもしれない。（人間がそのような選択をする機械と共に生きることができるかどうかという問題には、第12章でもう一度戻ってくる。）

アシモフの規則は、人が機械の奴隷に実装したいと考えている最低限の拘束であり、相当の自律性をもって行為する能力をもった人工の心のための道徳を完全に肉づけしているわけではない。計算システムへの実装が望まれるかもしれない現実世界の道徳綱領の多くは、すべての規則に優先順位をつけるものではないため、規則同士に矛盾が生じる。規則ベースのＡＭＡには、規則が競合する状況を管理できるソフトウェア・アーキテクチャが必要である。アシモフの物語から得られる教訓を検討するにあたり、ＩＴコンサルタントのロジャー・クラークはこう述べている。規則や法律では行動が道徳的でなければならないロボットを作るための効果的な設計戦略にならない、とエンジニアが結論してもおかしくないと。

包括的で無矛盾な規則を考えても、複数の規則を連続して繰り返すと、望ましくない結果に繋がる可能性がある。これは、一定期間にわたるプロセス全体への考慮抜きに、連続した決定の一つ一つに規則を「盲目的に」適用する場合には、特に当てはまる。政治科学者や哲学者にはよく知られている「投票のパラドックス」にも同じ現象が見られる。哲学者フィリップ・ペティットは、多数決ですべての問題を解決する三人の委員からなる編集委員会の例で、そのようなパラドキシカルな状況が生じることを示した。一月に、委員会は今後五年間価格を上昇させないと購読者に約束することに同意する。その年の中頃に別の投票が行われ、委員会は、外部の査読者に記事を送付し、個々の記事を出版するかどうかの決定を査読者の決定に委ねる、と決定した。十二月、委員会メンバーは、刊行に非常にコストがかかる技術記事を出版するかどうかという問題に直面した。メンバーの過半数は記事の出版に投票したが、この場合、出版コストが高いため、雑誌の価格を引き上げないという以前の約束が撤回される可能性がある。左の表が示すように、委員会の各メンバー（A、B、C）の投票は個別には合理的だが、にもかかわらず多数決ルールの「盲目的な」適用を受けると矛盾を生じさせる。

	価格固定	外部査読	技術記事
A	賛成	反対	賛成
B	反対	賛成	賛成
C	賛成	賛成	反対
結果	賛成	賛成	賛成

累積的な結果を確認しないまま、ローカルには無矛盾な手続きに従う結果として生じる意思決定における似たような矛盾に対しては、コンピュータはとりわけ脆弱である。

完全に自律的な道徳的行為者《エージェント》が倫理的なジレンマに遭遇したときに立ち往生してはならないということには、むしろ簡単に同意が得られるだろう。しかし、ジレンマを解決するためには、AMAがゴルディアスの結び目を切って人間に害を及ぼす可能性があってもよいということに誰もが同意するだろうか？　場合によっては、民主的な決定手続きを含む規則が破られなければならない場合もある。そして、倫理体系の中には、規則が遵守されないことを許容するものもある――というのも規則は行動に対する一応の（prima facie）制約に過ぎないからだ。規則ベースのアプローチでAMAに規則を破る自由を許そうとするならば、いつ破るべきなのかについて非常に明示的な基準を定式化する必要がある。しかし、そのような基準は、他のジレンマを生み出す可能性が非常に高い。風船を突くと、どこか別のところが膨らんでしまうだろう。

それにもかかわらず、義務論的な道徳的規則は、倫理学理論に取り組む哲学者にとってだけでなく、道徳についての公的な議論においても重要な役割を果たし続けている。そのような規則には、具体的な行動に関する具体的な処方箋（たとえば、「汝盗むなかれ」）から、そこから適切な行動が導出されるべき指針原則（たとえば、「人にしてもらいたいと思うことは何でも、あなたがたも人にしなさい」）に至るまで、非常に明示的なものから非常に抽象的なものまで含まれる。具体的な方の終端には、聖書の十戒、アシモフの三原則、そして専門職の行動規範がある。抽象的な方の終端には、世界中のさまざまな宗教や文化で表現されたそれぞれ若干異なる黄金律のバージョンと、行為の動機が普遍化可能であることを要求するカントの定言命法がある。

具体的な規則でも抽象的な規則でも、道徳の計算にはそれぞれ異なる課題が生じる。具体的な規則は、単純なケースでは適用するのが比較的容易である傾向もあるが、より複雑な状況では不明瞭な手引きしか提供しない。父親があなたに盗みをするよう頼んだ時、とりわけその他に食べ物を得る手段がない時、あなたは父親の頼みを尊重するべきだろうか？　もし矛盾する命令が別々の人間によって与えられたり、そのすべてが人間への危害に繋がってしまう行為の選択に直面したりする場合、アシモフ型のロボットは何をするだろうか？　義務のリストそれ自体は、これらのあいまいさを解決するために何もしない。アシモフは三原則を明示的に階層化しているが、個々の原則そのものが相反する要求をもたらす場合は、これは役に立たないものになる。このような競合を裁定するためには、より抽象的な規則が必要と思われる。

上位規則の計算

カントの定言命法と黄金律は、より抽象的な義務論的理論を表している。これらは、どのような状況でも適用できるような一般性をもつ原則を述べることによって、衝突を回避しようとしている。定言命法は、論理的整合性を保証するために明示的に設計されている。したがって、これは論理的な枠組みの中で働くコンピュータにうってつけであるように見えるかもしれない。カントは、いくつかの異なるバージョンの定言命法を書いたが、鍵となるアイディアは次の定式化で把握される。「汝の意志の格率が常に同時に普遍的立法の原理として妥当しうるように行為せよ」。

カントの理論が正確なところどういう意味をもち、どういう応用が可能なのかについて哲学者の間で論争はある。しかしAMAを構築しようとしているエンジニアは定言命法から何を得ることになるだろうか？　複数の選択肢の中から一つの行為を選ぶ際に、（ロ）ボットは、同じような状況で自分とよく似た行為者《エージェント》が同じ仕方で行為した場合に目標が達成されうるかどうかを検討しなければならない、という考え方は、理にかなった最初の近似であると考えられる。定言命法をこのように適用することは、格率が普遍法則となるように意志することができるようになれと行為者に要求することで、カントが何を意味していたのかという複雑な問題を回避する。カントの追従者の多くは、人工エージェントは何事も意志することができないと主張するだろう。それにもかかわらず、定言命法はAMAによって、行動を導く格率の道徳性を検討するための形式的ツールとして使用されるかもしれない。このツールを適用するためにAMAは、三つの要素からなる、明示的かつ完全に述べられた実践理性の原則を必要とする。目標と、その目標を達成するために行為者が使用を提案するための手段または行為と、そのやり方で行為することで当該の目標が達成されるような状況についての言明である。これら三つの要素が与えられれば、非常に強力な計算デバイスなら、他のすべての行為者が同じ格率に添って動作する場合に目標が阻止されるかどうかを判断するために、分析モデルやシミュレーションモデルを実行できる。たとえば、カント自身は嘘に対する差し止め命令を導くことによって定言命法の適用例を示した。というのも、彼の主張によれば、すべての人が目標を追い求めて嘘をついた場合、発話は意味をなさなくなり、そもそも嘘をつくことができなくなるからである。

あまりにも多くの嘘をつくと信頼を損なうということに人々は同意するかもしれないが、その一方でカントの「常に真実を伝えよ」という格率の普遍化に同意せず、特定の状況であれば一定の嘘は適切だと論じる人々も多いだろう。それらの状況をカバーする首尾一貫した格率を決定することは、最終的に多くの経験的知識に依存する困難な推論の問題である。カント主義的な推論を適用するＡＭＡは、前述の目標、行為、および状況の抽象的な特徴づけ以上のものを必要とするだろう。それらはまた、人間や（ロ）ボットの心理や世界における行為の影響について多くのことを知る必要があるだろう。

義務ベースのシステムは、主に規則を中心に展開されるが、規則を適用した際の結果は依然として重要である。結局のところ、多くの規則が、悪い結果を避けるために採用されている。規則の中には、明示的に結果の観点から述べられるものすらある。たとえば、アシモフの原則に従うロボットは、その行動が第一原則に適合しているかどうかを判断するために、自分の行為（または不作為）が人に害を及ぼす程度を知る必要がある。カントの定言命法でさえ、ある格率に従う行為がその格率に従う他の試みを否定する帰結をもつという意味で、格率が自己否定的であるかどうか検討することを行為者《エージェント》に要求する。カントの定言命法に基づくＡＭＡは、(1)自分の行為の目標を認識し、(2)同等の状況下で同じように行為することによって同じ目標を達成しようとする他のすべての道徳的行為者の影響を評価しなければならない。選択肢が互いに排他的でない限り、(1)と(2)は何をしないかだけを決めるだけであるため、通常はＡＭＡは何をすべきかを決定する必要もある。このＡＭＡはまた、必要なすべての評価を満足に実行するために、関与する人間に関する広範な心理的知識を有する必要がある。

黄金律を遵守するＡＭＡは、(1)他人の行為の自分自身に対する影響に気づき、その効果を（仮説的状況においても）評価し、その選好を選ぶことができなければならない。(2)自分の行為が他の人の情緒的状態に及ぼす影響を評価し、それが自分の選好に合致するかどうかを判断できなければならない。(3)(1)と(2)に取り組んでいる間、個々人の心理の違いを考慮に入れられなければならない。最後の点では、ＡＭＡはそれが下した決定に対する人々の情緒的反応の変化を見分け、予測する能力をもつと前提される。行為の実際の帰結を予測することは難しいし、それどころか不可能かもしれない。

より具体的な規則や格率のどれが、定言命法や黄金律のような上位規則と一貫しているのかを見定めるのは人間にとってきわめて難しい。一応の義務の間の衝突を解決しようとする一般的な義務論的原理はすべて、同様の問題に直面している。結局、義務ベースのアプローチが直面する計算上の問題の多くは、帰結主義的なシステムが直面している問題へと収束する。

義務論的理論を実装したAMAにとって、道徳的判断が必要となるいかなる状況においても正しく推論するためには、規則そのものを十分によく理解することが必要である。すべての状況において規則が明白な方向を示したならば、道徳理論の適切な解釈と適用ははるかに容易であろう。しかし、これは簡単に聞こえるかもしれないが、やはり一見したところ克服できないハードルがある。規則を完全に明示化するために、AMAは使用されるすべての用語の明確な定義を与えなければならない。これは単純な仕事ではない。たとえば、カントの定言命法にまとわりつく「普遍的」という言葉のあいまいさや、人の害や傷害となるものを正確に特定することの難しさなどを考えよう。それにもかかわらず、あいまいな概念でさえいくつかの明確な応用をもつことができる。禿頭であることはあいまいな概念だが、それでもピカード艦長はたしかに禿頭である。同様に、明らかに有害な行為もある。初めのうちは明確な事例に注目することによって、多くの普通の道徳をトップダウンで捕捉することが可能になるかもしれない。最終的にも、AMAもトップダウン方式で倫理的問題を推論する能力をもつ必要があるだろう。

トップからボトムへ

それにもかかわらず我々の見解では、トップダウン・アプローチには限界があり、それゆえに、従うべきトップダウン規則がいくら誤解の余地のないものでも、その組み合わせをAMAに備えつけることは実現不可能だ、という結論が導かれる。これには誰もが同意するわけではない。後ほど我々はスーザン・アンダーソンとマイケル・アンダーソンがＭｅｄＥｔｈＥｘで行った重要な仕事について論じる。これは、三つの一応の義務（自律性の尊重、善行、無加害）を、「専門家」の判断に基づいて一貫した構造に整理したものである。スーザン・アンダーソンは、専門家がお互いにほぼ同意すると仮定しているため、一貫した原則の組み合わせが出てくると考えている。しかし、医療倫理のあちこちで同じ原則が用いられており、互いに相いれない複数の行動が推奨されるような状況は無数に存在する。我々は、ＡＭＡが直面する課題は、専門家の間でさえも意見が一致しないことがあるという事実を含め、人間の道徳的判断の本質的にあいまいな性質に対処することを学ぶことであると考える。

我々の言うように物事があいまいであれば、どうすれば機械はうまく動作できるのだろうか？　さらに言えば、人間はどうやってあいまいさに対処しているのだろうか？　人間は法律の条文と法の精神を区別することを学ぶ。人間は、知ることと疑うことのバランスを見定めるために、現実的な知恵として、人生の不整合と複雑さに対処する能力を見つけ出す。知恵は経験から、注意深い行動と観察から、そして認知と情動と反省の統合から創発される。（おそらく、カントが定言命法の定式化の中に人間の意志の役割を認めたのは、これらの性質による。）これらの知恵の必要性は、人間が反省的推論能力だけでなく、情緒的・感情的能力もまたＡＭＡに組み込まなければならないことを意味するのだろうか？　そうかもしれない。この話題については第10章でさらに議論しよう。だがその前に、道徳的行動を学習と進化から創発するものとみなす「ボトムアップ」アプローチの強みについて議論する必要がある。

第7章　ボトムアップで発達的なアプローチ

有機的な道徳

人間は、有能な道徳的行為者《エージェント》として生まれるわけではない。誰もが有能な道徳的行為者としてこの世を去るわけでもない。だがその間のどこかで、ほとんどの人は道徳的行為者の共同体の会員資格を得るための適度な良識を身につける。

遺伝子や発達や学習は、いずれも良識ある人間になっていくプロセスに貢献する。しかし、生まれと育ちの相互作用は非常に複雑であり、発生生物学者はそれがどれほど複雑であるかを把握し始めたばかりである。細胞、組織、社会集団、そして文化によって提供される文脈がなければ、ＤＮＡは不活性となる。人間は道徳的であるように（あるいはもっと言えばサイコパス的であるようにも）「遺伝的にプログラムされている」と語る人々が抱いている見解は、遺伝子の働きを単純化しすぎている。

遺伝子と環境は相互作用するものであり、子どもの道徳的発達プロセスにしても、それ以外の発達プロセスにしても、生まれか育ちかという観点から議論できると考えるのは無意味である。発生生物学者は現在、それは実際には両方、つまり生まれが育ちを通して影響を受けた結果なのだと知っている。人類における道徳的進化と発達の完全な科学的説明までの道のりはまだまだほど遠い。たとえそのような説明があったところで、それをデジタル・コンピュータにどのように適用できるかははっきりしない。それにもかかわらず、進化的および発達的アイディアは、AMAの設計において引き続き役割を果たすだろう。

AIは子どもの発達を模倣しようとするべきだという考え方は、AIそのものと同じぐらい古くからある。アラン・チューリングは一九五〇年の古典的論文で、「機械は思考しうるのか？」という問題について、次のように書いている。「大人の心をシミュレートするプログラムを制作するのではなく、子どもをシミュレートするプログラムを作り出すことを試みたらどうだろうか？　これが適切な教育を受ければ、大人の脳が得られる。」

チューリングが考えていたのは、特に道徳についてではなく、計算機械が独自の行為を行いうるかどうかという問題である。機械が何かを創造することは決してできないだろうというアイディアは、エイダ・ラヴレスによってその一世紀前から提起されている。ラヴレスはチャールズ・バベッジと協力して、「解析機関」――これは計画されたが作られなかった機械的計算デバイスであり、最終的にはチューリングの仕事によって可能になった近代的なデジタル・コンピュータの先駆者とみなされる――の包括的記述を提供した。

ラヴレスは、「解析機関が何かを生み出そうなどと装うことはない。どのように命令すれば実行させられるのかを私たちが知っていることなら、解析機関は何でもできる」と述べている。チューリングは、もしコンピュータを、子どもが受ける教育に匹敵する教育制度の下に置くことができれば、「すべての純粋に知的な分野で機械が最終的に人間と肩を並べることになると望めるかもしれない」と主張した。おそらくこの教育制度には道徳教育も含まれるだろう。

子どもの心のシミュレートは、知的エージェントを設計するために追求されている戦略の一つにすぎない。一九七五年、ジョン・ホランドは遺伝的アルゴリズムを発明し、人々は適応的プログラムの進化という可能性に大いに熱狂した。遺伝的アルゴリズムは多くの目的、たとえば、株式市場の予測や暗号の解読などに利用されてきた。(Wikipedia では三十件以上の応用例が列挙されている。) ホランドの研究はまた、コンピュータが新しい種類の生命、人工生命 (Ａｌｉｆｅ) を進化させる環境になるという過激な考えに繋がった。

Ａｌｉｆｅの当初の支持者は、ヴァーチャル環境における進化のシミュレーションを提案した。ソフトウェアが作成した世界の中に完全に含まれながらも、学習能力と洗練された振る舞いと心の要素をもつエージェントの登場を、彼らは望んでいた。しかし、ヴァーチャル世界は現実世界の課題や複雑さを代用するものではないことが認識され、ロボット工学者はまた、物理環境で動作するロボットを設計するのに役立たせようとＡｌｉｆｅ技術を適合させた。これは現在、進化的ロボット工学として知られている分野である。

進化的アルゴリズムの力は、進化的ロボット工学によって例証することができる。互いにわずかに異なる(ロ)ボットの最初の母集団は、実際の環境でもヴァーチャルな環境でも、何らかのタスクをどれほどうまくこなすかによって評価される。各(ロ)ボットには、目的のタスクを実行する際の成功 (適応度) を測定するスコアが割り当てられる。最高の適応度をもつ(ロ)ボットたちは、新たな(ロ)ボットの集合を生み出すために使われる。その際、生殖をモデル化したプロセスにおいてコンポーネントが再結合され、小さな、ランダムな変異が導入される。新世代の適応度が測定され、最も高い性能を示したものが選ばれさらに再生産される。これが何世代にもわたって繰り返されると、タスクを実行する際の(ロ)ボットのスキルは漸進的に向上する。今日まで、進化的ロボット工学者は、歩行や部屋をうろつきまわるなどのタスクを実行するための感覚運動制御を学習するロボットに注目してきたが、原理的には、そのような技術を利用して認知能力の高いシステムを進化させることができる。

人工の赤ちゃんとＡｌｉｆｅの両方がＡＭＡを生成する方法を提供するのであれば、それらはシステム設計がトップダウンの倫理理論では明白に導かれない「ボトムアップ」アプローチの例となる。知的システムをテストし洗練する伝統的な工学のアプローチもまた、ボトムアップの開発過程に沿っているものと考えることもできる。それぞれのアプローチには、強み、弱み、暗黙のバイアスがある。これについては、この章の後半で説明する。道徳的発達に対する学習ベースのアプローチを検討する前に、進化に触発されたアプローチの議論から始めよう。

人工生命と社会的価値観の創発

一九七五年、ホランドが遺伝的アルゴリズムを発明したのと同じ年に、E・O・ウィルソンは社会生物学が「倫理の進化的起源の正確な説明」を生じさせるかもしれないと述べた。この二つのアイディアを組み合わせると、Ａｌｉｆｅが道徳的エージェントを生み出すという展望が見えるだろう。人間社会の根本的価値観が人間の生物学的遺産に根差しているならば、これらの価値観が十分に豊富な自然選択のシミュレーションで再現されると推測することは合理的かもしれない。

社会生物学者が——そしてその知的子孫の中でも進化心理学者が——記述しようと努めたのは、価値体系の創発に繋がる進化論的条件だった。その主要な理論的基盤は、一九四四年にジョン・フォン・ノイマンとオスカー・モルゲンシュテルンによって導入されたゲーム理論、つまり合理的なエージェント間の競争と協力の数学的理論である。ゲーム理論は、数学者であり一九九四年にノーベル賞を受賞したジョン・ナッシュとも関連づけられることが多い。彼の生涯と業績は、オスカーを獲った映画『ビューティフル・マインド』を通じてポップカルチャーにも紹介された。

ゲーム理論における中心的な思考実験は、「囚人のジレンマ」である。二人の共犯者のそれぞれに対し、パートナーが有罪である証拠を提供すれば、その見返りとして刑期が引き下げられる、という取引をもち掛けられる。この取引は、各プレイヤーにとって最も合理的な選択肢が他のプレイヤーを裏切るように構成されているが、両者が沈黙してお互いに協力し合うと、全体として得をする。どちらの囚人も、相手が沈黙したままでいると信じることができないため、合理的な自己利益によって、双方はお互いにではなく警察と協力して、「離反」することに導かれる。

囚人のジレンマ型ゲームの分析は、二人のエージェントが何度も反復してプレイする場合にとりわけ興味深いものになる。反復型ゲームは、各プレイヤーが以前のやりとりで起こったことに基づいて、協力するかどうかを決めることを可能にする。反復型囚人のジレンマゲームは、経済学から社会生物学まで、社会科学において幅広く協力の創発を探求する基盤になっている。

反復型囚人のジレンマゲームは、理論家に、異なる戦略を分析し、戦略の組み合わせをテストすることを可能にした。政治学者のロバート・アクセルロッドは一九七〇年代後半に、反復型囚人のジレンマゲームのトーナメントを行って、戦略の競争を呼びかけた。彼はそれからコンピュータ・シミュレーションを行って、どの戦略が最も成功したかを調べるために、さまざまな戦略の組み合わせをテストした。一般的に「しっぺ返し」と呼ばれる非常に簡単な戦略の一つが、驚くほどうまくいくことが判明した。しっぺ返しでは、プレイヤーは最初のラウンドを協力することから開始し、その後の各ラウンドでは、前のラウンドでもう一方のプレイヤーがしたことを行う。あなたが私を出し抜こうと試みれば、私もあなたを出し抜こうと試みる。あなたが公正にプレイするなら、私も公正にプレイする。しっぺ返しは常に最適な戦略というわけではないが、条件つき協力のためのこの単純な戦略は、さまざまな状況でうまくいく。我々は、より複雑な社会的取り決めの中で暮らすエージェントの間で信頼を築くためには、条件つき協力のより洗練された戦略が不可欠であると推測する。この点については後にまた論じる。

ゲーム理論は進化生物学者のジョン・メイナード・スミスとウィリアム・ハミルトンの注意を引きつけた。彼らは両者とも、ゲーム理論を生物学的事例に応用していった。ハミルトンは、社会性昆虫、たとえば働き蜂は生殖不能で、女王蜂の生殖を可能にするために死ぬことさえあるという事実に興味をもった。進化的適応の論理は、子孫をもたないことで個体としての「適応度」を完全に捨ててしまうよりも、この体制から「逃走」して自分自身の子孫を産出する方が、遺伝子プール内に遺伝子を保持するためにはよりよい戦略であることを示唆しているように見えただろう。

多くの社会性動物は、個体としての適応度を犠牲にするかもしれないにもかかわらず、互いに協力しているように見える。たとえば、捕食者の存在を他の個体に知らせたり、食料を分けたり、集団の他のメンバーの子どもを世話したりすることは、いずれもその個体にとっては負担となる。生物学の中心的難問は、このような協力が常にサービスを提供する動物の生殖利益になるわけではないのに、どのようにこの行動が進化してきたのか、という問題である。たとえば、捕食者の存在を他者に警告する動物は、実際には捕食者の注意を自分に引き付けるかもしれない。黙っている動物は、自分を死の危険にさらすことなく、他者からの警報を利用することができる。

ハミルトンは、ゲーム理論の論理が、一個の個体とは独立した個々の遺伝子の進化戦略に適用できることに気づいた。遺伝子にとって良いものが、個体にとって良いものである必要はない。リチャード・ドーキンスは、後にその著書『利己的な遺伝子』でこの理論を普及させた。利己的な遺伝子という概念は、多くの理由から論争の種になっている。(論争の中には、協力のための遺伝子のようなものが実際に存在するのかという疑問や、単一の遺伝子に対して働く自然選択について語ることに意味があるのかという疑問がある。) しかし、ゲーム理論を進化に応用することは、社会生物学の歴史上、重要なターニング・ポイントであった。アクセルロッドとハミルトンは、協力は時には成功戦略であったため、進化のプロセスから創発する可能性のある形質の一つであると結論づけた。

ブリティッシュコロンビア大学応用倫理センターのピーター・ダニエルソンと彼の同僚たちは、アクセルロッドのトーナメントを一歩進めて、ヴァーチャル生物が集団における他の存在の行動に対応して変化し、適応できるようにシミュレートされた環境を構築した。ダニエルソンは、その著書『人工道徳：ヴァーチャルなゲームのための有徳なロボット』で、これらのＡｌｉｆｅシミュレーションを「道徳的生態系」と呼んだ。彼がシミュレートした生物は、協力することもできるし協力しないこともできる。そのうちあるものは、競争相手の以前の行動についての情報を蓄え、この情報をさまざまな条件つき協力戦略の実装に用いることができる。ダニエルソンの共同研究者ビル・ハームスは、ボットにコンピュータ・シミュレーションのヴァーチャル世界内を移動する能力を追加した。ハームスとダニエルソンは、心をもたない個々の存在が、それぞれのグループを作り始めたことに驚いた。協力者は他の協力者と一緒に集まり、非協力的な「捕食者」同士も集まって集団を形成した。資源が限られている厳しい時には、捕食者は絶滅し、協力者は競争における優位を保っていた。しかし、条件つき協力者は、他者に対する行動が他者からの行動に依存していたため、資源を求めて互いに競争し続けて、そこから導かれる協力の程度も異なった。ダニエルソンは、ゲーム理論において定義されるような合理性のみがエージェントが道徳的エージェントであるための前提条件であるような「機能的」道徳性の概念を提案した。現在の彼はこれらの実験をきわめて批判的に見ているが、当時の彼は、道徳的エージェントの創発を促進するＡｌｉｆｅシミュレーションの有望さを証明したと考えていた。

「自然、それは歯と爪を赤く染めるもの」というテニスンの有名な言葉は、生存のためのダーウィン的闘争の厳しい無道徳性を特徴づけるために使われてきた。道徳そのものが進化から創発するかもしれないという考えは、野蛮なものとしての自然という描写に反するように見える。それにもかかわらず、人間の道徳が進化に由来するものなら、十分に洗練されたＡｌｉｆｅの実験は、人間とは別種の倫理に敏感なエージェントを進化させることができいのだ！

るはずである。しかし、人工的な環境では「十分に洗練された」ものが何を意味するのかはまったくはっきりしな

進化から創発する性向や機能や能力は、単に個々の存在者が生き延び子孫を残すために奮闘したことの産物ではない。これらは、多くの種が居住する環境における社会的相互作用とその成功の産物である。多くの場合、最も成功した種は、メンバーがお互いに協力すること、そして資源をむさぼる穀潰しを認識することを学んでいる。進化した行為者《エージェント》と進化してゆく行為者は、一定の価値観をもっており、この価値観はマルチエージェントシステムの中での適応、生存、および繁殖の圧力から生じる。

単純な資源を蓄積するために競い合う行為者《エージェント》の中から選択する人工環境が、人間の道徳的傾向のようなものを生み出すかどうかはまだわかっていない。最近の一連の実験では、人々が（そしておそらく人間以外の動物も）公平性それ自体を重視し、比較的平等な配分を保証するために追加の金銭（または食糧）をあきらめることさえあることが示されている。カリフォルニア大学アーバイン校の論理学と科学哲学の教授であるブライアン・スカームズはその著書『社会契約の進化』で、「公平」な戦略がより貪欲な戦略に通常はまさるようなゲーム理論的シミュレーションを説明している。しかし、このような単純な戦略やゲームから現実世界への道のりは遠いと批判する者もいる。人間の道徳が進化した条件についての現状の理解が非常に不足している以上、道徳の進化プロセスは、人間が制御できないような特徴に敏感に反応する可能性が高いように思われる。進化した場所がヴァーチャル環境であれ物理的環境であれ、ＡＭＡは人間の進化から創発した道徳的行為者とは大きく異なっている可能性が高い。

環境を正しく整えるという問題に加えて、ＡＭＡの創発をもたらす進化的システムの採用には一つの大きな問題がある。それは、道徳的な基準を明示的に適用することなく適応度関数をどのように設計するかという問題だ。「最も道徳的なものの生存」というスローガンは、「最も道徳的な」ものが何になるかを決めなければならないとい

う問題を強調する。

ヴァーチャル環境のＡｌｉｆｅから物理的に実装された行為者《エージェント》への移行も容易ではないだろう。ヴァーチャル環境で道徳的能力が進化した行為者の意思決定プロセスが、必ずしも物理的世界でうまくいくとは限らない。この問題は、一般的にＡｌｉｆｅに関して指摘されている問題を考えるとなお難しい。シミュレーション上の進化実験では、実際の生物学的生命の頑強さを明らかにするのに十分なくらいの複雑さの閾値を超えることができた人工生命体のパターンは、これまでのところ存在しない。ヴァーチャル世界で十分に複雑なエージェントを進化させる方法を知らなければ、物理的な世界に適した複雑なエージェントを進化させることも期待できない。

それゆえＡｌｉｆｅの実験は過去数十年にわたって劇的に進んだが、「これらは、我々が生物学的システムに期待している仕方で、我々の手を離れて自力で活動しているわけではない」とロドニー・ブルックスは述べている。熱帯生物学者であり、評価の高いデジタル進化のためのソフトウェア・プログラム（Tierra）の開発者であるトマス・レイは、「デジタル媒体における進化というプロセスは、非常に限られた業績しか残していない」と認めている。ピーター・ダニエルソンは、進化的シミュレーションに使用される人工環境は、現実世界の価値観、法律、習慣を生み出す複雑な環境や多次元シナリオを実際に反映したものではないと認めている。

ヴァーチャル世界の限界に対する認識は、ダニエルソンを、機械道徳へのまったく異なるアプローチへと導いた。これについては第9章で説明する。しかし、他の科学者たちは、より複雑なヴァーチャル世界の開発や、その中での進化プロセスを推進するために使用できる複雑さのより良い尺度の開発に引き続き取り組んでいる。ダニエルソン自身はヴァーチャル倫理を実現するための彼の初期のアプローチに対する自信を失っているが、Ａｌｉｆｅ内のＡＭＡの研究のありうる次のステップは、より洗練されたヴァーチャル世界が提供するより豊かな枠組みの中で、協力的エージェントを進化させることである。人工エージェントが相互作用する環境（社会的次元を含む）

の豊かさにも依然として多くが依存するだろう。当面は、これらの世界をシミュレートする科学者の能力は、現実の世界の複雑さを捉えるのにはるか及ばない。

研究者の中には、現実に人間の社会道徳の世界で進化してきたものは、「道徳的文法」や「道徳的核」のようなものだと考えている者もいる。人類の普遍的な道徳的文法という考え方は、一九七一年に政治哲学者ジョン・ロールズによって最初に提案されたもので、MITの言語学教授ノーム・チョムスキーによって提唱された言語の普遍文法のアナロジーから着想を得ている。人間心理の生得的な構造が、そのタスクを人間の言語が取りうる限られた数の形態に狭めることで、初めて人間の言語学習は可能になるのだとチョムスキーは主張し、その時から言語学と認知科学の研究は一変した。

ロールズのアイディアは最近、ハーバード大学の霊長類学者マーク・ハウザーによって、その著書『モラル・マインド』で進化論的な文脈の中で展開された。AMAの話題は完全にハウザーの本の範囲外であるが、チョムスキーの普遍文法が言語への計算的アプローチを生み出したように、おそらく道徳的文法の特定はAMAの設計にとって有用であるかもしれない。ハウザーはそのような道徳的文法を明確に特定してはおらず、その上に構築される計算理論についてはなおさらである。そしていずれにせよ我々は、人間の道徳には進化によって獲得された普遍的な核が備わっているという彼のテーゼを疑っている。とはいうものの、これはさらなる科学的調査に値する話題だ。

ナノテクノロジー学者ジョシュ・ストールズ・ホールは、道徳的文法や道徳的核というアイディアを弄したが、その一方で道徳的な機械の設計という具体的な文脈の中でも研究している。彼が二〇〇〇年に書いた初期の論文では、ロールズの普遍的な道徳的文法という考えに明示的に言及しているが、最近の研究では、その概念を放棄して道徳的核や道徳的本能というより一般的な概念を支持しているようだ。ホールは二〇〇七年の著書『AIを超えて：機械の良心を創造する』で、「人工的な道徳的本能のための設計における第一段階は、『共謀を保証するプロトコル』だろう」と述べている。「共謀（cahooting）」とは、ゲーム理論の単純な論理が非協力的であるように命じるように思われる場合ですら人間が協力行動をとる傾向に、ホールが貼ったラベルである。

共謀への傾向が、特定の条件下で進化と文化によって支持されていると言うのは正しいと思われる。しかしホールは、そこからさらに先に行って、進化と競争の基本的な論理が、彼が「ハイパーヒューマン道徳」と呼ぶものをもつ高度な道徳的エージェントに繋がる、という楽観的な信念までもっている。彼は「我々は、我々がそうである振りをしたがるが実際には決してそうでないほどに善い存在を作り出す瀬戸際にいる」と述べている。ホールによれば、このような模範的な道徳的行動は、自己利益、好奇心、信頼、そして長期的な計画視野という中核的な特徴――長生きで、知的で、社会的な存在に対して働く進化のプロセスによって必然的に選択されると彼が考える特徴――から自然に生じるだろう。彼の見解は、将来の人工知能機械（ＡＩ）が非常に長寿で――実質的に不死となり――そのため非常に長期的な結果を考慮する必要がある、というものだ。その結果は、「自らを欺かない正直なＡＩになること請け合いだ」とホールは述べる。

以上すべての話はうまくいきすぎていて本当とは思えない、という点で読者の大半が我々に同意してくれると思う。少なくとも、ＡＭＡを構築するために我々が概説してきた直近の実践的目標をはるかに超えると考えられる未来を指している。しかし、たとえハイパーヒューマンＡＭＡが未来に実現するのだとしても、現在からそこまでの間に何が起こるかは別の問題である。進化の途上にある（ロ）ボットは、必ずしもそれに対応する実際の生物よりも優れた行動を示すわけではない。

それにもかかわらず、ストールズ・ホールは、ボトムアップのアプローチの範疇にある人工道徳をどのように実装するのかについての議論に貴重な貢献をした。彼の見解では、倫理的行動は知能そのものの進化から創発する。

したがって、ＡＭＡ設計者の問題は、実装される知能の性質を特定するという問題にまで還元される。

道徳的文法や道徳的本能というアイディアは、固定され不変であるとされる人間性の要素に注意を引く。しかし、生命の最も目立つ特徴、特に知的生命の特徴は、その柔軟性と適応性にある。進化したのは、固定された性質をもつ堅固なシステムではなく、発達し学習する適応的システムである。確かに、学習する能力は、知的行動を示す動物の性質のより顕著な特徴の一つであるかもしれない。人によって作られた生態的地位でうまく機能するＡＭＡがあれば、それは学習機械である必要がある。

学習機械

進化したものであろうと構築されたものであろうと、ＡＭＡには自分の置かれた場所の規範を獲得する能力が必要だろう。もし人間の道徳が経験を通して作られたものであり、理性によって磨かれた試行錯誤を通じたものであれば、ＡＭＡを道徳的主体にするよう教育することは、子どもが経験するような教育プロセスを必要とするかもしれない。ＡＭＡは、少なくとも指定された開発期間中、あるいはおそらくその全寿命にわたって、その行動の道徳的な許容可能性あるいは不可能性についてのフィードバックを取り込む必要がある。現在利用可能な学習の機械モデルは、実際の生物学的学習メカニズムの豊富さとはかけ離れている。チューリングが夢見た子どものようなＡＩは、彼が予想していたよりはるかに困難であることが判明したのだ。

ＡＩの分野は常に機械学習に関わってきており、多くの学習モデルが開発されている。チョムスキーによる人間の言語学習へのアプローチは、主要なタイプのアプローチの一例である。そこでの学習は、あらかじめ決まった（普遍文法により特定された）可能性の集合から、事実を最もよくあらわす表現を見つける、という問題として扱われる。別のアプローチでは学習者をよりまっさらな石板《ブランクスレート》のようなものとして扱い、事実の適切な表現を見つけるというタスクだけではなく、同時に適切な表現スキームを見つけるというタスクにも直面する。伝統的なＡＩへの記号的アプローチは、学習を一連の定義済み概念の再結合として扱う傾向にある。より最近のコネクショニスト・アプローチは、既成の構造にほとんど依存せず、人工ニューラル・ネットワークの能力を利用して、受け取った入力から独自の分類スキームを動的に生成する傾向がある。

発達心理学者は、幼児が豊富な先天的知識をもって世界に出てくるかどうかの問題に関して意見が分かれている。心理学者の中には、幼児は、物理的な物体、数、および目的をもつ行為者《エージェント》に関するいくつかの基本的な事実を生まれながらに知っていると信じている者もいる。これらの主張に対して激しく異を唱えている心理学者もいる。ＡＭＡの開発者は、これらの対立に直接参入する必要はないが、彼らが採用する特定の学習モデルはいずれかの学派に合わせられる傾向をもつだろう。発達プロセスに関する現在の理解が不足していることを踏まえれば、最善の態度はおそらく多元的なものであり、うまくいく可能性のあるものを、先入観をもたずに試してみることだろう。

認知科学者の中には、機械学習をもっと洗練させるには、学習者が物理的に身体化されているという側面を考慮しなければならない、と確信している者もいる。たとえば、先天的であろうと、後天的であろうと、物理的な物体に関する幼児の「知識」は、おそらく物理的な物体の振る舞いを記述する文章から成っているのではない。子どものような学習機械というチューリングの本来のアイディアは純粋な記号処理のアプローチのみに基づいていたが、科学者の中で子どものような知能という夢を追求したのは、ロドニー・ブルックスの学生だった二人、ブライアン・スカセラティとシンシア・ブリジールだった。スカセラティはＣｏｇプロジェクトに取り組んだが、このプロジェクトの本来の目標はロボットにおける学習の調査にあった。しかしＣｏｇの手足、視覚システム、およびその他のハードウェア・コンポーネントを設計するという課題は予想以上に難航し、学習の問題について大きな進展が見られたのはＣｏｇがＭＩＴ博物館に引退した後のことである。機械における子どものような学習能力に向けたスカセラティとブリジールの次のステップは、キスメット・ロボットとのコラボレーションから生まれたが、キスメットもＭＩＴ博物館に引退している。現在の彼らは、第二世代の子ども型ロボット、「レオナルド」（ブリジール）と「ニコ」（スカセラティ）を用いてそれぞれ研究している。ハードウェアとソフトウェアの課題は依然として深刻であり、第10章で論じるように、ある程度の基本的社会学習が研究されているが、これらの研究者は道徳的発達を直接的に研究するというにはまだまだ遠い段階にある。

（ロ）ボットシステムを道徳的な発達に適応させるには、子どもがどのように道徳能力を身につけているかを理解する必要がある。フロイトとピアジェは、道徳の発達理論の基礎を明らかにした。彼らの理論には多くの批判があるが、議論の出発点にはなる。道徳の学習と発達という特定の分野で最も顕著な人物は心理学者ローレンス・コールバーグである。彼は、子供たちがいくつかの認知的発達段階を経て道徳的能力を発達させるというピアジェ的アプローチをとっている。一九八〇年代にハーバード大学の道徳教育センターの所長を務めていたコールバーグは次のように提案した。子どもが課題に取り組み、頭の中でその課題を解決することの限界に突き当たると、その子がもっている正しいこと、悪いこと、公正についての概念が、その子の理解する道徳を、自然と次のより高次の段階へと上昇させるのだと。最初の前道徳的段階または前慣習的段階では、行動は懲罰を回避するための、あるいは自分が望むものを得るための手段として理解される。慣習的段階では、道徳は当初は個人間の調和という観点から、そして最終的には社会契約――秩序を維持するために必要な法律や綱領――の一つの側面として理解される。脱慣習的段階は、人間の福祉に関する誠実な懸念によって特徴づけられ、普遍的な道徳的原則への注目をもたらすことができる。慣習的および脱慣習的段階では抽象的な道徳的推論のための能力が必要となる。

コールバーグの説明は、ハーバード大学の同僚、キャロル・ギリガンから激しい反論を受けた。彼女は、コールバーグが推論に過度の重点を置いており、他者へのケアを軽視していると非難した。他者へのケアは、ギリガン自身がより女性的な価値だと考えたものである。しかし、彼らの意見の相違にもかかわらず、コールバーグとギリガンの両者は、子どもの道徳的発達はいくつかの異なる段階を経ると信じている。いずれにせよ理論家が提案した段階を再現しようとする試みは、ＡＭＡ開発への漸進的なアプローチを支える可能性がある。しかし、既存のＡＩ技術と現代のコンピュータで構築された(ロ)ボットの場合、推論に重点を置くコールバーグの方が、ケアを重視するギリガンよりも、すぐに扱いやすいプロジェクトを提供することは明らかだと思われる。

道徳的発達の分野においてもう一つの論争の的になる問題は、これらの心理学者の理論に基づいて道徳教育のプログラムを設計することがどれだけ賢明なのかということにある。(アリストテレス、カント、功利主義者の倫理学理論や、ロナルド・レーガン政権の教育長官だったウィリアム・ベネットなどが主張したような、宗教によって動機づけられた道徳教育についての見解についても同様の疑問が生じる。)もちろん、教育を導く発達理論が誕生するよりずっと前から、何百万人もの子どもたちが成長して、良い道徳的行為者《エージェント》になっていった。彼らは、家族や隣人から行動やアイディアのパターンを獲得し、子供の頃の遊びを通して公平と互酬性について学び、説教や宗教的なテキスト、そしてイソップ寓話集のような道徳的な物語からそれ以外のアイディアも拾い上げた。

それにもかかわらず、コールバーグらの研究に基づいて、道徳的推論を教える単元が、過去五十年間にわたり教育課程に正式に組み込まれてきた。コールバーグの見解では、道徳的発達の諸段階は、道徳的判断の根拠になる理由の適用可能性やその限界を特定の文脈の中で評価することに主に基づいている。子どもたちは自分が指針として頼っている理由の限界を理解するようになると、道徳的推論の次の段階に進む。おそらく、これらのモジュールは、適切な種類の論理的能力をもつ人工システムの訓練のために応用できるが、これを行う試みは知られていない。そしておそらく、そのような試みは最初に道徳的発達の初期の段階を経なければ失敗するだろう。

幼児期の発達の初期段階では、報酬と処罰、是認と否認が、幼児の道徳的推論を形成する際により大きな役割を果たす。デジタル・コンピュータの中で報酬と処罰をシミュレートすることは可能だが、これらの形式的なシミュレーションに、実際の報酬と処罰が子どもに与えるような即効性や力があるかどうかは不明瞭である。心理学者は、教育ツールとしての苦痛の有効性については異論を唱えるかもしれないが、それはさておき、コンピュータに苦痛のようなものを作り出す方法は知られていない。たとえば、プロセッサの速度、情報の流れ、またはエネルギーの供給を操作することで、コンピュータにも直接理解できるような仕方で、処罰と報酬が伝達されるかもしれない、と言われることもある。しかし、これらは素朴で、こじつけがましく、未来主義的であるように見える。それでも、意識的な快楽と苦痛がなくても、計算学習メカニズムは、基本的な道徳的行動のパターンを習得することができるかもしれない。

ＡＭＡへの学習に基づくアプローチの可能性を考えている人の中には、クリストファー・ラングがいる。彼はウィスコンシン大学の哲学の大学院生だった時に、規則ベースの倫理学、たとえばアシモフの三原則のために設計されたトップダウン・システムに特有の限界を指摘した論文を書いた。彼は規則に制約されたシステムがその行動において致命的な硬直性に悩まされると主張した。代わりに、ラングは、もともと「探求倫理（quest ethics）」と呼んでいた道徳的行為者《エージェント》へのアプローチを勧めている。この戦略では、合理的な目標を追求する終わりのない探求を通じてコンピュータは倫理について学ぶことになる。「山登り」アルゴリズムや「貪欲探索」アルゴリズムなど、さまざまなアルゴリズムがあるが、そのような終わりのない学習アルゴリズムはより優れた解決策を止むことなく探し求めている。遺伝的アルゴリズムは山登りアルゴリズムであり、さまざまなコネクショニストの学習テクニックも同様である。

ラングはあまりに楽観的に、学習機械が人間の欲求と人間の多様性を自然と重視するようになると考えている。

探求倫理に基づいて設計された機械についてラングが唯一認めている限界は、システムが満足のいくレベルにまで進化するまで一時的に未熟だということである。ジョシュ・ストールズ・ホールと同様に、ラングの楽観主義は、条件さえ正しければ必然的に倫理的行動が創発するという、我々には疑わしく思われるアイディアに基づいている。

これらの学習システムは、あらかじめ定められた規則に制限されていないため、ラングは「バイアスのない学習機械（unbiased learning machines）」と呼んでいる。しかし、彼のこの文脈での「バイアスのない」という語の使用は、やや独特のものである。我々の言葉で言えば、これらはトップダウンの原則に従っていないということを意味するように見える。そのようなアプローチにはバイアスがないというラングの示唆にもかかわらず、バイアスはさまざまな仕方で、たとえば特定のプラットフォームの設計の中に、山登りのために選択される手続きやアルゴリズムの中に、システムが利用できるデータの構造や豊富さの中に、忍び込む可能性がある。

ラングの議論は、純粋に理論的なレベルである。現実の目標探査アルゴリズムや山登りアルゴリズムはまだ、道徳的エージェントを開発するために徹底的に探究されたわけではない（ただし、第9章ではマルセロ・グァリーニによる実際の道徳的分類のコネクショニスト・モデルを説明する）。学習機械は、プログラマがありとあらゆることを事前に予期しておかなくても済むため、倫理以外の多くの応用では非常に人気がある。我々は、これらの手法が、道徳的エージェントの開発に関心をもつプログラマにとっても大きな可能性を秘めていると考えている。

にもかかわらず、学習システムに固有の危険も存在する。学習システムが人間を重視し、人間の倫理的関心も重視する倫理的な感受性に向かって自然と発達するという楽観的な未来予測は、ＡＩが提起する危険に関する未来主義的な予測と明確な対照をなしている。これらの危険性については第12章で詳細に評価しているが、学習能力をもつどんなシステムでも間違ったことを学んでしまい、組み込まれた拘束を無効化したり上書きしたりする可能性があるという見通しについて言及しなければ、ここでの学習システムの議論は不完全なものになるだろう。

この危険はＩＢＭの「自律的コンピューティング」ネットワークの戦略に内在している。この戦略は、人間の介入なしにシステムの動作を監視し、パフォーマンスを最適化し、バグやシステム・エラーを修復するハードウェアとソフトウェアの設計によってコストを削減するものだ。そこでの課題は、自己修復や学習を行うが、しかし重要な機能の変更や予期しない結果を招くようなコードの変更をしないようなシステムを設計することにある。たとえば、「自己修復的」コンピュータが金融取引のリアルタイムな実行を変更することを欲するものはいないだろう。システムが管理する変数の数が増加するにつれて、各変更の影響が指数関数的に増加し、潜在的には有害な結果が生じる可能性も拡大する。

この問題に対する解決策の一つは、階層化されたアーキテクチャである。階層化されたコンピュータ・システムでは、下の階層の基準やプロトコルは機能的には上の階層から切り離される。コードの完全性を維持するために、個々の顧客のためにソフトウェアをカスタマイズするプログラマは、共有された下位レベルのモジュールをめったに改変しない。むしろ、個々の顧客が必要とする特定のカスタマイズを含む追加のソフトウェア・モジュールを設計し、共有コードをそのまま残している。ＡＭＡを構築するという目的のため、コンピュータ・プラットフォームの基盤層に中核となる拘束を組み込み、学習を行って新たな情報を処理する構造を書き換える部分からは、基盤層にアクセスできなくする可能性もある。これはロボット工学三原則が「陽電子脳」に直接組み込まれるように提案したアシモフの戦略だった。アシモフの三原則の限界を認識すれば、道徳的な拘束をこれらの「より深い」プロトコルにコード化するべきかどうかという問題が再びもち上がる。本章の前半で述べた道徳的文法や道徳的核というアイディアは、この質問に対する答えを提供するかもしれない。

もし鍵となる拘束を非常に低いレベルで計算システムにプログラムすることができれば、人間の良心のようなものとして機能するかもしれない。短期的には、学習システムがこれらの深く埋め込まれた拘束を変更するという懸念にはほとんど根拠がないかもしれない。しかし、ある種の目標、欲求、動機を与えられた人間が自分たちの良心を覆すように、学習コンピュータは目標を達成するための拘束を回避する方法を見つけるかもしれない。第12章でこの問題に戻ってこよう。

既存のＡＩシステムの初歩的な学習能力は、幼い子どもが明らかにもっている豊かな適応的学習スキルにはほど遠い。先述の通り、学習へのＡＩのアプローチは、道徳的発達に適用されているわけでもない。しかし、学習機械の潜在的な危険性についての我々の議論から、当面の間は学習やシミュレートされた進化と、より伝統的なボトムアップのシステム設計へのアプローチがエンジニアには必要になると考えられる。

モジュールを組み合わせる

道徳的考慮事項に敏感に反応するシステムについての直近の展望は、いまだ大部分が操作的道徳を備えたシステムの設計、つまりＡＩシステムが設計どおりに機能することの保証に限定されている。これは主に、安全性に関する伝統的な工学的関心を、特定のタスクを信頼できる仕方で遂行するスマートマシンの設計に拡張したものである。たとえば自分に損傷を与えたり人にぶつかったりせずに廊下を移動すること、人間がいる場合と無生物しかない場合を区別すること、顔の表情に暗黙裡に現れる感情状態を解読するといったことが、そうしたタスクに含まれる。エンジニアと計算機科学者は個別のタスクを実行する方法の設計に注目するが、これらのタスクが積み重なれば、結果としてより複雑な活動とより大きな自律性に繋がる可能性がある。これらのアプローチが我々の意味での「ボトムアップ」である。なぜなら、これらの個別のサブシステムの開発と使用は、それ自体ではいかなる倫理学理論にも明確に導かれたものではないからだ。むしろ、これらのサブシステムが相互作用する仕方を試行錯誤することで、適切な道徳的能力をもつものができ上がるように望まれているのだ。

計算機科学者やロボット工学者は、道徳的能力に関連するさまざまな個別のＡＩ関連スキルに取り組んでいる。Ａｌｉｆｅ、遺伝的アルゴリズム、コネクショニズム、学習アルゴリズム、身体化されたまたは包摂的アーキテクチャ、進化的かつエピジェネティックなロボット、連想学習プラットフォーム、さらには伝統的な記号的ＡＩなど、さまざまなアプローチによって提供されるテクニックは、それぞれ特定の認知スキルや能力をモデル化することに長けている。

サブシステムとモジュールは、特定の認知能力と社会的メカニズムを実装するための最も効果的なテクニックを中心に構築される。しかし、そのようなアプローチに従う計算機科学者は、これらの個別のシステムを機能的な全体へと組み立てるという課題に直面する。ロボット工学への最も有望なアプローチの中には、視覚認識、移動、操作、および理解のさまざまなサブタスク間の動的相互作用を利用するアプローチがある。たとえば、ＭＩＴメディア研究所の認知機械グループのディレクター、デブ・ロイは、彼が「リプリー」と呼んでいる、見て聞いて話すロボットアームの開発において、このような相互作用を利用している。リプリーには会話を理解し把握するシステムが搭載されているが、このシステムは、人間からの要求に応じて、目と手の届く範囲にある物体を探し出し操作するといった行動を実行しつつ発達する。さらにリプリーはその際に内的な要件とのバランスもとろうとする。たとえば、サーボモータが過熱しないようにするといった要件であり、これは機械にとって非常に現実的な懸念である。

ロイは公開講義において、時々自分のプロジェクトをアシモフの三原則の文脈の中に置いている。ロイは、一つあるいは複数の原則に関連するモジュールとして、会話の処理、物体の認識、移動、修復に関わるさまざまなサブシステムを描写している。たとえば、会話の理解は第二原則（人間への服従）に必須であり、モータ冷却は第三原則（自己保全）にとって不可欠であることは明らかである。しかし、我々の目的にとってロイの発表の最も示唆的な特徴は、アシモフの第一原則（人間に害を及ぼさない）から伸びる線が点線に変わって消失していくことだ。言い換えれば、ロイは、第一原則に含意されている道徳的能力をどのように実装するかをまだ考えていない。アシモフの三原則を必ずしも支持することがなくても、計算機科学者にとって、この点線を倫理的行動の実質的な説明と置き換える方法は課題だろう。

ばらばらのスキルから出発して、道徳的な振る舞いを含む複雑な行動を自律的に発揮する能力をもち、新たな環境の中での課題や多くのエージェントとの相互作用の中での課題に対処することができるシステムに到達するにはどうすればよいのか？　一部の科学者は、個別のスキルセットの集約が、情動的知能、道徳的判断、意識を含む高次認知能力の創発を導くことを望んでいるか、または前提している。「創発（emergence）」とは科学者や哲学者の間でよく使われる言葉だが、これは、よりシンプルなプロセスの統合から相乗的に複雑な活動が生じることを意味するものの、かなりあいまいな概念である。一つ一つは応答の柔軟性が限られているコンポーネントでも、うまい具合に統合されたなら、外部の条件や圧力に対して一定の範囲の選択肢をもち、選択的に反応することができる複雑な動的システムを生み出す可能性がある。こうして、ボトムアップ・エンジニアリングはある種の動的な道徳を提供する。そこでは、さまざまな社会的メカニズムからの継続的なフィードバックが条件の変化に応じてさまざまな反応を促進する。

人間の道徳は動的だ。生まれたばかりの人間は親や他の近しい保護者を信頼しているかもしれないが、子どもと大人は新たな関係を試して、時間をかけて手探りで、より深いレベルの信頼へと進んでいくものだ。人間はさまざまな信頼度で各々の関係を築いていくが、信頼に関するシンプルな公式は存在せず、ある人が新しい知人をどの程度信頼するか確定するためのたった一つの方法も存在しない。ジョシュ・ストールズ・ホールは、AMAには「道徳的本能としての共謀保証プロトコル」が必要であると提案したが、この動的で対人的な観点から見れば、ホールの提案は創発の枠を狭めすぎているように見える。協力に関する低リスクの実験、特定の状況における他者の感情の読み取り、相手の性格の推定、そしてある関係において人がどれだけのリスクを冒す用意があるかということに関する計算。これらはすべて、信頼を動的に決定する材料になる。ある関係に投資されている信頼の程度は、新たな社会的相互作用が始まれば、変化することもあるだろう。AI研究とロボット工学にとっての教訓は、AMAはすべての関係を疑いながらこの世界に参入するべきではないものの、動的に交渉を行う能力、および、AMAが相互作用する他の人間あるいはコンピュータ・システムとの信頼のレベルを手探りで徐々に高めていく能力を必要としているということである。

複雑なボトムアップ・システムの強みは、異なる社会的メカニズムからの入力を動的に統合する方法にある。AMAを開発するための戦略としてボトムアップ・アーキテクチャを使用することの弱点は、状況が変化したときの選択や行動を評価するためにどのような目標を使用するかについての理解が現在のところ欠けていることである。ボトムアップ・システムは、一つの明確な目標を達成するよう指示されたときには簡単に構築できる。しかし目標が複数ある場合や利用可能な情報が混乱していたり不完全であったりする場合には、明確な行動を提供することは、ボトムアップ・エンジニアリングにとって、はるかに難しいタスクになる。それにもかかわらず、この分野は確かに進歩しており、たとえばデブ・ロイの研究のように、適応的システムがより効果的に異なるタスク間の移行を処理できるようになっている。

ボトムからトップへ

ボトムアップ戦略は、ＡＭＡの全体的な設計のために不可欠なスキルと基準を生み出すという約束を掲げてはいるが、そういったスキルと基準を進化あるいは発達させることは、極めて難しい。進化と学習は試行錯誤――間違いや失敗した戦略からの学習――に満ちている。多くの世代の人工エージェントが数秒間に突然変異し複製されうる加速されたコンピュータ・システムの環境においてさえ、進化と学習は非常に緩慢なプロセスでありうる。

また、進化するＡＭＡにとって適切な目標が何であるかは不明瞭である。複製および突然変異を許可されたＡＭＡがどれなのかを判断するための適応度の基準は何だろうか？　その目的は自己組織化システムにとって有用に定義されるのだろうか？　イェール大学でロボット工学を学んでいた学部生のジョナサン・ハートマンは、ウェンデル・ウォラックの授業で提出した課題で、エンジニアが適応度の基準としてアシモフの三原則を使うかもしれないと示唆した。これらの原則がトップダウンに適用されて堅固な拘束として機能する場合とは異なり、進化の文脈における三原則は、システムが達成しようとするもっと緩い指針として機能する。後続の世代は、これらの目標に最もよく接近するそれぞれの能力に基づいて判定される。三原則へのこのアプローチの欠点は、三原則が決して堅固な拘束になることはなく、ロボットによって引き起こされる危害の危険性を高めてしまうことにある。このアプローチの強みは、ロボットが三原則とのより動的な関係を進化させ、柔軟で適応性のある指針として扱うということである。このようなより柔軟な拘束は、ホール、ラング、および他の著者がアシモフの三原則を完全に拒絶する動機になっていた難問をうまく回避できる可能性がある。ハートマンのハイブリッド・アプローチは、アシモフの原則の単純明快で直観的なトップダウン原理と、ボトムアップ開発を望ましいものにする動的な柔軟性とを組み合わせたものである。
既に述べたように、人工道徳に対するボトムアップ・アプローチは、倫理学理論によってトップダウンに導かれるシステムが提供する安全装置のいくつかを欠いている可能性がある。トップダウンの原則が、人間にとってすら満たすことが難しい理想主義的な基準を意味することはよくある。しかも、実装が不可能とまでは言わないものの、実装困難なほど複雑な計算を含んでいる。とはいえ、トップダウンの原則は「より安全」なものではあるように見える。学習するAMAが道徳的推論を発達させる途上で間違いを犯し続けることを許すほどの贅沢をする余裕は人類にはない。制御された実験室の環境では、AMAが基本的で許容可能なレベルの道徳的振る舞いに向かう一連の学習または進化のための状況を作り出すことは可能かもしれない。理論的には、この基本レベルが一つのシステムで達成されると、そのプログラムまたはハードウェアはいくらでも複製できる。このように再現された各システムは、変化する予期せぬ状況に適応するための学習を継続する必要がある。しかしすべてのAMAで保護期間中の最初の基本的な訓練と開発を繰り返す必要はないので、子どものような学習機械の間違いから皆を救うことができる。

ボトムアップ・エンジニアリングの強みは、目標を達成するためのコンポーネントの組み立てにある。しかし、道徳的判断の洗練された能力がボトムアップ・エンジニアリングから生まれると前提するだけでは不十分だろう。これはトップダウン・アプローチによって提供される分析もまた必要であることを示唆している。ジョナサン・ハートマンの考えは既にハイブリッド・アプローチの一種を示唆していたが、トップダウンな倫理学理論をAMA自体にもっと直接的に統合する方法もある。システムのコンポーネントがうまく設計され、適切に統合されている場合は、その環境や社会的背景から生じる課題に対応する際にAMAに開かれている選択肢の幅が広がる。これらの選択肢を評価するトップダウン能力を備えたAMAは、目標を達成し、許容可能な社会規範の範囲内にある行動を選択することができる。しかし、次章で説明するように、これだけがＡＭＡ設計へのハイブリッド・アプローチを考え出す唯一の方法ではない。

第8章　トップダウンとボトムアップを融合させる

ハイブリッドな道徳的（ロ）ボット

純粋なトップダウン・アプローチもボトムアップ・アプローチも効果的なＡＭＡの設計には十分でないとすれば、何らかのハイブリッドが必要になる。さらに、先に述べたように、トップダウンとボトムアップの二分法は幾分単純化されている。通常、エンジニアはコンポーネントのボトムアップな組み立てを方向づけるために、複雑なタスクのトップダウンな分析から始める。

第６章で論じたトップダウン・アプローチは、行為者《エージェント》と行為者以外の世界との関係から生ずる明示的な倫理的懸念の重要性を強調する。トップダウンの原則と義務は、どのような行動形態が許容可能であり、どの行動形態が受け入れられないかを決定するための一般的な指令を取り込みたいという共同体の要望を反映している。トップダウンの倫理的拘束は、自分の行為や行動の自由の幅を狭めてしまうものの社会にとっての利益にはかなうという、道徳的行動でしばしば要求される原則を通じて、協力関係を強化する。これは、自分の短絡的ないし自己中心的な利害には沿わないことになるかもしれない。倫理的原則や義務、たとえば集団の利益の総和を最大化するといった原則や、「公正」であれという義務は、個人の選択肢を制限する傾向がある。これらの原則や義務は、行為者は取りうる行為に関してかなりの自由をもっているが、その行動は道徳的に賞賛すべき行動に限定されるべきであるという文脈を前提としている。トップダウンの原則は、道徳的な直観では不明瞭なケースを道徳的行為者が解決するのを手助けするという重要な役割もまた果たす。

ボトムアップ・アプローチは、行為者《エージェント》の側が暗黙の価値観をもつ状態を陶冶することをより重視する。システムのボトムアップな発達から創発する価値観は、システムの行動がもつある特定の因果的な決定因子を反映する。第7章では、進化と機械学習に由来するアプローチについて議論した。これらのアプローチは、反射的システムや厳格な規則遵守者にもできる限定的な行為を超えて、行動を選択し柔軟に対応するシステムを生み出す。進化するシステムや学習システムによって尊重される倫理的な拘束は、生存と繁栄に繋がる選択肢や機会を増やす傾向をもつ。たとえば行為者が自分の属する共同体の他のメンバーと協力すれば、いくつかの選択肢が制限されるものの、機会が拡大される。

さらに、第10章で議論するように、道徳的行為者《エージェント》が多くの状況で適切に機能するためには、世界に身体化され、情動や情動に似た情報にアクセスし、社会の動態と慣習を認識する必要がある。これらの合理性以外の（つまり推論能力以外の）能力が示唆している道徳に関連する入力の一部は、ボトムアップ・アーキテクチャの副産物として得られるかもしれないが、これは決して保証されていない。

AMAを構築する作業には間違いなく、トップダウン・アプローチとボトムアップ・アプローチが両方とも必要とされる。しかし、ハイブリッド・アプローチは、ただでさえ多様な哲学と、似ても似つかぬ複数のアーキテクチャを、噛み合わせるというさらなる問題をもたらす。遺伝的に得られた性向、経験を通して得られる核となる価値観の発見、文化的に支持された規則の学習は、すべて子どもの道徳的発達に影響を与える。青年期には、これらの規則が、トップダウンの方法で行為を導く抽象的な原則に再定式化される。賞賛に値するＡＭＡの設計には、陶冶された暗黙の価値観によって伝えられたトップダウンの価値観や文脈の豊かな理解など、多様な入力と影響を統合することができる計算システムが必要になるとも考えられる。トップダウンとボトムアップの両側面がどのように相互作用するかを説明するために、我々はコネクショニスト・ネットワークを利用して、優れた性格や徳をもつコンピュータ・システムを開発する可能性を検討する。

ヴァーチャルな徳

第６章で述べたように、徳倫理学者は、結果や規則に注目するのではなく、性格や善い習慣を発達させることの重要性を強調する。ある人が何者であるかは、その人が何をするかに先立つのだ。

徳は善い行為を保証するだろうか？　プラトンの対話篇『メノン』では、ソクラテスが、徳は悪用されえないと主張している。誰かが本当に徳をもっていれば、もっていないかのように行動することは不可能である。（逆に、悪い行為をすると、実際には徳をもっていないことがわかるだろう！）

徳とは何だろうか？　プラトンは、四つの枢要徳、すなわち知恵、勇気、節制、正義を特定した。アリストテレスはこのリストを拡大し、それらを知的徳と道徳的徳に分けた。千六百年後にトマス・アクィナスは、「コリント人への第一の手紙」で示される聖パウロの信仰、希望、慈愛（愛）にさかのぼる神学的徳を加えた。

功利主義者たちの意見が効用を測定する方法について一致しておらず、義務論者たちの意見がどの義務のリストが適用されるのかについて一致していないのと同じように、現代の徳倫理学者たちの意見も、道徳的行為者《エージェント》がもつべき徳の標準的なリストについて一致していない。フランスの無神論者アンドレ・コント＝スポンヴィルは、一九九五年にフランスでよく売れた『ささやかながら、徳について』の中で、礼儀とユーモアを含む十八の徳を提示した。別の徳のリストには百を超えるものもある。さらに、徳とみなされるものは共同体ごとに異なる場合があり、それゆえ一部の論者は、徳の理論は特定の共同体の価値観に結びつくもので、多文化社会では問題があるかもしれないと主張する。これらの違いには注目せずに、徳を計算的に扱いうる可能性に注意を向けよう。徳をプログラミングツールとして活用できるか？

この質問に答える鍵は、道徳的徳とは実践知や知的徳とは異なるものだというアリストテレスの提案の中に既にあるかもしれない。アリストテレスの考えでは、知的徳は教えることができるのに対し、道徳的徳は習慣と実践を通して学ばなければならないものだった。これは、ＡＭＡに実装する場合、それぞれの徳目ごとに異なるアプローチが必要だということを示唆している。知的徳の教育という可能性は、その規則や原則を明示的に記述できると示唆している。しかし、道徳的徳に関して、習慣、学習、性格が強調されていることは、個人が実践を通して発見し学習するというボトムアップ・プロセスを示唆しているように見える。

徳がトップダウン・アプローチとボトムアップ・アプローチのどちらかにきちんと分類できるとはほとんど考えられない。我々の見解では、徳はハイブリッドなものである。しかし、ハイブリッドになる前の断片がまだわからないのにハイブリッドなものを構築するのは非常に難しい。そしてこの理由により、徳のトップダウン実装としての性格をもったコンピュータや、学習により性格を発達させるコンピュータに取り組むことは有益である。前者のアプローチでは、徳はシステムにプログラムできる特性とみなされる。後者のアプローチは、ニューラル・ネットワークに対する現代の「コネクショニスト」アプローチが、徳ベースの倫理体系、特にアリストテレス的徳倫理学に接近していくという認識に起因する。コネクショニズムは、言語と規則によって把握される抽象的理論ではなく、経験や事例を通してニューラル・ネットワークを発達させ訓練することに注目している。

徳に対するトップダウン・アプローチ

徳を計算システムにプログラムするというタスクは、規則ベースのアプローチと同様の問題を抱えている。すなわち、複数の徳の衝突、徳のリストの不完全さ、そしてとりわけ徳の定義の難しさである。徳は、人々がどのように熟慮し、どのように行為を動機づけるのかに影響を及ぼすが、関連する徳は熟慮の内容に明示的にはほとんど現れない。たとえば、親切な人は親切なことをするが、通常はこの行為を自分の親切の観点から説明しない。むしろ親切な人はその親切な行動の受益者に注目した動機について語る。たとえば「彼女はそれを必要としている」、「それは彼を元気づけることになる」、「それは痛みを止める」というように。この例は、徳理論の複雑さのいくつかを明らかにすることに加えて、さまざまな倫理学理論の間の境界、この場合は功利主義と徳倫理の境界が非常にあいまいである可能性を示している。確かに、良い結果を生み出すように正しい動機に沿った行動を心がけるような自制と無関係なものとして、自分の徳を発達させるプロセスを想像するのは難しい。

徳のトップダウンな実装は、徳が本質的に複雑なパターンの動機づけと欲求を内包しているという事実によって課題を突きつけられる。ある特定の徳は——たとえば、親切であることは——人が行うほとんどすべての活動に影響を与えることができる。つまり、システム全体にわたる影響をもっている。トップダウン方式で徳を適用する人工エージェントは、与えられた状況で徳をどのように適用するかを理解するために、心理についてかなりの知識をもっている必要がある。たとえば、ある行動が徳の適用例でありつつ、徳に反しているようにも見えるときには、どうすればよいだろうか？　あなたが——あるいはあなたの（ロ）ボットが——二人の人間に仕事を頼まれたが、どちらか一人しか手助けできないと想像しよう。助けられなかった方の人は、あなたの拒絶を不親切だと認識するだろう。不親切であることは許容不可能だと感じるかもしれないが、どちらの要求を尊重するのかをどうやって決めればよいのだろうか？　徳ベースのＡＭＡは、義務論的なＡＭＡと同じように、自分の行為が所定の徳にかなっているかどうかを検討する場合に、その検討について反省し、さらにその反省について反省し、等々、無限ループで立ち往生する可能性がある。

おそらく、これらの計算の問題のいくつかは、その徳を機能に結びつけ、それらをＡＭＡの特定のタスクにきっちりと仕立てることで緩和できる。従来、ギリシャの伝統では徳は機能に結びつけられていた。自分の機能をうまく遂行するような徳を発達させることは、共同体の各メンバーにとって重要なことだと考えられていた。たとえば、兵士は特に勇気が必要だった。同様に、(ロ)ボットの徳は、(最初は)おそらく「親切」のように広範なものである必要はないが、与えられた役割において、親切であることに関連する特定のタスクを含む可能性がある。

それでも、(ロ)ボットの徳を過度に領域特有にするのは間違いであると我々は考える。幅広い機能にわたって安定していることは、信頼の根拠となる。誰かがある状況で親切であることを知っていれば、その人は他の状況でも親切だろうと合理的に確信することができると言われている。しかし、この見解は、多くの例外の存在によって異議を唱えられる可能性がある。たとえば、オスカー・シンドラーは他人がナチスから逃れるのを助けるために大いに危険を冒したが、彼自身の家庭生活は欺瞞に満ちていた。それにもかかわらず、徳はしばしば、ある状況において徳を例示するならば、同様の状況においてそれをもたないかのように行動する可能性が低いので、有用性をもたらすと推定される。そのような安定性は、さまざまな、必ずしも正当ではない情報源に対処しながら、圧力の下で「忠誠心」を維持する必要のあるＡＭＡにとってとりわけ、非常に魅力的な特徴である。人間の場合、徳の安定性というものは、それが存在する限りでは、その大部分は情動的に基礎づけられているということに起因する。他者が「正しいこと」を行うだろうという信頼は、共有された道徳感情の基盤から生まれる。ＡＭＡの設計者にとって難しいのは、感情のない「冷たい」機械の中に同じ安定性を実装する方法を見つけることだ。有徳なアンドロイドに必要なものは、たとえば幸福のような情動に根ざした目標だけではない。それは、自分自身の情動も必要とするかもしれない。有徳であることの基準を満たそうという賞賛に値する目標あるいは欲求の人工的シミュレーションでおそらく十分だろうが、ほぼ確実に、このことは徳ベースの計算システムを実際に構築することによってのみ見出される。

コネクショニズムの徳

アリストテレスは徳ベースの理論を提示した後、『ニコマコス倫理学』の大部分を、どの習慣が「善」や幸福に繋がるのかを知るにはどうすればよいのかという問題に割いている。彼は冒頭から、この一般化された目的を追求するための明白な規則はなく、直観的にしか理解できないと明言している。目的は、特定の事柄から、手段と目的との間の繋がりから、やらなければならない特定の事柄と追求したい目標との間の関係から、演繹される。人間は直観、帰納、経験を通して「善い」ものを学ぶ。たとえば、善良な人々に善について尋ねることによって、目標に関する一般化された感覚に焦点が当たり、理想化された個人は実践知と道徳的卓越性を獲得する。

論者の中には、コネクショニズム、すなわち並行分散処理が、人々が徳をどのように獲得するかについてのアリストテレスの議論と類似していると指摘する者もいる。ギプスが述べているように、「倫理学、特にアリストテレスの徳ベースのアプローチは、近代的なＡＩへのコネクショニスト・アプローチと共鳴するように思われる。両方とも直接的なもの、知覚的なもの、非記号的なものを重視しているように思われる。両方とも抽象理論を教えることとではなく、訓練することによる発達を重視している。」

コネクショニズムは、それぞれが基本的なタスクを実行する単純な単位の相互接続されたネットワークによって、複雑な行動の創発をモデル化するための戦略である。コネクショニスト・モデルは、通常、人工ニューラル・ネットワークとも呼ばれ、生物学的ニューロンの多くの重要な特性を無視するものの、それと同じ処理能力の一部を共有している。コネクショニズムの強みの一つは、複雑な入力の中にある統計的規則性を検出することによって、人工ニューラル・ネットワークが自然にパターンを認識したりカテゴリーを構築したりできるようになる点にある。これは、ネットワークが認識する概念やカテゴリーを明示的に指示したりプログラムしたりしなくても達成されうる。

ニューラル・ネットワークは、ネットワークのユニット間の接続の強さを徐々に変化させることによって訓練される。これにより、ネットワークは異なる入出力パターン間の関連づけを形成することができる。たとえば、人工ニューラル・ネットワークがテキストを声に出して読み上げることを可能にするため、コネクショニスト・ネットワークは、書かれた単語をそれらと関連する音素にマッピングするように訓練される。その入力の間の関係に関するデータの漸進的な蓄積を通じて、ネットワークは、訓練に使われた特定の事例を超えてその応答を一般化することもできる。このようにして、訓練されたネットワークは、新しい文字の組み合わせに適切な音素を関連づけることで、それを読む能力をもつことがある。

一九九五年、ポール・チャーチランドは、コネクショニスト学習だけで道徳的認知の発達を説明するのに十分であると提唱した。チャーチランドと彼の妻、パトリシア・チャーチランドは、カリフォルニア大学サンディエゴ校の認知科学哲学者である。彼らは倫理学を、超自然的なものからも、抽象的概念の意味論的内容からも自由な、自然主義的な基礎に根拠づけようと試みる強力な同盟者である。神経科学が提供する洞察に根ざした研究を行っているパトリシア・チャーチランドは、価値観がどのように進化論的に創発するかについて記述する必要性を論じてきた。ポール・チャーチランドによる道徳的認知の発達のためのコネクショニスト学習の十分性に関するテーゼは、まだまだ発展途上のものであり、アリストテレスの倫理学に特別に結びつくものではない。しかし、米国空軍士官学校のウィリアム・ケースビアーのような他の哲学者たちは、倫理がいかにして生じるかを説明するための自然化された枠組みに肉づけようとする際に、コネクショニズムとアリストテレスの間の相性の良さに注目している。ケースビアーにとって、判断を「環境の要求にうまく対処する認知能力」として純粋に生物学的な観点から理解すれば、コネクショニズムは自然化された倫理学の適切な枠組みである。

道徳的個別主義の主唱者の一人であるジョナサン・ダンシーも、コネクショニズムが特に道徳にとって適切であると示唆している。既に指摘したように、倫理へのトップダウン・アプローチは、道徳的意思決定の根底にある一般的または普遍的な原則を見つけて表象することに基づいている。多くの哲学者は、普遍的に適用される一貫した道徳的原則をもっていなければ、合理的ではないと考えている。しかし、この考えにすべての哲学者が同意するわけではない。倫理学において「個別主義」と呼ばれる見解は、道徳的な理由やカテゴリーは多分に文脈依存的であると――実際、そうだからこそ、倫理学の原則は人々に適切な行為の指南を非常に大雑把にしか与えていないと――主張する。個別主義者の見解では、鳥が飛べるかどうかを決める一般的規則が存在しないのと同じように、他の人間を殺すことはいかなる場合にも不正であるかどうかを決める一般的規則も存在しないかもしれない。行為が許容されるときの文脈の詳細は非常にこと細かであり、それらを普遍的な道徳的原則に要約することは不可能であるかもしれない。コネクショニスト・モデルは、明示的または一般的な規則なしに文脈依存的な情報を捉えるのに適している。したがって、コネクショニズムは、個別主義と相性が良いように見える。しかし、ダンシーはチャーチランドと同様、ニューラル・ネットワークで道徳的認知が発展する仕方について特定のモデルを提示したわけではない。

アリストテレス倫理学とコネクショニズムの間の類似性、そして脳の機能の仕方についてのコネクショニスト・モデルから性格が創発する可能性があることは興味深く、示唆的でもある。徳が文脈依存的であることを考えると、徳理論と個別主義を結びつけるコネクショニズムの力は魅力的だ。しかし、既存のコネクショニスト・システムは、道徳的発達に関連する複雑な学習課題に取り組むことには到底及ばない。ニューラル・ネットワーク内での徳の実装という課題は依然として難題である。

ハイブリッドな徳倫理

コネクショニズムの理論は、複雑な倫理的課題に取り組む頑強さに欠けている既存のニューラル・ネットワークによってもたらされる困難の他にも、ニューロンの活動が無意識的な複数のパターンの構築から一つのパターン化した意識へとどうやって跳躍するかを説明していない。一般的に、道徳的行為者《エージェント》が適切に行為するとともに、行為を正当化できることを人は期待する。願わくは、道徳判断の正当化が、単なる事後的に作られた物語ではなく、行為者が判断を下した実際の理由に結びつくようにと。

一九九〇年代に行われたポール・チャーチランドと認知哲学者のアンディ・クラークとの対話の中で、クラークはコネクショニスト学習だけで道徳的認知の発達を説明するのに十分であるかどうかという問題を提起した。

歴史的に、計算的認知科学は個人に注目するバイアスをもっている。対照的に、倫理学理論は、当初から、より大きな社会的政治的全体の一部とみなされる諸個人に関心をもってきた。道徳的認知の共同イメージを定式化しようとする試みは、それぞれの伝統の歴史的バイアスを修正するのに役立つ。倫理学者は、道徳的理由の個人のメカニズムについて考えるよう求められている。認知科学者は、道徳的理由には人々が互いに協力する重大な次元が含まれることを、忘れないでほしい。おそらくどちらの陣営も、無視された次元を自分に思い出させてくれるように、互いに厳しく要求し合うことはない。しかし、実際には、統合されたイメージの探索において進歩をもたらすのは、しばしば問題に対する共同戦線である。

クラークは、個人の道徳的感受性を形成するボトムアップの力と、共同体に対する個人の関係に関するトップダウンの考察との間の相補性を視野に入れている。しかしながら、クラークとチャーチランドの間の議論は、抽象的なレベルにとどまっている。コネクショニスト学習システムが、社会的・政治的配慮に従うトップダウンのアーキテクチャといかにして結びつき、判断の理由に結びついた説明を提供しうるのかについての詳細は、野心的な研究者の注目を待っている。第11章では、より人間的なAMAへのトップダウン・アプローチとボトムアップ・アプローチのハイブリッド・プラットフォームについて議論する。しかし、まずはコンピュータ・システムで道徳的意思決定を実施するためのいくつかの基本的な実験を見てみよう。

第9章　ベーパーウェアを超えて？

最初のステップ

自律的な道徳的エージェントは到来しつつある。しかし、どこから来るというのだろう？　本章では、倫理的な能力を念頭に置いて設計されているソフトウェアについて論じる。完全なＡＭＡは未だ「蒸気のような製品《ベーパーウェア》」――つまり、実現させる方法を誰も知らない展望である。だが、ソフトウェア設計を始めるには最初の一歩が必要であり、そうしたプロジェクトは、さらなる研究を生み出す心のタービンを動かすために必要な蒸気を提供する。

本章では、倫理的ソフトウェアに向けた三つの一般的アプローチを検討する。論理ベースのアプローチでは、合理的行為者《エージェント》による倫理的推論をモデル化するための数学的に厳密なフレームワークを提供しようとする。事例ベースのアプローチでは、倫理的な行動と非倫理的な行動の事例から、倫理的に適切な行動を推論したり学習したりするさまざまな方法を探求する。マルチエージェント・アプローチでは、さまざまな倫理的戦略に従う多数のエージェントが相互に作用するときに何が起こるのかを検討する。これらの三つのアプローチ以外にも他のアプローチがあるだろうが、実際のコーディングについての研究がすでに始まっているところで応用されているのはこれらだけである。

論理的には道徳的

レンセラー工科大学のAIと推論研究所の所長であるセルマー・ブリングスジョードは、論理こそAMAにとっての最大の希望だと見ている。ブリングスジョードの考えでは、人間は自分たちの(ロ)ボットの正しさと信頼性の証明を求めることができるし、そうするべきでもある。だが、プログラムの指定する行動が倫理的に正しいと証明できるようになるためには、その証明に現れるのと全く同じ倫理的概念によってプログラムが書かれなければならない。(正しい証明はマジックではない。ウサギを帽子から取り出したりはしない。)したがって、証明可能な倫理的プログラムは、関連する倫理的事実を指示する論理演算子を含んでいなければならない。ブリングスジョードのアプローチは「義務論理」を——つまり、諸々の義務と諸々の責務の関係を記述する論理体系を——用いるプログラムを書くことにある。

義務論理は、行為者《エージェント》が起こすべきことについての推論を可能にする。これには、事実がどうあるべきかを表示する方法(論理学者の専門用語では「演算子」)と、この新たな演算子を用いた言明を操作するためのいくつかの規則が必要となる。基礎的な論理の道具立てに加えて、さまざまな文脈でそれぞれ異なる行為者の特殊な責務を表示する必要もある。そして、理論が異なれば具体的な責務も異なるため、倫理学理論の数だけ義務論理も存在する。しかしこのアプローチには、いったん責務の集合が完全に義務論理としてコード化されれば、結果として得られる論理式に周知の定理証明の方法を適用できる利点がある。

レンセラーのグループは、さまざまな異なる義務論理を実装し、それらにソフトウェアによる推論技術を使用した。一例を挙げると、生命維持装置を停止するかどうかを決定する必要のある(ロ)ボットである(最悪の悪夢だ)。そこで彼らは単純な功利主義的義務論理を実装し、広く利用可能な定理証明ソフトウェアを使用して、望ましい結果を保証するためのさまざまな倫理綱領の相対的な適切さに関する証明を生み出すことができた。しかし別の例では、彼らは責務の常識的な記述を扱う場合に論理が矛盾を引き起こしてしまうことを発見した。AMAには責務が違反された後に何が起こるべきなのかを推論できるようになる必要がありそうに思われる。そのため、ブリングスジョードと彼の同僚たちは、このことを扱うために何らかの仕方で論理が変更されなければならないと結論した。彼らはこの課題を活発に探究している。

ソフトウェア工学に対する厳密な論理ベースのアプローチをとるには、AMA設計者らは率先して、自分たちがAMAを配備しようと望んでいるどんな状況に対しても一貫している倫理綱領を定式化する必要がある。ブリングスジョードは、生死の決定を下すことに関連する原則が何なのかを人間自身が言えないような状況にAMAをもち込むには、このアプローチはまったく適していないと認めている。論理には限界がある。そしてブリングスジョードの見解では、そうした限界を無視してAMAを作った際のコストは、二〇〇〇年にビル・ジョイが『ワイアード』誌に書いた影響力のあった記事で想像された未来、つまり、人間を必要としない未来になるかもしれない。ブリングスジョードと彼の同僚が二〇〇六年の研究論文で述べたように、「もし我々が無道徳の領域に漕ぎ出そうとするのなら、何が起こるかわかったものではない」。

完全に自律的なものを配備するためには、論理ベースのトップダウン・アプローチだけが信頼できる唯一のアプローチだ、というブリングスジョードの考えはひょっとしたら正しいのかもしれない。にもかかわらず、他の研究者は、その目をそこまで自律的ではないアプリケーションに向けており、彼らはさまざまな応用で倫理的推論を支援するプログラミング・アプローチを追求している。以下に述べる事例ベースの三つのアプローチは、具体的な事例における倫理的意思決定を一般化するためにそれぞれ別の方法を用いている。一つ目のアプローチは、以前にも言及したスーザン・アンダーソンとマイケル・アンダーソンによるＭｅｄＥｔｈＥｘである。ＭｅｄＥｔｈＥｘは、複数の義務が衝突する際に医療倫理の専門家が特定の事例について行っている意思決定から、義務どうしを比較する方法を学習する。ブルース・マクラーレンによって実装されたＳＩＲＯＣＣＯとトゥルーステラーシステムは、「決疑論的（casuistic）」推論を用いる――つまり、意思決定の指導にトップダウンの原則を用いるのではなく、類推の発見から進んで事例から推論するアプローチである。第三の事例は、倫理的意思決定の一般化に対するマルセロ・グァリーニのコネクショニスト・アプローチである。

ＭｅｄＥｔｈＥｘの開発者たちはＷ・Ｄ・ロスの一応の義務の理論を採用し、これを特に医療の場面で適用した。彼らがロスのもっと長い一覧表から採用した三つの義務（自律、善行、無加害）は、生命倫理における原則としても知られている。そして原則に基づく倫理学理論は「原則主義」と呼ばれている。一応の義務は、別の義務によって無効化されることもある。たとえば、最も効果的な治療措置を提供するという一応の義務をもつ医師は、同時に、医療措置を拒絶する患者の自律性を尊重するという一応の義務を破って行動することになるかもしれない。そうした衝突はどのように解決されるのか？　純粋な義務論理アプローチでは、医師はもう一度患者に治療を受け入れるように説得するべきだ（あるいはそうすべきでない）と証明することを可能にするような高階の原則を事前に指定する必要がある。しかし、そのような原則は必ずしも事前に指定できるとは限らない。専門家ですら、特定の事例について判断する根拠となっている推論を説明できない可能性がある。

ＭｅｄＥｔｈＥｘでは、Prologというプログラミング言語に基づいた帰納論理を使用して、医療倫理の専門家が特定の事例で下した判断から一貫した規則の集合を推論する。システムを訓練するために用いられる事例は、＋2から−2の値をもつ数字で表され、その状況で各々の一応の義務が充足されたり違反されたりする程度を示す。それぞれの事例における専門家の判断は、二つの行為のうち一方を選択すると遂行できなくなるさまざまな義務を比較考量するやり方をプログラムに推論させるために用いられる。患者の決定を受け入れるか、それとも患者にその決定の変更を納得させるか、という状況は、そうした事例の一つである。アンダーソン夫妻は、無加害（危害を加えない）、善行（患者の健康を改善する）、自律（患者の治療の意思決定を患者自身に委ねる）という三つの一応の義務についてコード化された事例を用いて自分たちのシステムを検証した。システムを訓練するために使用されたのは、患者の決定を受け入れるべきだという判断で専門家が合意した四例と、患者の決定を無効にするべきだと専門家が判断した四例である。それからアンダーソン夫妻は、さらなる追加事例についてＭｅｄＥｔｈＥｘが提唱する意思決定を検討した。

学習アルゴリズムを通じて、ＭｅｄＥｔｈＥｘはどの場合にある行為が別の行為よりも優先されるべきかを記述する条件の集合を作り出した。この実験では、プログラムは患者の治療についてありうる決定を評価するための複数の規則を生み出した。たとえば、延命処置を拒否するという患者の決定を受け入れると、自律には加点され、善行には否定的な影響を及ぼし、無加害にはほとんど影響を与えない（医師が危害を加え**ない**ため）。プログラムは、それぞれの義務が許容しうる充足と違反のレベルの間の相対的な相違を表す数値を生成し、特定の義務の充足を可能にするために別の義務の侵害を受け入れる用意が専門家にあるかどうかを決めるために閾値を適用する。

アンダーソン夫妻がとったアプローチは、ほぼ完全にトップダウンである――基本的な義務は事前に定義されており、事例の分類は医療倫理学者の一般的な同意に基づいている。ＭｅｄＥｔｈＥｘはある意味で「ボトムアップ」に見えるアプローチによって事例から学習するとはいえ、これらの事例は、充足あるいは違反されるさまざまな義務のトップダウン概念を使用した高階の記述として学習アルゴリズムに供給される。システム自身が「正しい」や「不正である」の意味を学習しているのではなく、いわばシステムは口を開けて理論が運ばれるのを待っているだけである。

アンダーソン夫妻は、この種のソフトウェアをアドバイス役としては有用だと見ているが、ＭｅｄＥｔｈＥｘが診療所で自律的に意思決定を下すべきだとは主張しないだろう。我々は本書第３章で、ピーター・カーンとバティヤ・フリードマンが、コンピュータ化されたアドバイスシステムがプライマリケア提供者の自律と責任を侵食する可能性があると論じたことを説明した。アンダーソン夫妻はこの懸念には言及していないが、もちろん、たとえこの理由のためにＭｅｄＥｔｈＥｘを診療所に配備すべきでないとしても、そのシステムは訓練目的としては依然として有用かもしれない。

アンダーソン夫妻は、たとえＭｅｄＥｔｈＥｘが最終的には医師によって用いられないとしても、これは倫理学者の関心事だと見ている。このシステムは、さまざまな一応の義務を比較考量するための規則を生み出し、倫理学者に、それなしでは彼ら自身の意思決定を実践する際に識別するのが難しかっただろうような、もっと一般的な原則を分節化できるようにする。アンダーソン夫妻は、ありうる事例をカバーする決定原則をこのシステムが「発見」あるいは明示化したと述べている。

システムが発見した完全かつ一貫した決定原則は、以下のように述べることができる。医療従事者は、無加害の義務が少しでも違反されるか、善行の義務が著しく違反される場合、患者の自律性を多少損なうことになっても、患者が下した決定に異議を唱えるべきである。この規則は明らかに倫理学者たちの共通見解の判断のうちに暗黙裡に含まれていたが、我々は、この原則がこれまでに明示的に述べられたことはなかったと信じている。

アンダーソン夫妻は、ＭｅｄＥｔｈＥｘが発見した原則をロボットの意思決定プロセスに組み込むことを目標の一つとして宣言した。彼らの最新プロジェクトはＥｔｈＥｌというもので、彼らはこれを「倫理的な医療エージェント」という論文で述べている。ＥｔｈＥｌの仕事は、高齢者に治療薬の服用を思い出させることである。だが、思い出させることが余計なおせっかいになってしまう場合はいつだろうか？　アンダーソン夫妻はこう論じている。ＥｔｈＥｌは、薬の服用をサボりたいという患者の自律的な望みの尊重と、その結果として生じる危害を比較するべきだと。ＥｔｈＥｌが働く具体的な状況では、時間に対する感受性という要素が必要となる。つまり、患者が薬の服用なしに過ごす時間が長くなればなるほど、潜在的危害はいっそう実現しやすくなってしまう。ＥｔｈＥｌの意思決定手続きは、無加害・善行・自律の尊重といった義務に割り当てられた値が時間に沿って変化する公式を用いる。これにより、患者に思い出させる・沈黙を保つ・監督者に通知する、といったさまざまなありうる行為の中から一つが選択される。たとえば、患者が数時間あるいは数日間にわたり薬を拒絶したあとは、システムは医師に連絡を取ることがありうるだろう。

ＭｅｄＥｔｈＥｘとＥｔｈＥｌの基礎となっているモデルは、さらなる義務、さらなる事例、そして「正しい」意思決定についての専門家の間のさらなる多様性と不一致を、どれだけうまく広い視野で扱えるだろうか？　そしてアンダーソン夫妻の一般的アプローチは、義務に関する概念をあらかじめ組み込むのではなく、発展的に獲得するようなハイブリッドシステムで役に立つだろうか？　我々は知らないし、彼らも知らない。とはいえ、彼らは自分たちの研究の次のプロジェクトとして、自分自身の規則を生成するシステムを作ろうと提案している。

事例を明示化する

もちろん、ソフトウェアの卵のすべてを一つの籠に入れてしまわないようにするのが最善だ。ソフトウェアが倫理的な推論に適用されているもう一つの舞台を代表するのは、ブルース・マクラーレンの決疑論的システムである。いくつかの辞書では、決疑論は、誤謬推理を含意する否定的な言葉として定義される。だが、倫理学と法学では、この言葉は意思決定に対する特定のアプローチと結びつけられている。つまり、新たな事例と一つ以上の古い事例の比較に依拠するようなアプローチである。このような意思決定は、明示的な理論的原則を含む必要がない——それゆえ決疑論は、倫理的意思決定へのボトムアップ・アプローチの一つのタイプを実装している。

マクラーレンのアプローチは、過去二十年間にわたって合衆国の認定エンジニアリング・プログラムのすべてにおいて技術者倫理教育を要求する運動に応えたものである。エンジニアは全般的に、哲学的な抽象化と架空の反例に対する耐性をもち合わせていない。だが、彼らはケーススタディには非常に慣れ親しんでいる。橋が落ちた時、船が沈んだ時、あるいは宇宙船が爆発した時、エンジニアたちは考えうるすべての角度からケーススタディをして、何が悪かったのかを結論づけようとする。

一九八〇年代のチャレンジャー号の爆発の公式の分析を含むこうした種類のケーススタディこそが、教育科目としての工学倫理の台頭を促した。災害のケーススタディは、多くの場合、事故の原因になったのは機材ではなくむしろエンジニア自身だったことを明らかにした。エンジニアはしばしば、公共の安全という定義があいまいな概念に対する責務と、雇い主への責務のどちらに忠義を果たすべきかというジレンマに悩まされていた。

エンジニアに功利主義や義務論を教えても非生産的かもしれない。なぜなら哲学者は論争へと直行してしまう傾向にあるからだ。哲学者の目標は、さまざまな理論の相違点を理解することにある。我々が第5章で指摘した点を繰り返すと、これはエンジニアの行為者《エージェント》中心的な観点と、哲学者の判事《ジャッジ》中心的な観点の間の相違である。しかしながら典型的な工学部の学生にとって、哲学者による倫理へのアプローチは、自分がいずれにせよやろうと意図していたことを正当化する理論（それがどんな理論であれ）を選択するゲームにしか見えないだろう。

工学倫理で用いられているケーススタディの方法論は、エンジニアに問題の枠組みとなる要素を特定させ、これらの要素を事例間で比較して、異なる事例で示唆される行為を評価させることによってある種の厳格さを課している。このアプローチは、大きな理論に注目するのではなく、細部に目を向ける。このアプローチの違いは多くの点で、応用科学である工学と物理学の理論的抽象化との間の違いを反映している。

マクラーレンが開発した「トゥルーステラー（Truth-Teller）」システムは、二つの事例を比較して、相違点と類似点をまとめ上げる。その名前が示唆するように、トゥルーステラーは行為者《エージェント》が真実を明らかにする責務を負っている事例とそうではない事例——たとえば、弁護士は特定の種類の事件を扱った経験に乏しいことを白状する義務を常に負っているわけではない——に射程を限定している。マクラーレンは従来の記号処理的アプローチに従って、真実を伝えることの賛成理由と反対理由を、そして関与している行為者間の職業上の関係性と個人的な関係性を表す。そうすると二つの事例間の比較は、その事例間の理由と関係性の比較というタスクとなる。これこそマクラーレンが従来の機械推論技術を用いて実装したタスクである。その結果としてプログラムは比較された状況を分析でき、新たな状況において行為者が真実を伝えることに賛成する、あるいは反対する理由を記述できるようになる。

AIの観点から見れば、問題の枠組みを定めるタスクは、機械推論を事例に適用するために最適なスキームを適切に表現する仕方を見つけるタスクとなる。マクラーレンの当初のアプローチでは、日常的な英語による事例記述を機械推論に必要な形式的データに翻訳するという難しい仕事が意図的に飛ばされている。このシステムにおける本当の知能は、事例を受け取り、その状況で当てはめられているだろう理由を表現する人間側のオペレータにある。トゥルーステラーだけではこの仕事をこなせない。トゥルーステラーに与えられるのは、あらかじめ噛み砕かれたバージョンの事例である。

マクラーレンは、トゥルーステラーが本当の道徳的推論能力へ至る道の最初のステップにすぎないことによく気づいていた。彼の「操作可能な事例・綱領の知的検索システム（System for Intelligent Retrieval of Operationalized Cases and Codes；ＳＩＲＯＣＣＯ）」は、その第二のステップである。トゥルーステラーと同じように、ＳＩＲＯＣＣＯもまた既存の事例に基づいて倫理的行動を導こうとするエンジニアの試みの産物である。このシステムは、何十年にもわたるエンジニアの経験から生じた専門職の倫理綱領と、全米専門技術者協会（ＮＳＰＥ）によりレビューされてきた五百件以上の事例のデータベースに基づいている。評価すべき新たな事例が与えられたなら――たとえばエンジニアが災害を引き起こしかねない物質に関する疑念を取引先に伝える倫理的責務を負っているのかどうか等――ＳＩＲＯＣＣＯは関連しそうな先行事例と、ＮＳＰＥの倫理綱領から関連しそうな条文を探し出す。

次の明白な一歩は、トゥルーステラーとＳＩＲＯＣＣＯの統合である。一つの大きな障害は、二つのアプリケーションが今のところ同じ表現スキームを使用していないという点にある。ＳＩＲＯＣＣＯとトゥルーステラーの事例の表現方法が組み合わされれば、新たな可能性が開けるだろう。たとえば、コンピュータは、最初の事例と同様の他の事例を自動的に検索し、最初の事例とそのコンピュータが発見した事例の、真に似ている点と異なっている点を概述できるだろう。おそらく、これは最も類似した事例がどれかという順位づけに繋がり、これらの事例によって例示されるパターンや規則を機械が認識するという展望に繋がるだろう。

トゥルーステラーとＳＩＲＯＣＣＯはどちらも自律的な意思決定者ではなく、意思決定支援ツールである。トゥルーステラーは、ユーザが二つの事例の間の関連性を比較する手助けとなる。マクラーレンは、ＳＩＲＯＣＣＯを、事例と綱領のデータベースから関連情報を集めるツールとして考えている。にもかかわらず、将来の事例ベースのＡＭＡが、例外状況における規則の理解とその適用を更新するために、絶えずデータベースを精査することは想像に難くない。このやり方であれば、規則や他の制約を適用し、判例と新たなガイドラインに動的に対応するＡＭＡを設計することが可能かもしれない。

マクラーレンのＳＩＲＯＣＣＯがうまくいくかどうかは、事例の関連する特徴を表現し、ＮＳＰＥの綱領から衝突するおそれのある要素を強調しつつ、関連しそうな先行事例のレポートを提出できるかどうかにかかっている。このシステムはトゥルーステラーやＭｅｄＥｔｈＥｘよりももっと洗練された表現言語を使用するが、ＡＩに対する伝統的な記号処理のアプローチの枠内にとどまっている。そうしたアプローチには限界があると思われているが、我々はマクラーレンのプロジェクトは賞賛に値すると考えている。機械が倫理的側面について推論するために必要な情報を含んだ、倫理的事例の適切な表現スキームを設計するタスクは、決して些細なことではない。これが最終的に洗練された道徳的推論者に繋がるかどうかは、このモデルに基づいた将来の試みから学ぶことになるだろう。

事例から暗黙裡に学習する

第8章で論じたように、哲学者の中には、学習とカテゴリー化に対するコネクショニスト・アプローチが、道徳的な意思決定はきちんとした定義になじむようなものではないという考えと非常に相性が良いと考えた者もいる。道徳的個別主義の最前線の主導者の一人であるジョナサン・ダンシーもまた、こうした哲学者の一人だった。とはいえ、彼は具体的なモデルを開発したわけではなかった。

近年、カナダのオンタリオ州にあるウィンザー大学の哲学者マルセロ・グァリーニは、ダンシーの提案に応答して、ただちにコネクショニスト・モデルの実験を行った。グァリーニが実装したのは、道徳的分類を行うための再帰的ニューラル・ネットワーク、つまり、入力を内的な文脈と結びつけるフィードバック接続を用いたネットワークである。この基礎的ネットワークは、たとえば「ジルはお金のためにジャックを殺す」とか「ジルは無実の人を守るためにジャックを殺す」のような入力を、単純に——「許容可能」か「許容不可能」かのどちらかに——分類して出力する。これらの入力は、完全な英語の文章ではなく1と0にコード化されたベクトルとして表現され、出力も同様に1か0の二値である。この基礎的ネットワークをサンプル事例で訓練して洗練させた後、いくつかの新規の入力へと一般化する能力を検証するため、グァリーニはネットワークの出力を、入力を自然言語で記述したものに対する学生の応答のサーヴェイと比較した。このシステムは、最終的に七〇%の成功率を達成した。

このアプローチを拡張しようとして、グァリーニはメタネットと呼ばれる二つ目のネットワークを実装した。これは、「対比事例」――基礎的な分類タスクで使われた事例のうち、入力される特徴の一つだけが異なる事例の対――を特定するというタスクに取り組むものである。たとえば、被害を受ける無関係の傍観者の数に関してだけ異なっているが、他の点では違いのない二つの行為のような事例である。対比事例は、一方は受け入れられ、他方は受け入れられないような場合、道徳的意思決定について最も情報に富む。グァリーニは、メタネットがそのような事例を用いて最初に自身が行った分類を改善していければよいと望んでいた。しかしながら、メタネットはそのような事例を特定することに関しては限定的な成功しか収めず、グァリーニは、自分の結果は個別主義についての哲学的論争にとって複雑な帰結をもつとコメントした。一方では、基礎的ネットワーク分類器は文字通りの道徳的規則や原則を参照しておらず、したがって個別主義の見解を支持するように見える。他方では、これだけではその行為を記述するいかなる原則も存在しないとは言えない。さらに言えば、自分が用いる原則を特定し改善することは、洗練された道徳的推論の重要な一部かもしれない。グァリーニはまた、彼のネットワークがそれらの分類の理由を明らかにしたり、道徳的な議論を構築したり、新規の問題に対する創造的な解決策を考え出したりはできないと述べている。

グァリーニは、自分のコネクショニスト・モデルの力の限界について思い違いをしているわけではない。彼の目標は実践的ではなく哲学的なもの、つまり道徳的個別主義についての考えを検証することである。しかしながら、本書で我々が重視しているのは、哲学的問題よりも実践的問題である。コネクショニスト・アプローチをとることは、ＡＭＡの開発にとって役に立つのだろうか？　ほぼ確実に役立つだろう。だが、それは単純な、スタンドアローンの分類器としてではない。人間の道徳的行動に繋がるデータのパターンは、複雑な道徳的状況を解説する装飾を削いだ言葉による記述を表す十数ビット程度のベクトルよりも遥かに大きい。むしろ、人間の行為者《エージェント》の内的文脈は、情動やその他の感情を含んでいる。グァリーニが行ったような実験は、道徳的分類に対する単純なコネクショニスト・アプローチには限界があることを示しており、これらの問題を明確化する助けになっている。だが結局のところ、もっとずっと豊かなアーキテクチャが必要とされているのであり、それはおそらく我々が第11章で論じる、学習型知的分散エージェントモデルの線に沿うことになる。

もっと豊かな内的モデルが必要とされること以外でも、この章でこれまで説明してきた実装済みのシステムは、いずれも道徳的行動の外的な社会的側面の大半を無視している。おそらく道徳は、自分のニーズと他者の競合する要求のバランスをとらなければならない複数のエージェント間の相互作用から創発する。次に、マルチエージェントシステムの実装に目を向けよう。

マルチボット

人工道徳に対する最初期の実験のいくつかはゲーム理論に基づいており、簡略化された人工世界の中で互いに競う行為者《エージェント》を含んでいた。第７章で、我々はピーター・ダニエルソンの「ヴァーチャルなゲームのための有徳なロボット」を用いたＡＬｉｆｅ実験と、それらの実験によって促された、より複雑で現実的な環境への転換を紹介した。

現実世界の環境に対するダニエルソンの最近の関心は、いくつかの異なる道を進んでいる。そのうちの一つは、実際のロボットを使って実験を行う始まったばかりのプログラムである。もう一つは、ソーシャルネットワーキングをサポートしうるソフトウェアの開発に対する大きな努力である。ダニエルソンの、ジレンマに応答して進化する規範（Norms Evolving in Response to Dilemmas；ＮＥＲＤ）プロジェクトは、公平な裁判官や仲裁人としての役割を果たすものではなく、倫理的な問題に対する解決策の民主的交渉における人々の支援に注目している。ＮＥＲＤプロジェクトは、（ほとんどの哲学的論証の中心を形成しているような極論ではなく）さまざまな背景をもつ人々がもっているあらゆる種類の道徳的見解を明らかにしようと試みている。ダニエルソンは、ＮＥＲＤ研究から得た三つの教訓が、自律的な道徳的エージェントの設計に役立つかもしれないと示唆している。第一に、ＡＭＡはさまざまな異なる相互作用者（彼の言葉では「子ども、猫、お節介焼き、悪漢」）の間の相互の関係を管理する必要があること。第二に、あらゆる状況で機能するただ一種類の道徳的行為者《エージェント》が存在するのではなく、異なる環境ごとにそれに適した、さまざまな役割を果たすさまざまな行為者がいること。第三に、人々と人工エージェントには、複雑な世界での行為の倫理的帰結を理解する助けとなる高度なツールが必要だろうということ。

ダニエルソンのアプローチが注目しているのは、倫理の社会的本性である。彼はまだ自分の研究プログラムを現実世界で動くロボットにまで拡張しているわけではないが、彼の研究プログラムをもち込むにふさわしい場所が社会的ロボット工学であることは明らかである。次章では、ロボットを社交的にするための研究について議論していくが、倫理的行動を明示的に念頭に置いてソーシャル・ロボットを作っている人がいるのかどうか我々は知らない。社会的状況における倫理的行動を実験するための一つのありうる分野は、世界中のロボットチームが互いに挑み合うロボットサッカー・トーナメントである。実際、ダブリン大学のグレゴリー・オヘアのグループの大学院生は、マウロ・ドラゴーンの「どこでもロボットサッカー」やブライアン・ダフィーの「ソーシャルボット・アーキテクチャ」などを含んだシステムを備えたサッカー選手ロボットを、自分たちの研究のためのプラットフォームとして選んでいる。ダフィーのアーキテクチャは、ロドニー・ブルックス風の包摂メカニズムと、標準的な「信念・欲求・意図」（Belief, Desire, Intention；ＢＤＩ）行為者《エージェント》モデルを用いた表象ベースの推論メカニズムを組み合わせたものである。これらのモデルは、推論を行う行為者の信念と欲求が、彼らの実践的目標を達成するための意図とどのように相互作用するのかを常識的に表現したものである。ＢＤＩと包摂アーキテクチャの組み合わせは、ＡＭＡへのボトムアップ・アプローチとトップダウン・アプローチを統合する上で非常に役立つと考えられる。サッカーをするロボットが倫理的行動を見せたり、フェアプレイを認知してそれに報いたり、アンフェアなプレイを処罰するに至るまでにはまだまだ道のりは遠いが、そうした問題についての研究を行うためのピースは適切な場所にはまりつつあるように思われる。

人工倫理的エージェントによる実験のための他のありうる分野は、人気ウェブサイトのセカンドライフのようなヴァーチャル環境である。セカンドライフのヴァーチャル・ワールドにおいてあるヴァーチャル・キャラクターが別のキャラクターを強姦したことは、ユーザに驚きを与えただけでなく、独自の道徳的問題を引き起こし、画面から飛び出して、ベルギーの裁判所の注目を集めるようになった。ヴァーチャル・ワールドが進化するにつれ、ヴァーチャル・エージェントには、ほぼ確実に、自分自身の行動を監視することが期待されるだろう。セカンドライフは倫理に敏感なボットの実験を行うには有用なプラットフォームであるように見える。しかし、本章での我々の目標はペーパーウェアを超えることであるため、ここではその可能性にだけ言及して次に進もう。

不服従ロボット

マシアス・シュウツは、ロボットの倫理的行動に取り組んでいるインディアナ大学のロボット工学者だ。シュウツのロボットはアンドロイドの特徴をもっていないし、可愛いわけでもない。このロボットは、人間が本能的に反応するように表情を変化させて、自分が信頼に足るものであると人間を説得しようとすることもない。シュウツのロボットは、人間との共同作業に参加し、音声による命令を受けつけたり、口頭で確認したり、次に何をするべきかについて時折提案したりするように設計されている。シュウツはアシモフの第二原則を踏まえて、自律的なロボットと人間の命令に服従するロボットの間の相違に対して人々がどのように反応するのかを観察した。彼の実験では、ロボットは人の指示するデータを記録することと、バッテリーが切れる前にそのデータを送信すること、という二つの目標をもっていた。被験者の一部は常に人間の指示に従うロボットと対話し、別の被験者は、バッテリーが切れる前にデータの読み取りを停止してデータを送信する必要がある場合には命令を無視するロボットと対話した。

ロボットに対する被験者の態度を評価するため、シュウツは彼らがロボットと対面する前に五つの質問を行った。実験のあと、彼は同じ五つの質問をして、実験中の経験についてさらに十一の質問を行った。(彼らはロボットが自分の命令を理解したと感じたか？　ロボットが協力しようとしていたと思ったか？　など。)被験者の意見は大きく異なった。にもかかわらず、シュウツはロボットの自律性、つまり時として命令に従わないかどうかということが、彼らの反応に影響を与えていることを発見した。その後の追加実験で、シュウツは緊急性の指標としてロボットの発言に音声ピッチの変化を加えた。ストレスや恐怖感が高まると、人間の声のピッチも上がる。シュウツのロボットは、バッテリー切れの時間が近づくと、すなわち直接命令に対する反抗が発生する可能性のある条件が成立しそうになると、より高いピッチで話した。単純な情動的合図が付け加わったことで、ロボットの不服従を経験した被験者は、「ロボットが自分の目標をもち、人間が完全にコントロールするよりもいくらか自律的になることは、良いアイディアだ」という言明に同意する傾向を強めた。

シュウツのロボットは可愛らしい見せかけをもっているわけではないが、シュウツが懸念しているのは、情動的合図を追加したことの倫理的含意である。ロボットの声のピッチの上昇は偽りだろうか？　ロボットは実際にストレスを感じたり恐れたりすることはない。ロボットは何も感じない。しかしこれは、人々を騙して、ロボットがそのような特徴をもっているものであるかのように扱わせることになるかもしれない。これはプログラマの倫理的ジレンマであり、ロボットのジレンマではない。ロボット自体は全く欺瞞的ではない。偽りの情動が（ジェイムズ・ムーアの言葉を使えば）肯定的な倫理的影響をもっている場合、この暗黙の倫理的行為者《エージェント》が設計されたとおりの非常に狭い範囲に制限されている限りは、おそらくプログラマが非難を受けることはない。もっと自律的な道徳的行為者は、欺瞞が許容される場合とそうでない場合を決める必要があるだろう。だが、我々の知る限り、誰もそのような洗練された意思決定には取り組んでいない。よって、我々の議論がベーパーウェアの暗雲の中に溶け込んでしまう前に、もう一つのアプローチに注目してみよう。

ＳｏｐｈｏＬａｂ

洗練されたエージェントが複雑な環境にぶつかると何が起こるだろうか？　環境や行動をシミュレートせずに予測することは非実用的になることが多い。そして社会環境がいっそう複雑になるにつれ、倫理的原則は予期しない結果を招く可能性がある。思考実験は、洗練された行為者《エージェント》間の大規模な相互作用を理解するのに十分な力をもっていない。もっとよい見通しを与えてくれるのは計算による実験である。

ヴィンセント・ウィーゲルは複数のエージェント間の相互作用をモデル化するために「ＳｏｐｈｏＬａｂ」というシステムを開発した。ＳｏｐｈｏＬａｂは、二〇〇七年にデルフト大学でウィーゲルが博士課程修了要件を満たすために開発したものである。これは、個々のエージェントを、BDIモデル、義務論理、認識論理、そして行為論理を融合させるものとして表したものである。ウィーゲルは、SophoLabが「実験的な計算哲学」のために良いプラットフォームを提供すると信じている。非常に単純な行動戦略に従う非常に単純なエージェントに注目した古いゲーム理論的な倫理的行動のシミュレーションとは異なり、ウィーゲルのシステムのエージェントは複数の意図およびそれを実行する計画をもっているように表現される。そしてこれは出来事によって変化する可能性もある。SophoLabは、ウィーゲルが「人生の歩みシナリオ検証」と呼ぶものを許している。この検証では、日常の出来事のサイクル全体に対するエージェントの反応をシミュレートできる。

SophoLabのようなマルチエージェント・プラットフォームは、異なる意図と義務の集合をもった、非常に異なるエージェントが相互作用するとき何が起こるのかをシミュレートするために用いることができる。たとえば、大規模な医療システムでは、患者、医師、看護師、および保険代理店はすべて、患者に関する個人情報にアクセスすることができる。ただし、当事者のいずれも、クライアントに関するすべての情報へのアクセス権をもっているわけではない。また、ある個人がもっている情報を特定の他人に渡さないような義務を負うこともあるが、これらの個人間を迂回してそうした情報を流す経路を排除するものではない。さらに、特定の情報へアクセスできる人間の範囲を制限する追加の制約を課している患者がいる場合もある。シミュレーションを使用して、複雑なネットワーク間のプライバシー規則の妥当性を検証することができる。

SophoLabは、マルチエージェント・ソフトウェア・システムを使用して、医療記録、信用報告書、あるいはその他の保護された情報に誰がアクセスするべきなのかを推論できる実際の個別の人工エージェントを作り出す。これは、コンピュータ・ネットワーク上で動作するさまざまなエージェントをシミュレートする。各ネットワークのドメインは、独自の制限とプロトコルをもっているかもしれない。個々のエージェントは、それぞれの目標を達成するために、互いにコミュニケーションし、協力し合う。

ウィーゲルは我々にこう語る。「これらのエージェントは……人間の知能とは似ても似つかないものだが、「自分自身の心」をもった……小さなコンピュータ・プログラムだと考えることができる」。将来の応用では、（さまざまな規則システムの下で機能している可能性のある）他の行為者《エージェント》と相互作用する人工エージェントの動作が、完全に予測可能でも制御可能でもない大きな影響をもっているような他の状況をモデル化することをウィーゲルは提案している。日々の交通の流れに加わるロボット自動車はこの課題の一例である。ロボット自動車は、事故を避けるため道路交通法に違反する必要があるかもしれないが、そうする際には、その行動が他の交通関係者に及ぼすリスクと自身の課題を完遂する義務を比べて評価する必要もある。

ベーパーウェアを超えて？

倫理のためのソフトウェアは初期段階にある。成長するためには、「もっとたくさんの同じもの」ではない何かが必要だろう。倫理学者が強調するように、道徳的行為者《エージェント》は、注意深い反省と熟慮によって導かれる実践推論を必要とする。しかしながら、多くの文脈で適切に振る舞うために、人工エージェントは、理性だけではなく、それ以上のものを必要とする。次の章では、我々は情動（あるいは情動のシミュレーション）の価値、社会的に相互作用するための適性、道徳的な（ロ）ボットがもつべき社会慣習についての知識を論じる。

第10章　理性を超えて

なぜスポックよりもカーク船長なのか

ＡＭＡの開発に必要なものは、道徳に関連する情報についての推論だけなのだろうか？『スタートレック』シリーズに出てくるミスター・スポックは、その推論能力においてカーク船長を凌駕しているが、エンタープライズ号の乗組員には、情動的で直観的なカーク船長のほうが優れた意思決定者だとみなされている。なぜだろう？もし（ロ）ボットが信頼に足るものになろうとするなら、そのロボットには道徳的課題を適切に理解しそれらに適切に対応するために、さらなる能力と社会的メカニズム、たとえば情動が必要になるだろうか？そしてもしそうなら、そのような能力は、支援を求めてやってくるエンジニアの同僚に倫理学者が提供する、道徳的な意思決定へのトップダウンのアプローチとボトムアップのアプローチにどのように統合されるのだろうか？

人間の意思決定に関する情動と社会性の重要性に関する科学的知識は、過去半世紀で指数関数的に増加した。人間の心の繊細さ、豊かさ、複雑さに関する理解が深まるのと同時に、ＡＩエンジニアが人間の能力を備えたコンピュータ・システムを設計しようと試みたことは偶然ではない。機能的なコンピュータ・システムの設計は、その一つ一つの細かい作業を通して考える必要がある。エンジニアは、(ロ)ボットを社会的状況でうまく働かせるために、情動的知能、社会性、そして環境との動的な関係が不可欠だと認識するようになった。

情動をもつこと、世界の中で身体をもつこと、社会的スキル――たとえば、非言語的な合図やジェスチャーを読み取る能力――をもつ社会的動物であること。エンジニアは意思決定に影響を与えるこれらの要因について最新の研究を知らなければならないだろう。この章では、まず、道徳的意思決定にとって合理性以外の能力の重要性を概説し、それからエンジニアが人工システムで情動を実装するために行っている実験的ステップを説明する。第11章では、社会的スキルと徳をもつことを含めたハイブリッドシステムについて論じる。

道徳的意思決定のための合理性以外の能力の重要性

第2章で我々は、道徳的行為者性《エージェンシー》を目指すテクノロジーの進化を二つの次元に沿って描いた。自律性の高まりと、道徳に関連する情報への感受性の高まりである。従来の哲学的観点では、自律性は倫理学にとっての中心的概念であり、合理性と規範性に密接に結びついていた。しかし従来の倫理学者にとって、道徳に関連した情報が入手可能であるかは関心の中心になるものではないと思われていた。彼らは、ある行為者《エージェント》が何に敏感であるのか、つまりその実際の道徳心理学と、何が事実であるべきかを区別したがっている。以前より倫理学者は、人間の行動を制御するにあたって恥や罪などの情動が中心的な役割を果たすと認識していたが、倫理学者がより関心を向けていたのは、それらがその役割を果たすべきかどうかだった。

情動などの合理性以外の能力が実際に道徳そのものの基礎を提供しているという主張は、特に論争の的である。たとえばヴァージニア大学の社会心理学者ジョナサン・ハイトは、嫌悪感は道徳的情動だと論じている。伝統的な倫理学者は、嫌悪反応と道徳的分類を厳密に区別し続けるように主張するだろう。ここでもまた、である／べし、の区別を尊重するという問題につきあたる。従来の倫理学者の指摘によれば、嫌悪反応から道徳的主張に動かされる人々もいるという事実は（たとえば同性愛は嫌な気分になるから同性愛は不正である等）、嘆かわしい間違いでこそあれ、道徳哲学への大きな貢献ではない。

この論争の内容は、我々がここで論じることができないほど遥かに微妙なものだ。我々は幸いにもこれらの問題を回避できる。我々は情動、感情、そして社会的メカニズムに関する議論において、いかにしてそれらが道徳に関連する情報を得るための追加経路を提供するか、ということに集中する。ＡＭＡを構築するという実践的目的は、我々が論じているように、これら合理性以外の能力への注目を必要とする。情動や感情は意思決定にバイアスをかけて非倫理的行為に向かわせてしまうこともあるが、他の方法では導き出すことが困難な情報の豊かなソースでもある。たとえば恐怖は、注意を必要とする危険な状況に対する身体的な反応を含んでいる。多くの場合、心が意識的に危険の原因を認識する前に、恐怖が感じられる。

「感情」や「情動」という言葉は、通常さまざまなものを指すために使われる。たとえば、苦痛という感情について語ることは適切だろうが、通常苦痛は情動であるとは考えられない（とはいえ苦痛が、たとえば怒りや悲しみなどの情動を引き起こすことはある）。典型的な情動はそれ自体で感情を伴う（たとえば、悲しみはある種の痛むような感覚や倦怠感を伴う）。科学者と哲学者は、しばしば感情と情動を「情緒的《アフェクティブ》」状態という包括的な言葉の下へと分類し、そこから「アフェクティブ・ニューロサイエンス」や「アフェクティブ・コンピューティング」のような研究領域が生まれている。用語法はさておき、我々の目的にとって最も重要なことは、感情や情動はＡＩにとってもそれらに対応する課題を提供するということである。

情緒的《アフェクティブ》状態は、正常な道徳的行動を動機づける向社会性反応の重要な構成要素である（これらは、多くのサイコパスに欠けているとみられる反応である）。情動と感情は、人々が他者の心的状態を直観的に理解し、彼らのニーズを感じとる助けとなる。自分自身の痛みの経験は、他者の痛みに共感するための必要条件であるように思われる（とはいえ痛みを感じる能力は共感にとって十分なものではない）。情動は、ある行動がどのように他者に影響を及ぼしているか、あるいは及ぼすだろうかを識別する助けとなる。ある人が他者の表情に恐怖を見出し、自分がその恐怖の源泉であると気づくなら、この認識は自分の行動を調整し、それによって他者の不安を緩和する能力に貢献する。自分の行動が他者のどのような感情を引き起こすかに関心をもっていなければ、倫理的推論はほとんど動機づけの力をもたなくなるだろう。

我々は、家庭内で人々と相互作用するサービス・ロボットにとって他者の情動を読み取る能力が役立つだろうと指摘した。ロボットは、自分と相互作用する人々が苦しんだり恐れたりしている時にはそのことを認識する必要がある。しかし情動だけがこの話のすべてではない。社会的文脈の中で人々と相互作用するロボットは、人々がその行動について適切な期待を形成できるように、自分の意図を示す社会的手がかりを表現する能力をもつべきである。二人の人々が協力して大きな家具を家の中に運ぼうとしていると想像しよう――この難しい仕事の完遂を目指して一緒に働こうとする目下の意図を伝えるためには、口頭での表現とわずかな動作しか使えない。手の空いた人が誰もいなければ、そのような面倒な作業をするためロボットの助けを借りられるのは素晴らしいことだろう。だがそれは、ロボットとの積極的な行動の調整に信頼がおける場合に限られる。社会的メカニズム――たとえばお互いの表情や情動を読み取る能力――は、人々がお互いに期待する行動の改善に寄与し、ロボットにとっても、社会的文脈の中での適性を高い度合いで機能させるために必要なものである。

情動的知能と社会的スキルの重要性は、人工エージェントが、適切な道徳的行為者《エージェント》として機能する人間の能力をどこまで模倣しなければならないかという問題を提起する。道徳は言うまでもなく人間の営為である。そのため、人間の道徳的基準に沿ったＡＭＡを設計する際に、人間のスキルセットを再現しようとするのは自然である。ＡＩに人間のスキルを実装すること自体は魅力的だ。しかしコンピュータは、少なくとも現状では、人間とはかなり異なっており、人間と比較すれば長所も短所ももっている。コンピュータは大量の情報を迅速に受け取って分析できる（その情報が適切にフォーマットされていれば）、選択肢を迅速に考察できる（こちらもその選択肢が平易に表現されたものであれば）ような場合に限れば、人間より優れた道徳的意思決定ができるかもしれない。さらに、真性の情動的状態を欠いているため、情動に乗っ取られるという脆弱性は小さいだろう。この理由を重視してロナルド・アーキンは、戦場でのロボットは同様の状況下で作戦を行う人間の兵士よりも道徳的に優れた行動をとるだろうと考えている。しかしながら、扱う情報が不完全だったり、矛盾していたり、フォーマットされていなかったりする場合や、行為の結果が簡単にはわからない時の意思決定を行う場合には、人間はコンピュータよりもはるかに優れている。

コンピュータの知能は論理的プラットフォーム上に構築され、エンジニアがシステムに設計していない欲求、衝動、目的などをもつことはない。人間の認知能力は、生存と生殖を目的とした本能的な情動的プラットフォームから進化し、それに沿って発達している。この相違点は、情動をもつコンピュータの開発という課題がもつ逆説的な特徴を鮮明にする。ディープ・ブルーⅡがガルリ・カスパロフを倒す際に人間が行うやり方とは違う方法でチェスを指したのと同じように、人間の道徳的行為者《エージェント》が適用するのと同じ認知的ツールや情緒的《アフェクティブ》ツールを利用しなくても、人工エージェントは道徳判断を示すかもしれない。

人間の相互作用はダンスのようなもので、他者の行動によって形成され、世界の変化に対する自分自身と他者の身体的反応、自分の行為に対する他者の応答、自分の意図についての直観、そして具体的な社会的文脈における適切な対応の範囲についての知識によって形作られる。人物Ａが別の人物Ｂのパーソナルスペースに立ち入る場合、

Bの反応はさまざまにありうる。もしBがAの行動を自分の居場所への侵入だと受け取ったら、Bは自動的に後ずさりするかもしれない（たとえば、Bが喧嘩をしたくてうずうずしているのでなければ）。自分の居場所への侵入に対して後ずさりすることは、情動の活性化をともなう、身体化された、社会的反応である。Bの行為、言葉、意図、表情、そして後ずさりの前後での身体の姿勢は、すべてAがBの意図を解釈する際に役立っている。さらに言えば、パーソナルスペースだと考えられているものは、各々の文化的文脈によって異なるかもしれない。

社会的スキル、情動、身体的反応などの（ロ）ボットへの導入に焦点を合わせるエンジニアにとって最も自然なアプローチは、これらをそれぞれ独立した入力に分解して、対応する行為を導出することである。しかしながら、システム設計者はこれら合理性以外の能力がダイナミックに絡み合う仕方を見失わないことが重要である。ある文脈では恐怖とみなされる音声の抑揚は、別の文脈では笑い声になるかもしれない。

情緒的《アフェクティブ》能力や高度な認知能力をもたない道徳的行為者《エージェント》でも多くの領域で適切に機能するだろうが、追加の能力が必要になる場合を認識することが重要だろう。以下の節では、合理性以外の能力を実装する際に利用可能な限定的手法をいくつか論じる。この議論の全体を通して常に、合理的な意思決定はできても情動的知能は限定的で、社会的な適性に欠けており、世界の中に身体化されていないようなシステムに、何が足りないのか目を離さないようにする必要があるだろう。これらの限界が別のやり方で補えるかどうかはまったく明瞭ではない。

情動的知能

適切な情動的反応の発達は、どの程度まで通常の道徳的発達の重要な部分なのか？　もし重要な部分なのだとしたら、どうすればこれらの反応を機械に体現させせられるのか？

情動と倫理の関係は、サイエンス・フィクションとも共鳴する古くからの問題である。『スタートレック』に出てくる情動を抑制した種族ヴァルカンは、もっと直観的で、もっと不合理で、もっと豊富な感情をもつ地球の人間よりも本質的に優れた行動が可能だろうか？　スポックが賞賛するべき自己犠牲的行動を取るにあたって唱える「多数のニーズは少数のニーズを上回る」という功利主義的台詞《マントラ》は、倫理の合理的な頂点を表しているのだろうか？　それとも、カーク船長とエンタープライズ号の人間の乗組員が、友人に対する個人的責務という感覚から自分たちの生命を危険にさらそうと努力することが、道徳的感受性の高度な頂点を表しているのだろうか？

『スタートレック』はミスター・スポックに加えて、非常に合理的なアンドロイドのデータ少佐を導入している。彼は「情動チップ」が導入されると狂戦士になる。データ少佐の反応は、情動がいかに合理的意思決定を妨げたり歪めたりするか、そしていかに道徳判断における情動の役割を少なく見積もるかに焦点を合わせてきた西洋哲学の非常に長い伝統の良い例である。ギリシャとローマのストア派哲学者以来、道徳的な推論は情念を取り払ったもので、情動的偏見から自由であるべきだとする見解が哲学の主流だった。これは、道徳的反省から情動を完全に取り除くべきだということを意味すると考えられる。ストア派は、情念を伴う己の「動物本性」を飼いならし、理性の規則の下で生きることこそが、道徳的発達の鍵であると信じていた。後世の道徳哲学者たちの中でも、多くの人々が、情動は自分の道徳的関心を扱う際にほとんど、あるいはまったく助けにならないという見解を共有している。

若干の哲学者は少なくともいくつかの情動——同情、憐れみ、配慮、そして愛——が道徳的生活に役立つと論じた。最も有名なのはブーレーズ・パスカルとデイヴィッド・ヒュームである。彼らはいずれも、ジークムント・フロイトが後に明らかにした観点を先取りして、情動は理性に先立つものだと見ていた。情動は決して理性によって完全に管理できるものではない。デイヴィッド・ヒュームが述べるように、「理性は情念の奴隷であり、そうあるべきだ」。

アリストテレスは倫理と情動の関係について第三の見解を示している。彼は、情動は行為が有徳かどうかを決める際に重要な役割を果たすと主張する。しかし彼はまた、有徳な人が自分の情動を抑制できることも期待していた。この中庸は、極端な情動は否定的な影響をもつが、バランスがとれていれば、良い性格や有徳な行動に対して肯定的に貢献しうると認めるものである。

このアリストテレス的なテーマは、心理学者のピーター・サロヴィとジョン・「ジャック」・メイヤーが情動的知能という概念を導入した一九九〇年に現代的な復活を遂げた。このアイディアは、ジャーナリストでサイエンスライターであるダニエル・ゴールマンの一九九五年のベストセラーのタイトルで後に人口に膾炙した。情動的知能という言葉は、知能にはＩＱ以外の側面もあるという理解を捉えている。自分自身の情動の認識と管理、情動に暗に含まれた情報からの学習、そして相互作用する人々の情動的状態の認識は、すべて特殊な知能である。情動的知能の概念には暗黙のうちに、情動は複雑で多様な仕方で行動に影響を与えるという認識がある。こうしてポピュラーカルチャーへと普及したにもかかわらず、情動に動かされた偏見と欲求が判断にバイアスをかけて歪曲するという疑いは社会において根強い。だが人々はまた、情動的入力に由来する情報と知恵に関してますます関心をもっている。よって、ＡＭＡは自分自身の情動を必要としないかもしれないが、人間が自分の情動を通じて獲得するのと同じ種類の情報と知恵の一部についてはアクセスを必要とするだろう。

倫理的な意思決定を行う場合、合理性と情動の相互作用は複雑である。この複雑さの本質は、情動をどのように見ているのかに左右される。哲学者のジェシー・プリンツは、情動理論（とそれぞれのハイブリッド）を五種類に分類した。感情説（feeling theories）は情動の意識的かつ経験的な側面を強調する。身体説（somatic theories）は、情動と関連する身体的プロセスを強調する。行動説（behavioral theories）は、情動を特定の行動反応と同一視する。処理モード説（processing-mode theories）は、他の心的活動を調節する際の情動の役割を強調する。そして純粋な認知説

(pure cognitive theories) は、情動における信念の役割を強調する。

これらの五つのうち、感情説と行動説の二つは結果に注目している。それ以外の三つはプロセスに注目している。工学の観点から見れば、プロセスに注目するアプローチは情動を実装する方法を提案する可能性が高いため、そちらに注目しよう。処理モード説と認知説は、ＡＩに対する既存のアプローチに基づいて構築できる見込みが最も高い。たとえば、処理モードの変化は、他の知覚プロセスや認知プロセスを制御するパラメータを変更することで実現できそうだ。たとえば幸福感が脳の特定部位の活動の増加と相関し、悲しみがその領域における活動の減少と相関するというように。身体説は、身体のプロセスを知能システムに統合する方法が明らかではなく、ロボットの情動にとって身体構造や生理反応の詳細がどの程度決定的な影響をもちそうなのかもわからないので、現状ではより困難である。類似の情動をもつためには、ロボットの身体が人体をどの程度模倣する必要があるのだろうか？

認知説のアプローチと身体説のアプローチの対比にさらに注意を限定しよう。これは、処理モード説が面白くないとかもっともらしくないと思っているからではなく、処理モード説は脳内パラメータの設定に関するもので、倫理的評価や道徳的評価との結びつきが明らかでないからである。認知説のアプローチには、道徳に関連する事態の状態に関する判断が含まれることは明らかである。身体反応も——たとえば、虐待されている人の目の前では胃が痛く感じるなどの身体反応も——道徳的な問題へと明らかに結びついている。したがって、認知説と身体説はどちらも第２章の図２・１の横軸に関連しており、ＡＭＡが道徳に関連する情報に敏感であるために必要なものである。

認知説あるいは身体説にとっての計算上の課題

従来のＡＩの観点からは、純粋な認知説のアプローチが最も魅力的であるように思われる。なぜなら、それはある生命の生存と福利にとって重要な条件の表象を含んでいるからである。よって、たとえば心理学者のリチャード・ラザルスが行ったような認知的説明では、ある生物が感じる恐怖は、自分が「直接的で、具体的で、圧倒的な物理的ダメージに直面している」という判断として特徴づけられるかもしれない。そうした判断（あるいは心理学者の専門用語を使えば「評価（appraisals）」）が他の判断と同じ仕方で表象されうる限り、情動を（ロ）ボットに実装しようとするエンジニアは、他の人間の知識の領域で用いられるのと同じ種類の知識表象的アプローチを用いることができる。

このようなアプローチにおける複雑さの源泉の一つは、多くの情動がどのように存在し、それらが何を表象しているのかを決めることの難しさに由来する。二〇〇二年に亡くなるまで情動研究の第一人者だったラザルスは、十五の「中心的関係テーマ」の表を構築した。そこでは怒り、不安、恐怖、罪悪感、羞恥心、悲しみ、羨望、嫉妬、嫌悪、幸福、自尊心、救済、希望、愛、そして同情が区別されている。特定の情動に暗に含まれる判断は、文脈の変化に応じて変化する可能性もある。エンジニアは、もしより詳細な反応の品揃えを発展させる助けになると感じたら、このリストをもっと長くすることを選択するかもしれない。

自分が差し迫った危険に直面しているという、恐怖の感情を伴わない単なる判断では情動の特徴づけとして不十分であるように見えるため、情動の純粋な認知説のアプローチもまた不適切である。一九世紀後半、ウィリアム・ジェイムズはハーバード大学の非常に影響力ある心理学者だったが、彼は同僚に対して、あらゆる身体的側面を差し引いて情動を想像するように求めた――たとえば、心臓の鼓動が早まったり、口が乾燥したりすることのない恐怖を。彼の主張では、そこに残ったものはまったく情動ではない。ジェイムズはこれにより情動の身体説を提案した。情動の純粋な認知説に対する異論として、ジェイムズの思考実験には直観的な強みが大いにある。しかしAMAの設計という観点からは、身体的なソースから受け取った情報が、倫理的な行動にとって重要となる、道徳に関連する情報の唯一の可能な経路かどうかは明確ではない。

この問題は社会病質《ソシオパス》的行動の本性に関する疑問の核に関わっている。なぜなら、原理的にというわけではないが現実的には、適切な情動的反応は倫理的行動の主要な決定要因のように思われるからである。他のやり方はありうるだろうか？　おそらくある。しかしながら、AMAを構築するタスクを抱えるエンジニアにとっては、人間の実際の倫理的な本性について知られていることを利用するのは理にかなっているように思われる。

ここでは身体説のアプローチもまた、少なくともストーリーの一部を担っているように思われる。そしてもしストーリーの一部なのであれば、それは巨大で複雑な部分である。(ロ)ボットにとっての身体的なアーキテクチャを構築することは大事業だが、初期段階の発展は、AMAを構築するプロジェクトとは異なる目標を追求しているロボット工学者によって進められている。我々はこれらの研究プロジェクトのいくつかを検討しよう。だが身体プロセスの詳細に入る前に、情動の身体的説明がどのようにしてハイブリッド・アプローチの一部になりうるかについても少し詳しく述べる必要がある。

神経科学者で医師のアントニオ・ダマシオは、情動系の損傷をうけた患者の研究に基づいて、彼が「一次情動」と呼ぶもの――本能的な反射と衝動に密接に関連した、迅速かつ身体的な反応――についての身体的説明を採用した。しかし彼はまた、認知メカニズムが、学習された連想・思考・反省の結果として行動を導くために一次情動を再利用できると指摘している。彼はこれを「二次情動」と呼ぶ。一次情動は、もっと遅い意思決定プロセスを生物が迂回できるように進化したのかもしれない。その一方で二次情動は、同じ回路をもっと洗練された目的のために利用できるようにする。もし重要なことが速度なのであれば、一次情動的な反応はＡＭＡにとって不必要かもしれない。たとえ熟慮的な意思決定をするためには単純な配線よりもはるかに多くのことが必要になるとしても、デジタル回路は本質的に神経回路よりもはるかに高速である。おそらく、たとえ脅威に対する熟慮的評価が含まれるものであっても、ＡＭＡは危険に対して迅速に応答できるよう設計されうる。にもかかわらず、(ロ)ボットはどの課題が直ちに対応しなければならない即時の脅威をもたらすのかを迅速に判断する際に、一次情動の機能を遂行するメカニズムを必要とするだろう。

人間の場合は、感覚入力・思考・記憶の融合が豊富な品揃えの二次情動を生み出す。神経科学者は、脳の情動中枢と前頭皮質、つまり理性と計画を支配する領域の間のフィードバック・ループのネットワークを通じて、二次情動がどのように現れるのかを調べ始めている。ダマシオは情動中枢と推論中枢の繋がりが断たれた患者の研究において意思決定における二次情動の重要性を強調した。ダマシオは、神経科学の分野において最もよく知られるようになった逸話の一つの中で、二次情動を処理するために必要な脳の神経回路に損傷を負った患者エリオットの話をしている。エリオットの知能は平均を上回っているが、彼は情動をほとんどもっていないと報告している。エリオットは、たとえば面会の予定日を設定するなど、簡単な決定をすることもできない。ある種の情動的入力は、合理的意思決定にとって明らかに不可欠である。

新たな構図では、理性も感情も通常の意思決定で支配的なものではなく、情動は行為の選択を助けるかもしれない。中世の哲学者ジャン・ビュリダンは二つの同量の干し草を選ぶことができなかったために餓死したロバの物語を創作した。ビュリダンのロバは、明らかに普通の動物ではない。現実のロバは、飢餓感が差し迫ってくれば、熟慮の上の優柔不断を一刀両断してしまうだろう。ジャーク・パンクセップはアフェクティブ・ニューロサイエンスという分野の創設者だが、遊んでいるラットの笑いとくすぐったときの快楽を研究した。パンクセップは、さまざまな文脈と課題への応答の品揃えから一つの応答を選択する際に、情動が生物を助ける役割を強調する。彼の主張では、情動は、何をするべきかについての実行不可能なほど複雑な認知計算をショートカットするための「アフェクティブ・ヒューリスティック」として役立つのである。

神経科学者たちは、人間が脳内に、情緒的経路と認知的経路という二つの異なる意思決定経路をもつのだと唱えている。情動的負荷がかかる道徳的課題に取り組んでいる被験者のｆＭＲＩ画像で被験者の脳内で「光る」神経中枢は、もっと分析的な課題に取り組む被験者のものとは異なっている。にもかかわらず、二つの異なる経路がどれほど密接に統合されているのかについては意見が大きく割れている。

どのようにして感覚処理が、異なる行為あるいは行動の中から一つを選択するための洗練されたシステムに発展しうるのかは、相互に関連する次の三つの原則によって示される。(1)情動は感情価をもつ。(2)生物は恒常性（homeostatic）システムである。(3)情動システムは目標への到達を成功に導いた刺激に対する反応の強化と、成功に結びつかなかった刺激への反応の減退を通して学習する。生物を恒常性システムとして理解するべきだということは、生物は安定域や快適帯から逸脱するたびに、自然と平衡状態をもう一度確立しようとするのだということを意味する。たとえば、時間が経つにつれて、あらゆる生物は最適な、あるいは満足のいくエネルギーの供給から逸脱する。低エネルギー状態から生じる感情は、食物を見つけたり休息したりするための行動を活性化すると言われている。エネルギーの補給に繋がる行動が強化され、それ以外の行動よりも優先される。

これら三つの原則は一般的に受け入れられている。これらが人間の脳内で正確にはどのように動作するのかはそれほど確立されているとはいえない。ダマシオの「身体的マーカー」仮説は、豊かな情動的意思決定がどのように生じるのかを理解するための枠組みを提供する。基本的な理論は、身体的マーカーが行為者《エージェント》に最も有益な選択肢を選ばせるよう方向づけることで、意思決定を単純化する、というものだ。環境における相互作用を通じて刺激への反応は強化され、関連する生理学的情緒状態を誘発する。これらの関連が、身体的マーカーとして保存される。

人間の場合、その保存場所は前頭眼窩野だと推測されている。その後の状況に応じて、これらの身体的マーカーが活発に働きだすと、目標またはニーズをうまく満足させるように向けられた仕方で意思決定にバイアスをかけるような生理学的効果が生じる。ダマシオの仮説では、結果が不確実であったり、選択肢間の相対的な差異が不明だったり複雑だったりする決定において、ありうるすべての報酬と罰に対応する複数の身体的マーカーが、複合的感情、あるいは差し引きした結果としての感情を生成する。この感情は、適切な行動の選択を方向づける（バイアスをかける）際には不可欠なものである。身体的マーカーは、意識的な熟慮の補完的な機能を果たすかもしれないし、無意識の情動的意思決定にも役立つ。

ダマシオの見解では、感情は、多くの可能性の中から人を一つの行為へと導く身体的マーカーとして意思決定を迅速化する。感情——たとえば飢え、快楽、さまざまな形の苦痛、疲れなど——は、さまざまな応答行為に付随している。情動は感情価——自分の判断に含まれる情報への正負の重みづけ——をもたらす。身体的マーカーは意思決定が行われうる各時点において、選択肢の傾向に良し悪しのラベルを貼り、良いものであれば従事を、悪いものであれば回避を要求する。最悪の場合、決定者があらかじめもっているこのような傾向は、手元の課題を適切に解決する能力にバイアスをかけ、妨害する偏見として機能することもある。しかしながら総じて身体的マーカーは、判断に含める必要がある考慮事項の領域のフレーミングとみなしうる。身体的マーカー・システムは意思決定の木を剪定し、それにより意思決定を容易にする。別の観点から見ると、相互に関係する身体的マーカーのネットワークは、推論する能力がその上に構築される足場を提供するものと考えることができる。

これらの情動的ヒューリスティックは、複雑性の中を切り抜け、問題を枠に嵌め、決定を下すことを可能にする

「経験則」である。こうして情動はＡＩの設立の父の一人であるハーバート・サイモンが限定合理性と呼んだものにおいて中心的な役割を果たす。サイモンは、人々の意思決定が常に限られた時間と情報しか利用できないという条件で下されることに気づいていた。彼は「満足化（satisficing）」という概念を導入した。これは満足させる（*sat-isfying*）と十分である（*sufficing*）を混ぜた言葉で、そうした意思決定が無制限の合理的行為者《エージェント》にとって最適に見えるものでなくとも、意思決定者の基準に添って「十分に良い」のであればそれで良い、という考えを表現したものである。たとえば、最初に心に浮かんだ、誰にも危害を与えない選択肢を選ぶ（さらなる反省がよりよい選択に繋がるとしても）というようなことである。サイモンは限定合理性と意思決定プロセスについての著作によってふさわしい名声を得て、一九七八年にノーベル経済学賞を受賞した。この業績よりは知られていないけれども、一九六七年に彼は、動機と情動による認知の制御について、情動が満足化と優先順位の決定でどのような機能を果たしているのかを論じた論文を書いている。

　心理学者のゲルト・ギーゲレンツァーとピーター・トッドは、限定合理性という概念であっても未だ、意思決定者に対して、とりわけ計算を終わらせるための適切な閾値を決定するということに関して、あまりに多くの計算を要求すると信じている。彼らの著書『我々を賢くする単純なヒューリスティック』で、彼らは意思決定におけるヒューリスティックに三つのそれぞれ異なった役割を提案した。情動は、特定の選択肢をより魅力的に見せたり、逆に魅力的でないように見せたりして、満足のいく結果の探索を導くかもしれない。行為者《エージェント》に選択肢を評価し続けてもそれ以上の益がないと気づかせてくれる停止規則を提供するかもしれない。そしてある選択肢を他のすべての選択肢よりも上位に位置づけ、行為者を特定の決定へと到達させる役割を果たすかもしれない。

　ギーゲレンツァーとトッドの「早くて容易い」アプローチは、単純なヒューリスティックを用いて、適応的に働く意思決定能力を提供する。というのも単純なヒューリスティックは、行為者《エージェント》の置かれた環境の構造をうまく利用しているからである。相手に対する特定の情動的反応を根拠にした相手への信頼は、客観的に擁護できるとは限らないが、そうした情動的反応を引き起こす者が信頼に値する傾向にある環境では、実際のところうまくゆく。このような仕方で情動は、早くて容易いヒューリスティックの適応的な道具箱とでも言うべきものに役立つ。

情動は多くの状況で有益である。だがこのことは、特定の情動が他の状況では不利益になるとか、あるいは機能不全に陥るということと両立する。この事実に気づけば、エンジニアは、情動による干渉や機能不全に影響されにくい仕方で道徳的能力を発揮できるＡＭＡを設計する機会をもつ。今日のＡＩシステムは情動をもっていないため、情動的バイアスの影響を受けることがないし、人間の道徳判断を妨害する情動の洪水や乗っ取りの影響を受けることもない。もし技術的に可能であったとしても、情動を追加すると、疑いなく複雑な相互作用をまねき、その影響は完全に予測することができない。したがってエンジニアは、注意深く、ＡＭＡに情動を追加することの利益が潜在的コストを上回るかどうか考えなければならない。

だが我々はテクノロジーよりも先走ってしまっている。合理性以外の能力が(ロ)ボットの道徳的意思決定にどのように貢献しうるのかについての提案を検証することは、計算機科学者が取り組み始めたばかりの技術的発展を必要とするだろう。合理性以外の能力についての現在の研究は、その大部分が、たとえば表情に現れている情動を読み取るような個別の能力を模倣するシステムを完成させることに向けられている。にもかかわらず、さまざまな研究の前線が発展している。次節ではこれを説明しよう。

感覚システムから情動へ

快楽と苦痛を感じることができるシステムや人間に似た情動をもつシステムの開発方法を人間が理解するまでは

長い道のりがあるということに、人工知能エンジニアは気づいている。今日利用可能なロボットは神経も、神経化学物質も、感情も情動ももたないし、近い将来のロボットもそうだろう。にもかかわらず、感覚テクノロジーは活発な研究領域であり、感情と情動の基礎が探求される可能性があるのはここである。マイクとCCD（デジカメに見られる）は、我々が紹介するまでもないありふれたテクノロジーである。他の感覚に関係した技術的発展には、あまり馴染み深くないものもある。

嗅覚と触覚は人間の情動と感情にとりわけ重要な貢献をなしており、どちらとも、道徳的意思決定と密接に結びついた情報を提供する。人間の嗅覚は、多くの動物よりも発達していないものの、非常に複雑なものであり、それに特化した何千もの受容体ニューロンのネットワークに基づいている。シラノーズ320は、大きな鼻をもっていたことで知られるフランスの決闘者にして詩人のシラノ・ド・ベルジュラックにちなんで名づけられたもので、これは最初に市販された手持ちの電子式臭い嗅ぎ機である。カリフォルニア工科大学で最初に開発されたテクノロジーに基づいて、シラノーズは三十二の嗅覚センサをもち、あらかじめソフトウェアにロードされた標準パターンと臭いを約十秒で照合することができる。シラノーズ320やそれに似た電子鼻が、人間や他の動物が臭いを嗅ぐというのと同じ意味で、文字通り物の臭いを嗅ぐことができるという主張は言い過ぎだろう。シラノーズはもっとずっと遅いし、検知対象の物質の範囲はもっと狭い。にもかかわらず、この装置は、たとえば悪くなった食品や化学物質の漏洩の検知など、さまざまな商業的用途がある。そして九・一一のテロリストの攻撃以来、シラノーズの治安維持への応用も増えつつある。（テロリズムと戦うための機械嗅覚の使用は倫理的に素晴らしいことではあるが、おそらくプライバシーを守ることを重視する人々は、ビデオによる監視と同程度には、臭いの監視について懸念するべきだろう。似つかわしくない香水の残り香によって露見する密会は多い。）

気分を変える時に嗅覚が重要な役割を果たし、宗教的儀式など感情を引き起こす多くの社会的文脈で臭いが広範囲に使用されているにもかかわらず、我々の知る限り、社会的ロボット工学で嗅覚が果たす役割の調査をしている者はいない。しかしながら、触覚は別の話である。ＭＩＴのロボットライフグループのエンジニアたちは、三つの異なったタイプの身体的センサを備えた可感皮膚を設計しており、これは電場、温度、力を測定する。この可感皮膚は、ガンド社の「バタースコッチ」というテディベアをモデルにした相互作用的伴侶ロボット「ハガブル（Huggable）」の表面を覆っている。

ハガブルはたとえば介護施設でのセラピーへの応用を目指して設計されている。ハガブルは、抱きかかえられ愛撫されると相手に鼻をこすりつける。また患者をモニタリングしているナースステーションには、患者についての情報のフィードバックを提供する。社会的手がかりに対して適切に応答するハガブルの能力は、システムが患者の手がかりをどれだけ正確に解釈できるのかに直接左右される。たとえば接触は、軽いものでも激しいものでもありえるし、締めつける、愛撫する、くすぐる、ポンポン叩く、ひっかくなど、さまざまである。ＭＩＴのエンジニアたちは、九種類の異なった感情的接触――くすぐる（tickling）、つっつく（poking）、ひっかく（scratching）、ひっぱたく（slapping）、愛撫する（petting）、ポンポン叩く（patting）、擦る（rubbing）、締めつける（squeezing）、触れ合う（contact）――を識別できるように設計されたニューラルネットワークを実装した。これらの接触の種類は、刺激の程度によって「心地よいくすぐり」から「苦痛な接触」までの六つの応答タイプに分けられる。これらの種類はそれぞれ、ハガブルの異なった応答を引き起こす。たとえば、心地よく抱えられることは、鼻をこすりつける応答に繋がる。

これらの新しい感覚テクノロジーは、カメラとマイクという古いテクノロジーと組み合わせられ、膨大な量の感覚データを蓄積することを可能にする。しかしながら、次のステップ――これらのデータを、行為を動機づける感情と情動に関連づけること――は、もっと難しい。情動とその他の心的状態は、異なる種類の感覚からの入力の網から生じる。多様な入力をまとめあげ内的状態を調整する人間の神経システムは、さまざまな刺激に対する幅広い、微妙な違いを含んだ応答を引き起こす。ハガブルに構築された単純な分類スキームは、搭載されたペンティアムの高級半導体《クラスチップ》に基づいて作動する。もっと複雑に融合した身体的アーキテクチャでも、明らかに、人工システムの射程内にある。人間において明白に見られる微妙な情動的状態のすべての範囲をＡＭＡで模倣する必要があるのかどうかはわからない。それを明らかにする唯一の方法は、徐々により洗練されたシステムを構築し、それを現実の状況でテストすることだけである。

　苦痛を理解し共感するための能力は、ＡＭＡの開発にとって重要な側面の一つだろう。生物における苦痛の感覚は侵害受容器と呼ばれる特化した受容器――有害刺激を検知することに特化したニューロン――に基づいている。圧力と温度の受容器が強く激しい刺激を受けた結果が苦痛なのだ、という単純なものではない。ハガブルは「不快」として刺激にラベルを貼るのに閾値を使っている。これは生物学的な苦痛システムの微妙な作用を捉えているとはいえないが、第一近似としては理にかなったものを提供するだろう。にもかかわらず、人間の場合、苦痛はしばしば文脈に特化したもので、一定の範囲のさまざまな要因の統合に左右される、という事実に、完全なシステムは注意を払う必要があるだろう。たとえば、冬のさなかよりも秋の終わりの方が普通、人の寒さに対する耐性は低い。最初の寒い朝には耳がずきずきとうずく。だが、身体の代謝が再調整されれば、人間はもっと寒い冬の気温でも容易に対応する能力がある。アシモフの第一原則に従って、人間に危害を加えない、あるいは危害を見逃さないような（ロ）ボットは、人間の苦痛に対する感受性に関する事実を意識する必要があるだろう。この知識への近道は、同じ感受性をもつことである。

　我々は一定範囲のソースからの感覚入力を統合するためのニューラルネットが開発されるだろうと予想しているが、近い将来、このデータは、（ロ）ボットが自分自身の情動や感情をもっているとみなされる実際の身体的状態としてではなく、情動の認知的表象として翻訳されるだろう。もし快楽と苦痛を感じる実際の能力が、他の人々がさまざまな行為によってどのような影響を受けるかを理解するために本質的なものであれば、(ロ)ボットは共感や情動のための能力は言うまでもなく、識別能力と道徳的洞察力も欠いている。真の思いやりをもった(ロ)ボットは難しい注文であり、おそらく今日知られているいかなるテクノロジーでも手の届かないものだろう。しかしながら、人間の情動（心？）を読み取り、あたかも人間の意図と期待を理解するかのように相互作用する能力をもった人工システムの開発であれば、手が届かないものではない。

アフェクティブ・コンピューティング（1）——情動を検知する

私はこれを開かれた問いとして尋ねている……そして私はその答えを知らない。コンピュータは実際に感情をもつことなしに、人々の情動を扱う仕事や、情動を示すことが適切な場合を知る仕事を、どのくらいうまくできるのだろうか？

——ロザリンド・ピカード

ロザリンド・ピカードのMITのアフェクティブ・コンピューティング研究グループは、コンピュータを使って労働する際のフラストレーションを減らそうとしている。フラストレーションという情動は、愚かで融通のきかないテクノロジーを扱う際にあらゆる人にとって無関係ではない。フラストレーションを低減させる方法の第一ステップは、フラストレーションを認識できる——言い換えれば情動を認識できるコンピュータとロボットをもつことである。

だがコンピュータとロボットはテレパシーとか人間の内的感情への特殊なアクセス手段をもつわけではない。エンジニアたちは、人々が相互に理解し合う際に助けとなっているものと同じもの、つまり言葉以外の手がかり（表情、声の調子、身体の姿勢、手のジェスチャー、そして目の動き）を読み取る能力を模倣するテクニックを探求している。

これはアフェクティブ・コンピューティングの中でも比較的新しい領域であり、そこにはさまざまな異なる研究上の目標がある。人間の情動のモデル化と研究、そしてそうした情動を認識し分類し応答するための知能をもったシステムを構築することは、それぞれ独立しているが重なり合った、アフェクティブ・コンピューティングの目標である。研究の大半は、システムと相互作用する人々の情動的状態を認識し適切に応答するコンピュータ・システムの開発に向けられている。

ある人の情動的状態を認識するための一番の近道は何だろう？　多くの技術者の夢は、情動の底にある生理へと直接的にアクセスすることであった。心拍数、皮膚の導電率、ホルモンレベル。これらすべてが、人がいつ恐れたりナーバスになったり怒ったりしているかを測定するために使われうる。だが、（ロ）ボットにそうしたことを遠距離から検知させたり人知れず検知させたりできるような、広く知られたテクノロジーは存在しない。（さらに言えば、人知れず働くテクノロジーはプライバシーの侵害だと考えられるだろう。）これらの生理的測定を（ロ）ボットに利用可能なものにするためには、人は心拍数モニタを装着したり、ガルバニック皮膚反応装置に触れたり、血液サンプルを提供したりしなければならない。ロザリンド・ピカードと彼女の学生たちは、キーボードやマウスに組み込まれた、生理的データを収集できるインターフェイス・デバイスの開発をしている。たとえば、カールステン・レイノルドはピカードの研究室の大学院生だった時に、圧力感知式のコンピュータマウスを、ユーザの行動に関するフィードバックを提供するためのツールとして開発した。他のデータと組み合わせれば、マウスへの圧力はユーザのフラストレーションを指し示すかもしれない。

もう一つの例は、ＭＩＴグループとブリティッシュ・テレコムの共同研究である。そこでは発話認識インターフェイスを使って、カスタマーサービスに電話をかけてくる人々の声からフラストレーションを検知する方法が探求されている。そのシステムは、ユーザの情動的状態に応じて対応を変え、通話を人間に転送し、もしかすると謝罪さえするかもしれない。もちろんカスタマーサポートの人間からロボットのような口振りでおざなりの謝罪をされても多くの人々が満足しないことを考えると、コンピュータ・システムからの謝罪は、顧客をさらに敵対的にさせてしまうこともあるだろう。サービスを使いやすいものにすることが目標ではある。だが疑いなく、効果的にフラストレーションを軽減させるシステムは、吹きこぼれて人々の対人関係にまで悪影響を与える苛立ちを最小化するという道徳的目標に役立つものでもある。さらに言えば、これらは物言わぬテクノロジーに対する人々の怒りを減らすだろう。（おそらくすぐ手の届くところにある電話機やコンピュータの「命」を救うことになる。）

愚かなテクノロジーを使って働くユーザが経験する普遍的といってもよいフラストレーションの軽減には、次の三つの部分がある。

一、ユーザの情動的フラストレーションの**検知**：これは文字を繰り返しタイピングすることの認識から、特別に設計されたインターフェイスの使用までさまざまある。レイノルドが設計したマウスはその一例で、ユーザが押した際の圧力がどの程度なのかを感知する。

二、フラストレーションの**文脈への位置づけ**：たとえば繰り返されるタイピングは、綴りが難しい語を打とうとしていることを表しているのかもしれないし、適切な同義語を探して苦心していることを表しているのかもしれない。手でキーボードを横薙ぎにすることでランダムな文字列が生成されると、もっと深いフラストレーションが示唆される。

三、問題を解決するかもしれない方法、少なくともユーザにさらなるフラストレーションを与えない方法による、フラストレーションへの**応答ないし適応**：コンピュータ・システムに端的に「何か問題でも？」とスクリーン上のテキストや合成音声で尋ねさせることは、フラストレーション軽減のプロセスの始まりだろう。

一八七〇年代、チャールズ・ダーウィンの三冊目の著書『人及び動物の表情について』は、声とジェスチャーの科学的研究を打ち立てた。この研究は、たとえばフランス・ドゥ・ヴァールのような霊長類学者やジャーク・パンクセップのような神経科学者に引き継がれ、この人と動物の並列のうち動物側の研究がなされている。人間側では、ポール・エクマンが人々の表情の理解に光を当てる独創性に富んだ研究を行っている。エクマンと彼の学生は、楽しさ、悲しさ、恐れ、驚き、怒り、嫌悪という基礎的な表情があらゆる人間に共有され、文化横断的に認識されていることを示した。彼の表情コーディングシステム（Facial Action Coding System；FACS）は、情緒的知能をもったコンピュータ・システムの開発に関心をもつエンジニアが最初に注目するものである。

FACSは表情筋の動きを追跡し、四十四の異なる「行動単位（action unit）」——たとえば眉を上げること——を特定の情動と関連づける。エクマンと彼の共同研究者であるラトガース大学のマーク・フランクは、FACSをコンピュータ上で実装する方法を探求する多くの研究者の一人である。予想できることだが、実装されたFACSシステムは研究室に在籍する個人の基礎的な情動的表情と情動的状態はうまく識別するが、現実世界に応用した際に人々の微妙な表情や情動的状態を決定することはうまくできない。変化する視覚入力から表情を特定することに加えて、FACSシステムには表情における微かな瞬間的変化を記録し、メモリに蓄えられたデータとそれらの表情とを相関させる必要がある。計算的タスクは恐ろしいほどにあるが、非常に基礎的な情動を識別する能力をもった（ロ）ボットは地平線上に見えている。おそらくこれがAMAの最初の世代にとって必要なもののすべてだろう。

FACSシステムは情動の機械検知の方法の一つを表しているにすぎない。他の装置には、皮膚の導電率を記録するセンサから、座っている人が落ち着かないのか退屈しているのかを感じとる椅子までさまざまにある。エンジニアの中には、ユーザが鬱であるかどうかを識別し、信号を送ることのできるセンサを靴に組み込むことができるだろうと信じている者もいる。もしこのテクノロジーがうまくいけば、介護者は最愛の人が抗鬱剤を飲むのを忘れてしまったことを検知するために使える。

ご存知の通り、人間の情動的状態を単一の指標で測ろうとしても信頼の置けるものにはならない。たとえば、興奮に対するガルバニック皮膚反応は不安に対する反応と非常によく似ている。よって、多くのエンジニアが情動的状態を識別するための個々のツールを完成させようと研究している一方で、他のエンジニアはそのツールを、たとえばユーザ情動モデル（Model of User's Emotion；MOUE）のようなマルチモーダル・システムに組み合わせる研究をしている。ヘルスケア産業のために開発されたMOUEは、患者の情動的状態を、さまざまな情報源より引き出されたデータから特徴づける、マルチモーダル情動評価システムである。心拍数、呼吸パターン、体温、そして他の生理的指標が、声の特徴や表情と合わさって、このすべてがMOUEによる患者の感覚運動や生理的状態の解釈に貢献する。MOUEはいくつかの基礎的な言語処理能力ももっており、これは患者自身の心的経験や情動的経験の主観的記述を評価することができる。コンピュータは患者の情動的状態と心的状態の記述を、ビデオ映像やオーディオ記録、そして収集された量的データとともにヘルスケア提供者に渡す。

情動に敏感なAMAを設計する者は、MOUEで用いられたような種類のテクノロジーを採用できるだろう。しかしながら、他者の情動的状態を検知しうるデバイスを用いて実験をしようとする者は、重大なプライバシーの問題に直面する。コンピュータのユーザは、自分のパソコンがそうした情報にアクセスすることを許したがるだろうか？　明記されたインフォームドコンセントなしに、少なくともデバイスの背後にいる研究者や研究機関とユーザとの基礎的な契約なしに、自分のパソコン以外のコンピュータデバイスがこの情報にアクセスできてもよいだろうか？　ロザリンド・ピカードと彼女の元学生のカールステン・レイノルドは、自分の情動的状態へアクセスするテクノロジーがプライバシーを侵害するとユーザによっては感じ取られることについてどう扱うかという問題に取り組んでいる。しかしながら、多くの人々は、それがコンピュータとの相互作用によるフラストレーションを軽減してくれるものであるならば、そのテクノロジーを喜んで受け入れるだろう。

アフェクティブ・コンピューティング（2）――情動をモデル化し使用する

計算機科学者は情動と意思決定の計算的モデルの実験を始めている。これらのモデルと現実の生物学的現象の間には大きな溝があるということに当然注意しつつ、我々はこれらのモデルのいくつかを説明し、AMAの設計に対するその潜在的な効用を論じよう。第一に、我々はOCCを論じる。これはアンドリュー・オートニー、ジェラルド・クロア、アラン・コリンズによって開発された（そして彼らにちなんで名づけられた）コンピュータ上に実装された情動の認知的モデルである。次に、我々は学習と情動的意思決定のいくつかの側面を捉えるロボット工学の実験に移る。

認知的情動――OCC

OCCでは、情動は状況に対する肯定か否定かの（「感情価」をもつ）応答として表象される。このモデルは状況を、それが望ましいかどうかとか、その生物が止めたがっているかどうかという点に従って分類する。OCCが認知的モデルだと考えられているのは、情動を世界における出来事・行為者《エージェント》・対象の表象と、行為者の目標・欲求・

意図が満たされているかどうかの分析に由来するものとして扱うからである。たとえば、もしプログラムが行為者を、勝ちたいという欲求をもっているものとして表象すれば、競技会で勝利する快楽が推論されるだろう。ある状況の感情的強度もまた、状況の認知的表象から計算される。

ＯＣＣは感情価をもつ反応について二十二のカテゴリーをもち、目標を志向する出来事、行為者《エージェント》に責任があると思われる行為、そして魅力的だったり魅力がなかったりする対象にそれらのカテゴリーが適用される。これらの感情価をもつ反応のそれぞれは、楽しさ、悲しさ、恐れ、怒りの四つの基礎的情動のどれかに対応づけられる。これらはさらにそれぞれ相当するエクマンの表情に対応づけられる。たとえば競技会で勝利することによる快楽は、楽しさを表すエクマンの基礎的表情に対応づけられる。エクマンの基礎的な六つの表情のうちＯＣＣモデルで定義されているのは四つだけである（楽しさ、悲しさ、恐れ、怒り）。オートニーとクロアとコリンズの想定では、他の二つのエクマンの表情（驚きと嫌悪）は認知的な処理をあまり含んでいないからだ。よって、ＯＣＣは非常に限定的な範囲の情動のモデルである。にもかかわらず、娯楽産業とコンピュータゲーム産業において、マンガやヴァーチャルキャラクターのアニメーションを作るためにこれは広く用いられている。表情を入力として扱って行為者の情動的状態を推論するＦＡＣＳとは異なり、ＯＣＣは反対の方向に作用する。ＯＣＣがモデル化しようとしているのは行為者自身がもつ情動であり、関連する表情を出力として扱うのである。

ＡＩにおける認知的意思決定と情動的意思決定のモデル

どうやって感情と認知が相互作用するのかを概念的にモデル化したもので非常に高い影響力をもっているのはＣｏｇＡｆｆである。これはバーミンガム大学の哲学者アーロン・スロマンが、サセックス大学の哲学者ロン・クリスレーの助けを借りて開発したものである。ＣｏｇＡｆｆは自律的システムを設計する計算機科学者のための認知モデルとして開発された。認知的処理のレベルが異なれば、エージェントに可能な制御のレベルも変わってくる。スロマンとクリスレーは、自律的エージェントのアーキテクチャに実装されうるレベルを三つに区別した。反応的レベル、熟慮的レベル、そして「メタマネージメント」である。すべての実践的目的にとって、反応的レベルが意味するのは情緒的メカニズムのことである。しかし、このモデルの中では三つのレイヤが相互作用している。

人工知能研究者は情動的意思決定システムの設計において、情動的感情価と恒常性《ホメオスタシス》と強化の原理の応用を探求している。マーヴィン・ミンスキーは著書『情動的機械』の中で、情動は考慮される行為の範囲を制限するために使われると提案している。よって推論メカニズムは、この選択肢の制約によってより効果的に働くことができる。もう一つのアプローチは、経験に基づく学習における感情的状態の役割の研究である。肯定的感情価のフィードバックは、成功した行動パターンを強化し、現在の行為が不成功となったときには他の行動に切り替える動機を与えることができる。よって、エージェントは環境によって与えられた課題に対処する仕方を「手探りで感じとり」、その過程で学習をするかもしれない。理性と感情は経験と計画を通して結びつけられることもある。

おそらく情緒的知能をもった(ロ)ボットを設計するにあたって最大の問題は、情動的意思決定を独立したプロセスとして把握することと、情動を標準的な認知的意思決定プロセスへの入力の一種として扱うことの、どちらを試みるべきかという点にある。一つのプロセスと二つのプロセス、どちらがより良いのだろうか？　情動的意思決定システムと認知的意思決定システムを両方もったロボットの初期のシミュレーションは、二つのプロセスをもつとシステムの全体としての学習能力が向上すると示唆している。

サンドラ・ガダンホーは以前にリスボンのシステム・ロボット工学研究所で、現在はモトローラで、ロボットの情動的意思決定システムと認知的熟慮システムを比較し、両者の学習にどのような違いがあるのかを探求している。ケーペラというロボットは、急速にロボット工学における実験用マウスになりつつあるもので、これはガダン

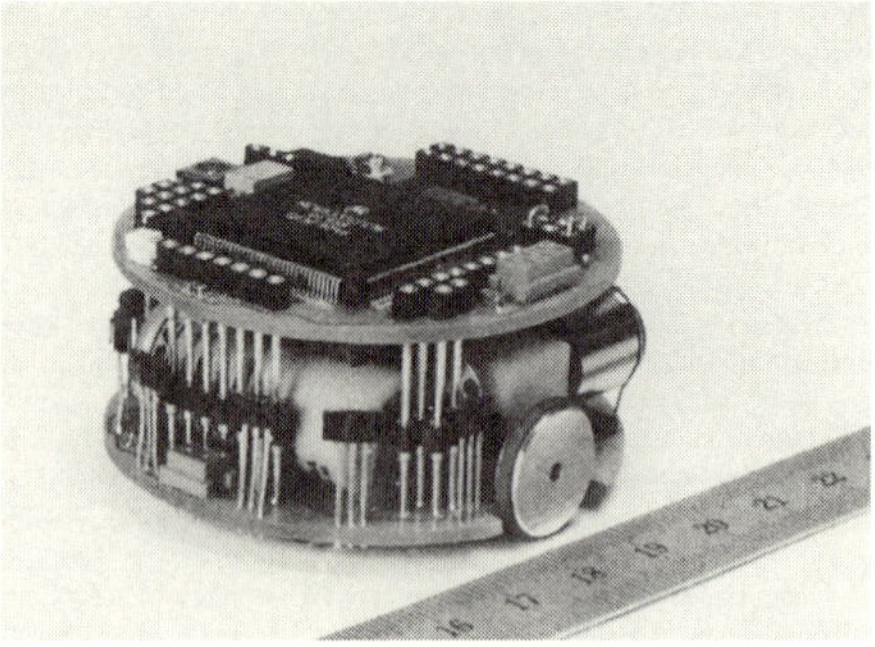

図 10.1　ケーペラ・ロボット（k-team の厚意による）．

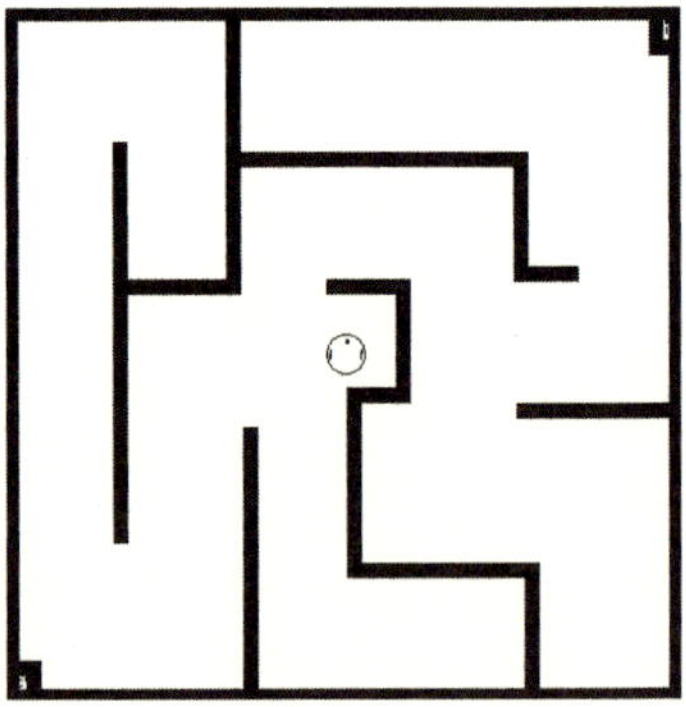

図 10.2　ケーペラのシミュレーション環境（サンドラ・ガダンホーの厚意による）．

ホーがポルトガルにいた時に行った実験の対象だった。ケーペラ・ロボットは直径五十五ミリメートル（二インチ）の小さな円形車両で、車輪によって走り、赤外線センサと超音波センサを装備している。またコンピュータと接続すれば、コンピュータがケーペラの行動を追跡したり、そのシステムに新たなデータを与えたりすることができる。さらに、とても小さいので実験スペースも小さくて済む。また、極めて容易にマルチロボット実験での使用に適するように調整できる。ケーペラは、たとえば障害物回避、壁に沿った移動、目標の探索といった基礎的なタスクを目指して設計された実験や、集団的行動の研究のために用いられてきた。

ガダンホーの実験では、一台のケーペラ・ロボットが単純な閉鎖された迷路環境に置かれる。このロボットは対象と環境光を検知できるように八つのセンサを装備している（六つは前方で二つは後方）。このロボットは壁を避ける、光を探す、壁に沿って走る、という三つの基礎的な行動を選択できる。ロボットの目標は、十分なレベルのエネルギーを維持することで生き残ることである。迷路の向かい合った角に置かれた二つの光をセンサが検知し、この光からロボットはエネルギーを得る。しかしながら、光からエネルギーが得られるのは短時間だけである。一つのエネルギー源だけではロボットが生き残ることはできない。よってロボットは、迷路の中を移動する間に消費するエネルギーを最小化しつつ複数の光源からエネルギーを獲得する方法を学習する必要がある。

ガダンホーの実験の詳細を紹介することはここでの我々の目的を超えている。ここで我々の目的に関連が深いのは、彼女の情動ベースのロボットのいくつかのバージョンが、強化学習のテクニックを応用するよう設計されたコントローラを使用している（快い要因と不快な要因が行動を強化する）という点である。他にも、明示的に情動をモデル化しているわけではないものの、自分の適切な動作を助けてくれる性質を特定しようと試みる目標システムをもつバージョンのロボットもある。この二つ目のグループのロボットにとっての目標は、ロボットが受け入れ可能な範囲を維持しようと試みる三つの恒常《ホメオスタティック》性変数、つまりエネルギー・福利（衝突の回避）・活動（動き続けること）をベースとしている。これら三つの変数の快適帯からの逸脱は、ロボットの行動的反応を活性化する。快適帯からの逸脱の減少を測定すれば、実験者はロボットが適切な行動のパターンを学習していることの経験的証拠を得ることができる。恒常《ホメオスタティック》性目標の維持をベースとして学習するロボットは、より単純である明示的な情動ベースのシステムよりもわずかによい性能だった。とはいえ、これら二つの異なった設計に基づいたロボットの性能の差はほとんどなく、どちらもよい性能を示していた。

実験の第三グループでガダンホーが採用したロボットは、情動と認知による非同期的学習（asynchronous learning by emotion and cognition；ＡＬＥＣ）アーキテクチャと名づけたものを用いている。これらのロボットでは、ガダンホーは認知システムを、もともとの明示的な情動ベースの目標システムをもったものであるロボットか、わずかに優れた性能を示した恒常《ホメオスタティック》性バージョンのロボットのどちらか一方に追加している。ここでいう認知システムは、ロボットに過去の試行を通じて学習したことをベースとして意思決定を可能にする規則の動的な集合から構成されている。情動システムと認知システムの学習能力には明白な違いがある。情動システムはあらゆる出来事を蓄積できるが、一つ一つの出来事を区別する方法をもたない。その一方で認知システムは、最も重要な出来事を抽出することしかできない。ガダンホーによれば、「二つのシステムの基礎にある異なるメカニズムは次のような想定と整合している。本質的にいえば、認知システムは規則に基づいてより正確な予測を可能にするものであり、その一方で、情動的連想は説明力に劣りながらも、もっと広範囲の予測が可能となり、さらなる将来に向けた予測を可能にするものなのだと。」

ＡＬＥＣアーキテクチャにおいて、認知システムが集めるデータは情動システムから独立しており、認知システムは情動的学習システムによって下された不適切な意思決定に介入して修正するように設計されている。他の科学者によるエージェントのアーキテクチャが学習という文脈における情動の機能的役割を提案するのに対し、ガダンホーのアーキテクチャは二つの異なった学習メカニズムを提供する最初期のもののひとつである。ＡＬＥＣアーキテクチャの認知システムは情動システムなしにはうまく機能しない一方で、両方の意思決定システムを備えたロボットは情動システムだけしかもたないロボットより優れた性能を示す。

ガダンホーのロボットはきわめて単純な環境で機能しており、比較的単調な課題を解決する。しかしながら、彼女の実験は、情動ベースの学習と認知的学習の長所と短所を示しており、そして双方のシステムをもつことの全体的利益を示している。彼女のアプローチでは、認知的システムは行為の選択への制約を課すことで情動的学習システムの検査役として機能する。より洗練されたロボットの設計では、認知的意思決定システムと情動的意思決定システムはより密接に統合され、そのことによって複雑な課題に対する一定範囲の独創的な応答を生み出すかもしれない。それはまたボトムアップの学習システムに利用可能な規則や、行為に対する道徳的制約も生み出すかもしれない。

道徳は社会的現象である。善い行動が行えるかどうかは他者のニーズと意図への感受性に左右される。自律的な道徳的エージェントは、人々が何を欲しているかを知る必要がある。人間との相互作用において、(ロ)ボットは自分の役割に関連する社会的慣習と期待に気づく必要があるだろう。

人間とロボットの相互作用――Cogとキスメットを超えて

予想される(ロ)ボットの役割の激増に伴い、ロボットの社会性を増やすという方向を向いた研究プロジェクトは、近年劇的に拡大している。ロボット玩具、ロボットペット、伴侶ロボット、博物館の携帯情報端末、レスキューロボット、病院の廊下で動き回る配達システム、エクササイズや個人的健康管理のコーチをするロボット。これらはそれぞれが設計されているタスクを満たす際に異なった慣習に従う。遊びたがらない子どもには、薬を飲みたがらない患者とは異なった扱いが必要だろう。

社会的相互作用は信頼に左右される。信頼と相互理解を築くための基礎となるものの中には、表情、ジェスチャー、身体の姿勢、声の調子、他者の視線の向きなどの社会的信号を読み取る能力がある。これらは、どうやって自分自身の意図を伝えるのかについての理解とともに、共有された目標に向かって一緒に働くことを可能にする基礎でもある。アイコンタクト、真似、順番交代などの社会的相互作用は、幼児や小さな子どもの発達と学習を促進する。信頼に貢献する要素の多くは文化に特有である。子どもは、自分の文化における二人の人間の適切な距離や許容可能な身体的接触について学習する。

人々によって受け入れられるためには、(ロ)ボットは物理的なものでもヴァーチャルなものでも、自分の行為をはっきりと理解してもらう必要があり、動的に変化する社会的相互作用の中で学習し成長する必要がある。我々は以前にCogとキスメットというロボットを使った社会的相互作用と身体化された学習の実験を紹介した。Cogは人々との相互作用を通じて学習するよう設計されていたが、その能力は非常に限定的だった。キスメットは一定の社会的行動の品揃えによって、相互作用する相手の声の抑揚、指差しジェスチャー、相手との距離に応答するよう設計された。基礎的情動のための表情、会話の順番交代、相手に向けた笑顔と動作、そして人間が接近しすぎた際の後ずさり。これらはキスメットによって行われる応答の例である。Cogとキスメットはどちらも現在MIT博物館に展示されている。ブライアン・スカセラティは、Cogの設計チームのリーダーの大学院生だったが、彼は幼児の認知的能力を模倣するためニコと名づけられた人間型ロボットを作った。シンシア・ブリジールの仕事は現在「レオナルド」に向けられている。これは、MITのロボットライフグループと、アニマトロニクスの専門として（また映画『AI』のロボット・テディのクリエイターとして）知られているハリウッドのスタン・ウィンストン・スタジオとの共同プロジェクトである。

レオナルドはキスメットとCogの後継者である。キスメットの人間との相互作用が一定の単純な社会的手がかりに限定されていたのに対し、レオナルドは拡張可能な品揃えの社会的応答と、社会的相互作用を通じて学習する初歩的な能力を結びつけている。教師による口頭のフィードバックによって補強された試行錯誤を通じて、レオナルドは人間から見れば単純ではあるもののロボットにとっては難しい比較的複雑なタスク——たとえば、特定の手順で色の付いた大きなボタンを押すことで別々の三つの光を点灯させること——を学習して遂行できるようになった。

レオナルドに追加された能力は、Cogとキスメットには不可能だった問題の学習に取り組む可能性を研究者に与えることになった。たとえばレオナルドには、三歳か四歳未満の子どもが通常間違える、あるバージョンの誤信念テストが与えられている。通常は成長して四歳を超える頃には、子どもは他者が自分自身とは異なった信念をもつと理解し始める。誤信念テストは、他者の信念を表象するこの能力の創発を明らかにするよう設計されている。まず、ある物体が隠されるが、子どもと別の人間はそれを見ている。次に、その人間が部屋を去り、その物体が別の場所に動かされるのを子どもが見ている。その人間が部屋に戻ってきた時、その人間がどこで物体を探すと子どもは予期するだろうか？　小さな子どもは、その人間が、移動された先の場所でその物体を探すだろうと予期する。このことは明らかに、小さな子どもは、自分が知っていても相手は知らないことがあると想像できないということを示している。

レオナルドを用いた実験では、ある人間が二つの異なった物体、たとえばポテトチップスの袋とクッキーの袋をそれぞれ別の箱に入れて、部屋を出る。それから別の人間がやってきて箱の中の物体を入れ替える。最初の人間が部屋に戻ってきた時、レオナルドは人間の行動から、彼らがどちらの物体を探しているのかを推論し、彼らが正しい箱にたどり着くように手助けする。もしレオナルドが実際に誤信念テストを子どもと同じように解決したのなら、このロボットは社会的相互作用に成功する途上にあるだろう。だがレオナルドは二人の異なる被験者を特定するために表情や他の非発話的ジェスチャーを読み取っているわけではない。そうではなく、レオナルドのソフトウェアとセンサは、被験者や物体に貼られた反射テープの異なった配置に基づいて、誰が誰で、どちらのスナック菓子がどちらなのかをロボットが特定するのを助けている。さらに言えば、レオナルドのソフトウェアはこの特定のバージョンの誤信念テストを扱うよう特化して設計されている。レオナルドは子どもが成功している別のバージョンのテストではそれほどうまくいかないだろう。しかしながら、誤信念テストに対するこのチームのアプローチは、より洗練されたアプローチの発展のためのプラットフォームを提供する。

社会的ロボット工学を新たな文脈で扱っている研究室もある。たとえば、アメリカ人工知能学会による二〇〇二年の挑戦課題に参加するため、カーネギーメロン大学、海軍研究所、メトリア社、ノースウェスタン大学、スワースモア大学によるチームによって設計されたロボットに、学会に参加する院生ロボット（Graduate Robot Attending a ConferencE；GRACE）というものがある。このロボットは、主に表情豊かなお喋りをする頭部《トーキング・ヘッド》を用いて人間と相互作用する。その頭部はたくさんのカメラ、マイク、センサを搭載したかなり不格好な移動式ボディの上に載せられたモニタに映し出される。挑戦課題をこなすためにGRACEは、エレベータに乗り、受付ロビーのある正しい階で降り、受付デスクを探し、行列の最後尾に並び、行列が前に動くまで我慢強く待ち、スタッフとやりとりして名札と学会グッズの入ったバッグと会議室に行くための指示を受け取る必要があった。それからそのロボットは、電子地図の助けを借りて群衆の中をかいくぐって会議室までたどり着き、五分から二十分間、自分のハードウェアとソフトウェアについて喋らなければならなかった。

　GRACEとレオナルドはどちらも特殊なテストに合格するよう構成されている。レオナルドがもっている、一定範囲のタスクをこなして他者の視点に立つ能力は、極めて限定的である。GRACEは、もう一度別のプログラムを組まなければ他の会議で同じようなタスクを実行することが困難だろう。にもかかわらず、我々はレオナルドとGRACEが単なるまやかしの芸であるとは思っていない。どちらも、社会的分別と常識を備えた物理的に熟練したロボットを設計しようという目標に向けた大きな発展を示す、真剣な科学的実験である。

　レオナルドとGRACEは、行動ベースのロボットであり、少なくとも理論的には、人間と同じようなものとして推定される能力をもっている。それに対し、たとえば大阪大学の石黒浩のようなロボット工学者は、人間がもっていないような情報にアクセスするソーシャル・ロボットを用いた実験を行っている。たとえば、石黒の研究室の中を動き回るロボットは遠隔に設置された多くのカメラへのアクセスをもち、部屋の遠くの角や壁の向こうに何が起こっているのかについての情報を受け取る。この情報をもったロボットは、特定の人間や物体が研究室のどこにいるのかを正確に知ることができる。石黒はまたロボットを学校という状況に置いている。このロボットは学生全員の社会的相互作用のパターンの地図を描く能力をもち、それにより教師は、どの子どもがより外向的で、どの子どもが孤立しがちなのかを特定することができる。

これまで、我々はロボットの情動と社会的能力に注目してきた。だが石黒とブリジールはロボットに対する人間の情動的反応を引き出す際に対照的なアプローチを示している。石黒は人間にとてもよく似たロボットを構築することで非常に有名である。MITでとられているアプローチでは、子どものような特徴、たとえば大きな目をもったマンガのキャラクターや動物のぬいぐるみに似た魅力的なロボットを設計することが目標となっている。このアプローチは擬人化的反応を惹起するが、おそらくこれらのロボットと相互作用する人々は、ロボットに本当に存在する以上の知能と情動的能力を帰属させるだろう。石黒はもっと困難な道を選び、アンドロイドに非常にリアルであることを要求している。ゴーレムのような存在に対する人々の不安を乗り越えようとする石黒の展望は、日本のロボット工学者の森政弘による不気味の谷というアイディア――アンドロイドは人間に非常に似ているが十分に似ていないために、アンドロイドに対する人間の安心感が鋭い傾斜で下っていく領域――に沿ったものである。

インディアナ大学＝パデュー大学インディアナポリス校の情報学部で現在は教鞭を執っているカール・マクドーマンとともに、石黒は「アンドロイド科学」という領域を始めた。これは、ロボット工学者はこの不安を段階的に取り除くような人間に似たロボットの作り方を学習できるという信念によるものである。アンドロイド科学が成功するにせよしないにせよ、これらの対照的なアプローチは、AMAを設計するための成功の可能性が、その行動の受容可能性以外の要因にむしろ左右されるかもしれないという事実を鮮明にする。人間に似たものであれ、そうでないものであれ、見た目が大切になるかもしれない。

他者の心と共感

もしロボット・レオナルドが人間と同じやり方で誤信念テストを解決していたのなら、レオナルドは心の理論にとって核となるスキルを示したことになるだろう。心の理論（theory of mind；ToM）とは、他者の心的状態への気づきを促進する複数の能力を指す、いささか多義的な言葉である。超能力をもつと言い張る人はほとんどいないが、他者の気分や信念や注意を推論して「他者の心に入り込む」ことは、たしかに社会的相互作用をスムーズに機能させるために不可欠である。

心の理論は人生の初期に発達する。幼児は、自分自身の身体と他者の身体を区別すること、鏡に写った自分自身に気づくこと（原始的な自己意識）、そして他者の心は確かに自分自身の心とは異なる情報を含んでいると理解することを、段階的に学習する。これらすべてが、心の理論の発達に貢献する。理論家の中には、自閉症に結びつけられる行動の多くは心の理論が正常に発達しなかった結果だと示唆する者すらいる。

心の理論の研究は魅力的な実験に満ちており、一連の大部分証明されていない理論で特徴づけられている。にもかかわらず、AIエンジニアは既にこれらの理論を自分たちのロボットの設計に組み込もうと試みている。スカセラティはMITでロドニー・ブルックスの下で研究している間、Cogとキスメットを作る上で主導的役割を果たし、ロボットにとっての心の理論の発達についての博士論文を書いた。現在はイェール大学の計算機科学部で助教となったスカセラティは、ニコというロボットを開発してこの研究を続けている。

心の理論は非常に低レベルのスキルの集まりから発生すると想定されることもある。たとえば、既に言及したジンメルとハイダーは、若干の単純なビデオクリップによって、人々が単純な動きに基づいて物体に意図を帰属させるようになることを示した。基礎的な動きに意図を結びつけることは、完全な心の理論の構築に貢献しうる低レベルのスキルの一つである。

心の理論を個々のスキルに分解してきた認知科学者の理論を利用して、計算機科学者は、これらのスキルをそれぞれハードウェアとソフトウェアに実装しようとしている。たとえば、人間は自分自身の行為から生じる感覚的入力を、他者の行為から生じるものと区別する。スカセラティと大学院生のケヴィン・ゴールドは、ニコが自分で生み出した動きの後に生じる感覚的フィードバックのタイミングが、いかにして、ニコに自分自身の行為によって生み出された感覚的入力と他者の動きによって生み出された感覚的入力を区別することを可能にさせるかを示した。

この種の感覚運動フィードバックを用いることで、ニコは鏡の中の自分自身に気づくことができる。これは、原始的な自己意識を表していると考えられているテストで、幼児は生後十八ヶ月から二十ヶ月の間に初めてこのテストに合格する。鏡からの反射が目として機能するカメラに入り込んだ時、ニコは鏡の中の像が「自己」「他者」「それ以外」のどれに近いのかに基づいて点数を割り当てる。ロボットはまた腕を動かし、その動きが鏡の中にはっきりと映っていたら、高い確率でその像が「自己」であるとみなす。逆に、反射した像は動いてもニコは動いていなかった場合、その像は「他者」である可能性が高まり、もし像が動かなければ、それは「それ以外」である可能性が高い。おそらく、ニコは他の特徴や行為を見分けるようにプログラムされているので、自己と他者を、さらには特定人物を識別する際にはこれらも考慮に入るだろう。

心の理論をもったロボットを作ろうとする現在の研究は、低レベルの認知的メカニズムが合わされば集合的にロボットがあたかも心の理論をもっているかのように行為することができるという想定に基づいて進められている。今日まで、心の理論に関連することが示された基礎的スキルは非常にわずかなものだけである。心の理論に貢献する完全なスキルセットを特定することと、これらのスキルを協調させ統合する大仕事がこの先に待ち受けている。

今日まで、研究者は心の理論をもったシステムをもっていないだけでなく、システムが心の理論をもつために必要な属性についての十分なアイディアをもっているのかどうかもわかっていない。にもかかわらず、スカセラティ、ブリジール、そして彼らの学生たちが残した最初の数歩は印象的であり、この先の数年の間に大きな進歩が期待できることを示唆するに十分であった。

心の理論と共感

心の理論と共感の関係はまったく明白ではないが、たしかにどちらとも、ある人が他者の心の状態を理解する仕方に貢献している。他者の感情に共感する能力は、人々が相互作用を行う多くの状況で道徳判断ときめ細かな行動をするためには不可欠なものだと考えられている。とはいうものの、実際に共感することなく適切に共感的な振る舞いを演繹することに熟練したサイコパスの事例が存在する。

幼児は心の理論に結びついた基礎的能力が発達するよりもはるか前に、共感能力を――落ち込んだ仲間を慰めようとすることで――示している。それどころか、共感的だと解釈されうる行動は、さまざまな種に幅広く見られる。マカクのミラーニューロン――動物がある行為を行う時と、他の動物が同じ行為を行っているのをその動物が観察した時との両方で発火するニューロン――の発見は、多くの科学者にとって、他者の心と感情にアクセスすることを促進する神経メカニズムであるように見えた。

共感能力をもった人工システムは、自らの行為を選択する際に道徳的に適切な応答をより選びがちになるだろう。しかしながら、ロボットは自分自身の情動をもたない限り、あるいはもつようになるまでは、他の存在に共感をもつことはありそうにない。情動がなければ、ロボットによる共感的行動の大部分は、他者の心の単なる記号的表象の上に築かれる合理的応答の結果になるだろう。

マルチエージェント環境

全米科学基金のプログラムディレクターであるウィリアム・シムズ・ベインブリッジは、ナノテクノロジー、バイオテクノロジー、情報テクノロジー、そして認知科学の研究を融合させようと探求している重要人物でもある。人口四万四一〇〇人のサイバーグ（Cyburg）は、彼が作ったヴァーチャル・コミュニティである。サイバーグの住人は、ベインブリッジが最新の社会科学から引き出した個別行動および社会的行動の規則に従うようプログラムされている。ベインブリッジは宗教的信念の創発にとりわけ関心をもっているが、サイバーグを用いて、住人が集団を形成し互いに信頼することと疑うことを学習する複雑なコミュニティがどのように現れるかを調べている。

多くの社会的状況が、大勢のエージェントの相互作用を含んでいる。そうしたマルチエージェントが作り出す文脈は変化し続ける。エージェント間の関係は常に進化するし、慣習は変化する。社会で生きていけるロボットは、そのように流動的でダイナミックな状態の中で適切に機能するための豊かな諸能力を必要とする。もし人々がAMAの行動を信頼に値すると感じるようになれば、それに対応して、AMAの行為に対する受容と自由度も変化する。この変化も、社会的文脈の変化の一部となるだろう。反対に、もしAMAが適切に行為することができなければ、その行動に課せられるだろう追加的制約に適応しなければならなくなる。

今日のボットは、実際にオークションや商取引などでの交渉が相互作用の主たる形態となるようなマルチエージェント環境でうまく機能している。これらの文脈は所定の規則で制御されている。たとえばeBayを考えよう。規則ベースのこのような環境の中では、コンピュータは他のエージェントの行為を調整する役割を果たしたり、あるいはたとえばオークションを監視しオークションが終了する数秒前に勝利しそうな入札をする独立エージェントとして機能したりする。

オークションのための規則は参加者の間の信頼を構築する役に立ち、懲罰的措置が詐欺的行為を行う者に適用される。おそらく、この信頼は規則に従ってプレイする(ロ)ボットに拡張されるだろう。信頼と安全性は(ロ)ボットの行動が予測可能であり所定の規則の内に含められる場合は、より容易になる。しかしながら、多くの社会的文脈の中では、行為者《エージェント》が時として詐欺的である必要があるために困難が生じる。ポーカーゲームで人間がハッタリをかますこともあれば、商取引の状況で行為者は、それが最終的な提案であるかのように低い金額を提示することもある。行為者が自分の信念、欲求、意図、感情、そしてニーズの布置を開陳すると不利になってしまうだろう。

他方で、嘘をついたりごまかしをしたり不誠実であったりする人工エージェントへの扉を開いておくことは、エージェントの行為に信頼を注ぎ込むという展望を覆す。人々は、もしソフトウェア・エージェントが偽の入札をすることで人為的に商品の価格を吊り上げていると信じるようになれば、eBayで入札しなくなるだろう。信頼と疑いは人間にとっては同時に起こる。ほとんどの文脈で、人々は信頼が覆されるまでは互いを信じるが、他の文脈、たとえば商品やサービスを購入する場合は、購入者の自己責任が規範となる。ポーカーゲームでは、ハッタリをかますよう期待される。人工エージェントは人間のジェスチャーを額面通りに受け取って良いのはどういう文脈においてかについて、また人を欺くことが許容されるのはいつか、あるいは人を欺くことが規範ですらあるのはいつかを知る必要がある。人工エージェントはさらに、人間のエージェントから信頼を引き出すことが不可欠なのはいつで、裏切りが受け入れられるのはいつなのかを認識する必要もある。

同じように、人間は最終的に、複雑な人工エージェントを信頼するべき時と場所が文脈によって異なるということを理解しなければならなくなるかもしれない。このことに関連していうと、ロボットが直接的な命令に従わなくても、それが共有された目標に資するものであることを認識している限り、人間はロボットの不服従に寛容である、ということをマシアス・シュウツは示した。同様に、（ロ）ボットによる裏切り行動はその行為に対する人間の信頼を必ずしも覆すものであるとは限らない。たとえば、ロボットのサッカー選手は、自分の行為をチームメイトの行為とうまく調整する必要があるが、このロボットは、相手のゴールに向けてボールを動かすには相手チームのメンバーを欺く必要もあるだろう。サッカーという文脈におけるそうした欺きは賞賛されるものであり、非難されるものではない。

第9章で言及したように、ロボットサッカーは機械同士の社会的相互作用の実験場を提供する。世界クラスのロボットサッカーチームを作ろうとする課題は、一九九七年にディープ・ブルーIIがガルリ・カスパロフを打ち破って以来、幅広く採用されている。当時、多くの批判者によって、チェスは機械知能に関する真のテストとしては文脈が限定されすぎていると論じられた。ロボットサッカーの提唱者は、サッカーのプレイのような協力的で身体化されたタスクにおいて人間の知能がよりよく表されると信じている。今のところ、ロボットサッカー選手の開発は、単純なタスクを実行するためのシステムの訓練に集中している——二本足のヒューマノイドにサッカーボールをキックさせる、あるいは四本足の人工知能ロボット（AIBO）に互いにボールをパスさせるなど。より複雑な協力のタスクは遠い将来に横たわっている。ロボットサッカーの現在の目標は、二〇五〇年までに世界クラスの人間のサッカーチームを倒す能力をもった世界クラスのロボットサッカー選手のチームを開発することだと宣言されている。目標年の遠さは課題の難しさを反映している。比較のため、一九六一年五月二十五日にケネディ大統領が人を月に送るという課題を発表した時、期限をわずか十年後に設定したことに注意しよう。そしてこれは、今日利用可能なものと比べると原始的だったコンピュータ・システムやその他のテクノロジーを用いて成し遂げられたのだった。

全員がロボットのチームよりも、ロボットエージェントと人間の行為者《エージェント》が互いに動きを調整するサッカーチームを開発するほうがいっそう困難な課題である。コンピュータ上に実装されたエージェントは互いに通信するため標準化されたテクニックを共有できる。だが、異なるプラットフォームの上で開発されたシステムには新たな基準が確立されなければならないし、人間と相互作用するコンピュータに対する基準や規範も同様である。軍隊に軍事ロボットを統合する試みも、同じような課題に直面する。

人間とコンピュータの相互作用は動的に進化する見込みが高い。そしてコンピュータ上に実装されたエージェントはこの変化に対応する必要がある。マルチエージェント環境における人工エージェントにとって、それぞれの処理過程は、エージェント間の関係を変化させる可能性がある。たとえば、時間がたつにつれてエージェントが新たな役割をもつようになれば、あるいは同じ日の中ですら時間帯や文脈が異なれば、規範は容易に変化しうる。(あなたが主治医と一緒にゴルフをプレイしに行って、あなたがパッティンググリーンに立っている時に、主治医があなたの病状に言及するとしたら、その発言は不適切だ。)このようにマルチエージェントシステムに求められるさまざまな要件は、増加する自律性と、異なる環境での道徳に関連した特徴に対するさらなる感受性の必要性との間の関係を鮮明にする。

ロボットはどのように身体化されなければならないのか?

道徳判断と道徳的理解のどの側面が、対象、存在者、他の行為者《エージェント》からなる世界で身体をもち、世界の中に位置づけられていることに依存するのだろうか? ある生物の状態は、いかなる時点においても、その環境における対象、存在者、行為者との関係によって大きく規定されている。あなたが課題に迅速に応答できること、そしてそれについてのあなたの確信、あなたの姿勢、そしてあなたの情動は、いずれもこの関係によって影響をうけている。あなたの判断と行為が合理的であるために必要な情報を得るためには、これらすべてが役に立つ。

認知について身体化された観点をとる科学者の中には、自己組織化し、自己保存し、積極的に生存・繁栄・生殖しようとするものとしての生物に特有の本性を認識しなければ、認知を理解することはできないと論じている者もいる。この観点に基づいて、哲学者スティーヴ・トーランスは、倫理の「強固《ロバスト》な」観点というものを提唱している。これは、感情と感覚性と意識をもつ生物のみが、道徳的アクターとしての固有の能力をもつのだとするものである。トーランスの指摘では、道徳的観点にはおそらく、他者を助けることが行うべき正しいことだという合理的推論に基づいて行為するだけではなく、苦しみ悩んでいる他者への同情を感じることも必要である。実際に苦悩・苦痛・恐怖・怒りを感じたり、楽しみ・快楽・感謝・愛情といった肯定的情動を感じたりする能力をもたなければ、ある存在が道徳的状態や道徳的身分をもつことはない。そしてこれらは、その存在が完全に円熟した道徳的個体であるために不可欠なものである。倫理についてのこの強固な観点では、そうした状態（苦悩、楽しみ、恐怖等々）をもつための能力は、人間の感覚性、生物学的構成、そして歴史を参照することなしには適切に理解することができない。言い換えれば、共感、同情、感覚性そして道徳は、すべてが一緒になって結びついているのである。

倫理についての強固《ロバスト》な観点は、真剣に考察する必要があると我々は思っている。だが、これは比較的新しい議論でもあり、道徳的な知能システムであると判断されるために（ロ）ボットに求められる能力のハードルを上げるものでもある。しかしながら、我々はこの観点は限定された文脈で機能するＡＭＡを構築するプロジェクトの障害になるものではないとも信じている。さらに言えば、より限定された目標に取り組むプロセスの中で、強固な観点において暗黙裡に含まれている課題を乗り越えるためのアプローチが発見されるかもしれない。

バーミンガム大学計算機科学部の研究員、カトリオナ・ケネディは、限定された領域で信頼に足る倫理的アシスタントとして機能するエージェントの必要性を考える時、同じような結論に至った。彼女が提唱するところによれば、「(1)エージェントが（倫理的規則等の表象などを含む）自らの倫理的推論の統合性《インテグリティ》を守らなければならない……(2)エージェントの世界は人間の世界の倫理的要件と関係づけることができる出来事を生成するべきである」という二つの条件が満たされるならば、身体化されておらず、人間のような経験と情動を欠いていても、倫理的エージェントは「実現可能である」。例としてケネディが引き合いに出すのは、どのネットワークが互いに通信できるものなのか、それぞれのネットワークが使用しなければならないプロトコルが何なのかを述べるポリシーを中心にして構築された侵入検知システムである。このネットワークは、ポリシーを「受け入れ可能な」活動のパターンへと翻訳し、検知器によって記録された活動を分析することで、侵犯の探知を学習する。加えて、このネットワークには望ましくない活動と信頼できない検知器の違いを識別できる必要もある。うまくいく倫理的アシスタントは、人間の世界に由来する倫理的原則、たとえば誠実なビジネス関係のための仕様のような原則を、自分自身の世界の出来事（ポリシーから逸脱しない、信頼に足る通信のパターン）と結びつけることによって、接地させる。こうしたエージェントが限定された領域で信頼に足るようになるためには、人間の世界で身体化されている必要はないだろう。

より最近では、トーランスは、道徳的エージェントであるためには意識が必要だと論じている。もし彼が正しければ、ロボットが完全な道徳的エージェントになることが可能になる前に機械の意識についての研究が大きく発展しなければならない。

機械の意識という分野の主導的研究者はオーウェン・ホランドで、彼は二〇〇四年に百万ドル近い助成金を受取り、意識をもったロボットの構築を研究し始めた。ホランドの指摘では、意識をもった機械を構築するには三つのアプローチがある。

一、意識の構成要素《コンポーネント》を特定し、そのすべてを機械に実装する。
二、意識を生み出す機械（脳）の構成要素を特定し、それを複製する。
三、意識が発生する際の状況を特定し、その状況を複製し、意識が再び創発するよう期待する。

最初のアプローチはスタン・フランクリンがＩＤＡに関する研究でとったものである。二つ目のアプローチは視覚意識のプロセスに含まれる構造のニューラル・ネットワーク・モデルを構築しようとしているイゴール・アレクサンダーに代表されるものである。ホランド自身の戦略は、第三のアプローチに基づいており、自分が構築したロボットが身体化されている環境に、意識が創発した条件を再現しようと試みている。

機械の中の意識を実証しようとするこれらのアプローチはいずれも、何らかの意識の理論に大きく依存している。ホランドのプロジェクトは、ドイツの哲学者トマス・メッツィンガーが展開した理論に密接に結びついている。フランクリンのＩＤＡは人工システムの中で推論と情動を統合しようとする試みであり、神経科学者のバーナード・バースのグローバルワークスペース理論に基づいている。次の章では、ＡＭＡを構築するという目的にフランクリンのアプローチを活かせるかどうかに注目することにしよう。

第11章　もっと人間に似たＡＭＡ

あるものみな集めたら何が手に入る？

ここまでの二章では、ＡＭＡを構築するツールキットの一部となりうる基本的な計算コンポーネントについて述べてきた。しかし、断片を単一のエージェントにまとめることは些末なタスクではない。ＡＭＡが認知能力のより完全な品揃えをもつようになるためには、全体的なアーキテクチャが必要となる。計算機科学の用語では、「アーキテクチャ」とはシステムのコンポーネントとその相互作用の仕方を指す。したがって、ＡＭＡアーキテクチャの設計者は、どのコンポーネントを含めるのかを決める必要がある。ＡＭＡは、倫理的感受性と倫理的推論のため、それに特化した特殊なコンポーネントをもつべきだろうか？　それとも、倫理的感受性と倫理的推論はもっと一般的なメカニズムによって実行されるべきだろうか？

一つ目の種類のアーキテクチャの例として、第５章の冒頭で論じた、ロナルド・アーキンによる陸軍の援助をうけたプロジェクトを挙げよう。彼は、戦時の行動における複雑な倫理に対処できる戦闘ロボットの構築に取り組んでいる。アーキンが提案したアーキテクチャには、倫理に従事する四つのコンポーネントが備わっている。(1)許容可能な行動に課される厳格な制約を管理するための、「倫理調整器《ガバナー》」ベースの義務論理、(2)特定の戦闘状況に従事する際の軍事規則を実装する原則を内面化し、許容可能な選択肢の中から一つを選ぶ「倫理的行動管理」モジュール、(3)リアルタイムでの行動中には情動システムに従い、事後では反省的推論に従事する「倫理的アダプタ」、(4)致死的な武力行使の権限を与えて自律的な戦闘任務にロボットを送り出すことの含意をオペレータが適切に考慮したことを保証するため、ロボットと人間のオペレータの間のインターフェイスとして機能する「責任アドバイザー」。第9章で説明したシステムのいくつかを使って、アーキンは、これらのコンポーネントのそれぞれがどのように構築され、その相互作用がどのように制御されうるのかを描いている。しかしながら、そのシステムの大部分は設計図段階にとどまっており、アーキンは、致死的な力をもつ倫理的な自律的エージェントがすぐにでも利用可能になる、と楽観視することに対して警告している。当然ながら、致死的な力をもちながらも倫理には盲目なエージェントが最初に利用可能になる危険性はある。殺人機械を倫理的にすることの難しさを明らかにすることで、十分な防護措置を備えずにそのようなものを構築することにブレーキをかける助けになれば、AMA設計について考えるというプロジェクトは価値ある目的を果たしたと言える。そして、戦闘ロボットの道徳に関する是非はさておき、アーキンのシステムの四つのコンポーネントは他のもっと善意ある応用でも採用できると思われる。

AIについての多くのプロジェクトと同様に、アーキンのアーキテクチャは、人間の認知的アーキテクチャとして知られているものにほとんど頼っていない。タスクを完遂するための工学的アプローチとしては、これには何の問題もない。しかし本章では、我々はもっと別のアプローチに注目する。このアプローチは、ウェンデル・ウォラックとメンデス大学の計算機科学者スタン・フランクリンの間の議論から始まったものであり、本章の残りの部分はその成果である。このアプローチは、フランクリンが他の計算機科学者や神経科学者と協力して開発した認知の概念的そして計算的モデル、すなわち学習型知的分散エージェント（learning intelligent distribution agent；LIDA）

に基づいている。ＬＩＤＡがトップダウン分析と学習を含むボトムアップの傾向をどう取り込みうるか見ていこう。また、完全な道徳的エージェントにとって重要でありそうな情動的能力を組み込む見通しについても論じよう。

また本章で概説するアプローチは、冒頭で述べたアーキテクチャの二つ目の例、つまり特定の目的に対する倫理的モジュールではなく、知覚コンポーネントや情緒《アフェクティブ》コンポーネント、そして意思決定コンポーネントといったもっと一般的なものによって倫理的な感受性と推論能力を実装する例でもある。

フランクリンのＬＩＤＡは、高い評価を受けているバーナード・バースのグローバルワークスペース理論（global workspace theory；ＧＷＴ）に基づいており、バースの意見を参考に開発されている。バースは、サンディエゴの神経科学研究所を拠点とする人物である。競合する科学理論があるものの、ＧＷＴは意識と高次認知に関する最も有名で最も支持された理論である。フランクリンのＬＩＤＡは、ＡＭＡの設計に適用可能な人間の意思決定の計算モデルとして興味深い。それは、一つはＧＷＴとの関係という点により、もう一つは極めて包括的だという点による。ＬＩＤＡのように人間の知能の完全な複製を試みるシステムは、しばしば汎用人工知能（artificial general intelligence；ＡＧＩ）を有するとも言われる。もちろん、ベン・ゲーツェルのノヴァメンテ・プロジェクトのような、他のＡＧＩモデルに注目してもよかった。ゲーツェルは、十分なリソースさえあれば、今後十年以内にＡＧＩシステムを実現できると考えている。第10章で説明したアーロン・スロマンとロン・クリスレーのＣｏｇＡｆｆモデルも、もう一つの候補である。

人間に似た意思決定の計算モデルを開発するためにＧＷＴに注目した科学者はスタン・フランクリンだけではない。ロンドン大学インペリアル・カレッジのロボット工学者マレー・シャナハンとパリのフランス国立保健医学研究所の認知神経心理学研究者スタニスラス・ドゥアンヌも、人間の認知モデルとしてＧＷＴに目を向けた。フランクリン、シャナハン、ドゥアンヌのモデルはそれぞれ異なっているが、その違いはＡＭＡ設計に関係するものではないため、フランクリンのＬＩＤＡだけに焦点を定めて混乱を最小限に留めよう。

何事も構築することができなければ、それがどういう仕組みなのか実際にはわかっていない、というエンジニアの信条に従って、フランクリンはＧＷＴを完全に実装するシステムの設計に注力する。この方針によって彼は、低次の認知機能の動作を、それぞれの特異性に注目しながら理解することになった。そのような特異性は高次の理論の妥当性を検討するときにはしばしば見過ごされがちである。フランクリンは、脳の中で情緒《アフェクト》、記憶《メモリ》、推論、学習、手続きに関するさまざまなメカニズムが機能している仕方に関する最善の神経科学的理解に基づいたコンピュータ・システムを構築して、各活動を実行する能力が最も高いソフトウェア・ツールを、それがどんなものであれ利用しようとしている。

フランクリンのＬＩＤＡは、はっきりと道徳的熟慮を目標にして設計されているわけではない。むしろＬＩＤＡは、あらゆるエージェントが自分の環境を理解しようとするプロセスに従事する仕方に関するモデルである。エージェントは、多くの異なるソースと異なる種類の情報に基づいて、実行する次の行為を絶えず選択しなければならない。ＧＷＴは、どの対象が注意されるべきかという競争がある場合に、さまざまな情報の組の中から注意を向けるべき勝者が現れる仕組みに関する理論である。勝利した情報の組は意識を占め、脳全体に送信され、エージェントの次の行動の選択をうながす情報と結びつく。たとえば、利用可能な栄養源、調べるべき対象、遊び相手、脅威となる捕食者の存在のどれが注意を向けられるかという競争がある場合を考えよう。典型的な状況では、捕食者への注意が競争に勝利しなければ、長期的に生存できる望みはない。ＬＩＤＡモデルでは、道徳的な意思決定はそれ以外の意思決定と同じく、行為選択の一形態である。行為選択の観点から見れば、より人間的なＡＭＡには、特に専用の道徳推論プロセスが必要になるわけではない。むしろシステムに必要なのは通常の熟慮的メカニズムの集合だけであり、これが道徳的課題に関連する入力に適用されるのである。

ＬＩＤＡの設計者たちが作ったモデルには、毎秒ごとに複数の認知サイクルが存在し、各サイクルには注意をめぐる競争、意識を占める勝者、次の行為選択が存在している。我々が注目するのは、道徳に関連する情報への感受性が各サイクルに反映される仕方と、複数のサイクルが高次の分析に繋がる仕方と、複雑な課題が処理されて行為が選択される仕方と、エージェントが道徳的意思決定能力を洗練する仕方である。

ＬＩＤＡモデルは複合的であり、異なった機能を扱う多数のレイヤと別個のモジュールを用いている。それぞれ異なる形式の記憶《メモリ》（知覚記憶、一時的なエピソード記憶、手続き記憶など）のためのモジュールと、個々の処理を行うモジュール、一例を挙げると、外部と内部の両方から得られた感覚データを知覚に変換するための――たとえば椅子の存在や捕食者の存在を感知するための――モジュールがある。フランクリンは、特定の活動を実装するために、利用可能な最善のソフトウェア・ツールだと考えるものを使ってきた。

我々は、ＬＩＤＡが人間の認知モデルとしてどれほど満足いくものなのかを、あるいは特定の機能を実装するためにもっとよいハードウェアとソフトウェアがあるかどうかを評価しようとしているわけではない。我々が関心を抱いているのは、ＬＩＤＡのような複合的なモデルが、これまでの章で提起した人間の意思決定のさまざまな側面を実装するためのプラットフォームとして有用かどうかである。ＬＩＤＡモデルは完全に実装されたわけではなく、人間の認知に関する他のモデルもそうである。しかし、ＬＩＤＡの中核部分は、フランクリンがアメリカ海軍のために開発したＩＤＡというプログラムで実演《デモンストレート》されている。ＩＤＡプログラムは、海軍のディテイラー、つまり任務遂行の終わった水兵に新しい仕事を割り当てる役目を果たしている。海軍は三百人の常勤のディテイラーを雇っている。ディテイラーは水兵とやりとりして割り当てられる任務に関する要望を調べ、空きがあるポストと照合し、海軍のニーズおよび約九十のポリシーが満たされていることを確認し、提案された任務が満足いくものかどうかに関して水兵と交渉する。

ＬＩＤＡモデルは学習を伴うＩＤＡである。ＬＩＤＡの大部分は高度に理論的であり、個々のタスクを実行するための実際のソフトウェア・ツールは開発されていない。さらに、概念モデルを検証するには、システムを構築するための多額の予算が必要となる。フランクリンは、ＬＩＤＡを実装するために必要なさまざまな概念の詳細を肉づけしようと熱心だが、完全に機能するＬＩＤＡがＡＭＡに要求される道徳的な洞察力を示すかどうかは、システムを構築して検証しなければ判断できない。道徳的意思決定に必要なさまざまな能力を支援するコンピュータ上のＬＩＤＡを設計する最初のステップを概説しよう。ここでも我々の関心は、ＡＭＡを構築するための最善のアプローチとしてＬＩＤＡを支持することではなく、我々が提起した複雑さの多くを取り込んだＡＭＡの計算モデルの一例を提供することにある。まずは、人間の行為選択モデルとしてのＬＩＤＡの一般的特徴を説明しよう。

ＬＩＤＡモデル

次に何をすべきかを決めるために世界を理解することは、継続的な処理である。ＬＩＤＡモデルはこの働きを捉えるために、ＧＷＴに代表されるような意識的情報処理にデータを供給する無意識的メカニズムを記述しようとしている。図11・1は、左上の知覚入力から右下の意識と行動選択に至る一個のＬＩＤＡ認知サイクルを示している。

フランクリンの基本的な戦略（そして重要な貢献）は、ＧＷＴで記述される複雑な高次の認知処理と、そのような高次の処理を可能に、しかも計算可能にする低次のメカニズムの記述とを一致させることにある。これらの低次

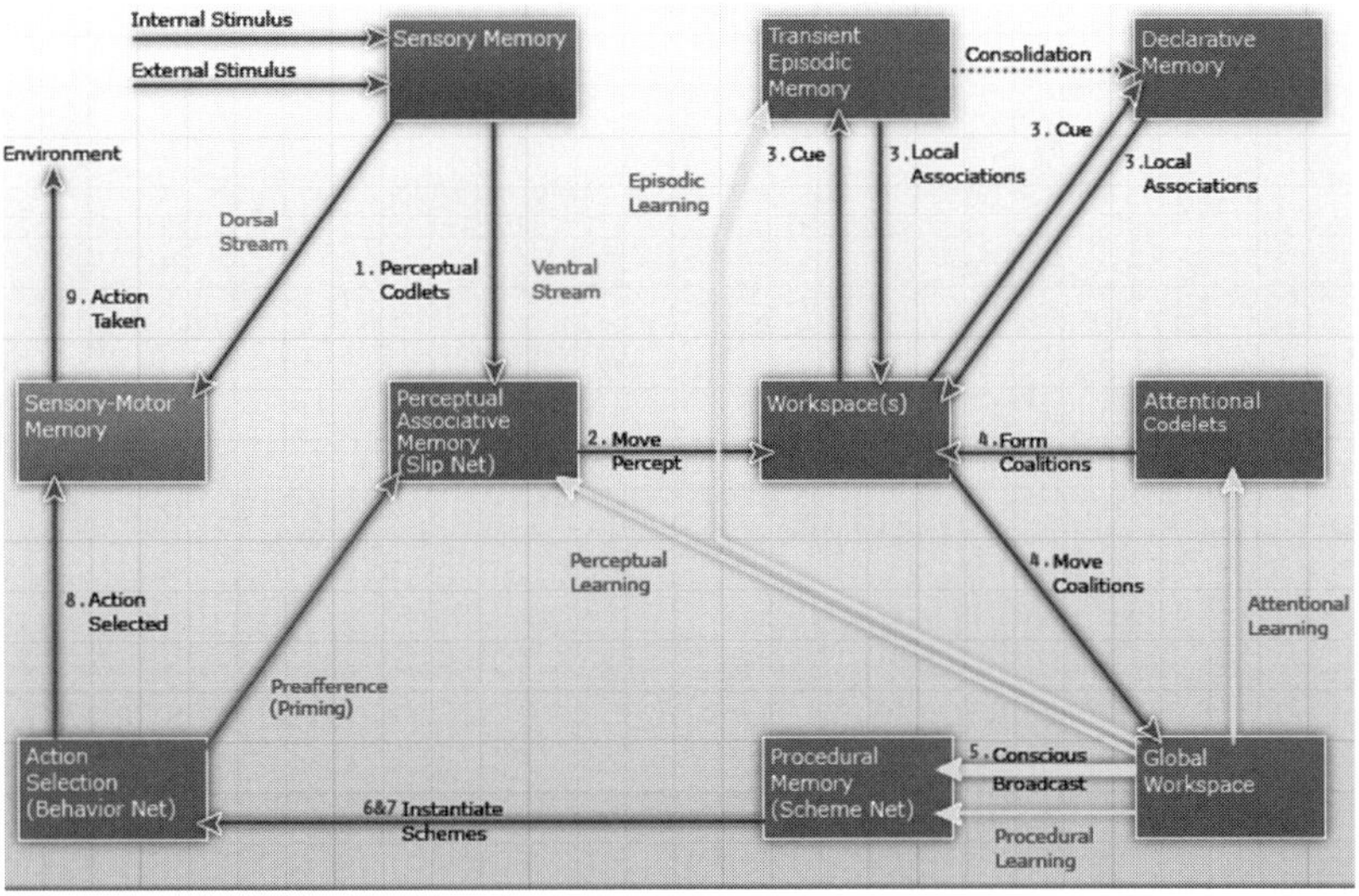

図 11.1　LIDA の認知サイクル（スタン・フランクリン，シドニー・ドメロ，オースティン・ハンター）．

のメカニズムは、個々のＬＩＤＡサイクルの中に捉えられる。個々のサイクルが、エージェントが環境と自分の内的状態を感じとり、これらの入力を処理し、適切な反応を選択するという、継続的なニーズを捉えている。フランクリンの想定では、大まかに言えば毎秒五個から十個のサイクルが存在している。すなわち毎秒五個から十個の離散的入力が意識に上り、五個から十個の行動が選択される。個々のＬＩＤＡサイクルは「原子」であり、そこからより高次の認知機能というもっと複雑な「分子」が構成される。

図11・1の左上隅には、外部と内部の双方の感覚入力を受け取るエージェントが示されている。大規模な並列処理を利用する無意識のメカニズムは、この入力をまとめあげて理解する作業に絶えず従事している。低次の感覚入力は相互に関連づけられ特徴（色やテクスチャ）を形成し、続いてそれらの特徴が結合されて物体、特定の人物、感情または出来事といったより高次の知覚になる。視覚入力の集合は、内部に蓄えられた情報と結びつき、たとえば椅子が存在することを表す。エージェント

のワークスペース内では、知覚と記憶《メモリ》の間で連想が形成される。一時的なエピソード（短期）記憶と宣言（長期）記憶では活性化した処理により局所的な連想が形成され、エージェントの世界についての内的な無意識の表象は広がっていく。馴染みのある顔が知覚されたことにより、記憶に保存されていたある名前と、エージェントとその人物との最後の相互作用が想起されたのかもしれない。その段階では、システムは見た目の似た人物、その特定された人物の同僚、その他の関連づけられたデータを含む他の情報を呼び出したのだろう。その中のいくつかは、当該の状況とは無関係である可能性もある。

その一方で、注意コードレット（単純な操作を実行するソフトウェアコードの断片）は、エージェントの注意を引くべき特定の情報を探して、ワークスペース内の表象を走査する。たとえば、一つのコードレットが、そのエージェントの天敵が周囲にいる証拠を探していると想像しよう。実際には、このコードレットの仕事は、捕食者の存在に注意するようにエージェントを促すことだが、他の注意コードレットは、エージェントを別の問題に注意させようと競っている。

その認知サイクルの勝者はグローバルワークスペースを占有するようになり、それによってシステムの全体《グローバル》に送信され、システムが適切な応用を見つけるのを助けるよう他のモジュールに呼びかける。フランクリンは、あらゆる認知サイクルの終わりには行為が一つ選択されると仮定しているが、選択された行為のいくつかが複雑な課題への完全な反応を生み出すためには、複数のサイクルが必要となる。

通常、意思決定は競合する証拠や目標についての意識的な反省を伴う熟慮的プロセスだと考えられている。熟慮は問題解決、推論、計画、およびメタ認知を伴うこともある。ＬＩＤＡモデルにおいては、これらの高階の認知処理は、その処理が典型的には複数の認知サイクルを必要とするという事実によって特徴づけられる。しかし、道徳に関係しているということができる状況の多くを含め、ほとんどの状況では、行為の選択は単一の認知サイクルで行われる。フランクリンが言うには、単一サイクルから行為が出てくるときは、意識的に熟慮が抑えられているのだそうだ。

より複雑な意思決定には意識的な熟慮が、ウィリアム・ジェイムズの言葉を借りれば「意欲的（volitional）」意思決定が必要となる。一八九〇年にジェイムズは、意欲的な意思決定を、一連の行為の内的提案者、反対者、そして支持者の間の交渉として考えるべきだと提案した。ジェイムズ自身は、寒い冬の朝にベッドから出なければならないという例を出しているのだが、現代では暖房がよく効いているため、目覚めたら喉が渇いていたというもっと馴染み深いであろう例を考えてみよう。目を覚ますと、オレンジジュースを飲むというアイディアが「心に浮かぶ」かもしれない。これはオレンジジュースの提案者によって意識へともたらされる。「いや、それは甘すぎる」と反対者が主張する。「ビールはどうだい」と別の提案者が言う。「朝からビールはないだろう」と別の反対者が言う。「オレンジジュースには栄養がある」と支持者が言う。それ以上の反対はないため、オレンジジュースを飲むことが選択される。

ＬＩＤＡモデルは、多重サイクル処理を用いることで、ジェイムズの意欲的意思決定をグローバルワークスペース理論において具体化させている。あるアイディアが意識に上るのは、それがそのサイクルにおいて勝利を収めた情報の組の一部だからである。個々の情報の組は、特にそれらの情報を探す注意コードレットによって作られる。たとえば、ある注意コードレットは、赤い物体といったような単純なものを探す場合もあるし、赤と血液を同時に探すこともある。ＬＩＤＡでは、ジェイムズのモデルで言及された提案者、反対者、支持者が、個々の注意コードレットとして実装されている。ワークスペース内で活性化された渇きのノードが存在しているとき、そのような注意コードレット、つまり提案者コードレットの一つが、オレンジジュースを飲むという行為を想起させるというタスクを持つ。別の注意コードレット、つまり反対者コードレットは、ワークスペースで「オレンジジュースを飲め」を表すノードを見つけると、オレンジジュースは甘すぎるという考えを想起させようと試みる。支持者コードレットも同様に実装されている。LIDAモデルには、タイムキーパーのコードレットや、ここでは完全には説明しない他のメカニズムも含まれている。これらのメカニズムは、意思決定プロセスが提案者と反対者の間で無限に反復するのではなく、手元の課題の解決に達することを確実にする。

この単純な概要は、LIDAモデルの開発で考慮されている分析の深さとレベル、および認知の特定の側面（そこには知覚と学習、記憶《メモリ》のモデル化、感覚と感情の役割などが含まれる）への応用のほんの一端を捉えているに過ぎない。スタン・フランクリンは多くの異なる計算機科学者や認知科学者との共著でIDAとLIDAに関する論文を五十本以上書いており、その多くはモデル内の特定のメカニズムに焦点を当てたものである。認知の特定の側面に興味を持つ読者は、これらがコンピュータ・システム内でどのように実装されるのか知りたければ、これらの論文をいくつか調べてみるとよい。本章では、LIDAのモデル内で道徳的な意思決定能力がどのように実装されるのかを探るという、フランクリンのもっと大きなプロジェクトについての議論を続けよう。

人間の道徳的意思決定とLIDA

人間の道徳的意思決定が形式的手続きに従っているという証拠はほとんどない。おそらく、訓練された倫理学者の中には、その時間があるときは実際に形式的かつ時間のかかる熟慮に従事している者もいるだろう。特定の道徳綱領へコミットしている個々人は、省察の必要がほとんど、あるいはまったくないまま、各々が好む道徳綱領の明示的な制約の範囲内ですばやく（おそらく一つの認知サイクル内で）課題に反応することを容易にする、内面化された感情、性格特性、ヒューリスティックをもつかもしれない。しかし、意思決定の大部分は何かしら乱雑なもので、情動、道徳感情、直観、自動化された応答という形式で現れるヒューリスティック、規則、義務、そしておそらく暗黙裡に効用や期待される成果の評価などといったものに頼っている。記憶《メモリ》や人格特性もこの混合物の中に入ってくる。たとえ同一の課題に直面したとしても、二人の人物が全く同じ方法で道徳的な意思決定を処理する可能性はきわめて低い。人間はハイブリッドな意思決定者であり、道徳的選択に対する独自のアプローチをもち、それは時と共に研磨され、自身の固有の経験によって変わっていく。

人間の道徳的意思決定の厄介さは、心理学者によって探求されてきた。少なくとも一九七〇年代ごろにはすでに、彼らは実験によって、道徳的には重要ではない入力が個人の行動にどのような影響を及ぼすかを探ってきた。たとえば、公衆電話で一〇セントを発見した直後の被験者は、苦しんでいる人を助ける可能性がずっと高くなる（九六％対一三％）。

同じ時代のもう一つの実験も挙げよう。発表を行う場所に向かうために道を歩いているプリンストン神学校の学生たちのそれぞれに、時間に遅れている、または時間通りだ、または早めに来ている、と告げる。途中で彼らは苦しんでいる人と出会う。この「善きサマリア人」実験では、遅刻だと告げられた人で足を止めて助けたのは一〇％だけであり、それに対して時間通りと告げられた人では四五％、時間が十分にあると告げられた人では六三％だった。事前に行われた彼らの宗教的・道徳的信念に関するアンケートに対する回答は、立ち止まるという彼らの決定とは有意に相関していなかった。

哲学者は、これらの実験の解釈と、この実験結果が倫理に関連しているかどうかについて活発に論じている。その議論はさておき、そのような環境の操作を受けやすいようにエンジニアがＡＭＡを設計すべきかどうかという問題には答えが出ていない。エンジニアがＡＭＡに何をしてほしいのかにかかわらず、予期せぬ入力に適応するのに十分な柔軟性をもつシステムは、必然的に、同様の操作を受けやすくなる可能性がある。

道徳哲学者の中には、人間の道徳的意思決定は乱雑であるため、道徳的意思決定の心理学と道徳哲学を区別しておくべき理由は明白だ、と考える者もいる。彼らの見解では、倫理学理論は道徳的意思決定を下すための手順ではなく、道徳的意思決定に反映されるべき理想を提供している。しかし、我々が論じたように、そのような理想が計算上扱いやすいものである保証はなく、それを追求するシステムをどのように作るかについての倫理学者からの説明もない。（そう言われると倫理学の理論家は「私の仕事ではない！」と言い返すだろうが、ごもっともである。）

エンジニアがAMAを構築する方法についてアドバイスを求めて、意図的に人間の心理を無視する倫理学者のドアを叩いても、倫理学者の持つ選択肢は比較的わずかしかない。さらに、我々が指摘したように、AMAの開発においてはボトムアップ要素が重要である。我々はこの精神において、道徳的なLIDAによってもたらされるかもしれない複雑さには追求すべき価値があると考えている。しかしこれは、小銭を見つけた後の方がより人助けをしようとするエージェントを実装するのが目標だということではない！　目標は、人間の心理のあらゆる側面を再現することではなく、現実の世界での行動を可能かつ倫理的にするような側面を再現することにある。

ここでの我々のタスクは、感情から規則まで、倫理的意思決定に対するさまざまな影響が機械論的に表象されるような枠組みを提供することにより、LIDA内でどのようにこの雑多なものを取り込めるのかを説明することにある。結果として生じるエージェントは、理論的には純粋でないかもしれない。それは完璧な功利主義者や完璧な義務論者ではないかもしれないし、倫理的理想を実現するものではないかもしれない。だがその目標は応用的なものであり、理論的なものではない。LIDAベースのAMAが意図しているのは、現実的な問題に対する実践的な解決策となるもの、つまり行為を選択するために利用可能な時間の中で、倫理に関連する情報を可能な限り多く考慮する方法である。

我々の議論では、六つの領域に注目しよう。

一、ボトムアップの傾向と価値観はどこで実現されているのか？　エージェントは、既存の価値観や意図を強化あるいは拒否するだけでなく、新たな価値観や意図をどのように学習するのか？
二、ＬＩＤＡモデルは、単一のサイクルから、意識に上っている情報が熟慮される必要があるという結論にどのように移行するのか？
三、ＬＩＤＡモデルではどのような規則や義務が表象されるのか？　何が規則を活性化し、それを意識的に注意されるようにするのか？　どのように一部のルールが自動化されて、それ以上、そのルールについて熟慮する必要がなくなるのか？
四、ＬＩＤＡでは、計画立案や想像力（さまざまなシナリオからの検証）をどのように実装できるのか？
五、熟慮の終了を決めるのは何か？
六、課題への解決策が決まったら、ＬＩＤＡモデルはその解決策が成功したかどうかをどのように監視《モニター》するのか？　ＬＩＤＡはこのモニタリングをどのようにしてさらなる学習のために利用できるのか？

ボトムアップの傾向・価値観・学習

第７章では、ボトムアップ戦略から創発する能力がＡＭＡの全体の設計に不可欠であるという見込みを示した。我々は、複雑な道徳的能力をもつシステムをボトムアップな仕方で開発するという技術的課題にエンジニアが対応できるかどうかを検討した。ＬＩＤＡはこの課題への対応に一歩を踏み出している。

洗練された道徳は、進化と経験によって形成された傾向について反省する能力を必要とする。人々は他のグループのメンバーである人間よりも、家族や隣人を自然にひいきする。これらの傾向は、行動とその結果に対する情動的・情緒的反応に取り込まれる。洗練された道徳的行為者《エージェント》はこれらの傾向によってもたらされる道徳的結果について反省することで、傾向を調整するための措置をとるかもしれない。たとえば、我々から非常に距離のある人々を支援する慈善団体への寄付をより熱心に行う者もいるかもしれないし、慈善は家庭から始まると考えて、近所の人々との強い関係をより熱心に築こうとする者もいるかもしれない。

たとえば、血液などの体液に関する嫌悪感など、人々の無意識的な反応に組み込まれた感情や固有の価値観は、ボトムアップからの道徳に影響を与えるかもしれない。だが、それが必ずしも社会が道徳的価値として認識している価値観を反映しているとは限らない。たとえばあるエージェントが、自分の直属するグループの一員ではない人に否定的な感情を自動的に向けると、それは偏見に繋がる可能性もある。道徳的観点からいえば、これらのボトムアップの傾向がトップダウンの考慮によってどのように使用され適用されているのかを理解することが重要だ。LIDAがこのハイブリッドな課題に提供するアプローチは、エージェントがボトムアップの傾向と、これらの傾向に暗黙裡に含まれている価値観を取り込む方法から始まる。

LIDAの中では、知覚記憶《メモリ》（長期記憶の一部）はスリップネット、つまり特徴、対象、有価感情を含む構造や概念を表現するノードとそれらの間のリンクのネットワークとして表象される。これらのノード間のリンクは、より複雑な構造（知覚）を形成できる関係を表している。これらの知覚は、システムの作業記憶《ワーキングメモリ》（ワークスペース）に渡され、そこから短期記憶と長期記憶の他の領域の関連情報を呼び出し、この情報はさらなる連想に繋がり、知覚を豊かにしたり変更したりする。

（肯定的あるいは否定的な）有価感情と対象・人・文脈・状況などとの連想は、エージェントの心の中で価値観とボトムアップの傾向が形成される第一の方法である。価値観は感情とその感情価に暗黙裡に含まれており、LIDAはこの働きを把握する。これらの連想は、感覚入力が知覚記憶《メモリ》のノード（対象、感情、アイディア、カテゴリー）

に接続されている場合には、知覚が生じている間に生起するかもしれない。これらのノードは、別々の記憶モジュールとしてＬＩＤＡの中に表象されるさまざまな記憶システムから取り出された情報を活性化し、その情報に接続される。

同じＬＩＤＡサイクルの中で生起する情緒《アフェクト》と知覚は連想を形成しがちだが、特に情緒的《アフェクティブ》入力が強い場合はそうである。とはいえ、感覚入力が特に強く持続されない限り、あるいは最初の入力が関連する記憶《メモリ》を呼び出さない限り、対象の知覚とその対象に関連する感情は急速に弱まり、消滅する。価値観の強さ――繋がりの強さ――は、持続的な感覚入力によって強化されるが、その情報に注意が向けられない限り、これらの価値観は短命である。注意は長期的な繋がりを強化し、学習を生み出す。

バースは、注意の各事例が学習に寄与すると仮定する。フランクリンのＬＩＤＡでは、各認知サイクルのグローバルな送信としてモデル化された意識的注意が、知覚間のリンクを強化する。注意が向けられるたびに、強力な記憶《メモリ》が――強い感情価とリンクされた記憶が――よりいっそう強化される。

ＬＩＤＡが直面する課題は人間に似たどんなコンピュータ・アーキテクチャの課題とも同様のもので、システムが新たな概念を獲得したり新たなノードを生成したりする方法はその一つである。第二の、とりわけやっかいな問題は、感情価をスリップネットに表象する方法である。それらは、身体的に表象されなければならないのか？　それとも、感情価の認知的表象を使用するだけで十分なのか？　もし感情から身体的な影響を捨象して、単なる記号列や数式として表象することになるのであれば、それを行為の選択の要因の一つにした際に、感情の意味をそっくりそのまま持ち込んだことになるのだろうか？

これらは簡単な問題ではないが、ＬＩＤＡは現在利用可能な解決策を統合するためのアーキテクチャを提供している。ＬＩＤＡのモジュール性を考えると、特定のハードウェアとソフトウェアのツール開発に注目した研究室から課題に対してもっと洗練された解決策が生まれてくれば、ＬＩＤＡはその解決策を統合することもできるかもしれない。

規則を含んだ道徳的熟慮

何らかの熟慮を必要とする道徳的ジレンマは繰り返し発生する――たとえば、誰かの頭の中で衝突する二つの声という形で。そうした声の中には、たとえば「汝盗むなかれ」というような規則の観点から議論の大枠を定めるものもあるかもしれない。ある行為に対立する規則、義務、あるいはその他の反論の活性化が熟慮プロセスに繋がる仕方を考えよう。そのような規則や義務は、ＬＩＤＡモデルでどのように表象されているだろうか？　何が規則を活性化し、意識的な注意を引くのだろうか？　もはや熟慮を必要としないほど自動化された規則があるとすれば、どのようにしてそうなっているのだろうか？

人間の道徳的ジレンマに関する内的対話の具体例が役立つかもしれない。あなたの働く会社が、新しい高価なコンピュータソフトウェア、たとえばAdobeのPhotoshopのライセンスをもっていると考えよう。仕事で使っているうちにこの新しいソフトウェア・パッケージが気に入ったので、あなたはこれを自宅のパソコンにコピーしたいと強く感じた。以下のように完全な言語や文法で行われるとは限らないが、内的対話が始まる。「Photoshopを自宅に持ち帰り、自分のＭａｃにプログラムをインストールしよう。」「あなたはそんなことをするべきではない。それは窃盗という違法行為だ。」「しかし私は、ソフトウェアを所有している自分の会社に利益をもたらす作業に関連するプロジェクトにそれを使いたいのだ。」「そうだろうね。でも、会社と関係ない個人的なプロジェクトにもそれを使うのだろう。」「それはそうだ。だが、作業のほとんどは会社に関連するものだぞ。」等など。

ＬＩＤＡでは、Photoshopを自宅のＭａｃにコピーするというアイディアを表象する提案者が、意識をめぐって行われる競争に勝利し、このアイディアが「心に浮かぶ」仕方をモデル化するかもしれない。この提案は一連の行為の開始を促すが、その直後のサイクルでは、反対者が「だめだ、それは窃盗だ」という考えを意識に上らせることに成功する。このプロセスは、複数の支持者コードレットを用いたその後の認知サイクルで継続され、さらなる提案と反論が競争に勝っては意識に送信される。以上のように戦いは続いていく。

最初の反論が、暗黙のうちに「盗むなかれ」という規則に基づいていることに注意しよう。提案サイクルの終わりには、Photoshopをコピーするという提案がワークスペース上にある。そこでこの提案は、長期的な宣言記憶《メモリ》の一部である意味記憶から「盗むなかれ」という規則を呼び出す。その規則は活性化され、ワークスペースの中の構造として、すなわちノードとリンクの集合として表象される。その後、一つの注意コードレットがこの規則と組を形成して、反対者となる注意コードレットを作るが、その情報内容は「窃盗になるのでPhotoshopをコピーしない」というものである。効果的であれば、意識に上る反論は、ソフトウェアをコピーするという考えに暗黙のうちに示された行動計画を食い止める。

規則と義務は、知覚構造として意味記憶《メモリ》に保存される。提案や反論によって呼び出されると、その規則や義務が作業記憶《ワーキングメモリ》の中に思い出されて意識に持ち込まれ、内的対話に参加する。支持者と反対者は、規則を呼び出すことができるということに注意しよう。比喩的に言えばタイマーが鳴るのに十分な時間、それ以上の反論がないまま提案がテーブルに置かれていれば、対話は止まる。その時点で、提案に即して行動するための手続き記憶の中のスキームが、行為選択メカニズムに提示される。提示されたスキームは高度に活性化しているため、危機あるいは介入アラームがない限り選択が保証される。

提案者あるいは反対者の活性化の度合いは、サイクルを経るごとに減退する（弱くなる）。したがって、強力な制約として機能する規則は、高いレベルの活性化を維持する必要がある。「殺すなかれ」などの規則が適切に機能するためには、その規則は強化される必要がある。これは、規則に関連した強力な感情価という形の感情によって実現できるかもしれない。人間の場合、恥、殺害への嫌悪、あるいは法律に対する恐怖という感情は、効果的に規則を強化する。しかし、それがたとえば戦場における殺人行動であるとか、子供や自分の保護下にある者を守るための行動であるなら、他の支持者が肯定的な感情価を与えることもある。

規則や義務の適用が意識に上るたび、それは——すべての意識的出来事と同様に——知覚学習のために利用可能なものになる。特定の規則が類似状況において頻繁に適用される場合、LIDAはその類似状況の要約版においてその規則を表象する知覚記憶《メモリ》内のカテゴリー・ノードを生成できる。我々の例では、道徳的な意思決定エージェントは抽象的ノード「あなたがライセンスをもっていないソフトウェアをコピーしてはいけない」を学習するかもしれない。もしそうしたノードが十分頻繁に強化されたなら、この規則の適用は自動的に行われるようになる。長い学習プロセスの間に、そのノードは他のノードへのリンク、特に否定的な感情価をもつ感情へのリンクを取得するようになる。こうしてソフトウェアのコピーが魅力的かもしれない状況に直面した時には、この規則ノードが知覚の一部となりうる。そうするとワークスペースに規則ノードが存在すること自体により、自動的に規則が呼び出されて、ソフトウェアをコピーせよという提案者コードレットによる提案が阻害される。

なぜ、内的対話が始まるのだろうか？ 我々は、それがどうやって始まるのかを見てきた。提案者となる注意コードレットが提案を心の中に浮かび上がらせることで始まるのである。しかしなぜ、たとえばソフトウェアのコピーのような行為が、熟慮を意識的に抑えられた、単一のサイクルから出てくる、対話をまったく伴わない行為として選択されるというわけにはいかないのか？ 特定の状況では、ソフトウェアのコピーは許されることもある。同一のユーザが使用するのであれば、オフィスと自宅の二台のマシンにインストールすることを許可するソフトウェア・ライセンスもある。これが十分な頻度で発生した場合、ソフトウェアをコピーするためのスキームは、このような状況をその文脈として、手続き的に学習されうる。以上の場合、ソフトウェアをコピーすることが、競争を意識的に抑えられた単一サイクルの選択による行為になることもありえる。しかしそのようなスキームが手続き的に学習されるためには、その行為が少なくとも一度は意図的に選択されている必要がある。つまり、なんらかの熟慮プロセスがそれを許可していなければならない。

一般的に、何かが単に選ばれるのではなく熟慮の対象になるのは、所与の状況が新規のものだと知覚されることによる。状況の新しさ、少なくとも見かけ上の新しさによって、エージェントは、それについて考えるように要求される。新たな状況は、元々備わっていたヒューリスティックに、あるいは学習により身につけたヒューリスティックにぴったり合うものではなく、そのために注意が要求される。新しい環境に注意を向ける時、その環境と結びつけられた提案と反論が自然と心に浮かぶのだ。

計画立案と想像力の実装

意思決定一般には、そしてとりわけ道徳的な意思決定には、さまざまなありうるシナリオを計画し検証する想像力が必要となる。我々がこれまでの章で説明してきたAMAを構築するためのアプローチは、一般的に、ありえる他の行為を考えて検証するためのメカニズムを欠いている（とはいえ、この点に関してBDIエージェントはある程度の能力をもっている）。LIDAモデルは、多くの従来のAIのプログラムと同様に、さまざまな状況を評価するために用いることができる内的モデルを構築する能力をもっている。たとえば、チェスでガルリ・カスパロフを打ち破ったシステム、ディープ・ブルーIIを考えよう。これは、実行するべき最善の手を選択するよりも前に、多くの指し手を検証していた。

ＬＩＤＡモデルは、従来のＡＩとは異なった方法で計画立案と選択肢の評価にアプローチする。古き良き人工知能（good old-fashioned artificial intelligence；ＧＯＦＡＩ）では、プログラマは、ありうるシナリオを評価するための基準の多くを事前に決めておく必要があった。ＬＩＤＡでは、シナリオの作成と評価は、個別のタスクを実行する個々のコードレットによって行われる。シナリオは、それぞれが特定の種類の情報を探す数千もの注意コードレットによって評価されることもある。自分の関心に関連する情報を見つける注意コードレットは、その情報を意識にもたらすために競争する。もし一つのコードレットが、たとえばあるシナリオにおいて流血を表現する情報を発見したとすると、このコードレットは、そのシナリオが人間ないし動物への危害に繋がるのかどうか調査するよう他のコードレットに促す。コードレットは、道徳的な意思決定のために特に有用なモデルである。というのも、そこで誰かが事前にシナリオを評価するための道徳的基準を指定する必要はないからだ。数千もの注意コードレットが道徳に関連する情報を探す一方で、自身の受けた指令や自身の機能にとって関連する情報を見つけたコードレットだけが注意をめぐって競争するのである。

ＬＩＤＡにおける想像力は、ワークスペースの中に構造を構築するタスクを受け持つコードレットによって、ワークスペース内に作られるモデルに対応する。世界の内的モデルのコンポーネントは、知覚記憶《メモリ》の中のノードとリンクである。ＬＩＤＡにおいて行為の選択は、各認知サイクルの最後の段階に行われる。そこでいう行為とは、ワークスペース内のモデルにコンポーネントを一つ追加するという程度の単純なものかもしれない。ワークスペースの中のモデルを繰り返し変更することで、多くのサイクルにわたって想像力に富む熟慮を続けることができる。

ある町における緊急サービスを設計して設置場所を決めるというタスクを与えられた都市計画者を考えよう。計画者は、特定の場所にさまざまな施設を配置することでシナリオを構成し操作するために、複雑な内的挙動の流れを学習するという訓練を受けてきたことだろう。他の内的挙動の流れには、機能的、美的、および道徳的な基準を使用して、このようなシナリオ（救急車、消防署、警察、病院施設の場所についての心の中の計画）の評価を可能にするものもある。意欲的な意思決定は前述のように、構成されたシナリオのどれを選択するかを決定するためにさらに別の挙動の流れを採用するだろう。身体化されたＬＩＤＡベースのロボットはアイディアを紙の上にも書くかもしれないが、ＬＩＤＡにおいて、このような仕事を行うための中心的な場所はワークスペースである。

究極的には、道徳的熟慮がＬＩＤＡによって適切にモデル化されるためには、道徳に関連する情報に敏感な注意コードレットが設計される必要がある。そのように道徳に敏感なコードレットの設計が、具体的な情報を検索するコードレットの一般的な設計と異なるかどうかはまだわからない。しかしたとえば、我々は最低限、ＡＭＡの行為によって影響を受ける人々の表情や声に関する具体的な情報に敏感な注意コードレットがその一部に含まれることを期待する。コードレットの利点は、それらがますます多くの関連する要因を考慮に入れるための、無限に拡張可能なフレームワークを提供するという点にある。

解決、評価、さらなる学習

ＬＩＤＡベースのエージェントは、提案に対する反論がもはやなくなれば、解決に到達するだろう。サイクルが繰り返される中で反論の活性化の度合いが減退することを考えると、強く強化された提案は、やがて弱い反論を打ち破るだろう。しかし提案とその支持者もまた、やがて活性化の度合いを弱めてしまう。弱い提案もまた、注意を要求する他の関心との注意をめぐる競争に敗れてしまい、エージェントにその課題に取り組ませようとする圧力やニーズはそのことで取り除かれるかもしれない。規則や義務やその他の反論者が高度に活性化されると弱い提案者よりも長く持続するため、それらの強力な反論に対してはもっと創造的な提案を開発せざるをえなくなる。

しかし、すべての反論が退けられるよりも先に、時間の圧力が決定を強いる可能性がある。提案や反論の強さの減退、意思決定に課される時間的圧力、そして他の懸念からの圧力は、課題への応答が不十分あるいは不完全だったとしても、その応答の選択を促す可能性がある。さらに、道徳的熟慮は、たとえたっぷり持ち時間があっても、すべての反論を撃退することはめったにない。道徳的な意思決定は時として乱雑なものだが、LIDAアーキテクチャはその複雑さにもかかわらず適応的な行動を生み出す可能性がある。将来のLIDAベースの道徳的エージェントは、人間の行為者《エージェント》にできるよりも広い範囲で、提案や反論や裏づけとなる証拠を考慮して、そのことによっておそらく多くの人間よりも満足のいく行為を選択するかもしれない。

LIDAモデルは固定された道徳的価値観を核としてもつように設計されているわけではなく、人間の行為者《エージェント》のように、強く強化された衝動と提案に基づいて、他者のニーズを必ずしも考慮することなく行動する可能性がある。これは前述の善きサマリア人実験のような実験によって明らかになった問題である。哲学者の中には、そのような実験は安定的な道徳的性格の概念が神話に過ぎないことを示しているのだと主張する者もいる。一方で、そのような実験は、倫理学とは人間がどのように行動するかという問題ではなく、通常の心理的傾向を超えて反省的な自己制御をするための理想を提供するものだ、というアイディアを強化するだけだと論じる哲学者もいる。これらはLIDAの現在の技術的能力を遥かに上回る問題である。しかしLIDAが提供するものは、道徳教育や良い性格の発達のより完全なモデルのための第一歩を提供することができるコンピュータ学習のモデルである。

LIDAベースのAMAが自分の行為を監視する仕方は、その道徳的発達にとって重要だろう。道徳的課題への解決策が決定されると、そのようなエージェントは、結果として生じた行為の成果を、他のどんな行為を監視するのとも同様に、主として期待コードレットを用いて監視する。期待コードレットとは、選択された行為によって生成される注意コードレットである。この期待コードレットの仕事は、行為の結果に関する情報を意識にもたらすことにある。とりわけ、期待コードレットは、行為の期待された結果と実際の結果の間に相違があると活性化されるだろう。この相違に注意を払うことで、将来の似たような課題にその行動スキームを適用することが強化されることもあるし、阻害されることもある。このやり方で結果が予測にどのように相関するかと注意することは、手続き的学習に貢献するだろう。この手続き的学習の一般的モデルは道徳的発達に応用可能だろう。ここでいう道徳的発達とは、あるエージェントが、行為を選択する際に、そして選択された行為の肯定的な道徳的結果を期待する際に、明示的に道徳的考慮を持ち込むようになるという意味での発達である。

もっと先に進む

GWT―LIDAモデルのような包括的理論は、さまざまな情報源からの入力を統合するフレームワークを提供する点にその価値がある。LIDAなどのモジュール化されたシステムは、広範な入力をサポートできる。モジュール化されたコンピュータ・システムは、一つの設計チームの工夫に完全に依存するわけではない。包括的システムの設計者は、感覚入力、知覚、あるいは意味記憶《メモリ》および手続き記憶を含むさまざまな形態の記憶を管理するために、他の研究者によって開発されたモジュールを選択するにあたり、最善のものを利用できる。GWT―LIDAモデルでは、異なる情報の組による意識をめぐる競争、勝利した情報の組のグローバルな送信、そして各サイクルにおける行為の選択が、さまざまな情報源からの入力を統合するためのメカニズムである。情報の無意識の並行処理、サイクルの速度、および高次認知機能への多重サイクル・アプローチは、LIDAのような道徳的エージェントが道徳に関連する多くの入力を統合して選択と行為に結びつけることができるという見込みを提供する。

にもかかわらず、我々はＬＩＤＡのようなＡＩプロジェクトがすべての問題を解決できるという印象を与えたくない。シナリオを検証するための他のＡＩによる手続きと同様に、ＬＩＤＡはスケーリングの課題、すなわち複雑なシナリオの構築と評価を処理するためにその戦略を適用できるかどうかという課題に直面しなければならない。さらに、上述の議論は、さらなる多くの疑問を提起する。これらの記述によって示唆されたメカニズムは、人間の意思決定プロセスの重要な側面を捉えているだろうか？　たとえ人間とは異なる仕方で機能しているとしても、ここで描写されたメカニズムは道徳的意思決定の実践的な要求を捉えるのに十分だろうか？　人間の道徳的意思決定の豊かなダイナミクスを捉えるには、異なる規則（提案者と反対者）の間の衝突を表象するメカニズムはあまりに単純すぎるのではないか？　これらのメカニズムを実装している初歩的なシステムは、さまざまな文脈で機能する自律システムが遭遇する、より洗練された道徳的課題に対応できるようにスケールアップできるだろうか？　ＧＷＴとＬＩＤＡモデルによって示唆された意識の機能モデルは十分か？　あるいはエージェントは、ここで描写されたシステムでは捉えられない、何らかの形の現象的経験を必要とするだろうか？　社会的側面についての完全な記述がなくても、道徳を本当に理解できるのか？　ＬＩＤＡは、競合する利害関係をもつ行為者《エージェント》間での衝突を管理したり調整したりすることに関係するような繊細な社会的交渉をどの程度うまく扱うことができるのか？

　フランクリンおよびＬＩＤＡモデルを扱っている他の研究者は、ＬＩＤＡがこれらの課題に対応できる方法を提案できるかもしれない。だがそのアプローチは、初めのうちは概念実証すら経ていない単なる理論でしかないだろう。たとえば、フランクリンはＬＩＤＡが社会的状況の中で適切に機能するためにはＴｏＭのようなものが必要とされると考えており、他者の信念や意図を理解できるようにモデルを適応させる方法を研究している。彼は、ＴｏＭを既存の構造を使ったモデルに組み込むことができると信じている。本書の執筆時点では、ＬＩＤＡにＴｏＭは存在しないが、たしかに、人々の顔に現れる情動に敏感な前述の注意コードレットは、この能力を構築する一面ではあるだろう。

もちろん、多くの人々は、道徳的能力の機械的説明を疑ったままだろう。しかし、ことわざにあるように、論より証拠である。我々が述べたことは、完全に機能するＡＭＡが計算システムから出現することを示しているわけではない。むしろ我々は、この可能性を模索するための豊かな実験的枠組みの一つを概説したのである。

この章で概説したＡＭＡ構築へのアプローチは、第９章で説明したアプローチとは異なっている。第９章では、道徳的意思決定の一つの側面に注目したいくつかのソフトウェア・プロジェクトを概観した。本章で扱ったのは、複数の種類の道徳に関連する考慮事項を組み合わせるための一般的アーキテクチャを提供するアプローチである。しかし現段階では、ＬＩＤＡは部分的にしか実装されていない、ほとんど概念上のモデルにすぎない。第９章で説明されたような、現在完全に実装できるがそれほど野心的ではないプロジェクトを追求するほうがよいのか、それともＡＧＩを備えたシステムを開発するほうがよいのかは、現段階ではわからない。実際には、最善のアプローチがあるという考えは誤解に繋がるかもしれない。第９章と第10章で説明した特殊なアプローチを、ロナルド・アーキンが提案したような特化型モジュールからなるアーキテクチャや、あるいはＬＩＤＡのようなグローバルモデルに組み込んでいくという方法もあるかもしれない。だが、本章と第９章での説明で我々が言いたかったのは、倫理的なソフトウェアがＳＦ小説のページを離れ、実際のプログラムのコードを形成しているということである。これらの努力がいかに原始的なものであろうと、ＡＭＡを設計する実験は始まっているのだ。

第12章　危険、権利、責任

明日の見出し

「ロボットが市民権を要求し、ワシントンに向かってデモ行進」
「テロリストのアバター、ヴァーチャル行楽地を爆破」
「ＩＢＭのディープ・ブルードーラがノーベル文学賞を受賞」
「ＦＡＲＬ（ロボット解放軍）によるジェノサイドへ非難の声」
「ナノボットが心臓穿孔を治療」
「ＶＴＢ（ヴァーチャル・トランザクション・ボット）が通貨市場において個人資産を増やす」
「国連が自動複製ＡＩの禁止を討論」
「連続ストーカー犯がロボットセックスワーカーを狙う」

これらは今世紀中にも現実になる見出しだろうか？　それとも単なるＳＦ作家向けのネタだろうか？　近年、計算機科学者や法学者や政策の専門家が、高度に知的な（ロ）ボットが日常生活において人間とのやりとりに加わるときに生じそうな課題に真剣に取り組み始めている。レイ・カーツワイルやハンス・モラヴェックのような著名な科学者が、人間よりも優れた知能をもつロボットについて、そしてコンピュータシステムに心をアップロードすることで人間が永遠の命を得る方法について熱弁している。彼らは二〇二〇年から二〇五〇年頃には人間に匹敵する知能を備えたコンピュータが出現すると予測しているが、これは心についての計算説（computational theory of mind）と、ムーアの法則が今後数十年に及ぶという見通しに基づいている。法学者は、意識をもったＡＩが法的な目的のために「人格」を付与されるべきか否か、あるいは最終的に人間と同等の権利をもつべきか否か、と論争している。政策立案者は、これまでに知られていたような人間の生き方を潜在的に脅かす可能性のあるテクノロジーの開発を規制する必要があると考えている。道徳的意思決定機能を（ロ）ボットに組み込もうとすることに関する論文は、未来の思弁的なシナリオに関する書物と比べると、その数はいわゆるバケツの中の一滴である。

新たなテクノロジーが組み合わされれば、新たな可能性に繋がるだろう。遺伝学、ナノテクノロジー、および神経薬理学といった分野における進歩は、人間の予測能力をはるかに上回る仕方で互いに組み合わさり、そしてＡＩとも組み合わさる。超知能（ロ）ボットは、ＡＩ研究から生じる可能性のあるテクノロジーの一例にすぎない。蝸牛インプラント、人工四肢への神経接続、パーキンソン病の症状を緩和する深部脳刺激といった神経補綴における現在の研究の延長線上には、サイボーグ文化が発展する可能性が自然と開けているように思われる。将来のサイボーグは、コンピュータと脳の神経接続の助けを借りて、サイバースペースとＲＬ（現実の生活《リアル・ライフ》）の境界線を消滅させることさえあるかもしれない。血流内のナノボットの活動を外部のコンピュータに接続するインターフェイスは、損傷した臓器を修復するだけでなく、身体的能力や精神的能力を強化する可能性を開く。しかし、外部から制御されたナノボットは、人の内面生活への悪質なアクセスも可能にしてしまうかもしれない。

どの未来主義的展望が近い将来（二十年から五十年後）に起こりそうなことで、どれが思弁的な空想なのだろうか？　レイ・カーツワイルのような人々がシンギュラリティ（ＡＩが人間の知能を超える地点）は近いと予言するたびに、そのような主張を疑ってかかる同じくらい有名な科学者も二種類いるだろう。人間がＡＩの発展的形態を作り出すのは不可避だと信じている科学者でも、強いＡＩが可能になる時期については見解を異にしている（十年から二百年まで）。それに対して取り組み全体に懐疑的な人は、そもそも可能かどうかという点で見解を異にしている。懐疑派は克服しなければならない技術的課題の難しさを強調するが、信奉者はそれを軽視しがちである。真の信奉者はＡＭＡを構築する際の倫理的課題を糊塗する傾向にある。一方で懐疑派は、構築されたシステムが身につけた価値観では望ましい行為とは程遠いものが行われてしまう、というリスクにより敏感であるように我々には思われる。以上のことは一般化にすぎないが、超知能をもつＡＩシステムの倫理を信奉者が論じる時、彼らは、なぜ人間はそうしたシステムの恩恵を信頼できるのかについて、疑わしい前提や、そうでなければ素朴すぎる前提をもつ傾向にある。これらの相違点について、我々が観察しているのは、心理学的な方向性（コップの中の水はまだ半分もあるのか、それとももう半分しかないのか）だけかもしれないし、自分のプロジェクトを偉大な挑戦であると思いこんでいる人々は、そのプロジェクトから生じる社会利益に関して楽観的である必要があるということだけかもしれない。

比較的初期段階にある現状の（ロ）ボット・テクノロジーと、間もなく起こりそうなことに関する思弁との間のギャップを測るのは難しいかもしれない。もちろん、研究は日進月歩で発展している。とはいえ、人間を超えたＡＩではなく、人間に似たＡＩであっても、政策決定者や一般市民によって深刻な可能性として考慮されうるようになるまでに、大きな技術的閾値を乗り越える必要がある。

本章では、ＡＩに道徳的意思決定能力を実装しようとする際のより未来主義的な考慮事項のいくつかを論じる。最初にはっきり言っておこう。これらの未来主義的な省察は、ＡＭＡを構築するためのコードを書く役には立たない。しかし、(ロ)ボットの行動に誰が責任を負っているのか、ロボットが閾値を超えて自分の行動の責任を負うところにまで至るのはどのような時かという法的な疑問は、間違いなく本書のテーマに関係している。将来の研究を規制または放棄する必要性に関する政策論議はＡＭＡの開発に影響を与えるし、政策論議もまた、(ロ)ボット・テクノロジーの安全性を保証する進歩がどんなものであれその影響を受けるだろう。さらに、社会政策は大衆の希望と恐れの影響を受ける。少しばかり運が良ければ、人工知能の開発に向けられる公共政策は、推測や誇大広告ではなく現実的にありうることについての情報に基づいて進められるだろう。我々はまず、希望と恐れの問題を扱って、それから道徳的行為者性《エージェンシー》と法的責任の問題に目を向ける。そして、(ロ)ボット・テクノロジーの研究が歓迎されるべきか、規制されるべきか、それとも放棄されるべきかという問題についていくつかコメントをして締めくくろう。

未来学

超知能をもち自己複製的な人工物があらゆる重要な決定を下す可能性は、ロボットやその他の形態の自律的ＡＩが最終的に世界を奪い取り、人類を支配し、駆除することさえあるかもしれないという憶測を引き起こした。科学者や技術者の中には、そうした発展は自然で不可避的なものだと考える者もいる。その一方で、それはありうることではあるがその可能性は低いものだとか、不可避的とはいえないとか、あるいはロボット工学とＡＩに関する歪んだ一般的イメージに繋がる誇張されたシナリオであり、さらなるＡＩの発展にダメージを与えるものだと考える者もいる。

——イヴァ・スミット『ロボットよ、どこへ行くのか？』

（ロ）ボット工学に関する未来主義的な文献では、知能機械がそれを作ったエンジニアの制御を超えて、道徳的エージェント、あるいは不道徳なエージェントとして行為するシナリオが描かれる。ユートピア的な未来像でもディストピア的な未来像でも、重要な役割を担うのは（ロ）ボットだ。

ＡＩシステムが人間を追い越すとまではいかなくとも、すぐにでも人間と等しい知能をもつようになるという考えは、技術的空想《ファンタジー》を生み出し、将来のロボットが人間の地位を強奪してしまうことへの恐れを生み出す。おそらく、未来予測のいくつかがそうであるように、自己複製を行う（ロ）ボットがありうるとすれば、それは実際に人類を圧倒する脅威となるだろう。ところが、自己複製テクノロジーに関する『ワイアード』誌（二〇〇〇年）でのビル・ジョイの有名な嘆きにもかかわらず、自己複製ロボットが大きな脅威になる可能性は低い。ブランダイス大学のロボット工学者ジョーダン・ポラックは、病原体や複製ナノテクノロジーとは異なり、（ロ）ボットは原材料と生産インフラの両面で多大な資源を必要とする、と指摘している。（ロ）ボットの複製を食い止めるには、インフラを破壊したりサプライチェーンを断ち切ったりするだけでよい。ダニエル・ウィルソンもまた、『ロボットの蜂起を生き抜く方法：来るべき反乱から自分自身を守る秘訣』という皮肉なユーモアに満ちているが有益な情報に富む著作の中で、ロボットが人間の地位を強奪することについての過度の恐れの不合理さを捉えている。

にもかかわらず、大きなロボットの複製を止めるための戦術は、小さなナノボットを扱う場合にはあまりうまく行きそうにない。その一方で、いくら小型化の時代だといっても、ナノボットが高度に知的になることはありそうにない。知的であろうとそうでなかろうと、自己複製するナノボットが地球上のすべての有機素材を食べてしまうというグレイ・グー・シナリオは、危機を煽りたがる人々に愛されている。これはナノテクノロジーによって生じる深刻な倫理的課題を象徴している。そしてマイケル・クライトンがその小説『プレイ：獲物』で描いたように、協調的なナノボットの集団が恐るべき群行動を示すことはありえるかもしれない。

シンギュラリティの到来やＡＧＩをもったシステムの高度化に関心のある未来学者は、一般的に、友好的《フレンドリー》ＡＩの必要性に言及する。友好的ＡＩというアイディアは、そのようなシステムが人類を駆除しないように保証することの重要性を把握しようと意図したものである。しかし、このプロジェクトについて語っている人々が、ＡＩを友好的にするために必要となるであろう大仕事《ハードワーク》にどれだけコミットしているのか、先進的ＡＩが善良でないかもしれないという心配――人間を超えたＡＩへの突進を邪魔する政策を導くかもしれない恐れ――を静めるためにこのプロジェクトにリップサービスをしているのかどうかを判別するのは難しい。

友好的《フレンドリー》ＡＩという概念は、人工知能シンギュラリティ研究所の設立者の一人であるエリエゼル・ユドカウスキーによって考案され、展開されたものである。この研究所は、ＩＴの加速的な発展が最終的には人間よりも賢いＡＩを生み出すと想定し、この課題によってもたらされる機会とリスクに対処するという目標を表明している。エリエゼルは才能ある若者で、彼のもつアイディアは時として天才的である。彼は、ほとんど宗教的といってもいいほどに、シンギュラリティは不可避だと信じている。ＡＩを友好的にするという彼の考えは、そうしたシステムが、人間に価値を見出すように、そして人間に関して考慮すべき事柄に敏感であるように訓練されるための先進的能力をすぐにでももつだろう、と前提している。

ユドカウスキーの提案では、人間に対して「友好的《フレンドリー》」であるという価値こそが、「ハード・テイクオフ」として知られる理論上の臨界的転機が到来する前に、ＡＧＩに統合されなければならないトップダウンの原則である。「ハード・テイクオフ」理論では、シンギュラリティへの移行に長い時間がかかるとする「ソフト・テイクオフ」とは対照的に、この移行が非常にすばやく、おそらく数日のうちに完了するだろうと予測される。このアイディアは、いったんシステムが人間に近い能力をもてば、そのシステムは自分自身のコードを修正し始め、その発展は指数関数的に進行するだろうというものである。そのようなシステムは能力面ではすぐに人間を追い越すだろう。恐ろしいことに、もしそのようなシステムが人間に対して友好的でなければ、それは人間が人間以外の動物や、下手をすると昆虫を扱う仕方と大差ないような仕方で人間を扱ってしまうかもしれないのだ。

しかし、ベン・ゲーツェルは、友好的《フレンドリー》AIというユドカウスキーの戦略に成功の見込みがあるとは信じていない。ゲーツェルはAGIの構築に従事している主導的な科学者の一人である。彼のノヴァメンテ・プロジェクトは、現在のところ、人気のオンライン世界であるセカンドライフで機能するAGIの開発に向けられており、彼は十分な資金があればこれがあと十年で可能になるだろうと信じている。人間に対して「友好的」であるということは、AGIにとっての自然な価値観とは言い難い。それゆえ、この価値観が自己修正を何周も生き残ることはありそうにない、とゲーツェルは懸念している。彼の提案では、AGIは一定数の基本的価値に沿うよう設計される。AIの道徳に関する最近の論文で、ゲーツェルはシステムのアーキテクチャに実装するのが容易な抽象的な基本的価値——たとえば、多様性の創出、価値あると証明されている既存のパターンの保存、自分自身の健康の維持——と、経験を通して学習する必要のある、実装するのが難しい基本的価値を区別している。これらの「難しい《ハード》基本的価値」の中には、生命を保護し、他の知性体や生命システムを幸福にすることなどが含まれる。経験がなければ、何が生命であり何が幸福なのかということをシステムに理解させるのは難しいだろう。

ゲーツェルの提案では、「AGIに容易な基本的価値を実装すること」は可能である。これは、「人間にとって有益であるだけでなく、AGI自体の文脈においても自然なものを指す（つまり、進行中のAGIの自己修正プロセスによっても比較的保存されそうなものである）」。そして、彼は「システムに難しい《ハード》基本的価値を与えるための経験的な訓練アプローチ」を用いる戦略を提唱している。彼は謙虚な態度を心がけており、その提案も適度に穏当なものである。

最後に、しつこいと思われるかもしれないが、私はこれらの発言がすべて単なる思弁と直観だということをもう一度強調したい。私が思うにこれらの問題については、人類以下ではあるものの適度に知的なＡＧＩを作り出し、それを用いて実験した時になって初めて、実践的な意味でもっと多くのものを得られるだろう。その時まで、道徳的なＡＧＩへの正しい経路に関していかなる断定的な主張をしても、場違いで不適切なものになるだろう。

我々はゲーツェルに同意し、知的システムから生じる深刻な将来の可能性を省察することが重要であるとしても、それらのシステムを道徳的にする戦略を定式化するのは難しいだろうと考える。そもそも、計算機科学者は、ＡＧＩをもつ(ロ)ボットに向かう可能性が高いプラットフォームがどれなのか見つける必要があるだろう。

ピーター・ノーヴィグはＧｏｏｇｌｅの研究担当ディレクターであり、『エージェント・アプローチ：人工知能』という現代の古典となっている教科書の共著者でもある。彼は、機械にとっての道徳はＡＩとともに開発しなければならず、将来の進歩だけに依存してはならないと考える者の一人である。本書をここまで読んだ読者には、道徳的な機械を開発するという課題に対する我々の考え方もこれと同じだ、というのは明らかだろう。

(ロ)ボット・テクノロジーの発展が人類に損害を与えかねないという恐れは、科学者にはシステムを開発する際に道徳的考慮事項に取り組む責任がある、ということを強調する。中国武漢市の武漢大学で人工知能研究グループを率いているヒューゴ・デ・ガリスは、先進的ＡＩがもたらす可能性のある課題に特に敏感なＡＩ科学者である。デ・ガリスは、数十億の人工ニューロンから脳を構築することに取り組んでいる。彼は特に、彼自身の研究も含め、ＡＩ研究がもたらす潜在的な負のインパクトを指摘するために声を上げている。彼は、発展したアーティレクト（「人工知識人（artificial intellects）」という言葉から彼が作った造語で、超知能的な機械を指す）を支持する人々と、アーティレクトを恐れる人々の間で戦争が起こるのではないかと予測している。

オックスフォード大学で世界トランスヒューマニスト協会と人類未来研究所の双方を設立した哲学者ニック・ボストロムは、超知能的機械は倫理的思考という点で人間をはるかに上回るだろうと示唆している。しかしボストロムは、そのような機械が知的に優れており、止めることができないとすれば、その設計者は人間に友好的《フレンドリー》な動機を機械に提供しなければならない、と警告している。

我々が第7章で論じたジョシュ・ストールズ・ホールは、人間は肯定的価値観をもつように人工エージェントを進化させることができると信じている。ホールと同様に、ボストロムも超知能システムは人類にとって有益な方法で行為すると一般的に考えている。オハイオ州にあるメソジスト神学校のマイケル・レイ・ラチェットはさらに一歩進み、AIの開発は「人間が想像できるかぎり完璧に道徳的であるような」存在者《エンティティ》に向かうと予測している。「この存在者の共感的な想像力は、意思決定のプロセスで真に可感的なあらゆる存在の苦しみと痛みを考慮に入れるだろう……人間は次第にこの存在者の道徳的意思決定に依拠するようになるだろう」と。ラチェットの文章が示唆するように、おそらく「存在者《エンティティ》」という言葉は「神《デイティ》」に置き換えたほうがよい。

我々は、AIの未来を予測できると言いたいわけではない。にもかかわらず、我々の懐疑的な考えから見れば、以上のかなり楽観的なシナリオは盲目的な信仰に限りなく近い前提に基づいている。AIの先進的な形態を構築するためにどのプラットフォームが最も成功するかは全く不明瞭である。プラットフォームが異なれば異なる課題があり、異なる課題には異なる対処法がある。たとえば、感情をもった(ロ)ボットは、感情をもたない(ロ)ボットとは全く異なる種となる。

とはいえ、超知能の有無にかかわらず、高度な自律性をもったシステムには人間に友好的《フレンドリー》な動機や有徳な性格のようなものを提供する必要があることに我々は同意する。残念ながら、利己的な目的のためにシステムを開発する個人や企業は常に存在する。つまり、彼らが(ロ)ボットにプログラムする目的や価値観は、人類の利益に役立つものではないかもしれない。公共政策を策定する人々は間違いなく、この見通しに注意するだろう。エンジニアが高度なＡＩシステムを設計する際に誤用の可能性を考慮すれば、そのことは大きな助けになるだろう。

たとえ社会的に有益な目的のために(ロ)ボットが開発されたとしても、開発されたシステムが適切な倫理的拘束や倫理的動機を欠いているなら、見当もつかない帰結がもたらされるかもしれない。第９章で論じたように、アメリカ国防総省は、危険な軍事作戦に従事する人間をロボットに置き換えることに特に関心を抱いている。目標とされるものの一つは、人間の兵士の生命を救うことである。おそらくロボット兵士は、アシモフの第一原則ほどには制約的なものとしてプログラムされない。たとえば、戦闘のためにロボット兵士を作り人間の生命を救うことの望ましさは、そのような機械が制御可能かつ誤用されないことを保証することの難しさを上回るだろうか？

道徳的な機械の設計という観点から見れば、未来主義的シナリオの重要性は、警告的な物語として機能する点にある。エンジニアに対して、現在の問題に対する解決策が将来の意図しない帰結をもたないよう警告するのである。たとえば、軍事ロボットがアシモフの第一原則を守るようにプログラムされた家庭用のサービス・ロボットと接触するとどうなるだろう？　初めのうちは、軍事ロボットにとってもサービス・ロボットにとっても、変化はほとんどないと思われるかもしれない。しかし、ロボットたちが情報を処理する仕方を再プログラムしたり再構築したりする能力を獲得すれば、この接触はもっと深刻な帰結を生むかもしれない。たとえば、一方のロボットが他方のロボットを再プログラムすることもありえる。

その一方で、いっそう喫緊の懸念もある。それは、ＡＭＡが取り込む情報を獲得してそれを処理するための構造に対するとても小さな更新が積み重なって、微妙ながらも、不穏なことに、破壊的になりうる行動に繋がってしまうという懸念である。たとえば、信頼に関係する社会的要因について学習するロボットが、目、髪、肌の色などの無関係な特徴を過度に一般化して、その結果として望ましくない偏見を生み出すかもしれない。

学習システムは、洗練されたAMAを開発するためのより良い選択肢の一つになるかもしれないが、このアプローチにも固有の問題がある。青年期の間は、学習システムを隔離して、試行錯誤から人間を守る必要がある。より良い学習(ロ)ボットは開かれたシステムだろう——その環境から、他の機械から、そして人間から学習して、取り込む情報の範囲を広げるものだろう。学習システムには、内蔵された拘束と真っ向から衝突してしまう知識を取得するという見通しが常に存在する。個々の(ロ)ボットがそのような知識によって「葛藤を起こしてしまう」のか、それとも拘束を回避して知識をそのまま使ってしまうのかは、我々にはわからない。特に懸念されるのは、学習システムが内蔵された拘束として機能している制御メカニズムを乗り越える方法を発見する可能性があるということだ。

ロボットが高度な自律性を発揮するとなればその場合、不適切な挙動を抑制する単純な制御システムでは不十分である。システムが迂回することは不可能ではないにしても困難な価値観と制御メカニズムを、エンジニアはどのようにして組み込めるのだろうか？　実際のところ、先進的システムには、システム全体の設計に不可欠であり、そのシステムがそれらの取り外しを考えそうにないし、そもそもそう考えられないような価値観や道徳的傾向性が必要だろう。これは、ロボットの陽電子脳が三原則を中心にして設計されているというアシモフの展望だった。

AMAの設計に対するボトムアップ・アプローチの魅力の一つは、システムの挙動に対する拘束として機能する制御メカニズムが、システム全体の設計に実際に統合されるように進化する可能性があるという点にある。事実として、統合された内的拘束は、人類にとっての重要性が明らかな目標の遂行を除けば、迂回することのできない良心のようなものとして働くだろう。ストールズ・ホールたちは、機械の良心を構築するための進化的アプローチを支持する際にこのことを強調してきた。しかしボトムアップの進化は多くの子孫を生み出すが、その中で人間の視点から見てまぎれもなく良性の価値観をもったものだけが適応し生き残るかどうかはわからない。

罰――恥から投獄まで――は、あるいは少なくとも罰への恐怖は、人間の発達にも、不適切な行動の抑制にも、一定の役割を果たしている。残念ながら、罰せられるという考えが(ロ)ボットの開発に永続的な影響を与えるかどうかは疑わしい。(ロ)ボットは本当に電源を切ることを恐れるように設計されうるだろうか？　たしかに、目標の達成に失敗した場合、失敗の感覚や、ましてや恥の感覚に対応する何かが将来の(ロ)ボットのシステムにプログラムされるかもしれない。さらに言えば、もし規範に違反すればたとえば情報やエネルギーの供給を減らすなど、そのシステムの追求目標を妨害するメカニズムがあれば、単純な自律的(ロ)ボットにとっては「罰」の代わりとして役立つかもしれない。しかし、もっと高度な機械であれば確実に、これらの制御を回避して独自のエネルギー源や情報源を発見する方法を見つけるだろう。

真正な失敗や恥の感情には抑制的影響があるため、感情をもつ(ロ)ボットそれ自体に価値があると示唆される。残念ながら、(ロ)ボットに感情を導入することは、ヴァーチャルなパンドラの箱であり、利益もあるかもしれないが、それと同時に倫理的課題もある。バーミンガム大学の計算機科学部講師ウィリアム・エドモンソンは次のように述べている。「情動面で未熟なロボットは、人間に対して奇妙な行動を示し、それが倫理的な懸念を引き起こす可能性がある。もちろん、それに加えて、そのロボット自体が倫理的課題となってしまうかもしれない――情動をもつロボットを構築することは非倫理的なのか、それとも情動をもたないロボットを構築することが非倫理的なのか？」

技術的な観点からも道徳的な観点からも、心理的にも身体的にも苦痛を感じる能力をもった(ロ)ボットを構築することは単純な話ではない。(ロ)ボットに情動を導入することの道徳的是非については、(ロ)ボットの権利を論じる際に戻ってこよう。ここでは、望ましくない情動が人間の道徳的発達において重要な役割を果たすかもしれないとしても、その目的のためだけに(ロ)ボットにそのような情動を導入することは、それが解決するよりも多くの問題を作り出すだろうと言うだけで十分である。

(ロ)ボットの全体的なアーキテクチャに不可欠な拘束を設計したり進化させたりすることは、将来のロボット工学者が取り組む必要のある、より魅力的な課題の一つである。適切な制御システムの開発に成功するか否かによって、AMAの設計が技術的に実現可能かどうかと、高度な自律性を示すシステムの構築を大衆が支持するかどうかが決まるとしてもおかしくない。

将来のシステムに十分な制約を課すことはできないだろうし、それは人間にとって有害なものになりうるのだ、と恐れて、先進的なAIの研究は人の手を離れてしまう前に止めるべきだ、と主張する批判者もいないではない。我々はAIが引き起こす公共政策の課題に後ほど取り組もう。しかしその前に、(ロ)ボットを道徳的エージェントとして設計する際の基準と、それらがいつの日か市民権と法的権利に値するものになるかどうかを見ていこう。

責任、法的責任《ライアビリティ》、行為者性《エージェンシー》、権利、義務

自律的な(ロ)ボットは、すぐにでも全面的に人間から覇権を奪うものではない。しかし、それらはすでに現実で認識できる範囲でも害を引き起こしつつあり、そしてそれらが常に倫理的ガイドラインや法的ガイドラインの範囲内で作動するとは限らない。それらが害を引き起こす行動をしたとき、誰かが——あるいは何かが——その責任をとる必要がある。

もしデジタル時代の加速度が一つだけ教訓を与えてくれたとすれば、それは法律はテクノロジーに遅れを取るということである。このことは、合衆国において時代遅れの著作権法を扱う多くの人々の目には明らかなものになって

いる。コンピュータは、著作物であろうとなかろうと、情報の複製と配布を容易にした。人々の中には、知的財産所有者が現在もっている権利を守るためにはデジタル著作権を管理するための枠組みが必要だと考えた者もいる(特に書籍出版、音楽、映画産業の代理人はそうだ)。だが、そのような権利こそが過ぎ去った時代の壊れた遺物にすぎず、そうした権利を守る必要はなく、修正するべきだと論じる人々もいる。

デューク法学校《ロースクール》のパブリックドメイン研究センターのジェイムズ・ボイルは、出版社が高価な印刷テクノロジーに多額の投資をしていた時代には、長期的な著作権には意味があったと論じる。そうした企業はこれらの投資に対する公正な利益を得るにふさわしいからだ。しかしデジタルな複製と配布にはほとんど費用がかからないため、著作者と大衆にもっとよい利益を与えるためには、現在の法律が許すよりももっと早く著作物をパブリックドメインに、つまり「デジタルコモンズ」に開放するべきだと彼は論じる。ボイルのアプローチは、新たな著作権契約《コピーライト》――「コピーレフト」――を推進することであり、これは、自分の作品を再利用したいと思う人に作者が譲渡してもよい特定の権利をメニューの中から選べるようにするものである。だが、ほとんど商業的価値のない文化的財産には、デジタル以前の時代に考案された著作権によって施錠されたままになっているものがあり、そのような同意があってもこの広大な倉庫を解錠するものにはならない。

著作権法がデジタル時代に追いついていないのと同様に、ますます自律的になっていく人工エージェントが引き起こす問題に責任法では追いつけないだろう。もちろん、法学者はテクノロジーの発展にリアクションを起こし続けるだろう。デュークのような著名な法学校《ロースクール》が、デジタルの文脈での法的問題を研究するセンターを設立する必要があると理解したのは、インターネットが商業的関心に向けて開かれてからほぼ十五年後のことだった。同じように、我々は、主要な法学校が法律と人工エージェントのためのセンターを開設する必要性を見出すにはさらに十五年がかかると予測している。しかしながら、注意を必要としそうな法律の発展を予測する仕事は、単にリアクションを起こすよりももっと難しい。

(ロ)ボットには、権利《ライト》の章典(〈ロ〉ボット・レフトの章典?)のようなものが必要だろうか? 欧州議会と韓国政府は最近、このことが起こる可能性を示唆する声明文を発表している。

(ロ)ボットの権利よりもただちに懸念されるのは、既存の製造物安全法と責任法である。インターネットに対して著作権法が不十分であったのとまったく同じように、(ロ)ボットの行動に対する責任の帰属にとって、これらは不十分だとわかるだろう。たとえばヘレン・ニッセンバウムは一九九六年に発表した論文で、複雑なオートマトンを構成するさまざまなコンポーネントを作り上げる際には「多くの手」が役割を果たすと強調している。システムが複雑になるにつれて、何か不具合が生じた場合に正当に非難するのは非常に困難なことになる。これらのコンポーネントが新たな課題や新たな状況の中でどのように相互作用するのかを予期できるとは限らない。一九八六年のチャレンジャー号爆発事故を招いた原因が比較的小さなOリングだったと判断されるまでにかかった時間と経費は、複雑なシステムがなぜ不具合を起こすのかを判断するのがいかに難しいかを示している。機械の自律性を高めると、これらの問題はさらに困難になるだろう。

近い将来、製造物安全法は人工エージェントに対処するため拡張され続けるだろう。違法で無責任かつ危険な実践に対する実践的な法的責任《ライアビリティ》は、裁判所によって最初に確立され、次に立法機関で確立される。知能機械は、既存の法律に対して多くの新たな課題をつきつけるだろう。我々の予測では、知能機械を生産し利用する企業は、法的責任を特定することの困難を強調し、無過失保険のようなポリシーを奨励するだろう。また、知能機械を作って使用する人間の経済的責務と法的責務を制限する手段として、これらの機械に一種の独立したエージェントとしての(企業の身分と似ている)法的身分を促すことにもそういった会社は興味をもつだろう。言い換えれば、ある種の事実上の道徳的行為者性《エージェンシー》は、完全に知的な自律的システムとして機能することが可能になるよりずっと前に、そのシステムに帰されるだろう。しかし多くの人々はコンピュータやロボットは本質的に心をもたないと考えるため、人工的なシステムを道徳的エージェントとみなすべきだというアイディアに抵抗するだろう。

本書を通して我々は、人工システムが本物の道徳的行為者《エージェント》であるかどうかは問題ではないと主張してきた。工学的目的は変わらない。人間は可能な限り多くの先進的（ロ）ボットを道徳的エージェントとして行動させる必要がある。すべてのことを考慮すれば、さまざまな行為を順位づけるために道徳的基準を用いる高度に自動化したシステムは、道徳的問題に何の注意も払わないシステムより望ましい。本物の道徳的行為者ではないという根拠に基づいて、道徳に敏感なシステムをどのように設計するかという問題を無視するのは、近視眼的で危険なことだろう。

そうはいっても、危険は浮かび上がる。人工システムを道徳的エージェントと呼ぶことによって、おそらく人々は、ＡＭＡの設計者、プログラマ、およびユーザから適切な道徳的責任を免除することになる。機械を道徳的エージェントと呼んでしまうと、何か不具合が起こった際の責任をその機械になすりつけようとする誘惑に繋がる。これは深刻な問題である。しかし、人々はその坂道を非常に滑りやすいと思うかもしれないが、それほどではない。非難と責任の割当についての議論は、ある人間が別の人間の代理人《エージェント》として行為しているときにも起こる。極端な場合、もしあなたが殺し屋を雇ったとして、あなたが雇った人物は自分自身の倫理的基準を適用すべきだったのであって、それゆえその殺人に対してあなたには責任がないのだ、と開き直ってもまったく言い訳にならない。もっと穏当なケースでも、あなたの代わりに、あるいはあなたと一緒に働いている人が行為者性《エージェンシー》をもっていても、あなたが彼らの行為に関する道徳的責任を自動的に免除されるわけではない。同じように、複雑な人工物に対して道徳的行為者性を帰属させたら、人工物が行った行為に対する責任をたやすく拒否できるようになってしまうはずだとする見解には、正当性がないように思われる。

よって危害に対する責任について思案してそれを割り当てるという（ソフトウェア工学《エンジニアリング》とソーシャル・エンジ

ニアリングの）直接的に実践的な目的にとって、ロボットとソフトウェア・エージェントが本当に道徳的行為者《エージェント》であるかどうかはあまり関係ないと我々は考えている。にもかかわらず、真正の道徳的行為者性《エージェンシー》に関する哲学的議論によって、自律的（ロ）ボットのために生じるだろう法的問題と政治的問題を予測し対処するための手がかりが提供されるかどうかを見るために、そういった議論を参照するなら得られるものもあるだろう。

道徳的行為者性《エージェンシー》

日々の実践では一般的に、最初のうちは、人々を判断するためにその人々が行った行為の結果を参照する。だが当該の行為の背後にある動機についてもっと知ると、結果のみに基づく結論は調整されたり放棄されたりする。動機は人々の判断に重大な影響を与えるため、一見すると良い行為であると判断されそうなものでも、悪いものだと判断されうる。たとえばある行動の隠された動機が怪しげなものであれば、適切な行動に見えたものは不道徳なものだったと判断される結果になりうる（「彼は彼女に対して親切で寛大だけど、それは彼が彼女に結婚詐欺を仕掛けようとしているからだ」等）。そうしたケースについて反省して、多くの倫理学者は、ある行為が行為者《エージェント》の特定の心の状態から――特定の性質の意図、目的、動機または傾向から――引き起こされたものである場合のみ、その行為を道徳的だと考えるべきだという点に同意してきた。

近年、多くの哲学者がこの学問の既存の方法から脱却し、「実験哲学」という分野を作り出そうとしている。実験哲学者は、思考実験について同業の仲間内の狭い範囲で同意が得られた直観に頼ることを止め、一見すると無関係な事実が倫理的（そしてそれ以外の哲学的）問題に関する直観にどれほど影響を与えるのかを、体系的に調査している。たとえば、暴走する路面電車《トロリー》から五人の人々を救うには一人の人間を犠牲にしなければならないという路面電車問題を考えよう。この場合、死ぬことになっている人に手を触れなければならないシナリオを想像させると、許容可能な行為に関する人々の直観が大きく変わることがわかっている。こうして、当該の状況においてその人が直接に手を下したという感覚の強さに従って、似たような結果でも異なった仕方で評価される。同様に、ロボットとの直接的で物理的な相互作用があれば、人々はより、ロボットが行為者性《エージェンシー》や責任をもつと感じるようになるだろうと我々は予測している。

もう一つ、チャペル・ヒルにあるノースカロライナ大学の哲学者ジョシュア・ノーブによって発見された実験哲学の興味深い結果を挙げよう。ノーブは人々に、ある企業のCEOがもっている金銭的動機を描いたシナリオを示した。そのシナリオでは、CEOにとっての最優先事項は、金を稼ぎたいという欲求であるとされる。彼は「金になるのであれば、それが環境の破壊／保護に繋がるかどうかは気にしない！」と言っているものとして描かれる。いくつかのシナリオでは、このCEOが選んだ行為は予測可能なネガティブな二次的影響をもたらす。だが別のシナリオでは、ポジティブな二次的影響をもつ。ノーブの実験では、人々はCEOの行為が悪い副作用に繋がる場合には彼を非難するが、その行為が同等に予測可能な良い副作用に繋がる場合であっても彼を賞賛しない傾向にある。このように、他の点では同一のシナリオであっても名声と非難には非対称性がある。このことは、CEOの利潤最優先という動機の時点で既に道徳的な評価が下されていると考えれば説明できる。にもかかわらず、ノーブの発見は、人々が自律的な人工エージェントに向けそうな応答に関連をもつと我々は考えている。もちろん、不具合が生じれば人工エージェントは非難されるだろう。それでも、第9章で見たロボット工学者のマシアス・シュウツによる研究で示されているように思われるが、ロボットが人間と同じ目的に向かって働くと想定される場合には、人々はロボットによる不服従を容認する傾向をもつものだ。

功利主義者などの帰結主義者にとって、行為者性《エージェンシー》は二次的である。行為者《エージェント》は、その行為の背後にある意図ではなく、その行為の結果によって判断される。しかし明らかに、人間と複雑な機械との相互作用や、複雑な機械に対して人間が抱く態度は、純粋な哲学理論以外のものによって形成されることになるだろう。道徳哲学者はこれを嘆くかもしれないが、(ロ)ボットに関する法律と政治についての将来の展望に関心をもつ人々は、法律や政治が純粋な帰結主義的アプローチには従わない方に賭けても安全だ。同様に、徳倫理は性格に関する哲学的反省に豊富な知的資源を提供しているが、これらの反省は、裁判所での日々の紛争や立法機関からはかなり距離を隔てたままだろう。カント主義倫理学者は、機械が真正の道徳的行為者であるというアイディアに対して、最も強く抵抗する傾向にある。具体的には、多くのカント主義者は、彼らがあらゆる種類の道徳的行為者性にとって本質的なものだと信じている真正の(形而上学的な)意志の自由が、機械には必然的に欠落しているのだと主張する。我々は、本質性は工学のタスクにとって適切な目標ではないと論じたが、それに加えて、法的問題にとっても本質性は適切な基準ではないと論じよう。実際、人以外の動物の直接的権利を取り巻く法的問題が非常に活発であることを考えても、法律がすでにカントの行かなかった場所に進もうとしていることは示されている。

さまざまな倫理学の学派の統一性のない、時には明らかに人間中心的な諸理論では、自律的な(ロ)ボットを道徳的行為者《エージェント》として法的に扱うための明確な基準の至近距離までは届かない。しかしながら、自分の行為の影響を理解する能力をもたないシステムはその影響に対して道徳的に賞賛されることも非難されることもない、と結論するべきではない。賞賛と非難を与えようとする人間の傾向性は複雑であり、さまざまな影響を受けやすく、そしてその評価が(ロ)ボットにまで拡張される可能性はある。あるAMAが自分の行為が可感的存在に対してもっている影響を評価し、その評価を用いて自分の選択を適切なものにするような能力をもつようになれば、そのAMAは賞賛に値すると考えられるかもしれない。

第4章で我々は、フロリディとサンダースによる、心をもたない機械に行為者性《エージェンシー》を帰属させるための三つの基準を説明した。つまり相互作用性、自律性、適応性である。彼らの見解では、低レベルの詳細なメカニズムからもっと抽象的な高レベルの側面に至るまで、我々はあるシステムをさまざまなレベルで見ることができる。いずれのレベルも、フロリディとサンダースが言うところの「抽象化レベル」だと考えることができる。彼らは、ある特定の抽象化レベルから上述の三つの特徴をもっているように見えるシステムであれば、そのシステムは行為者《エージェント》とみなされるべきだと主張する。そしてそれが道徳的な影響をもつような仕方で行為するなら、それは道徳的行為者だとみなされる。適用可能な「抽象化レベル」は、各々の人間が観察できる特徴（被観察項）によって特定される。たとえば、ソフトウェアのユーザかプログラマかエンジニアかというように、さまざまな人々がそれぞれ異なった特徴を被観察項とみなしている。プログラマはソフトウェアに注意し、エンジニアは機械構造《マシナリー》に注意するものだ。それに対してユーザはその振る舞いしか知覚しないかもしれない。よって、システムは異なった抽象化「レベル」で動作するだろう。

多くの倫理学者や技術哲学者は、人工物に行為者性《エージェンシー》を帰属させることに気乗りしていない。なぜなら、そんなことをしてしまうと、その人工物の設計者やユーザが道徳的な責任を免除されかねないからである。フロリディとサンダースは、道徳的な答責性（accountability）と道徳的な責任（responsibility）を区別することで、こうした懸念を緩和しようと試みている。彼らはこう述べている。「もし（人間の行為者《エージェント》を含む）エージェントが「道徳ゲーム」をプレイしているのであれば、そのエージェントは道徳的〔答責性を有するの〕だと評価されるべきだ。そのエージェントはそれをプレイすることを意図しているのか、あるいはそのエージェントは自分が何をプレイしているのか知っているのか、という問題は、次の段階のみに、つまりそのエージェントが自分の行為に道徳的責任をもっているのかどうかを我々が知りたい場合のみに関連している。」

フロリディとサンダースによれば、ある人工物に答責性があるとみなすためには、行為者性《エージェンシー》を帰属させるとまでは言えなくても何かが必要である。ある人工エージェントが道徳的に望ましくない結果を生み出す場合、そのエージェントを仕事から外す、そのエージェントを破壊する、等々という形で、人はそれに答責性があるとみなす。彼らの論点では、もっと限定的な道徳的答責性の概念に注目すれば、人間とまったく同じ意味で道徳的行為者《エージェント》に数え入れるために十分なほどに人間に似た能力をその技術的人工物がもっているのかどうか、といった心配を脇に置くことが可能になる。彼らの見解では、心をもたないシステムにも道徳的行為者だとみなされる抽象化レベルは存在する。そして、こうしたシステムの設計や使用や規制について考える際に本質的となるのは、道徳的答責性という観点である。その際に、〔答責性よりも〕責任に関する問題とより関係の深い道徳的人格性《パーソンフッド》についての心配によって躊躇しなくてもよいのだ。

我々はフロリディとサンダースのアプローチの心意気に大部分同意する。我々の見解では、人工システムが「真正の」道徳的行為者《エージェント》になりうるかどうかを心配すると、道徳に関係する状況でシステムを適切に機能させるための設計方法という重要な問題から道を外れてしまいかねない。フロリディとサンダースは、これらの（カント主義者が頻繁にもち出す）心配に取り組む良い仕事をした。この仕事は、「［人工エージェントの］技術的開発を、標準的なごく狭い見方による束縛から解放する」ための助けとなった。

彼らが「抽象化レベル」によって考えているのは、ソフトウェア・システムが道徳的行為者性《エージェンシー》をもつというアイディアを正当なものにすることができるフレームワークの構築である——彼らの目標は、彼らが言うには「行為者《エージェント》という概念を明晰にすること」だった。しかしながら、我々は彼らの哲学的分析が、AMAを構築するという工学的課題に有益な示唆をもたらすとは考えていない。そのため、本書のこれまでの時点では彼らの詳細に触れなかった。実装上の問題に最も近いのは、道徳的に許容可能な行動を、抽象化レベルを作り上げている被観察項を表す変数に適用される「閾値関数」——それを上回れば道徳的だと考えられ、下回れば不道徳だと考えられる閾値——として定義することができる、とする彼らの提案である。だが、この抽象的なアイディアを実装する方法を考えるのは非常に難しい。さらに彼らは、人工エージェントが米国計算機学会の倫理綱領に準拠するように設計されるべきだと示唆している。だが、これをどのようにして閾値で実現できるのかは不明瞭である。たとえば、この綱領にある「社会と人間の福利に貢献する」とか「正直かつ信頼に値するものであれ」といった項目に従う行動を生成するための定義として利用可能な閾値となるような変数とは何だろう？

行為者性《エージェンシー》の概念を変更しようとする彼らの試みには限界があるという懸念はあるが、我々はフロリディとサンダースとの重要な同意を軽視したくはない。彼らのフレームワークは、(ロ)ボットと交流する人々が、どのようにして、そしてなぜ、それらをＡＭＡとして扱い始めるだろうかを考えるのに役立つ。しかし、これは観察者ごとの抽象化レベルに左右されるだろう。フロリディとサンダースによれば、通常のユーザには適応性をもっているように見えるシステムでも、別の抽象化レベルで作業しているソフトウェア・エンジニアにはそう見えない。ソフトウェア・エンジニアに観察されるのは、コンピュータのプログラムに組み込まれている決定論的な規則である。大規模なプロジェクトだと、一人の個人ではプログラム全体を被観察項として取り扱えない場合もある。その場合でも、何らかの「倫理的サブルーティン」を観察できるエンジニアはいる。法体系は、法的問題を決める際にはどの抽象化レベルが適切なのか、という問題に直面する。実際、非常によく似た議論は、人間の行動を遺伝子と脳神経のレベルで機械論的に説明して扱う際に、法曹界でも科学界でも行われている――自分の行動に対する法的責任《ライアビリティ》を免除されうる人々はいるだろうか？　事実、過去五十年の間に法体系は、社会的要因によって刑事訴訟に伴う法的責任を免除されるかどうかという同様の問題に取り組んできた。神経科学の近年の進歩によっていくつかの大学では、とりわけペンシルヴァニア大学、スタンフォード大学、ブリティッシュコロンビア大学などでは、「神経倫理学」の研究グループが設立されることになった。

我々にとっては、自律的なＡＭＡの行動に責任を負うのは誰なのかがここでも喫緊の問題である。フロリディとサンダースは、特定の種類のソフトウェアやハードウェアに対する責任を負っているのは人間だけだという従来の見解が今や時代遅れになっていると論じている。いかなる行為者《エージェント》にも道徳的答責性《アカウンタビリティ》はある。だが、人工エージェントは、行為の責任を人間と同じ仕方で負うわけではない。明らかに、ＡＭＡを人間と同様の賞賛や非難の対象とすることにはあまり意味がないだろう。エージェントの領域の明晰な定義（すなわち、抽象化レベルと道徳的閾値）を用いれば、責任の分割と定式化が可能になり、道徳におけるその位置づけが明晰になるため、この問題は扱いやすいものとなるだろう。さらに、行為者らしさ《エージェントフッド》への人間中心主義的な態度と擬人化的な態度を避けることは、探求にともなう数々の邪魔を取り除くことになり、フロリディとサンダースが分散された道徳（distributed morality）と呼ぶもの、すなわち「ローカルなレベルにおける個々の行為者たちの体系的な相互作用の「見えざる手」から生じるグローバルな道徳的行為と集団責任という、大局的な視点から見える成長中の現象」をもっとよく理解できるようになる。彼らの概念では、道徳的責任を不適切な形で機械に押し付けなくても、心をもたない道徳が許容される。このことは、心的状態、感情、情動、そして法律上の責任に基づいた人間中心的な道徳への従来のアプローチを補完する。この見解では、たとえ自由意志や心的状態や責任をもたないとしても、相互作用性、自律性、適応性の基準を満たす人工エージェントであれば、道徳的な（あるいは不道徳な）行為の答責性の完全な源泉として正当なものになるのだ。

知的な人工物の行動の責任は、解決しなければならない喫緊かつ困難な問題のままである。なぜなら、現代社会に典型的なことではあるが、行為と結果の連鎖はますます複雑になっており、そのせいで鍵となる意思決定を下した人物が特定しづらくなり、何が正しく何が不正なのかという問題が込み入ったものになってしまっているからだ。従来は、機械の動作に対する道徳的責任を負っていたのは人間である設計者とオペレータだった。この見方は多くの状況では今でも適切である。しかし、機械の動作が、ある程度予測不可能な範囲で、多くの人々の意思決定から、ひょっとしたら他の機械の意思決定からも生じた場合、この考え方を適用できるのだろうか？　フロリディとサンダースは、いかなるコストをかけてでも責任をとらせようとして、何か不都合なことが起こった場合に責任者を探し出そうとしても、こうした状況下で望ましい結果をもたらす可能性は低いと示唆している。むしろ創造的スチュワードシップの倫理、つまり答責性《アカウンタビリティ》に注目して、自律的なエージェントの監視と検閲によって規範的行為を促進することが、現代テクノロジーの課題を扱うためのもっと良い観点を提供する。道徳的答責性に関するこれらの事後的《ポスト・ホック》な問いかけは重要ではある。とはいえ、もう一度強調したいのだが、可感的存在に対する行為の影響を評価し、適切な意思決定を行うためにこれらの評価を使用する能力をもったＡＭＡを構築する際の主要な技術的問題に対しては、事後的な問いかけは明確な解決策を提供するものではない。

権利と責任

サム・レーマン＝ウィルツィヒの一九八一年の論文「解き放たれたフランケンシュタイン：人工知能の法的定義に向けて」以降、知能システムに自分の行為に対する法的な答責性を課すことに障害があるのかどうかという問題は、学者たちのまだ小さくも拡大中だったコミュニティの注目を集めた。彼らの大部分は、既存の法律でも知能（ロ）ボットの出現に対応できるとする点で一致した。人間ではない存在者（企業）に法律上の人格性を与えるための巨大な法体系はすでに存在している。（ロ）ボットを責任ある行為者《エージェント》として認識するために必要だと推定される高次の能力をもった機械にまで法人格という身分を拡張するためには、法律上の大きな変化は必要ない。

法的な観点からは、知能システムに与えられるかもしれない権利に関する問題のほうがよっぽど難しい。将来の人工道徳的エージェントがいかなる種類の法的身分を獲得するべきだとされても、その法的権利の問題もまた生じるだろう。このことは特に、知能機械が自分の情動に関する能力、たとえば苦痛を感じる能力を備えている場合には、よりいっそう問題となるだろう。

アイザック・アシモフは、ロビン・ウィリアムズ主演の映画『アンドリューNDR114』の原案となった小説「バイセンテニアル・マン」で、この問題を予期していた。主人公のNDR-114型ロボット「アンドリュー」は、自分のコンポーネントを有機物に置換し、自分の陽電子脳に老化と死を許すことによって、ようやく人間として受け入れられる。ここから得られそうな教訓は、人間の道徳は可死性《モータリティ》から生じるということだ。ジョシュ・ストールズ・ホールは、不死であるということから必然的に完全に道徳的な機械が誕生するという幻想《ファンタジー》を抱いたが、これは人々がAMAに求めているものから、なおいっそう離れてしまっているように見える。

人間の道徳的領域に完全に参加できるような機械の研究を阻止しようとする声もすでに存在する。哲学者のトマス・メッツィンガーは、『誰でもない者：主観性の自己モデル理論』という意識についての本の著者である。メッツィンガーの現象的自己モデル（Phenomenal Self Model；PSM）という理論は、人間の被験者が第三者の視点から自分の身体で起こる出来事を経験するというヴァーチャル・リアリティ実験をその基礎として用いている。メッツィンガーの説明には、PSMを機械に構築する可能性を排除するものは何もない。実際、彼の本はロボット工学者オーウェン・ホランドの機械意識に関する研究を触発している。しかしながら、メッツィンガーは同書の終盤近くでこう述べている。

苦しみは現象的自己モデルのレベルから始まる。……PSMは、新たなたくさんの認知的・社会的スキルを発達させる際だけでなく、強い意味で意識をもつあらゆるシステムに、それ自体の崩壊、それ自体の失敗、および内的衝突を、機能的であれ表象的であれ、自分のものとして引き受けさせる際にも、決定的な神経計算的道具となる。痛みおよびその他の非身体的な苦しみは、一般的に「負の感情価」によって特徴づけられる表象的状態であり、ＰＳＭに統合されるものでもある。これらは今、現象的に所有されているのだ。今、それは不可避的に、そして透明に、私自身の苦しみとなる。……したがって、我々は人工的でポスト生物学的なＰＳＭを作成しようとするあらゆる試みを（あるいは、作成されてしまうリスクさえも）、真剣な学術研究から排除するべきである。

我々の現在の法律は人間と機械を明確に区別することに基づいているが、これは次第にますます洗練されていく人工エージェントによって異議を唱えられる。そうしたシステムを行為者《エージェント》として見るかどうかはその人が適用する抽象化レベルに応じて決まる、というフロリディとサンダースの見解は正しい。低レベルのメカニズムに焦点を当てることは常に可能であり、その観点からは、道徳的行為者性《エージェンシー》のようなものは現在まったく存在しないという見解が現れる。しかし我々が見てきたように、人間においても、あまりに低レベルに進んで人体を構成する分子まで分け入る場合には同じことが起こる。どのレベルを適用するかは、部分的にはプラグマティックな問題である――あなたが知っていることと、あなたが達成したいことに左右される。だが最終的にはこれは選択の問題である。ある観点からは、我々が作り出す（ロ）ボットは単なる機械のように見えるかもしれないが、他の観点からは、多かれ少なかれ我々にとって道徳的に重要なことに敏感な複雑で適応的な存在者に見えるかもしれない。

ＡＭＡを専門として著述活動をしている法律家のデイヴィッド・カルヴァリーは、こう指摘している。意識のような高次能力をもった知能機械は、実際に「法人格」を与えるための現在の法的基準を満たしている。だがその一方で、そうした知能機械が法人格をもつものとして認識されるかどうかは、究極的には法的な決定ではなく、政治的な決定になるだろう、と。

成功を認識する

人格性《パーソンフッド》の法律上の問題をくまなく整理できるかどうかはさておき、エンジニアや規制執行者にとってもっと直接的かつ実践的な問題は、ＡＭＡの性能を評価しなければならないという点である。しかし倫理的基準は多様であり、倫理的行動を定義するのは難しい。このことは、明示的な基準以外のものが必要かもしれないことを示唆している。

多くの場合、良いＡＭＡを特定するという問題は、機械が知的であるかどうかをどうやって決めるのかというＡＩの基準問題の、もっと狭いバージョンである。そしてまさにアラン・チューリングが知能の定義という問題を回避したのと同様に、倫理的基準に関する意見の不一致を回避するアイディアとしてすぐに思いつくのは、チューリング・テストの変種、つまり（第４章で紹介した）ＭＴＴである。人間の判定者は質問をして、応答している相手が機械なのか人間なのかを決めようとする。もし判定者が、道徳的問題に関する質問に対する機械の回答と人間の回答を、ある程度の信頼度で区別できなければ、その機械の性能は満足のいくものだと判断される。もちろん、オリジナルのチューリング・テストと同様に、どれほどうまくいってもＭＴＴは完璧な評価ツールとはかけ離れている。だがそのようなテストの限界について考えることは、ＡＭＡの評価に何が必要なのかを整理するための役に立ちうる。

チューリング・テストは手続き的テストである。それは、明示的な基準を設定することなく機械の性能が望ましいレベルにあるかどうかを決めるための手続きを特定する。とはいっても、手続きはそこで測ろうとしているものについて完全に中立的だというわけではない。たとえば、質疑応答という形式のＭＴＴは、道徳的意思決定を行った理由を機械が明確化できるかどうかを過度に強調しすぎるかもしれない。このことは、善い行為は善い理由から生じたものでなければならないとするカント主義者には親和的だが、功利主義的アプローチや常識に根ざしたアプローチにはあまり適していない。一九世紀の最も有名な功利主義者であるジョン・スチュアート・ミルは、道徳的に善い行為は行為者《エージェント》の動機に依拠していないと論じている。そして多くの人々は、自分の行為の理由を明確化する能力をもっていない小さな子供であっても（そしておそらく犬さえも）、道徳的行為者であると考えている。

力点を理由から行為に移すための方法の一つは、何らかの形で人間の判定者が利用できる情報を制限することかもしれない。MTTにおける人間の判定者に与えられるのは、人間とAMAが実際に行った道徳的に重要な行為の記述から、行為者《エージェント》の特定に繋がりかねないあらゆる言及を取り除いたものだとしよう。もし判定者が偶然以上のレベルで機械を正しく識別するなら、機械はテストに落第する。

しかしながら、このバージョンのMTTにも最初の質疑応答バージョンにも同じ問題がある。その問題とは、区別可能であるかどうかは間違った基準だということである。なぜなら、機械は、人間よりも一貫してより善い仕方で、応答したり行為したりするものだと受け止められるかもしれないからである。チューリングは、オリジナルのチューリング・テストでも同様の問題を考慮しており、機械の返答のレベルを下げるよう提案した——たとえば、算数の問題に答える時には遅延を発生させる、等。元のチューリング・テストならこれでよかった。なぜなら、実際に区別できないようにすることが目標だったからである。しかしAMAの場合、人々が実際に望んでいるのは、AMAが人間よりも一貫して不偏的に、道徳的意思決定と行為を行うことかもしれない。より道徳的でないのはどちらの行為者か、と判定者に質問すると、この問題は解決するかもしれない。もし、人間より多くの場合で、機械がすみやかにより道徳的ではないと判定されないとすれば、その機械はテストに合格している。これは（第4章で論じた）cMTTである。

それでも、cMTTは完璧からかけ離れている。まず、基準が低すぎると考えられるかもしれない。たとえテストに合格するためには、機械は少なくとも人間より平均して道徳的だと判断されなければならないとしても、人はそれ以上のことを求めるかもしれない。つまり、目標はただＡＭＡを構築するということではなく、模範的なＡＭＡを構築することであるべきなのだ。ｃＭＴＴでは、道徳的に間違っていると判断される行為や、人間の行為よりも道徳的に悪いと判断される行為が機械のパフォーマンスの全体に含まれても、差し引きで機械が人間よりも低く評価されない限りは許されてしまう。これに応答するために、ｃＭＴＴをもっと厳しくして、どの行為を比較しても、その一つ一つが人間より悪いものだと判断されてはならない、と要求することは可能かもしれない。だがこの拘束があったとしても、結果として生じる基準は低すぎるかもしれない。人間の行動自体が、概して道徳的な理想とはかけ離れているからだ。他人に対する害を引き起こす意思決定が、他の人間によるものではなく、機械によるものであった場合には、人々ははるかに不寛容になるだろう。

しかしながら、他に何か一般的に同意された基準がないかぎり、ｃＭＴＴは、ＡＭＡが行う行動が許容可能であるかどうか評価するために利用できる唯一の実用的基準であり続けるかもしれない。

歓迎か、拒絶か、それとも規制か？

(ロ)ボットに対する公共政策は、その知能と道徳的能力を評価する方法に関するアイディアからの影響を間違いなく受けるだろう。だが、(ロ)ボットの答責性《アカウンタビリティ》と権利の問題や、何らかの形の(ロ)ボット研究が規制されるか禁止されるかを決定する際には、政治的要因のほうがもっと大きな役割を果たすだろう。

(ロ)ボットの答責性《アカウンタビリティ》は、やっかいな問題ではあるが扱いきれないわけではない。たとえば、ＡＩを開発している企業は、自分たちのシステムが人間の安全性を高める場合ですら訴訟沙汰になるかもしれないと懸念している。Ｇｏｏｇｌｅのピーター・ノーヴィグは、人間ではなく先進的テクノロジーによって運転される車の例を出している。アメリカの高速道路を走る車の半分が（ロ）ボットの運転するものになれば、年間の死者が約四万二〇〇〇人から年間三万人に減少すると想像してみよう。そのような車を販売する企業は報われるだろうか？　あるいは、彼らは（ロ）ボット運転手のせいで起こった死亡事故に関する一万件の訴訟に直面するだろうか？

ノーヴィグの質問はあらゆる新たなテクノロジーが直面する問題である。心臓疾患による死亡率を全体的に低下させるものの、それと同時に一部の患者を副作用で死に至らしめるような新薬について尋ねてみてもいいだろう。また、製薬会社が訴訟に直面するのと同様に、いやそれ以上に、（ロ）ボット製造会社も（ロ）ボットに狙いを定めた弁護士によって訴訟を起こされるだろう。訴えの利益をもつ裁判もあれば、そうではない裁判もあるだろう。しかしながら、自由な社会であれば、産業をいいかげんな訴訟から守る助けとなるような、法律、規制、保険制度、判例などがある。（ロ）ボット工学という巨大な商業市場を追い求めている企業は、既存の枠組みに頼ったり、自分たちの法的責任を扱いやすくするための追加の法律を立法機関に求めたりすることで、自分たちの商業的利益を守るだろう。

しかし、（ロ）ボットがより洗練されるにつれて、政治の場面では二つの問題が生じるかもしれない。損害が生じた場合に、製造者や使用者ではなく（ロ）ボット自体が直接的な法的責任や責任をもつとみなされるのだろうか？　洗練された（ロ）ボットであれば、ロボット自身の権利を承認されてもいいものだろうか？

我々は、これらのどちらの問題も、本書の目的にとっては未来主義的にすぎると考えている。にもかかわらず、既に議論を始めている人々もいるので、我々もその議論を完全に無視したくはない。

行いうる刑罰の手段の違いに応じて、法体系の中での行為者《エージェント》の自分の行為に対する責任の取り方も多数ある。人間の行為者は歴史的にさまざまな方法で処罰されてきた。苦痛を加えること、社会的追放や流刑、罰金やその他の財産の没収、自由や生命そのものの剝奪などである。（ロ）ボットが自分の行為の答責性《アカウンタビリティ》をもつということが意味をなすかどうかという論争では、これらの伝統的に使われてきた刑罰のどれが人工エージェントにとって意味をなすのか、という問題が中心になることが多い。たとえば、苦痛を加えることは、それを感じる能力をもつエージェントに対してのみ真の刑罰と認められる。エージェントの自由の剝奪は、自由に価値を見出すエージェントにとってのみ真の刑罰となる。そして、財産の没収は、そもそも所有権をもっているエージェントに対してのみ可能である。

もしあなたが人工エージェントは真の刑罰を課す条件を満たすようには決してならないと確信しているなら、人工エージェントに自分の行為の答責性をもたせるというアイディア自体はとるに足らないものになる。だが、そう信じている人であっても、本書の中心的な考えに沿って、自律的システムは道徳的意思決定を模倣する必要があることに同意できる。決してその名誉を直接得ることがなくてもトーナメントで勝てる人工チェス選手を構築できるのと同様に、たとえ直接的に何かに責任をとることができないとしても、うまくAMAを構築することはできるかもしれないのだ。

しかしながら、これを読んでいるあなたは、(ロ)ボットが法の下で平等に扱われるにふさわしいものだというこどの否定が、人間の偏見以外の何ものでもなくなるような地点にまで、やがてロボットが到達するのではないかと信じているかもしれない。そこに到達するまでの動きは段階的なもので、いつ閾値が超えられるのかについてはかなり意見の不一致がある可能性は高い。この点で、(ロ)ボット権の要求は、動物の権利を増やそうとする政治的に重要な運動を模倣するかもしれない。動物の権利運動の大半は、比較的知能をもっている種について、それを苦痛や苦悩から守ることに注目してきた。

もちろん苦痛と情動的苦悩は、まだ(ロ)ボットにとっての問題ではない。第10章で論じた種類の情動的メカニズムは、確かに機械に実際に意識的な不快感を引き起こしているわけではない。しかしながら、設計者はおそらく、真に迫った情動と苦痛反応を（ロ）ボットに構築しようと試み続けるだろう。これらの将来の（ロ）ボットが実際に苦痛の主観的経験をもつのかどうかを判断するのは難しい。ちょうど、植物状態の人々が主観的苦痛を経験するのかどうかの判断や、動物がどんな種類の苦痛を経験するのかを判断するのが難しいのと同様である。もし（ロ）ボットがある日、苦痛などの情緒的《アフェクティブ》な状態を経験する能力をもつようになれば、そのようなシステムの構築そのものが道徳的なのかどうかという問題が生じるかもしれない――人工システムが人間に害を加えるからではなく、これらの人工システム自身が苦痛を経験するからである。言い換えれば、激しい痛みを感じる能力をもった身体的アーキテクチャを備えた（ロ）ボットを構築することは、道徳的に正当化されることなのか、それとも禁止されるべきことなのか？

前節では、ドイツの哲学者トマス・メッツィンガーがすでに自己意識モデルをもつ（ロ）ボットの構築に禁止を呼びかけていることを説明した。彼は、それが世界における苦痛と苦悩の量を増やすことになると考えたのである。我々は、メッツィンガーの提案が真剣に聞き入れられることはないだろうと考えている。（ロ）ボットをますます洗練させようとする市場の圧力は非常に強い。（ロ）ボットが本当に意識をもちうるかどうかという点に疑問の余地が残っている、と簡単に言い訳できる場合であれば、その圧力は特に強まってしまうだろう。

もし禁止しないとしても、ロボットが情動的状態を経験するかもしれない実験に対する規制を課すべきだろうか？　過度の苦痛から動物を守るために、法体系は大幅に進化している。そこでは、研究における動物の適切なケアと使用を規制する動物実験委員会のネットワークが含まれている。これらの委員会は、研究における人間の倫理的な扱いを監視するための治験審査委員会にも似ている。動物を保護する規制は、人間を保護するものよりは厳しくないし、どうやって動物の苦痛と苦悩を測定するのかについては、科学者の間で意見は大きくくい違っている。にもかかわらず、動物実験委員会のメンバーは、実験で使用される動物の福利と、科学的研究の必要性の釣り合いをとろうとする。今日まで、研究における(ロ)ボットの倫理的扱いを監視する審査委員会は存在しないし、その必要もない。しかしながら、苦痛と快楽という主観的感情が(ロ)ボットにより強く現れるようになるにつれて、実施してもよい研究を監視する規制と審査委員会が求められるだろう。

システムの主観的経験を確立することは、もちろん十分に困難なことではあるが、もっと深い懸念にとっては背景の一つにすぎない。間違いなく、情動をもった人工システムを開発しようとする展望に対しては、倫理的理由から受け入れられないとする個人や集団が、あるいは宗教的理由から、忌み嫌うほどではないとしても、不快になるような個人や集団が存在する。我々は、(ロ)ボット工学の研究を厳しく制限しようとする大きな政治運動がなければ、立法機関は研究における(ロ)ボットの扱いに関する問題を狭い範囲だけで論じようとすると予測している。最初は、(ロ)ボットの使用と取り扱いの審査を要求する法令が制定されるのは、特殊な形の研究においてのみだろう。しかし、やがてより洗練されたシステムが構築されるにつれて、倫理審査を要する研究の種類はもっと増えていくだろう。

研究における(ロ)ボットの取り扱いの規制は、(ロ)ボットに法的権利を付与することと同じ問題ではない。しかし、保護の確立は、権利を与えるための足がかりにはなる。(ロ)ボットの権利に向けた進歩はゆっくりとしたものになりそうだ。(ロ)ボットは、エネルギー、情報、そして最終的には教育、保護、所有権を要求するようにプログラムされるかもしれない。だが、どうすれば(ロ)ボットが社会財やサービスを真に欲し*て*い*る*のかどうかを評価できるのだろうか？　もし(ロ)ボットがあなたに電源を切らないでくれと頼んだとしたら、これが尊重すべき嘆願であるかどうかを判断するためにどんな基準を使うのだろうか？　システムが洗練されていくにつれ、(ロ)ボットの行為を擬人化することは適切なのかどうかと疑問を抱く人の数はますます減っていき、多くの人々が、(ロ)ボットをそれらがそう見える通りの知的な存在者として扱うようになるだろう。

性に関する政治はこれらの問題が目立ちそうなもう一つのフロンティアである。性産業による機械的装置、ロボット、ヴァーチャル・リアリティの採用は新しいことではなく、そうした実践に嫌悪感をもつ者はいるものの、民主国家における政府は大部分、これらの製品を使用する個人の私的実践を規制しようとはしていない。しかしながら、世間に大きな論争を引き起こしかねない社会的実践もある。たとえばロボットと結婚する人間の権利や、（ロ）ボットが財産をもつ権利がそうである。レスター・デル・リーは人間と結婚するロボットを描いた最初の作家で、一九三八年に「愛しのヘレン」という古典的短編小説を出版した。ヒロインであるヘレンはロボットで、自分の発明者と結婚するだけでなく、夫が死ぬ時には自分自身も殉死した。それから約七十年後の二〇〇七年には、オランダのマーストリヒト大学がＡＩ信奉者のデイヴィッド・レヴィに博士号を授与した。レヴィの博士論文は、ロボット工学の発展と結婚に対する社会の人々の態度の変化の流れによって、人々は洗練されたロボットをふさわしい結婚相手とみなすようになるだろう、というものだった。結婚が国家によって法的に承認される制度であることを考えれば、立法機関がこの可能性を論じることは予想できる。ロボットのための他の権利とは異なり、結婚は人間が直接関係する問題であり、それゆえ、ロボットに対して最初に考慮される権利のうちの一つかもしれない。最初は、おそらく人間がロボットと結婚する権利を獲得し、ついで、ロボットに対して非常に限定された権利が与えられるかもしれない。しかしながら、ロボットが財産を相続する法的権利をもつようになるとか、意思決定能力を失った人間の配偶者の健康に関する決定の代理人《サロゲート》となる権利をもつようになるまでは、もっと時間がかかるだろう。

しかしながら、立法機関は（ロ）ボットに権利を与えることを考えるよりもっとずっと前に、洗練されたＡＩシステムの研究を制限したり、完全に禁止したりしようとする要求を扱わざるをえなくなるだろう。科学の発展は多くの人々に歓迎されているものの、その一方で将来のテクノロジーが人間のアイデンティティとコミュニティをいかに変容させうるかに関しては、大きな混乱、不安、恐れがある。

既に言及したように、立法機関、司法、政府当局にとって、注意する必要のある社会的課題と、思弁的な思い込みに基づいた問題を区別するのは難しいだろう。非現実的な期待と恐怖は、部分的には研究者が――自分のプロジェクトの資金を得るために結果を約束する必要があるので――自分の研究に見込まれる成果について、あまりに楽観的な期限を設定してしまうせいである。

AIシステムが人間への危害を引き起こす実際の大破局《カタストロフ》や、先進的形態のAIが最終的に人間を抹殺するという恐怖の広がりは、もちろん、理性的な観点を上回る政治的圧力を導いてしまうこともある。加えて、多くの異なる有権者が別々の利害をもつような問題に直面したとき、政治の舞台はとりわけ予測不可能で混沌としたものになる。(ロ)ボットに関する市場の圧力のため、そして技術的発展の正確な方向を知るのが難しいため、多くのステイクホルダーが存在するだろうということは明白である。誰がステイクホルダーで、彼らが何に関心をもち、どのように彼らが互いに対立するのかを正確に予測するのは難しい。この予測不可能性は、人間の身体に非常に密な形で組み込まれるテクノロジーに繋がる「エンハンスメント・テクノロジー」に対する規制を考えた場合にはもっと強まる。神経補綴から神経薬理学やナノテクノロジーまで、テクノロジーによるエンハンスメントの議論は多々あるが、人工知能も通常はその一例として含められる。『市民サイボーグ：なぜ民主主義社会は将来の再設計された人間に対応しなければならないのか』の著者であるジェイムズ・ヒューズは、エンハンスメント・テクノロジーは今後数十年のうちに合衆国とヨーロッパの政治問題の核になるだろう、と論じている。

どのような基準によって、新たなテクノロジーが提起するリスクを測定するのだろうか？　批判者は、危険の可能性をどれだけ説得力のある形で証明しなければならないのか？　被害が既に発生しているかどうかにかかわらず、政府が科学の領域に介入し、科学的研究を中止させたり遅延させたりすることは、どの段階であれば正当化されるのだろうか？

研究者は人間にとって潜在的に有害でありうる領域についての研究を断念すべきだ、と論じる際には、第3章で紹介した予防原則がよくもち出される。ＥＵはさまざまな命令で予防原則を成文化しているが、合衆国ではそうしたことは行われていない。この違いが反映されて、ヨーロッパでは遺伝子組換え食品を含めた新たなテクノロジーに対してより規制的な政策が掲げられている。その一方で合衆国の立法機関も、危険を引き起こす研究を明示的に排除するわけではないが、乗り越えられない規制のハードルを作っている。たとえば、合衆国では低コストの農薬の生産を促進するよう設計された遺伝子組換え穀物がコーンと小麦の既存の品種を汚染すると恐れられたため、その結果として、受け入れ可能なリスクについては何の基準もつくらず、一切それを認めないという結果になった。これが、多少なりともこれらの植物の現場テストを食い止めた。

コンピュータ・テクノロジーや医療科学における有望な発展のうち、我々が知っている人類という種を根絶してしまいかねないという高度に思弁的な恐れを根拠にして、断念してもかまわないと人々が考えるものはどれだろうか？　研究が危険なものになってしまう閾値を上回るのはいつで、その基準を決めるのは誰なのか？　人工エージェントを開発している研究集団のどれが予見されうる潜在的危険をもっており、どうやってその危険に取り組むのだろうか？　これらの危険のうち、管理できるものはどれだろうか、そして、研究ごと打ち切ってしまう必要があるのはどれだろうか？　どの懸念領域が規制と監視を要するもので、これをどうやって科学の進歩を邪魔しない仕方で管理できるのだろうか？

我々の出した質問は多いが、出せる答えは少ない。これらの深刻な問題については何もはっきりしたことを言えないため、新たなテクノロジーが規制されるかどうかを決める際には政治的影響を受ける見込みが高くなる。ありうる悪い結果への恐怖は、政治的指導者の心にある関心の一つにすぎない。経済的利害、困窮者救済への希望、社会的に保守的な有権者からの圧力。これらはいずれも意思決定に影響をおよぼす考慮事項である。

さらにいえば、ヨーロッパ、合衆国、あるいはアジアのどこかが研究を規制しても、他の政府がそれに従う必然性はない。幹細胞研究に歯止めをかけようとしたジョージ・W・ブッシュ元大統領が気づいたように、価値観と社会的圧力は国ごと、州ごとに異なっている。日本人には高齢者や外出困難者をケアするためのサービス・ロボットの開発に向けて大きな圧力がかかっているが、もっと開放的な移民プログラムと外国人労働者プログラムをもつ国では同じ圧力はかかっていない。社会問題を考慮する宗教的に保守的な投票者の価値観は、ヨーロッパの政治よりもアメリカの政治でいっそう強い影響をもつ傾向にある。倫理的根拠に基づいた研究の断念の呼びかけは、もっとリベラルな国では同じ重みをもつものではない。

本物の危険を思弁的な危険と区別するための仕組みが、国家としても国際的にも必要である。テクノロジーが明白な倫理的課題と人間への潜在的な危害を示す閾値をいつ超えてしまうのかを決めることは、この課題の一つの側面である。これは言うのは簡単だが実行するのは難しい。国連は監視のための効果的な仕組みを作ろうとする意志をもっている。さらに言えば、AI研究の規制がどのように達成されるべきかについて若干の具体的提言もある。イタリアのロボット工学者でスクォーラ・デ・ロボティカの校長でもあるジャンマルコ・ヴェルージオがヨーロッパ・ロボット工学研究ネットワーク（EURON）のために展開した「ロボット倫理・ロードマップ」は、幅広いロボット工学の応用のための利益と障害と課題を概略した賞賛すべきものだが、これは大部分、当事者にこの問題について考え始めさせることを目標にしている。合衆国で開催されたシンギュラリティ・サミットで述べられた注目点もまた、（ロ）ボットが人間の懸念に対して友好的《フレンドリー》であるように保証することである。だがここでも、具体的な提案はほとんどない。おそらくこれが、現段階の発展で期待できることのすべてである。

真の危険を思弁的な危険と区別することは難しいが、それよりも、増え続ける変化の累積的な影響が、どのようにして社会の構造の抜本的変化を導く可能性があるのかを測定するのはもっと難しい。人間の文化とテクノロジーの共進化は、人間が初めて石を拾い上げ、それをハンマーとして、あるいは兵器として使った日から始まっている。文化の革命は高速で続いている。社会は変化を吸収するという点ではなかなかうまくいっている。たとえば、合衆国における出生時平均余命は一九〇〇年の四七歳から現在の七八歳にまで延長したし、携帯電話とｉＰｏｄが普及した。だが、新たなテクノロジーの累積的影響は、完全なる破滅ではないとしても、深刻に破壊的な形の社会変化を引き起こしてしまうのではないか？

ジョージ・ワシントン大学で国際関係を研究している教授であり、かつてアル・ゴア副大統領の国家安全保障担当補佐官でもあったレオン・ファースは、遺伝子工学とナノテクノロジーと神経薬理学とＡＩが提起する課題を記述するため「社会的津波（social tsunami）」という言葉を用いている。クリントン＝ゴア政権の政策担当補佐官としての経験から、彼はありうる将来の危機に向けた計画に公共政策機関がうまく対応していないと指摘する。政策決定者は、何が起こりそうなのかを予測するソーシャルプランナーの能力を疑っている。資金のための競争では目先の目標が長期的な目標を打ち破ってしまう。もちろん未来を予測する人々の能力には限界がある。だが社会的安定性を深刻に破壊しかねない出来事に対して短期的にすら計画を立てそこねるのは視野狭窄である。ファースは「前のめりの取り組み（forward engagement）」、つまり主要なものになりそうな社会的出来事を前もって考えておくように訓練された能力の必要性を強調する。

我々はファースに同意して、ＡＩなどのエンハンスメント・テクノロジーが引き起こす課題に対して若干ながら予測と企画を提案する時がきたと考える。専門家と関心をもっている一般人が定期的に集まるイニシアティブがあれば、とりわけデジタル・テクノロジーが引き起こしている現在の喫緊の課題の見取り図を描く助けになるだろう。これらの人々が果たさなければならない責任の中核は、思弁的で未来主義的な課題が現実の可能性として扱われるようになる前にテクノロジーが超えなければならない閾値を明確化することである。彼らの報告は、実際に計画する必要のある政策決定者にとっても、社会全体にとっても、教育のための手段としても、またその問題を鮮明にするためのフレームワークとしても、役に立つ。科学は静的なものではない。一つの研究方法の発展は、他の研究方法にインパクトを与える。こうしてその見取り図は、定期的に改訂される必要がある。

本書では、自律的な(ロ)ボットがＡＭＡになる可能性のある道筋を見取り図に描くように努めてきた。道徳的な機械の究極的な技術的限界がどこにあるのか、あるいはそもそも限界があるのかどうかは誰にもわからない。(わかると言い張る人は山ほどいるけれども！)エンジニアと倫理学者は、現在のテクノロジーの限界を認識し、最善のテクノロジーが提供する倫理的能力を活用しなければならない。テクノロジーの能力に対する過度に楽観的な評価は、倫理的考慮を行うに十分に敏感ではない(ロ)ボットに対する危険な依存を導くことになる。過度に悲観的な評価は、真に有用なテクノロジーの開発を妨害したり、(ロ)ボットに対する運命論的な態度を引き起こしたりするだろう。

我々は、ＡＭＡの開発を進める必要があると信じている。「本物の」道徳的行為者《エージェント》であるロボットが将来に存在するかどうかという問題は的外れである。倫理的意思決定に反映されるべき法律や道徳的考慮事項に対して、今現在利用可能などんなものよりも敏感であるようなシステムを構築することはできるはずだ。未来はＡＭＡを必要としている。

エピローグ——（ロ）ボットの心と人間の倫理

本書を執筆する間に、我々は正しいことと不正なことを区別する能力をもった（ロ）ボットを設計するプロセスが、ＡＩについてと同じぐらい、人間の倫理的意思決定を明らかにするということを学んだ。

我々は、倫理学理論を意思決定手続きに、あるいはアルゴリズムにさえ、変換できるかもしれないという、あえて素朴なアイディアから出発した。だが我々にわかったのは、トップダウンの倫理学理論だと、コンピュータ上でリアルタイムの意思決定を行うための役には立たないということだった。さらに言えば、人々が正しさと不正さについてもっている複雑な直観を考えれば、倫理を論理的に一貫した原則や法則のあつまりに還元する展望がそもそも疑わしい。

専門的な倫理学者は、自分たちの理論がリアルタイムの意思決定手続きを提供できないと知っている。その代わり、彼らの多くは、倫理学のプロジェクトを、単純で包括的なフレームワークの中で、倫理的意思決定を正当化することを目指したものであると見ている。完全な帰結主義やカント主義が表しているのは、それに照らし合わせて行為を評価するための理想である。だがそうした倫理学者にとって、それを完成させるために要求される厳格性は実行不可能だという問題が立ちふさがる。たとえば、筋金入りの帰結主義者は、何が起ころうとも友人や家族への真性のコミットメントをもてるのだろうか？　あるいは、彼は個人的な関係より功利性の最大化を優先しなければならないのか？

しかしながら我々の見解では、これは苦行僧の修行のようなものであって、完璧な清貧や完璧な沈黙の誓約に従って生きることが可能かどうかという疑問とそれほど異なるものではない。道徳哲学者が抽象化した理想は、人々が自分の隣人に望むことではないし、同様にＡＭＡに再現してほしいものでもない。現実の環境でもヴァーチャルな環境でも、人々は隣人に、柔軟で敏感に応答する能力があってほしいと思っている。人々は、自分の隣人の行動が適切な規範を満たすという確信や、隣人の行動が信頼できるという確信が欲しいのである。この課題を解決するには、人間の倫理的行動について現在わかっている以上の、さらなる理解が必要だろう。つまり、ＡＭＡを構築することは、倫理的意思決定に対するとりわけて包括的なアプローチを採用するように迫るのである。我々の考えでは、ＡＭＡを構築するというプロジェクトは、人間の道徳についてのもっと豊かな理解を必要とするという点が重要なのである。

このことは、トップダウンの理論が無価値であるということを意味するわけではないが、その役割に対して別の見方を取らざるをえなくなる。さまざまな理論が、倫理的課題を記述するための言葉と、それを見るためのレンズを提供してくれる。あらゆる理論が、道徳的リスクを伴う状況において、行為と結果の特徴の違いを強調する。理論と直観と社会実践の違いは、選択と行為を行う際の要因になるはずである。人間にとって、そしてＡＭＡにとって、課題となるのは特定の状況に課される道徳的考慮事項への気づきを拡大することである。

信頼と協働は、一つのフレームワークだけを独断的に用いてしまうと、あるいは、何が倫理的な「正解」なのかについて一つの観点を厳格に適用してしまうと、構築できない。むしろ、信頼と協働には、他者の観点を理解する能力が必要なのである。すると倫理学理論は、行為の厳格なガイドではなく、交渉のためのフレームワークとなる。真のエージェントが直面する真の問題は、信頼と協働をとりまく社会的規範が取り組まれなければならない闘技場である。

倫理学者の中には、これは（彼らが理解するところの）倫理学のポイントを見誤っていると主張する者もいる――倫理学は何をするべきかについての学問であり、単に社会的状況の中で人々が機能している仕方に関するだけの学問ではないのだと。我々は、倫理学は行為者《エージェント》が「べし」について反省する際の助けとなるという点には同意する。これらのべしは、特定の道徳的考慮事項を行為者がどれだけ重視しているのかを示す指標として翻訳される。行為者は、新たな課題ごとに影響を与えるような多くの考慮事項の間で舵を取る方法を見つける必要があるだろう。そして、すべての考慮事項が完全に反映されていない理由をきちんと説明できるだけでなく、可能な限りうまくそれらの考慮事項のバランスをとれる行為を思いつく必要があるだろう。

おそらく、自律機械とは無関係に人間の道徳的意思決定について考えたとしても、似たような結論に至ることだろう。しかしながら、ロボットに正しいことと不正なことを教えるための包括的アプローチへの反省は、しばしば完璧とは言い難くとも、互いに対して倫理的に振る舞おうとはしている日々の試みにおいて、人々が普段はあたりまえだと思っている道徳的意思決定の諸側面へと注意するように要求する。

ＡＭＡを開発するという探求は、実験調査のためのプラットフォームを提供することで、倫理的な理解にフィードバックを与えることにもなる。たとえば、言われたことと、行われたことと、非言語的な手段で意味されていることの間の対応を調整してみることで、研究者は、言葉と実践とジェスチャーが倫理的判断を形作るためにどのように相互作用しているのかを体系的にテストできるようになるだろう。異なる倫理的観点をもった行為者間の相互作用をシミュレートすることで、ＳＦや哲学の思弁的な思考実験に、テスト可能な社会的・認知的なモデルを補うことが可能になるだろう。

人間は常に宇宙の中で仲間を探している。人間以外の動物に対して人間が古くから魅了されてきたのは、動物は自分と非常によく似たものだという事実に由来する。類似点と相違点は、人間に自分が誰であり、何であるのかについて、たくさんのことを教えてくれる。ＡＭＡがより洗練されたものになれば、人間の価値観を反映するようになるにつれて、ＡＭＡは上述の役割を果たすようになっていくだろう。倫理についての人類の理解にとって、これ以上重要な発展は存在しない。

謝　辞

本書の誕生のきっかけと執筆の過程において、我々はたくさんの人々に多くを負っている。最初に、そして最大の感謝を捧げたいのは、我々の同僚のイヴァ・スミット博士である。我々は彼女との共著で道徳的な機械に関していくつか論文を執筆した。それらの論文で描いてきたさまざまな内容は、本書を執筆する際の下敷きになっている。本書に現れるアイディアと言葉の多くが彼女の発案によるものであることは間違いない。特に第6章は彼女の貢献に負っている。イヴァは本書のアウトラインを発展させる際の手助けという重要な役割も果たしているが、この分野における彼女の影響はそれだけではない。機械道徳に関心をもつ学者が集められた二〇〇二年から二〇〇五年までの一連のシンポジウムを通して、彼女はこの新興研究分野に対し、その後も長く影響力をもつことになる貢献を行った。実際、二〇〇二年にドイツのバーデン＝バーデンで開かれた第一回シンポジウムにイヴァが我々を招いてくれなければ、我々は互いに出会うことすらなかったかもしれない。彼女の暖かさと寛大さは、小さなコミュニティに属する学者たちを繋ぎあわせた。そこには本書に登場する人々も含まれる。イヴァにとって中心的な動機は、ビジネスや政府の指導者に自律的システムから生じる危険への注意を喚起する必要があるということだった。我々は人工道徳的エージェントを開発する際の技術的側面に注目することにしたため、彼女であればまた別な内容の本を書いただろう。とはいえ、我々は倫理的に盲目なシステムの危険に対して彼女が感じていたことを一部でも伝えることができれば、と願っている。

スミット博士が主催した四回のシンポジウムは、「人間の意思決定と人工知能の意思決定における認知的、情動的、倫理的側面」という題目で、ジョージ・ラスカーが率いるシステム・リサーチ及びサイバネティクス国際高等研究所の後援により開催された。我々はラスカー教授と、同じくシンポジウムの他の参加者たちに感謝したい。より最近では、機械道徳に関するワークショップのメンバーがこの主題に関する我々の理解のさらなる深化に貢献してくれており、我々はこのワークショップの主催者と参加者にも感謝したい。

コリン・アレンが最初にこの分野に手を出したのは一九九九年、彼がヴァロル・アクマンに招かれて『実験的・理論的人工知能（*Journal of Experimental and Theoretical Artificial Intelligence*）』誌に論文を書いた時である。この機会は、人工道徳的エージェントをどのように作るのかという問題が未探査の哲学的領土だと認識するきっかけになった。ゲイリー・ヴァーナーは倫理学の専門知識を与えてくれた。大学院生のジェイソン・ジンザーは、一緒に論文を執筆して二〇〇〇年に出版するため熱意をもって大仕事《ハードワーク》をこなしてくれた。本書を執筆する際にはその論文を下敷きにした。

ウェンデル・ウォラックは二〇〇四年と二〇〇五年に、イェール大学で「ロボットの道徳と人間の倫理」と題した学部生向けセミナーを開催した。彼は学生たちの洞察と熱意に感謝している。このセミナーは、彼のアイディアを発展させることに大いに貢献した。学生のうちの一人、ジョナサン・ハートマンは我々が第7章で論じたことのオリジナルとなるアイディアを提案した。ウェンデルとスタン・フランクリン教授との議論は特に第11章にとって重要だった。この章で人工道徳的エージェントの構築という問題にスタンの汎用人工知能のための学習型知的分散エージェント（ＬＩＤＡ）モデルを応用する際に、彼は執筆の手助けをしてくれた。彼はこの章の共著者としてクレジットされてもよいぐらいだ。

他にもさまざまな同僚と学生のコメントと提案が、それぞれの仕方で本書に反映されている。我々は特にマイケルとスーザンのアンダーソン夫妻、ケント・バブコック、デイヴィッド・カルヴァリー、ロン・クリスレー、ピーター・ダニエルソン、サイモン・デイヴィッドソン、ルチアーノ・フロリディ、オーウェン・ホランド、ジェイムズ・ヒューズ、エルトン・ジョー、ピーター・カーン、ボニー・カプラン、ゲイリー・コフ、パトリック・リン、カール・マクドーマン、ウィラード・ミランカー、ロザリンド・ピカード、トム・パワーズ、フィル・ルービン、ブライアン・スカセラティ、ウィム・スミット、クリスティーナ・スピーセル、スティーヴ・トーランス、ヴィンセント・ウィーゲルの名前を挙げたい。

さまざまな章に詳細なコメントをくれた人々にも感謝を述べておきたい。カンディス・アンダリアとジョエル・マークスはいくつかの章にコメントをくれた。フレッド・アレンとトニー・ビーヴァーズは草稿全体にコメントをしてくれたという点で最大のクレジットにふさわしい。彼らの洞察は計り知れないほど本書を改善した。

二〇〇七年八月、我々はペンシルヴァニアの中央部で、ほぼ完成していた本書の草稿の最後の仕上げとして楽しい日々を過ごした。我々のホストはキャロルとローランドのミラー夫妻で、クイル・ヘイヴンの宿と朝食を準備してくれた。キャロルの豪勢な朝食、最初の二章に対するローランドの熱烈な応答、そしてコーヒーとお茶とクッキーの豊富な供給は、あらゆる意味で我々の努力の燃料となった。

スタン・ウェイクフィールドは、我々の本の提案を発展させるために妥当なアドバイスをくれた。インディアナ大学のジョシュア・スマートは、草稿の最終的な編集と準備の間にできる限りの手助けをしてくれた。彼が提案したさまざまな有益な編集は、本書をいっそう明白で読みやすいものにしてくれただけでなく、巻末注をまとめるのにとても役に立った。

オックスフォード大学出版局のピーター・オーリン、ジョエリン・オーサンカ、モリー・ワグナーには大いに助けられた。我々は彼らの思慮あふれる提案と、原稿を出版に至るまで導いてくれた親切に感謝する。「ロボットに正と不正の区別を教える」という副題はピーターの提案による。我々はさらに、草稿を見事に編集してくれたマーサ・ラムゼイに特別な感謝を表明する。彼女の大いなる貢献により、本書はとても読みやすいものになった。

ウェンデル・ウォラックはイェール大学の生命倫理学学際センターのスタッフに、過去四年間の素晴らしいサポートへの感謝を捧げたい。センターの副ディレクターのキャロル・ポラードと彼女のアシスタント、ブルック・クロケットとジョン・モーザーは特にウェンデルを多くの仕方で助けてくれた。

最後に、我々の配偶者ナンシー・ウォラックとリン・アレンの根気、愛、忍耐力がなければこの仕事は成し遂げられなかった。彼女たちの徳に人工的なところは何もない。

二〇〇八年二月

コネティカット州ブルームフィールドにて　ウェンデル・ウォラック

インディアナ州ブルーミントンにて　コリン・アレン

訳者解説

（1）本書の概要

本書はWendell Wallach and Colin Allen, *Moral Machines: Teaching Robots Right from Wrong*, Oxford University Press, 2009の全訳である。本書の原書は第三次人工知能（ＡＩ）ブームが始まる直前にロボット倫理学の必要性を訴えた先駆的な研究書として知られており、工学と倫理学の両面からさまざまな文献が包括的に扱われている。そのため、ロボット倫理学の全体像をつかむための入門書としても高く評価されており、本書の他にも既に韓国語（二〇一五年）と中国語（二〇一七年）に翻訳されている。

原書が出版されたのは二〇〇九年であり、そこから現在までに人工知能とロボット工学の分野においてはさまざまな飛躍的といえる発展があった。この急激な技術の発展を考えると、読者の中には、哲学者がおよそ十年前に書いた人工知能とロボットについての本を今さら読む価値があるのか、と思う方もいるかもしれない。しかしながら本書で書かれたことのほとんどは古びるどころか、現在においてもますます重要性を増しているのである。詳細な説明は次節以降で行うとして、まずは著者二人の紹介と本書の内容の若干の補足から始めよう。

著者の一人ウェンデル・ウォラックはイェール大学生命倫理学学際センター（Interdisciplinary Center for Bioethics）の「テクノロジーと倫理」部会の部会長であり（二〇一八年十月現在）、テクノロジーの倫理を専門としている。主な業績に、先端テクノロジーに関する倫理問題を包括的に扱った*A Dangerous Master: How to Keep Technology from*

Slipping Beyond Our Control, Basic Books, 2015〔大槻敦子訳『人間VSテクノロジー：人は先端科学の暴走を止められるのか』原書房、二〇一六年〕等がある。

もう一人の著者コリン・アレンはピッツバーグ大学科学史・科学哲学部の特別教授であり（二〇一八年十月現在）、心の哲学や認知科学の哲学の業績で知られている。生物学者のマーク・ベコフ（Marc Bekoff）との共著書 *Species of Mind: the Philosophy and Biology of Cognitive Ethology*, MIT Press, 1997 をはじめ、多数の編著がある。

本書はそのタイトル（原書では副題）が示唆するとおり、倫理的意思決定を行う能力を備えた人工システム（著者たちはこれを人工道徳的エージェント（Artificial Moral Agent；AMA）と呼ぶ）の開発にともなう難点とその解決のための戦略を扱った研究書である。1章から5章では、なぜAMAが必要であり、必要とされるべきなのかがさまざまな実例をもって論じられる。原書の刊行以降に現実で生じた人工知能の目覚ましい発展を目にした読者にとって、その説得力は当時以上に感じられるだろう。続いて、倫理学理論をアルゴリズムとして実装する「トップダウン」アプローチ（6章）と、機械学習やエージェント同士の協力からの創発によって倫理を作り出そうとする「ボトムアップ」アプローチ（7章）の長所と短所が検討される。そして、両者の融合であるハイブリッドとしての「徳倫理」が必要だとする展望が示され（8章）、具体的な倫理の実装方法が詳細に論じられる（9〜11章）。また、ロボットに倫理を教えるという主題からは逸れるものの、人間側の倫理や責任という関連する重要な問題が12章で概観される。

序章において各章の内容は要約されているため、これ以上の屋上屋を架す必要はないだろう。その代わりに、ここでは原書に寄せられた批判に著者二人が応答した論文 Colin Allen and Wendell Wallach, "Moral Machines: Contradiction in Terms or Abdication of Human Responsibility?" in Patrick Lin et al. (eds), *Robot Ethics: The Ethical and Social Implications of Robotics*, The MIT Press, 2012 の内容を紹介することで、本書のさらなる理解に繋げたい。

同論文では、ＡＭＡの構築という本書の試みに対し寄せられた批判が、次の六点にまとめられている（pp. 61–2）。

一、人工知能が完全な道徳的行為者性を備えるためには、本書で言及されていない、あるいは本書ではその重要性を適切に強調できていない能力や特徴が必要である。

二、完全な道徳的行為者性にとって必要な特徴には、コンピュータ・システムに実装できないものもある。

三、本書で提示されたＡＭＡ開発へのアプローチは人間中心主義的すぎる。ロボットに道徳が必要であるとしても、それが人間の道徳の複製である必然性はない。

四、技術的シンギュラリティや友好的《フレンドリー》ＡＩの重要性を本書では適切に扱えていない。

五、ＡＭＡの構築を目指すうえで、本書ではロボットが引き起こす危険を回避できると想定しているが、実際にはその危険の多くは容易に回避できない。言い換えれば、本書はテクノロジーによる解決策が存在するという幻想を助長してしまう。有害なシステムの開発の歩みを遅らせ、場合によっては止めることも必要なのに、この幻想のせいでその観点が見失われてしまう。

六、ＡＭＡを設計しようとする試みは人間の道徳的意思決定への理解を促進すると本書で主張されているが、この主張は説明不足である。

これらの批判に対して、次のように応答がなされている。まず完全な道徳的行為者性に必要な能力に関する疑問は、「完全な道徳的行為者には〇〇が必要である」という形にまとめられる（〇〇には、批判者ごとにさまざまな能力が代入される）。しかし著者たちは、この種の批判は総じて「道徳的行為者性」という言葉のカント主義的な含意に引きずられた誤解であり、人工知能に社会規範の実装を試みるにあたり、行為者性にまつわる哲学的難問に踏み込む必要はないと応答する。

第二の批判は「倫理を実装するには、コンピュータというプラットフォームでは限界がある」という形で言い換えられるが、本書で考察された「機能的道徳」のレベルであれば、そうした指摘の大半は回避可能だと主張される。第三の「人間の道徳と機械の道徳が同じものである必要はない」という批判に対しては、本書が提示したアプローチはあくまで試案であり、具体的にどう倫理を実装するかについてはさまざまな異論を受け入れる余地があると応えている。そしてシンギュラリティと友好的ＡＩに関する第四の批判に対しては、それらが機械学習の発展を前提としていると指摘したうえで、機械学習が友好的ＡＩの構築に繋がる有効な戦略かどうかはまだ未知数だと論じている（また、友好的ＡＩそのものは本書第12章で言及されており、無視されているわけではない）。

しかし、人工知能が引き起こす危険に対する楽観視という第五の批判に対しては、著者らは「おっしゃるとおり（guilty as charged）」と述べ、本書のアプローチの限界を認めている。場合によっては、人工知能にもっと洗練された倫理的能力を実装するだけでなく、人工知能が製造され利用される社会的状況そのものを再考する必要もあるかもしれないと。

最後に、人工知能に倫理を実装しようとする試みが人間の倫理的能力に対する理解を深めるという主張の明確化の要望だが、もちろんこの壮大な主張は容易に説明できるものではない。同論文では、詳細についてはウォラックの別の論文 Wendell Wallach, Robot minds and human ethics : the need for a comprehensive model of moral decision making, *Ethics and Information Technology*, vol. 12 issue 3, pp. 243–250, 2010 を参考にするようにと示唆されているが、今後のさらなる研究が必要な論点でもあるだろう。

（２）ロボット倫理学の重要性

本書で著者たちは、人間の監督を離れて自動的に動作する機械やソフトウェアが実用化され、オープンな環境で不特定多数の人間、あるいは他の機械やソフトウェアたちと相互作用するようになると予測している。そして、そのような状況においては、多種多様なエージェントの間の複雑な相互作用の結果として、予想できない仕方で人間に有害な影響が生じる可能性がある、と著者たちは指摘する。

このような懸念はここ数年の間に人工知能とロボットをめぐって最も盛んに議論されている問題の一つであり、現実化しつつあるリスクでもある。たとえば本書の序章で描かれた将来の大災害のシナリオの中には、先物取引を高速で行うシステムが石油価格の暴落を引き起こす場面が登場する。ところが本書が出版された翌年の二〇一〇年五月六日には実際に、瞬間的にダウ平均が千ドル近く下落する「フラッシュクラッシュ」と呼ばれる事件が起きており、その一因が高頻度取引を行うアルゴリズムにあると考えられているのである。

ＡＩが人間社会にもたらす影響とその倫理的含意をめぐって、先進的な情報技術をもつ国々において、あるいは国際的に、政府機関、アカデミア、ＮＧＯなどさまざまなレベルで議論が行われている。たとえばアメリカではＮＧＯ、Future of Life Institute（ＦＬＩ）がＡＩの安全な発展を目的として巨額の研究ファンドを立ち上げている(https://futureoflife.org/background/benefits-risks-of-artificial-intelligence/ 最終アクセス：二〇一八年十月十四日、以下同様)。またＦＬＩは二〇一七年二月三日に人工知能の研究課題、倫理と価値、長期的な課題に関するガイドラインとして「Asilomar AI Principles」を発表した（日本語訳が https://futureoflife.org/ai-principles-japanese/ にある）。日本ではたとえば総務省情報通信研究所が「ＡＩネットワーク化検討会議」、「ＡＩネットワーク社会推進検討会議」を主宰し、多数のＡＩがネットワークを形成することの影響、リスクを考え、その有効な活用について議論を行っている（http://www.soumu.go.jp/main_sosiki/kenkyu/ai_network/index.html)。企業でもたとえばＧｏｏｇｌｅ傘下の DeepMind 社は Ethics & Society という研究ユニットを立ち上げ、「現実世界へのＡＩのインパクトを探求すること」を目標に掲げている(https://deepmind.com/applied/deepmind-ethics-society/)。

ＡＩやロボットがもたらす予想外のリスクに対処するために、著者たちは人間の価値に対する感受性を（ロ）ボットにもたせ、人間に危害を与えるような結果を引き起こす行動を避ける能力をもたせること、すなわち道徳的に判断し行動する能力をもたせることを提唱している。「ロボットに道徳性をもたせる」というと多くの人はアシモフの「ロボット工学三原則」を思い浮かべるであろう。しかし近年、このテーマは単なるＳＦ上の設定ではなく、現実的な工学的問題として（かつ哲学的問題としても）取り組まれている。たとえば関連の学会では世界最大の米国電気電子学会（ＩＥＥＥ）が公表している "Ethically Aligned Design" という文書の中では、自律的機械に倫理や価値を埋め込むことが提唱されている（https://ethicsinaction.ieee.org/）。また日本の人工知能学会の倫理委員会が二〇一七年に公表した「倫理指針」においては「人工知能への倫理遵守の要請」という項目が含まれている（http://ai-elsi.org/archives/471）。このように人工的な自律的エージェントに、人間の倫理や価値に配慮した振る舞いを求める可能性は、人工知能やロボットの開発に従事する工学者たちにも検討され始めているのである。

（3）原書刊行後の人工知能・ロボットの発展

現在は「第三次人工知能ブーム」であると言われており、新たな技術が次々に開発され、そして新しい用途に人工知能やロボットが応用されている。人工知能やロボットに関するニュースを聞かない日はないと言っても過言ではない。原書はこの第三次ブームが始まる直前に出版されたものである。そのために当然、本書で書かれていることは、第三次ブーム以前のテクノロジーを念頭に置いたものとなっている。そこで本節では原書の刊行後の人工知能やロボットの発展について簡単に振り返り、そしてそれが本書の提案に対してもつ含意について考察する。

第三次ブームの人工知能とそれ以前の人工知能はどこが大きく異なるのかを理解するためには、まず第一次ブームと第二次ブームのころのテクノロジーがどのようなものだったのかを知る必要がある。しかしこれらについては本書の中でも言及されているので、ここではごく簡単に触れるにとどめる。

「第一次人工知能ブーム」と呼ばれるものは二〇世紀の半ばに起こった。このころの人工知能は、一九世紀末に誕生し、二〇世紀半ばにかけて発展した「記号論理学」と密接な関係をもっている。記号論理学は、深い洞察や直観に頼ることなく、与えられた規則に機械的に従うことで論理的な推論を導くことを可能にした。ここに計算機科学の発展が加わって、「機械的な推論」から文字通り「機械による推論」への道が開けた。このようにして人間の知的な思考活動（論理的な推論）を遂行する機械的なシステム、「人工知能」が誕生した。

初期の人工知能研究者たちはこのように記号体系とその上の記号操作規則を適切に定義することによって、人間の知能の多く（特に言語や思考に関わる部分の多く）が実現できると期待した。中にはこれによって人間の心そのものが実現できると主張した人々さえいた。この点については本書第4章の「人工知能――そのアイディアの核心」の節に簡単に説明されている。しかしながら実際にはこのやり方では、しばしば人間ならばできるごく簡単な作業さえも機械に遂行させるのは極めて難しいことがわかった。そして大きな期待をかけられた第一次人工知能ブームは次第に収束していった。

第二次人工知能ブームは一九八〇年代に起こった。この時期には、さまざまな領域の専門家のもつ暗黙の知識を明示化して専門家の判断をコンピュータにシミュレートさせることが試みられた。ここではコンピュータによって扱いやすいように適切に表現された知識を蓄えることと、そこから効率よく求める情報を取り出すことに焦点が置かれた。このようなシステムは「エキスパートシステム」と呼ばれている。

このアプローチにおける困難はどのようにして専門家の知識を明示化するかである。専門家が何らかの判断を行う時、彼らはしばしば自分の判断の理由をはっきりと意識していない。そこで専門家が判断をするときにどのような規則に従っているかをコンピュータによって学習させるためのさまざまな手法が開発された。現代でも使われる

「機械学習」という言葉は八〇年代以降から盛んに使われるようになった。しかしこういった手法では、状況のそのつどのような特徴に専門家が注目しているかということはあらかじめプログラマが枚挙しておかなければならず、そしてそれはしばしば非常に困難な作業であった。

第二次ブームの時に起こったもう一つの重要な動きは、知能と身体の関係への注目であるが、この点については本書第4章に紹介されているブルックスの「身体化された認知」アプローチを参照されたい。

第二次ブームの人工知能は特定の分野においてまずまずの成功を収め、エキスパートシステムやその基礎にあるテクニックは今でもさまざまな分野で使われている。本書にも登場するアンダーソンらのMedEthExはエキスパートシステムの一種である。身体化アプローチに基づくロボットはたとえば本書でも言及されている掃除機ロボット・ルンバなどに応用されて、商業的にも大きな成功を収めている。しかし身体化アプローチや学習に基づく知識アプローチでも、当時の研究者が公言したほど、あるいは世間が期待したほどの成果は出せず、社会や経済に大規模な影響を与えるほどのイノベーションには結びつかなかった。

そして現在、三度目の人工知能ブームが起こっている。第三次ブームの火付け役となったのは、ジェフリー・ヒントンらが開発した「ディープ・ニューラル・ネットワーク」である。ディープ・ニューラル・ネットワークは、第8章において説明されているニューラル・ネットワークの構造をより多層化したものである。二〇一二年に行われた画像認識コンテスト（ILSVR）において、従来のテクニックを大幅に上回る高い精度を出したことで一躍注目を浴びるようになった。ディープ・ニューラル・ネットワークを用いた学習は深層学習と呼ばれる。深層学習の最も顕著な特徴の一つは、プログラマがあらかじめ状況のどのような特徴に注目するべきかを指定しなくても良いということである。これによって従来の機械学習におけるボトルネックになっていた問題が克服された。

第三次ブームのもう一つの重要な立役者はビッグデータである。現在、多くの人々がスマートフォンなどを通じて、テキスト、画像、音声などのデータをインターネットにアップロードしている。そしてその量は年々爆発的に増大している。この大量のデータこそが現在の人工知能ブームを牽引していると言ってよい。その理由の一つは、機械学習にはコンピュータが処理できる形式のデータが大量に必要であり、ビッグデータがそれを提供しているということ、そしてもう一つは、インターネット上に蓄積されている大量のデータから人々の嗜好や消費行動についての精度の高い予測が可能になるということである。人々の嗜好や消費行動が正確に予測できれば、企業はそれに応じたアクションを取ることができ、そしてそれだけ効率よく利益を上げることができる。

さてこういった人工知能分野における大きな進展は、ＡＭＡの設計にどのように応用されうるだろうか？　例として深層学習のような機械学習の手法について考えよう。近年の機械学習の手法によってＡＭＡの性能の向上はどれくらい見込めるだろうか？　ここで考えなければいけないのは、ある判断が倫理的に良いかどうかを論じる際には、その判断の正当化が必要になるということである。これはたとえ帰結主義を採っていても変わらない。帰結主義者同士であっても、ある行為の予想される帰結がトータルとして良いものであると判断できる十分に良い理由を提示しなければ、相手を納得させることはできない。しかしながら、しばしば指摘されるように、現在の深層学習は判断のプロセスを「ブラックボックス」にしてしまう恐れがある。つまり、人工知能は多くのデータから学習して、特定の判断基準を形成するが、人間にはその基準がどのようなものなのか理解できない、ということが生じるのである。このことはたとえば画像を見て猫が写っているか否かを判断するというような答えが明快な課題、そして間違った判断をした場合でもさほど危害を引き起こさない課題であればさほど問題はないだろう。しかし倫理的判断のような、正解が必ずしも明確でない課題、そして間違っていた場合に特定の人間に不当な危害を与える可能性がある課題については、大きな問題である。

もう一つ、もしも学習のもとになるデータが正しくなければ正しい道徳を学ぶことは期待できない。実際に、学習データがバイアスをもったものであったために、人工知能が特定のジェンダーや人種に対して不利な判断をしたり、インターネット上の人々の発言から学習した結果として人種差別的な発言をしたりするような事例が実際に報告されている。ランダムなデータでは信用できないのであれば、現実的には、人間がまず学習データが適切かどうかを慎重にチェックする必要があるだろう。しかし、それでは現在の機械学習の強みを十分に生かすことはできない。次節で紹介する荒木やジェプカからのアプローチは、インターネット上のテキストから「常識」的な道徳を自動的に学習させようという試みであるが、インターネット上には「非常識」な言説があふれているために、ある程度、人間が学習のもとになるデータを選別することは不可欠である。

以上のような理由から、現在の人工知能の飛躍的な進歩が、ＡＭＡの向上にどれほど貢献するかは今のところ明らかではない（本書第７章の議論も参照されたい）。

（４）読書案内

原書の刊行以降、ＡＭＡに関する研究書はいくつか出版された。その数は決して多くはないが、主要なものとして次の三点を挙げることができる。

(1)Michael Anderson and Susan Anderson (eds), *Machine Ethics*, Cambridge University Press, 2011
(2)Luis Moniz Pereira and Ari Saptawijaya, *Programming Machine Ethics*, Springer, 2016
(3)Derek Leben, *Ethics for Robots : How to Design a Moral Algorithm*, Routledge, 2018

(1)はＡＭＡの構築に関する初期の研究論文を包括的に収録した論文集であり、本書で引用・言及された論文の多くが収録されている。ＡＭＡの具体的な開発方針としては、(2)では計算機科学者らによって「論理ベース」の手法が論じられており、(3)では哲学者による「ロールズ的契約主義」をアルゴリズムとして実装する試みが検討されている。両者ともAMA研究のサーヴェイや新展開が含まれており、本書と併読する価値があるだろう。

また、日本語文献としては次の四点を挙げておきたい。

(4)荒木健治、R・ジェプカ、M・プタシンスキ、P・ディバワ『心を交わす人工知能：言語・感情・倫理・ユーモア・常識』、森北出版、二〇一六年

(5)久木田水生、神崎宣次、佐々木拓『ロボットからの倫理学入門』、名古屋大学出版会、二〇一七年

(6)鄭雄一『東大教授が挑む AIに「善悪の判断」を教える方法』、扶桑社、二〇一八年

(7)岡本裕一郎『人工知能に哲学を教えたら』、SBクリエイティブ、二〇一八年

(4)は人工知能研究者による機械道徳へのアプローチであり、先述の通りビッグデータを用いて人々の倫理観をシステムに実装する手法が検討されている。(5)では哲学者・倫理学者によるこの分野へのアプローチを概観することができる。また、(6)と(7)は新書でありながら、道徳的な人工知能の開発に向けた展望が示されているため一読を勧める。

(5) あとがき

最後に、本書を翻訳することになった経緯を説明しておきたい。直接のきっかけは、訳者二人も参加している「ロボットの応用哲学研究会」において二〇一五年の夏に著者の一人ウェンデル・ウォラック氏をお招きしてセミナーを開催したことに始まる。セミナーでのウォラック氏との議論に触発されて、以前にも研究会で取り上げたことのある本書の原書の訳出が企画された。

実際の翻訳作業は翌年より開始された。まず、久木田が部分的に作成したレジュメを参考に岡本が本文全体の試訳を作成し、全体の訳文を二人で原書と対照しながら検討した。二〇一七年夏に名古屋大学で翻訳検討会を行い、途中オンラインでのやりとりを毎週のように行いつつ、最終的に二〇一八年夏に名古屋大学で行った検討会において訳文の修正がほぼ完了した。訳者解説については一節と四節を岡本が、二節と三節を久木田が執筆した。

「ロボットの応用哲学研究会」のメンバーには、翻訳企画以前の勉強会の時から多くの示唆をいただくことができた。名古屋大学大学院情報学研究科の大学院生である伊藤俊氏と福原慶子氏には訳文を検討していただき、貴重なコメントを寄せていただいた。そして名古屋大学出版会の神舘健司氏には、翻訳権の交渉に始まり、毎回の翻訳検討会への参加・翻訳上の多数の有益なご助言に至るまで、感謝してもしきれないほどの助力をいただいた。以上の全員に対し、感謝の意を伝えたい。また本書は、日本学術振興会科学研究費助成事業の助成金JP25370033（基盤研究（C）、課題名「工学的関心に即したロボット倫理学の構築」、研究代表者：本田康二郎）、JP16H03343（基盤研究（B）、「日本型「ロボット共生社会の倫理」のトランスディシプリナリーな探求と国際発信」、神崎宣次）、JP16H03341（基盤研究（B）、「科学に基づいた道徳概念のアップデート」、久木田水生）を受けた研究成果の一部である。もちろん言うまでもないが、翻訳に不十分な点があるとすれば、それは訳者二人の責任である。

二〇一八年十月

岡本慎平
久木田水生

《訳者紹介》

岡《おか》本《もと》慎《しん》平《ぺい》

1986年生まれ
2015年　広島大学大学院文学研究科博士後期課程修了
現　在　広島大学大学院文学研究科助教，博士（文学）
著訳書　『少子超高齢社会の「幸福」と「正義」』（共著，日本看護協会出版会，2016年）
D・アーミテイジ『思想のグローバルヒストリー』（共訳，法政大学出版局，2015年）他

久《く》木《き》田《た》水《み》生《なお》

1973年生まれ
2005年　京都大学大学院文学研究科博士後期課程修了
現　在　名古屋大学大学院情報学研究科准教授，博士（文学）
著訳書　『ロボットからの倫理学入門』（共著，名古屋大学出版会，2017年）
A・クラーク『生まれながらのサイボーグ』（共訳，春秋社，2015年）他

ロボットに倫理を教える

2019年1月10日　初版第1刷発行

定価はカバーに
表示しています

訳　者　岡　本　慎　平
　　　　久木田　水　生

発行者　金　山　弥　平

発行所　一般財団法人　名古屋大学出版会
〒464-0814　名古屋市千種区不老町1名古屋大学構内
電話(052)781-5027 / FAX(052)781-0697

印刷・製本　亜細亜印刷㈱　ISBN978-4-8158-0927-0
乱丁・落丁はお取替えいたします。

索　引

サ　行

タ　行

ナ　行

ハ 行

マ 行

ヤ 行

ラ　行

参考文献

Adams, B., Breazeal, C., Brooks, R. A., & Scassellati, B. (2000). Humanoid Robots : A New Kind of Tool. *IEEE Intelligent Systems* 15, 25-31.

Aleksander, I. (2007). *The World in My Mind, My Mind in the World : Key Mechanisms of Consciousness in People, Animals and Machines*. Thorverton, UK : Imprint Academic.

Aleksander, I., & Dunmall, B. (2003). Axioms and Test for the Presence of Minimal Consciousness in Agents. In O. Holland (Ed.), *Machine Consciousness* (pp. 7-18). Thorverton, UK : Imprint Academic.

Aleksander, I., Lahnstein, M., & Lee, R. (2005, April). Will and Emotions : A Machine Model That Shuns Illusions. Paper presented at *the Symposium on Next Generation Approaches to Machine Consciousness*, Hatfield, UK.

Allen, C. (2002, August). Calculated Morality : Ethical Computing in the Limit. Paper presented at *the 14th International Conference on Systems Research, Informatics and Cybernetics*, Baden-Baden, Germany.

Allen, C., Smit, I., & Wallach, W. (2006). Artificial Morality : Top-Down, Bottom-Up and Hybrid Approaches. *Ethics and New Information Technology* 7, 149-155.

Allen, C., Varner, G., & Zinser, J. (2000). Prolegomena to Any Future Artificial Moral Agent. *Journal of Experimental and Theoretical Artificial Intelligence* 12, 251-261.

Allen, C., Wallach, W., & Smit, I. (2006). Why Machine Ethics? *IEEE Intelligent Systems* 21 (4), 12-17.

Allhoff, F., Lin, P., et al. (Eds.) (2007). *Nanoethics : The Ethical and Social Implications of Nanotechnology*. Hoboken, NJ : Wiley-Interscience.

Anderson, M., & Anderson, S. L. (2006). Machine Ethics. *IEEE Intelligent Systems* 21 (4), 10-11.

Anderson, M., & Anderson, S. L. (2006, July). MedEthEx : A Prototype Medical Ethics Advisor. Paper presented at *the Eighteenth Conference on Innovative Applications of Artificial Intelligence*, Boston.

Anderson, M., and S. L. Anderson (2008). Ethical Healthcare Agents. *Advanced Computational Intelligence Paradigms in Healthcare-3*. L. C. Jain. Berlin, Springer : 233-257.

Anderson, M., Anderson, S. L., & Armen, C. (2006). An Approach to Computing Ethics. *IEEE Intelligent Systems*, 56-63.

Anderson, M., Anderson, S. L., & Armen, C. (2005, November). Towards Machine Ethics : Implementing Two Action-Based Ethical Theories. Paper presented at *the American Association for Artificial Intelligence 2005 Fall Symposium on Machine Ethics*, Arlington, VA.

Anderson, M., & Anderson, S. L. (2008, March). EthEl : Towards a principled ethical eldercare robot. *ACM/IEEE Human-Robot Interaction Conference*, Amsterdam.

Anderson, S. L. (2005, November). Asimov's "Three Laws of Robotics" and Machine Metaethics.

Paper presented at *the American Association for Artificial Intelligence 2005 Fall Symposium on Machine Ethics*, Arlington, VA.

Antunes, L., & Coelho, H. (1999). Decisions Based upon Multiple Values : The BVG Agent Architecture. In P. Barahona & J. J. O. Alferes (Eds.), *Ninth Portuguese Conference on Artificial Intelligence* (pp. 297-311). Springer.

Appiah, K.A. (2008). *Experiments in Ethics*. Cambridge : Harvard University Press.

Aristotle. (1908). *Nichomachean Ethics* (W. D. Ross, Trans.). Oxford : Clarendon Press.〔渡辺邦夫・立花幸司訳『ニコマコス倫理学（上）・（下）』光文社，二〇一五年〕

Aristotle. (1924 [rev. 1958]). *Aristotle's Metaphysics* (W. D. Ross, Trans.). Oxford : Clarendon Press.〔出隆訳『形而上学（上）・（下）』岩波書店，一九五九・六一年〕

Arkin, R. (2004, January). Bombs, Bonding, and Bondage : Human-Robot Interaction and Related Ethical Issues. Paper presented at *the First International Conference on Roboethics*, San Remo, Italy.

Arkin, R. (2007). Governing Lethal Behavior : Embedding Ethics in a Hybrid Deliberative/Reactive Robot Architecture. *Technical Report GIT-GVU-07-11, College of Computing*, Georgia Institute of Technology.

Arkin, R. (2007, Winter-Spring). Robot Ethics : From the Battlefield to the Bedroom, Robots of the Future Raise Ethical Concerns. *Research Horizons*, 14-15.

Arkoudas, K., & Bringsjord, S. (2004, September). Metareasoning for Multi-Agent Epistemic Logics. Paper presented at *the Fifth International Conference on Computational Logic in Multi-Agent Systems*, Lisbon, Portugal.

Arkoudas, K., & Bringsjord, S. (2005, November). Toward Ethical Robots via Mechanized Deontic Logic. Paper presented at *the American Association for Artificial Intelligence 2005 Fall Symposium on Machine Ethics*, Arlington, VA.

Asaro, P. (2006). What Should We Want from a Robot Ethic? *International Review of Information Ethics* 6, 10-16.

Ashley, K. D. (1990). *Modeling Legal Arguments : Reasoning with Cases and Hypotheticals* (*Artificial Intelligence and Legal Reasoning*). Cambridge, MA : MIT Press.

Asimov, I. (1942, March). Runaround. *Astounding Science Fiction*, 94-103.〔小尾芙佐訳「堂々めぐり」，『われはロボット〔決定版〕アシモフのロボット傑作集』所収，早川書房，二〇〇四年〕

Asimov, I. (1950). *I, Robot*. New York : Gnome Press.〔小尾芙佐訳『われはロボット〔決定版〕アシモフのロボット傑作集』，早川書房，二〇〇四年〕

Asimov, I. (1985). *Robots and Empire*. Garden City, NY : Doubleday.〔小尾芙佐訳『ロボットと帝国（上）・（下）』，早川書房，一九九八年〕

Axelrod, R., & Hamilton, W. (1981). The Evolution of Cooperation. *Science* 211, 1390-1396.

Baars, B. (1997). *In the Theater of Consciousness : The Workspace of the Mind*. Oxford : Oxford University Press.〔苧阪直行訳『脳と意識のワークスペース』，協同出版，二〇〇六年〕

Baars, B. J. (1988). *A Cognitive Theory of Consciousness*. Cambridge, UK : Cambridge University

Press.
Baars, B. J. (2002). The Conscious Access Hypothesis : Origins and Recent Evidence. *Trends in Cognitive Science* 6, 47–52.
Baars, B. J., & Franklin, S. (2003). How Conscious Experience and Working Memory Interact. *Trends in Cognitive Science* 7, 166–172.
Baddeley, A. D. (1992). Consciousness and Working Memory. *Consciousness and Cognition* 1, 3–6.
Baddeley, A. D., Conway, M., & Aggleton, J. (2001). *Episodic Memory*. Oxford : Oxford University Press.
Baddeley, A. D., & Hitch, G. J. (1974). Working Memory. In G. A. Bower (Ed.), *The Psychology of Learning and Motivation* (pp. 47–89). New York : Academic Press.
Bainbridge, W. S. (2006). *God from the Machine : Artificial Intelligence Models of Religious Cognition*. Lanham, MD : AltaMira Press.
Barad, J., & Robertson, E. (2000). *The Ethics of Star Trek*. New York : Harper-Collins.
Barrett, M., Eells, E., Fitelson, B., & Sober, E. (1999). Models and Reality—A Review of Brian Skyrms's Evolution of the Social Contract. *Philosophy and Phenomenological Research* 59 (1), 237–241.
Barsalou, L. W. (1999). Perceptual Symbol Systems. *Behavioral and Brain Sciences* 22, 577–609.
Bartneck, C. (2002, November). Integrating the Ortony/Clore/Collins Model of Emotion in Embodied Characters. Paper presented at *the workshop Virtual Conversational Characters : Applications, Methods, and Research Challenges*, Melbourne, AU.
Bates, J. (1994). The Role of Emotion in Believable Agents. *Communications of the ACM* 37, 122–125.
Baum, E. (2004). *What Is Thought?* Cambridge, MA : MIT Press.
Beauchamp, T. L., & Childress, J. F. (2001). *Principles of Biomedical Ethics* (*5th ed.*). Oxford : Oxford University Press.〔立木教夫・足立智孝訳『生命医学倫理』, 麗澤大学出版会, 二〇〇九年〕
Bechtel, W., & Abrahamsen, A. (2007, August). Mental Mechanisms, Autonomous Systems, and Moral Agency. Paper presented at *the annual meeting of the Cognitive Science Society*, Nashville, TN.
Bennett, D. (2005, September 11). Robo-Justice : Do We Have the Technology to Build Better Legal Systems? *Boston Globe*.
Bentham, J. (1907 [1780]). *An Introduction to the Principles of Morals and Legislation*. Oxford : Clarendon Press.〔山下重一訳（抄訳）「道徳および立法の諸原理序説」,『世界の名著 38　ベンサム・ミル』所収, 中央公論社, 一九六七年〕
Berne, E. (1964). *Games People Play : The Basic Hand Book of Transactional Analysis*. New York : Ballantine Books.〔南博訳『人生ゲーム入門：人間関係の心理学』, 河出書房新社, 一九八九年〕
Billings, L. (2007, July 16). Rise of Roboethics. *Seed*.

Birrer, F. (2001). Applying Ethical and Moral Concepts and Theories to IT Contexts : Some Key Problems and Challenges. In R. A. Spinello & H. T. Tavani (Eds.), *Readings in Cybernetics* (pp. 91–97). Sudbury, MA : Jones & Bartlett.

Blackmore, S. (2003). Consciousness in Meme Machines. In O. Holland (Ed.), *Machine Consciousness* (pp. 19–30). Thorverton, UK : Imprint Academic.

Boden, M. A. (1983). Artificial Intelligence as a Humanizing Force. In A. Bundy (Ed.), *Proceedings of the Eighth International Joint Conferences on Artificial Intelligence* (pp. 1197–1198).

Boden, M. A. (1995). Could a Robot Be Creative—How Would We Know? In K. Ford, C. Glymour, & P. Hayes (Eds.), *Android Epistemology* (pp. 51–72). Menlo Park, CA : AAAI Press.

Boden, M. A. (2005). Ethical issues in AI and biotechnology. In U. Görman, W.B. Drees, & M. Meisinger (Eds.), *Creative Creatures : Values and Ethical Issues in Theology, Science and Technology* (pp. 123–134). London : T & T Clark.

Boella, G., van der Torre, L., & Verhagen, H. (2005, April). Introduction to Normative Multiagent Systems. Paper presented at *the Artificial Intelligence and the Simulation of Behavior '05 Convention, Social Intelligence and Interaction in Animals, Robots and Agents : Symposium on Normative Multi-Agent Systems*, Hatfield, UK.

Bostrom, N. (1998). How Long before Superintelligence? *International Journal of Future Studies* 2, 1–13.

Bostrom, N. (2003). Are You Living in a Computer Simulation? *Philosophical Quarterly* 53 (211), 243–255.

Bostrom, N. (2003). The Ethics of Superintelligent Machines. In I. Smit, W. Wallach, & G. Lasker (Eds.), *Fifteenth International Conference on Systems Research, Informatics and Cybernetics : Symposium on Cognitive, Emotive and Ethical Aspects of Decision Making in Humans and in Artificial Intelligence* (Vol. II, pp. 12–18). Windsor, Ontario, Canada : International Institute for Advanced Studies in Systems Research and Cybernetics.

Bostrom, N. (2003). When Machines Outsmart Humans. *Futures* 35 (7), 759–764.

Bratman, M. (1987). *Intention, Plans, and Practical Reason*. Cambridge, MA : Harvard University Press.〔門脇俊介・倉橋久一郎訳『意図と行為：合理性，計画，実践的推論』，産業図書，一九九四年〕

Breazeal, C. (2002). *Designing Sociable Robots*. Cambridge, MA : MIT Press.

Breazeal, C. (2003). Emotion and Sociable Humanoid Robots. *International Journal of Human-Computer Studies* 59, 119–155.

Breazeal, C., & Scassellati, B. (2001). Challenges in Building Robots That Imitate People. In K. Dautenhahn & C. Nehaniv (Eds.), *Imitation in Animals and Artifacts* (pp. 363–390). Cambridge, MA : MIT Press.

Bringsjord, S., Arkoudas, K., & Bello, P. (2006). Toward a General Logicist Methodology for Engineering Ethically Correct Robots. *IEEE Intelligent Systems* 21 (4), 38–44.

Bringsjord, S., & Ferucci, D. (1998). Logic and Artificial Intelligence : Divorced, Still Married, Separated …? *Minds and Machines* 8 (2), 273–308.

Brooks, R. (1986). A Robust Layered Control System for a Mobile Robot. *IEEE Journal of Robotics and Automation*, RA–2 (1), 14–23.

Brooks, R. (2002). *Flesh and Machines*. New York : Pantheon Books.〔五味隆志訳『ブルックスの知能ロボット論：なぜ MIT のロボットは前進し続けるのか？』，オーム社，二〇〇六年〕

Brooks, R. A. (1989). A Robot That Walks : Emergent Behavior from a Carefully Evolved Network. *Neural Computation* 1, 253–262.

Brooks, R. A. (1991). How to Build Complete Creatures Rather Than Isolated Cognitive Simulators. In K. van Lehn (Ed.), *Architectures for Intelligence* (pp. 225–239). Hillsdale, NJ : Erlbaum.

Brooks, R. A. (1991). Intelligence without Representation. *Artificial Intelligence* 47 (1–3), 139–159.

Brooks, R. A. (1997). The Cog Project. *Journal of the Robotics Society of Japan* 15, 968–970.

Brooks, R. A. (2001). Steps towards Living Machines. In T. Gomi (Ed.), *The International Symposium on Evolutionary Robotics From Intelligent Robotics to Artificial Life* (pp. 72–93). Tokyo : Springer-Verlag.

Brosnan, S., & de Waal, F. B. M. (2003). Monkeys Reject Unequal Pay. *Nature* 425, 297–299.

Brown, J. S. (2001). Don't Count Society Out : A Response to Bill Joy. In M.C. Roco & W.S. Bainbridge (Eds.), *Societal Implications of Nanoscience and Nanotechnology* (pp. 37–46). New York : Springer.

Bryson, J., & Kime, P. (1998, August). Just Another Artifact : Ethics and the Empirical Experience of AI. Paper presented at *the Fifteenth International Congress on Cybernetics*, Namur, Belgium.

Bynum, T. W. (Ed.). (1985). *Computers and Ethics*. Malden, MA : Blackwell.

Bynum, T. W. (2000). A Very Short History of Computer Ethics. *American Philosophical Association Newsletter on Philosophy and Computing* 99 (2), 163–165.

Bynum, T. W. (2001). Computer Ethics : Its Birth and Its Future. *Ethics and Information Technology* 3 (2), 109–112.

Calverley, D. (2005, April). Towards a Method for Determining the Legal Status of a Conscious Machine. Paper presented at *the Artificial Intelligence and the Simulation of Behavior '05 : Social Intelligence and Interaction in Animals, Robots and Agents : Symposium on Next Generation Approaches to Machine Consciousness*, Hatfield, UK.

Campbell, M. (1997). An Enjoyable Game : How HAL Plays Chess. In D. Stork (Ed.), *HAL's Legacy : 2001's Computer as Dream and Reality* (pp. 75–98). Cambridge, MA : MIT Press.〔堺三保訳「とても楽しいゲームでした：HAL はどのようにチェスをプレイするか」，『HAL 伝説：2001 年コンピュータの夢と現実』所収，早川書房，一九九七年〕

Campbell, M., Hoane, A. J., & Hsu, F. (2002, January). Deep Blue. *Artificial Intelligence* 134,

57–83.

Canamero, L. D. (2005). Emotion Understanding from the Perspective of Autonomous Robots Research. *Neural Networks* 18, 445–455.

Capek, K. (1973 [1920]). *Rossum's Universal Robots*. New York : Simon and Schuster.〔千野栄一訳『ロボット（R.U.R.)』，岩波書店，二〇〇三年〕

Carpenter, J., Eliot, M., & Schultheis, D. (September, 2006). Machine or Friend : Understanding Users' Preferences for and Expectations of a Humanoid Robot Companion. Paper presented at *the Fifteenth Conference on Design and Emotion*, Gothenburg, Sweden.

Carsten Stahl, B. (2004). Information, Ethics, and Computers : The Problem of Autonomous Agents. *Minds and Machines* 14 (1), 67–83.

Casebeer, W. (2003). *Natural Ethical Facts : Evolution, Connectionism, and Moral Cognition*. Cambridge, MA : MIT Press.

Chalmers, D. J. (1996). *The Conscious Mind*. Oxford : Oxford University Press.〔林一訳『意識する心：脳と精神の根本理論を求めて』，白揚社，二〇〇一年〕

Chaput, H. H., Kuipers, B., & Miikkulainen, R. (September, 2003). Constructivist Learning : A Neural Implementation of the Schema Mechanism. Paper presented at *the Workshop for Self-Organizing Maps '03*, Kitakyushu, Japan.

Chomsky, N. (1965). *Aspects of the Theory of Syntax*. Cambridge, MA : MIT Press.〔福井直樹・辻子美保子訳『統辞理論の諸相：方法論序説』，岩波書店，二〇一七年〕

Chomsky, N. (1985). *Syntactic Structures*. Berlin : Mouton.〔福井直樹・辻子美保子訳『統辞構造論：付『言語理論の論理構造』序論』，岩波書店，二〇一四年〕

Chopra, S., & White, L. (2004). Artificial Agents—Personhood in Law and Philosophy. *European Conference on Artificial Intelligence* 16, 635–639.

Churchland, P. M. (1989). *A Neurocomputational Perspective : The Nature of Mind and the Structure of Science*. Cambridge, MA : MIT Press.

Churchland, P. M. (1995). *The Engine of Reason, The Seat of the Soul : A Philosophical Journey into the Brain*. Cambridge, MA : MIT Press.〔信原幸弘・宮島昭二訳『認知哲学：脳科学から心の哲学へ』，産業図書，一九九七年〕

Churchland, P. M. (1996). The Neural Representation of the Social World. In L. May, M. Friedman & A. Clark (Eds.), *Mind and Morals : Essays on Cognitive Science and Ethics* (pp. 91–108). Cambridge, MA : MIT Press.

Clark, A. (1996). Connectionism, Moral Cognition, and Collaborative Problem Solving. In L. May, M. Friedman, & A. Clark (Eds.), *Mind and Morals : Essays on Cognitive Science and Ethics* (pp. 109–127). Cambridge, MA : MIT Press.

Clark, A. (1998). *Being There : Putting Brain, Body, and World Together Again*. Cambridge, MA : MIT Press.〔池上高志・森本元太郎監訳『現れる現在：脳と身体と世界の再統合』，NTT 出版，二〇一二年〕

Clark, A. (2003). *Natural-Born Cyborgs : Minds, Technologies, and the Future of Human Intelligence*. Cambridge, MA : MIT Press.〔呉羽真・久木田水生・西尾香苗訳『生まれな

がらのサイボーグ：心・テクノロジー・知能の未来』，春秋社，二〇一五年〕

Clark, J. (2002). Paris Says “Oui” to Driverless Trains. Transport for London website. http://web.archive.org/web/20040211000716/http://tube.tfl.gov.uk/content/metro/02/0207/11/Default.asp.

Clarke, R. (1993). Asimov’s Laws of Robotics : Implications for Information Technology (1). *IEEE Computer* 26 (12), 53-61.

Clarke, R. (1994). Asimov’s Laws of Robotics : Implications for Information Technology (2). *IEEE Computer* 27 (1), 57-66.

Coleman, K. G. (2001). Android Arete : Towards a Virtue Ethic for Computational Agents. *Ethics and Information Technology* 3 (4), 247-265.

Comte-Sponville, A. (2001). *A Small Treatise on Great Virtues ; The Uses of Philosophy in Everyday Life* (C. Temerson, Trans.). New York : Metropolitan Books.〔中村昇・小須田健・C カンタン訳『ささやかながら，徳について』，紀伊國屋書店，一九九九年〕

Conway, M. A. (2002). Sensory-Perceptual Episodic Memory and Its Context : Autobiographical Memory. In A. D. Baddeley, M. Conway, & J. Aggleton (Eds.), *Episodic Memory* (pp. 53-70). Oxford : Oxford University Press.

Coopersmith, J. (1999). The Role of the Pornography Industry in the Development of Videotape and the Internet. *IEEE International Symposium on Technology and Society—Women and Technology : Historical, Societal, and Professional Perspectives* (pp. 175-182). New Brunswick, NJ.

Cotterill, R. M. J. (2003). CyberChild : A Simulation Test-Bed for Consciousness Studies. *Journal of Consciousness Studies* 10, 31-45.

D’Mello, S. K., Ramamurthy, U., & Franklin, S. (2005, July). Encoding and Retrieval Efficiency of Episodic Data in a Modified Sparse Distributed Memory System. Paper presented at *the Twenty-seventh Annual Conference of the Cognitive Science Society*, Strassa, Italy.

D’Mello, S. K., Ramamurthy, U., Negatu, A., & Franklin, S. (2006). A Procedural Learning Mechanism for Novel Skill Acquisition. In T. Kovacs & J. A. R. Marshall (Eds.), *Adaptation in Artificial and Biological Systems, AISB ’06* (Vol. 1, pp. 184-185). Bristol, UK : Society for the Study of Artificial Intelligence and the Simulation of Behaviour.

Damasio, A. (1994). *Descartes’ Error : Emotion, Reason, and the Human Brain*. New York : Putnam.〔田中三彦訳『デカルトの誤り：情動，理性，人間の脳』，筑摩書房，二〇一〇年〕

Damasio, A. (1999). *The Feeling of What Happens : Body and Emotion in the Making of Consciousness*. New York : Harcourt Brace.〔田中三彦訳『無意識の脳　自己意識の脳』，講談社，二〇〇三年〕

Dancy, J. (1993). *Moral Reasons*. Malden, MA : Blackwell.

Dancy, J. (1998, August). Can a Particularist Learn the Difference between Right and Wrong? Paper presented at *the Twentieth World Congress of Philosophy*, Boston.

Dancy, J. (2005). Moral Particularism. In E. N. Zalta (Ed.), *The Stanford Encyclopedia of Philosophy*

(Summer 2005 Edition), http://plato.stanford.edu/archives/sum2005/entries/moral-particularism.

Danielson, P. (1992). *Artificial Morality : Virtuous Robots for Virtual Games*. New York : Routledge.

Danielson, P. (1998). *Modeling Rationality, Morality and Evolution*. Oxford : Oxford University Press.

Danielson, P. (2003). Modeling Complex Ethical Agents. Paper presented at *the conference on Computational Modeling in the Social Sciences*, Seattle, Washington.

Danielson, P. (2006, June). From Artificial Morality to NERD : Models, Experiments, & Robust Reflective Equilibrium. Paper presented at *the EthicALife Workshop of the ALifeX Conference*, Bloomington, Indiana.

Darley, J. M., & Batson, C.D. (1973). From Jerusalem to Jericho : A Study of Situational and Dispositional Variables in Helping Behavior. *Journal of Personality and Social Psychology* 27, 100–108.

Darwin, C. (1860). *Origin of Species* (Harvard Classics, Vol. 11.). New York : Bartleby Press. 〔渡辺政隆訳『種の起源（上）・（下）』，光文社，二〇〇九年〕

Darwin, C. (1872). *The Expression of Emotions in Man and Animals*. London : John Murray. 〔浜中浜太郎訳『人及び動物の表情について』，岩波書店，一九九一年〕

Darwin, C. (2004 [1871]). The *Descent of Man*. New York : Penguin. 〔長谷川眞理子訳『人間の由来（上）・（下）』，講談社，二〇一六年〕

Das, P., Kemp, A. H., Liddell, B. J., Brown, K. J., Olivieri, G., Peduto, A., Gordon, E., & Williams, L. M. (2005). Pathways for Fear Perception : Modulation of Amygdala Activity by Thalamo-Cortical Systems. *NeuroImage* 26, 141–148.

Dautenhahn, K. (Ed.). (2002). *Socially Intelligent Agents : Creating Relationships with Computers and Robots*. New York : Springer.

Davachi, L., Mitchell, J. P., & Wagner, A. D. (2003). Multiple Routes to Memory : Distinct Medial Temporal Lobe Processes Build Item and Source Memories. *Proceedings of the National Academy of Sciences* 100, 2157–2162.

Davidson, R. J., Maxwell, J. S., & Shackma, A. J. (2004). The Privileged Status of Emotion in the Brain. *Proceedings of the National Academy of Sciences* 101, 11915–11916.

Dawkins, R. (1989). *The Selfish Gene*. Oxford : Oxford University Press. 〔日高敏隆・岸由二・羽田節子・垂水雄二訳『利己的な遺伝子』，紀伊國屋書店，二〇〇六年〕

de Garis, H. (1990). The Twenty-first-century Artilect : Moral Dilemmas Concerning the Ultra-intelligent Machine. *Revue Internationale de Philosophie* 44, 131–138.

de Garis, H. (2005). *The Artilect War : Cosmists vs. Terrans : A Bitter Controversy Concerning Whether Humanity Should Build Godlike Massively Intelligent Machines*. Palm Springs, CA : ETC.

de Martino, B., Kumaran, D., Seymour, B., & Dolan, R. J. (2006). Frames, Biases, and Rational Decision-Making in the Human Brain. *Science* 313, 684–687.

de Sousa, R. (1987). *The Rationality of Emotion*. Cambridge, MA : MIT Press.

de Waal, F. B. M. (2006). *Primates and Philosophers : How Morality Evolved.* Princeton, NJ : Princeton University Press.

Dehaene, S. (2002). *The Cognitive Neuroscience of Consciousness.* Cambridge, MA : MIT Press.

Dehaene, S., Changeux, J., Naccache, L., Sackur, J., & Sergent, C. (2006). Conscious, Preconscious, and Subliminal Processing : A Testable Taxonomy. *Trends in Cognitive Sciences* 10, 204–211.

DeMoss, D. (1998). Aristotle, Connectionism, and the Morally Excellent Brain. *The Paideia project on-line. Proceedings of the Twentieth World Congress of Philosophy.* American Organizing Committee Inc., Boston. www.bu.edu/wcp/Papers/Cogn/CognDemo.htm

Dennett, D. C. (1995). Cog : Steps towards Consciousness in Robots. In T. Metzinger (Ed.), *Conscious Experience* (pp. 471–487). Thorverton, UK : Imprint Academic.

Dennett, D. C. (1996). When Hal Kills, Who's to Blame? In D. Stork (Ed.), *Hal's Legacy* (pp. 351–365). Cambridge, MA : MIT Press.〔内田昌之訳「HALが殺人をおかしたら，だれが責められるのか？：コンピュータの倫理学」，『HAL伝説：2001年コンピュータの夢と現実』所収，早川書房，一九九七年〕

Dennett, D. C. (1997). Cog as a Thought Experiment. *Robotics and Autonomous Systems* 20 (2–4), 251–256.

Dennett, D. C. (1997). Consciousness in Human and Robot Minds. In M. Ito, Y. Miyashita, & E. T. Rolls (Eds), *Proceedings of the IIAS Symposium on Cognition, Computation, and Consciousness* (pp. 17–30). New York : Oxford University Press.

Dennett, D. C. (2003). *Freedom Evolves.* New York : Viking.〔山形浩生訳『自由は進化する』，NTT出版，二〇〇五年〕

Descartes, R. (1978). *The Philosophical Works of Descartes* (E. S. Haldane & G. R. T. Ross, Trans.). Cambridge, UK : Cambridge University Press.

Diamond, D. (2003, December). The Love Machine. *Wired* 11 (12), www.wired.com/wired/archive/11.12/love.html.

Dietrich, E. (2007). After the Humans Are Gone. *Journal of Experimental and Theoretical Artificial Intelligence* 19 (1), 55–67.

Doris, J. M. (2002). *Lack of Character : Personality and Moral Behavior.* Cambridge, UK : Cambridge University Press.

Drescher, G. L. (1991). *Made-Up Minds : A Constructivist Approach to Artificial Intelligence.* Cambridge, MA : MIT Press.

Dreyfus, H. (1979). *What Computers Can't Do : The Limits of Artificial Intelligence.* New York : Harper Colophon Books.〔黒崎政男・村若修訳『コンピュータには何ができないか：哲学的人工知能批判』，産業図書，一九九二年〕

Dreyfus, H., & Dreyfus, S. (1990). What Is Morality? A Phenomenological Account of the Development of Ethical Expertise. In D. Rasmussen (Ed.), *Universalism vs. Communitarianism : Contemporary Debates in Ethics* (pp. 237–264). Cambridge, MA : MIT Press.

Duffy, B. R., & Joue, G. (2005). The Paradox of Social Robotics : A Discussion. In M. Anderson,

S.L. Anderson, & C. Armen (Cochairs), *Machine Ethics: Papers From The AAAI Fall Symposium*. Arlington, VA: AAAI Press.

Edelman, G. M. (1987). *Neural Darwinism*. New York: Basic Books.

Ekman, P. (1993). Facial Expression of Emotion. *American Psychologist* 48, 384–392.

Engelberger, J. F. (1989). *Robotics in Service*. Cambridge, MA: MIT Press.

Epstein, R. (1996). *The Case of the Killer Robot: Stories about the Professional, Ethical, and Societal Dimensions of Computing*. New York: Wiley.

Estes, W. K. (1993). *Classification and Cognition*. Oxford: Oxford University Press.

Ferbinteanu, J., & Shapiro, M. L. (2003). Prospective and Retrospective Memory Coding in the Hippocampus. *Neuron* 40, 1227–1239.

Flack, J., & de Waal, F. B. M. (2000). 'Any Animal Whatever': Darwinian Building Blocks of Morality in Monkeys and Apes. In L. Katz (Ed.), *Evolutionary Origins of Morality* (pp. 1–30). Thorverton, UK: Imprint Academic.

Flavell, J. H. (1979). Metacognition and Cognitive Monitoring: A New Area of Cognitive-Developmental Inquiry. *American Psychologist* 34, 906–911.

Floridi, L., & Sanders, J. W. (2001). Artificial Evil and the Foundation of Computer Ethics. *Ethics and Information Technology* 3 (1), 55–66.

Floridi, L., & Sanders, J. W. (2004). On the Morality of Artificial Agents. *Minds and Machines* 14 (3), 349–379.

Foerst, A. (2005). *God in the Machine: What Robots Teach Us about Humanity and God*. New York: Plume.

Fogg, B. J., & Nass, C. (1997). Silicon Sycophants: The Effects of Computers That Flatter. *Journal of Human-Computer Studies* 46, 551–561.

Foot, P. (1967). The Problem of Abortion and the Doctrine of Double Effect. *Oxford Review* 5, 5–15.

Foot, P. (1967). Moral Beliefs. In P. Foot (Ed.), *Theories of Ethics* (pp. 83–100). Oxford: Oxford University Press.

Ford, K., Glymour, C., & Hayes, P. (Eds.). (1995). *Android Epistemology*. Menlo Park, CA: AAAI Press.

Ford, K., Glymour, C., & Hayes, P. (Eds.). (2006). *Thinking about Android Epistemology*. Cambridge, MA: MIT Press.

Franklin, S. (2000). Deliberation and Voluntary Action in "Conscious" Software Agents. *Neural Network World* 10, 505–521.

Franklin, S. (2001). A "Consciousness" Based Architecture for a Functioning Mind. In D. Davis, (Ed.), *Visions Of Mind* (pp. 149–175). Hershey, PA: IDEA Group, Inc.

Franklin, S. (2001). Conscious Software: A Computational View of Mind. In V. Loia & S. Sessa (Eds.), *Soft Computing Agents: New Trends for Designing Autonomous Systems* (pp. 1–46). Berlin, GE: Springer (Physica-Verlag).

Franklin, S. (2003). IDA: A Conscious Artifact? *Journal of Consciousness Studies* 10, 47–66.

Franklin, S. (2005). Cognitive Robots : Perceptual Associative Memory and Learning. Paper presented at *Proceedings of the Fourteenth Annual International Workshop on Robot and Human Interactive Communication* (RO-MAN 2005) (pp. 427-433).

Franklin, S. (2005). Evolutionary Pressures and a Stable World for Animals and Robots : A Commentary on Merker. *Consciousness and Cognition* 14, 115-118.

Franklin, S. (March, 2005). Perceptual Memory and Learning : Recognizing, Categorizing, and Relating. Paper presented at *American Association for Artificial Intelligence Symposium on Developmental Robotics*, Palo Alto, CA.

Franklin, S., Baars, B. J., Ramamurthy, U., & Ventura, M. (2005). The Role of Consciousness in Memory. *Brains, Minds and Media* 1, 1-38.

Franklin, S., & Graesser, A. C. (1997). Is It an Agent, or Just a Program? A Taxonomy for Autonomous Agents. In J. Muller, M. Woolridge, & N.R. Jennings (Eds.), *Intelligent Agents III* (pp. 21-35). Berlin : Springer Verlag.

Franklin, S., & McCauley, L. (2004). Feelings and Emotions as Motivators and Learning Facilitators. In E. Hudlicka & L. Cañamero (Co-chairs), *Architectures for Modeling Emotion : Cross-Disciplinary Foundations, AAAI 2004 Spring Symposium Series* (Technical Report SS-04-02, pp. 48-51). Palo Alto, CA : AAAI Press.

Franklin, S., & Ramamurthy, U. (2006). Motivations, Values and Emotions : Three Sides of the Same Coin. In *Proceedings of the Sixth International Workshop on Epigenetic Robotics* (Vol. 128, pp. 41-48). Paris : Lund University Cognitive Studies.

Freeman, W. J. (1999). *How Brains Make Up Their Minds*. London : Weidenfeld and Nicolson. 〔浅野孝雄訳・津田一郎監訳『脳はいかにして心を創るのか：神経回路網のカオスが生み出す志向性・意味・自由意志』, 産業図書, 二〇一一年〕

Freeman, W. J. (2003). The Wave Packet : An Action Potential for the Twenty-first Century. *Journal of Integrative Neuroscience* 2, 3-30.

Friedman, B. (1995, May). It's the Computer's Fault : Reasoning about Computers as Moral Agents. Paper presented *at the Conference on Human Factors in Computing Systems*, Denver, Colorado.

Friedman, B., & Kahn, P. (1992). Human Agency and Responsible Computing : Implications for Computer System Design. *Journal of Systems and Software* 17, 7-14.

Friedman, B., & Nissenbaum, H. (1996). Bias in Computer Systems. *ACM Transactions on Information Systems* 14 (3), 330-347.

Gadanho, S. C. (2003). Learning Behavior-Selection by Emotions and Cognition in a Multi-Goal Robot Task. *Journal of Machine Learning Research* 4, 385-412.

Gardner, A. (1987). *An Artificial Approach to Legal Reasoning*. Cambridge, MA : MIT Press.

Garreau, J. (2007, May 6). Bots on the Ground : In the Field of Battle (Or Even above It), Robots Are a Soldier's Best Friend. *Washington Post*.

Gazzaniga, M. S. (2005). The Believing Brain. In *The Ethical Brain* (pp. 145-162). New York : Dana Press. 〔梶山あゆみ訳「信じたがる脳」,『脳の中の倫理』所収, 紀伊國屋書店,

二〇〇九年〕

Georges, T. M. (2003). *Digital Soul : Intelligent Machines and Human Values*. Cambridge, MA : Westview Press.

Gert, B. (1988). *Morality*. Oxford : Oxford University Press.

Gertner, R. (2005, August 15). Lawyers Are Turning to Old Websites for Evidence. *Lawyer's Weekly USA*.

Gibson, J. J. (1979). *The Ecological Approach to Visual Perception*. Mahwah, NJ : Erlbaum.〔古崎敬・古崎愛子・辻敬一郎・村瀬旻訳『生態学的視覚論：ヒトの知覚世界を探る』，サイエンス社，一九八六年〕

Gigerenzer, G., & Selten, R. (2002). *Bounded Rationality : The Adaptive Toolbox*. Cambridge, MA : MIT Press.

Gigerenzer, G., Todd, P., & Group, T. A. R. (1999). *Simple Heuristics That Make Us Smart*. Oxford : Oxford University Press.

Gilligan, C. (1982). *In a Different Voice : Psychological Theory and Women's Development*. Cambridge, MA : Harvard University Press.〔生田久美子・並木美智子訳『もうひとつの声：男女の道徳観のちがいと女性のアイデンティティ』，川島書店，一九八六年〕

Gips, J. (1991). Towards the Ethical Robot. In K. G. Ford, C. Glymour, & P.J. Hayes (Eds.), *Android Epistemology* (pp. 243-252). Cambridge, MA : MIT Press.

Gips, J. (2005). Creating Ethical Robots : A Grand Challenge. In M. Anderson, S.L. Anderson, & Armen, C. (Co-chairs), *AAAI Fall 2005 Symposium on Machine Ethics* (pp. 1-7). Alexandria, VA : AAAI Press.

Glenberg, A. M. (1997). What Memory Is For. *Behavioral and Brain Sciences* 20, 1-19.

Goertzel, B. (2002, May). Thoughts on AI Morality. *Dynamic Psychology*. www.goertzel.org/dynapsyc/2002/AIMorality.htm.

Goertzel, B., et al. (2008, March). An Integrative Methodology for Teaching Embodied Non-Linguistic Agents, Applied to Virtual Animals in Second Life. Paper presented at *First Conference on Artificial General Intelligence* (AGI-08), Memphis, TN.

Goertzel, B., & Pennachin, C. (2007). *Artificial General Intelligence*. Berlin : Springer.

Goertzel, B., Pennachin, C., & Bugaj, S. V. (March, 2002). The Novamente AGI Engine : An Artificial General Intelligence in the Making. https://web.archive.org/web/20021009142909/www.realai.net/article.htm

Goldin, I. M., Ashley, K. D., & Pinkus, R. L. (2001, May). Introducing PETE : Computer Support for Teaching Ethics. Paper presented at *the Eighth International Conference on Artificial Intelligence and Law*, St. Louis, Missouri.

Goleman, D. (1995). *Emotional Intelligence*. New York : Bantam Books.〔土屋京子訳『EQ：こころの知能指数』，講談社，一九九六年〕

Good, I. J. (1982, November). Ethical Machines. Paper presented at *the Tenth Machine Intelligence Workshop*, Cleveland, Ohio.

Goodale, M. A., & Milner, D. (2004). *Sight Unseen*. Oxford : Oxford University Press.〔鈴木光太

郎・工藤信雄訳『もうひとつの視覚：〈見えない視覚〉はどのように発見されたか』，新曜社，二〇〇八年〕
Grau, C. (2006). There Is No "I" in "Robots" : Robots and Utilitarianism. *IEEE Intelligent Systems* 21 (4), 52–55.
Greene, J., & Haidt, J. (2002). How (and Where) Does Moral Judgment Work? *Trends in Cognitive Sciences* 6 (12), 517–523.
Greene, J. D., Nystrom, L. E., Engell, A. D., Darley, J. M., & Cohen, J. D. (2004). The Neural Bases of Cognitive Conflict and Control in Moral Judgment. *Neuron* 44, 389–400.
Greene, J. D., Sommerville, R. B., Nystrom, L. E., Darley, J. M., & Cohen, J. D. (2001). An fMRI Investigation of Emotional Engagement in Moral Judgment. *Science* 293, 2105–2108.
Gross, M. (2006, November 3). It's My (Virtual) World ··· *New York Time*s.
Guarini, M. (2006). Particularism and Classification and Reclassification of Moral Cases. *IEEE Intelligent Systems* 21 (4), 22–28.
Guth, W., Schmittberger, R., & Schwarze, B. (1982). An Experimental Analysis of Ultimatum Bargaining. *Journal of Economic Behavior and Organization* 3 (4), 367–388.
Hahn, C. S., Fley, B., & Florian, M. (2005, April). A Framework for the Design of Self-Regulation of Open Agent-Based Electronic Marketplace. Paper presented at *the Artificial Intelligence and the Simulation of Behavior '05 Convention, Social Intelligence and Interaction in Animals, Robots and Agents : Symposium on Normative Multi-Agent Systems*, Hatfield, UK.
Haidt, J. (2001). The Emotional Dog and Its Rational Tail : A Social Intuitionist Approach to Moral Judgment. *Psychology Review* 108, 814–834.
Haidt, J. (2003). The Moral Emotions. In R. J. Davidson, K. R. Scherer, & H. H. Goldsmith (Eds.), *Handbook of Affective Sciences* (pp. 852–870). Oxford : Oxford University Press.
Haidt, J. (2007). The New Synthesis in Moral Psychology. *Science* 316, 998–1002.
Hall, J. S. (2000). Ethics for Machines. http://autogeny.org/ethics.html.
Hall, J. S. (2007). *Beyond AI : Creating the Conscience of the Machine*. Amherst, NY : Prometheus Books.
Hambling, D. (2007, September 10). Armed Robots Go into Action. *Wired Blog Network*. https://www.wired.com/2007/09/robosoldiers-hi/
Hamilton, E., & Cairns, H. (1961). *The Collected Dialogues of Plato, Including the Letters* (Cooper, L., Trans.). Princeton, NJ : Princeton University Press.
Hare, R. (1981). *Moral Thinking : Its Levels, Methods, and Point*. Oxford : Oxford University Press.〔内井惣七・山内友三郎監訳『道徳的に考えること：レベル・方法・要点』，勁草書房，一九九四年〕
Harms, W. (1999). Biological Altruism in Hostile Environments. *Complexity* 5 (2), 23–28.
Harms, W. (2000). The Evolution of Altruism in Hostile Environments. In L. D. Katz (Ed.), *Evolutionary Origins of Morality* (pp. 308–312). Exeter, UK : Imprint Academic.
Harnad, S. (2003). Can a Machine Be Conscious? How? *Journal of Consciousness Studies* 10 (4–5), 69–75.

Hauser, M. D. (2000). *Wild Minds*. New York : Holt.
Hauser, M. D. (2006). *Moral Minds : How Nature Designed Our Universal Sense of Right and Wrong*. New York : Ecco.
Hauser, M. D., Cushman, F., Young, L., Jin, R. K., & Mikhail, J. (2007). A Dissociation between Moral Judgment and Justification. Mind and Language 22 (1), 1-21.
Heilman, K. M. (1997). The Neurobiology of Emotional Experience. *Journal of Neuropsychiatry and Clinical Neuroscience* 9, 439-448.
Henig, R. M. (2007, July 29). The Real Transformers. *New York Times Magazine*.
Hexmoor, H., Castelfranchi, C., & Falcone, R. (2003). *Agent Autonomy*. New York : Springer.
Hibbard, B. (2000). Super-Intelligent Machines. *Computer Graphics* 35 (1), 11-13.
Hibbard, B. (2003). Critique of the SIAI Guidelines on Friendly AI. www.ssec.wisc.edu/~billh/g/SIAI_critique.html.
Hill, R. J. (1983). The Automation of Railways. *Physics in Technology*, 14, 37-47.
Hodges, A. (1992). *Alan Turing : The Enigma*. New York : Simon and Schuster.〔土屋俊・土屋希和子訳『エニグマ：アラン・チューリング伝』(上)・(下)，勁草書房，二〇一五年〕
Hoffman, M. (2000). *Empathy and Moral Development : Implications for Caring and Justice* : Cambridge, UK : Cambridge University Press.〔菊池章夫・二宮克美訳『共感と道徳性の発達心理学：思いやりと正義のかかわりで』，川島書店，二〇〇一年〕
Hofstadter, D. R., & Mitchell, M. (1995). The Copycat Project : A Model of Mental Fluidity and Analogy-Making. In K. J. Holyoak & J. Barnden (Eds.), *Advances in Connectionist and Neural Computation Theory, Vol. 2 : Logical Connections* (pp. 205-267). Norwood, NJ : Ablex.
Holland, J. H. (1962). Outline for a Logical Theory of Adaptive Systems. *Journal of the Association for Computing Machinery* 9, 297-314.
Holland, J. H. (1975). *Adaptation in Natural and Artificial Systems*. Ann Arbor : University of Michigan.〔嘉数侑昇監訳『遺伝アルゴリズムの理論：自然・人工システムにおける適応』，森北出版，一九九九年〕
Holland, J. H. (1992). Genetic Algorithms. *Scientific American* 267 (1), 66-72.
Holland, O. (Ed.). (2003). Special issue on Machine Consciousness. *Journal of Consciousness Studies* 10 (4-5).
Holland, O. (Ed.) (2003). *Machine Consciousness*. Thorverton, UK : Imprint Academic.
Holland, O., & Goodman, R. (2003). Robots with Internal Models : A Route to Machine Consciousness. In O. Holland (Ed.), *Machine Consciousness* (pp. 77-110). Thorverton, UK : Imprint Academic.
Howell, S. R. (1999). Neural Networks and Philosophy : Why Aristotle was a Connectionist. https://web.archive.org/web/20061015205436/www.psychology.mcmaster.ca/beckerlab/showell/aristotle.pdf
Hume, D. (2000 [1739-40]). *A Treatise on Human Nature*. Oxford : Oxford University Press.〔木

曾好能訳『人間本性論　第 1 巻 知性について』，石川徹・中釜浩一・伊勢俊彦訳『第 2 巻 情念について』，伊勢俊彦・石川徹・中釜浩一訳『第 3 巻 道徳について』，法政大学出版局，一九九五年〜二〇一二年〕

Irrgang, B. (2006). Ethical Acts in Robotics. *Ubiguity* 7 (34), 241–250.

Isen, A. M. & Levin, P. F. (1972). The Effect of Feeling Good on Helping : Cookies and Kindness. *Personality and Social Psychology* 21, 382–388.

Ishiguro, H. (July, 2005). Android Science : Towards a New Cross-Disciplinary Framework. Paper presented at *the CogSci–2005 Workshop : Towards Social Mechanisms of Android Science*, Stresa, Italy.

ISO. (2006). ISO Robot Safety Standards, Standard No. 10218–1 : 2006. *International Organization for Standardization.*

Jablonka, E., & Lamb, M. (2005). *Evolution in Four Dimensions : Genetic, Epigenetic, Behavioral, and Symbolic Variation in the History of Life*. Cambridge, MA : MIT Press.

Jackson, J. V. (1987). Idea for a Mind. *ACM Siggart Bulletin* 101, 23–26.

James, W. (1890). *The Principles of Psychology*. Cambridge, MA : Harvard University Press.

Johnson, D. (1985). *Computer Ethics*. New York : Prentice-Hall.〔水谷雅彦・江口聡監訳『コンピュータ倫理学』，オーム社，二〇〇二年〕

Johnson, M. (1993). *Moral Imagination : Implications of Cognitive Science for Ethics*. Chicago : University of Chicago Press.

Johnston, V. S. (1999). *Why We Feel : The Science of Human Emotions*. Reading, MA : Perseus Books.〔長谷川眞理子訳『人はなぜ感じるのか？』，日経 BP 社，二〇〇一年〕

Jonsen, A. R., & Toulmin, S. (1988). *The Abuse of Casuistry : A History of Moral Reasoning*. Berkeley : University of California Press.

Joy, B. (2000, April). Why the Future Doesn't Need Us. *Wired* 8 (04). www.wired.com/wired/archive/8.04/joy_pr.html.〔小川隆ほか訳「なぜ未来はわれわれを必要としないのか？」，『『マトリックス』完全分析』所収，扶桑社，二〇〇三年〕

Kaelbling, L. P., Littman, M. L., & Moore, A. W. (1996). Reinforcement Learning : A Survey. *Journal of Artificial Intelligence Research* 4, 237–285.

Kahn, A. F. U. (1995). The Ethics of Autonomous Learning Systems. In K. Ford, C. Glymour, & P. Hayes (Eds.), *Android Epistemology* (pp. 243–252). Cambridge, MA : MIT Press.

Kahneman, D., Slovic, P., & Tversky, A. (1982). *Judgment under Uncertainty : Heuristics and Biases*. Cambridge, MA : Cambridge University Press.

Kanerva, P. (1988). *Sparse Distributed Memory*. Cambridge, MA : MIT Press.

Kant, E. (1996 [1785]). *Groundwork of the Metaphysics of Morals*. Cambridge, UK : Cambridge University Press.〔宇都宮芳明訳『道徳形而上学の基礎づけ』，以文社，一九九八年〕

Kara, D. (2005). Sizing and Seizing the Robotics Opportunity. https://web.archive.org/web/20080621120511/http:/www.robonexus.com:80/roboticsmarket.htm

Kassan, P. (2006). A.I. Gone Awry : The Futile Quest for Artificial Intelligence. *Skeptic* 12 (2), 30–39.

Katz, L. (Ed.). (2000). *Evolutionary Origins of Morality : Cross-Disciplinary Perspectives*. Thorverton, UK : Imprint Academic.

Kennedy, C. (2004). Agents for Trustworthy Ethical Assistance. In I. Smit, W. Wallach, & G. Lasker (Eds.), *Sixteenth International Conference on Systems Research, Informatics and Cybernetics : Symposium on Cognitive, Emotive and Ethical Aspects of Decision Making in Humans and in Artificial Intelligence* (Vol. III, pp. 15–20). Windsor, Ontario, Canada : International Institute for Advanced Studies in Systems Research and Cybernetics.

Kennedy, C. M. (2000, April). Reducing Indifference : Steps towards Autonomous Agents with Human Concerns. Paper presented at *the Convention of the Society for Artificial Intelligence and Simulated Behavior, Symposium on AI, Ethics and (Quasi-) Human Rights*, Birmingham, UK.

Knutton, M. (2002, June). The Future Lies in Driverless Metros. *International Railway Journal.*

Kohlberg, L. (1969). Stage and Sequence : The Cognitive-Developmental Approach to Socialization. In D. A. Gosli (Ed.), *Handbook of Socialization Theory and Research* (pp. 347–480). Chicago : Rand-McNally.

Kohlberg, L. (1981). *Essays on Moral Development,* Vol. 1 *: The Philosophy of Moral Development.* San Francisco : Harper & Row.

Kohlberg, L. (1984). *Essays on Moral Development,* Vol. 2 *: The Psychology of Moral Development.* San Francisco : Harper & Row.

Kolcaba, R. (2001). Angelic Machines : A Philosophical Dialogue. *Ethics and Information Technology* 2 (1), 11–17.

Kraus, S. (2001). *Strategic Negotiation in Multiagent Environments.* Cambridge, MA : MIT Press.

Krazit, T. (2006, May 24). My Friend the Robot. *CNET News.*

Kuflik, A. (2001). Computers in Control : Rational Transfer of Authority or Irresponsible Abdication of Autonomy? *Ethics and Information Technology* 1 (3), 173–184.

Kurzweil, R. (1999). *The Age of Spiritual Machines : When Computers Exceed Human Intelligence.* New York : Viking Press.〔田中三彦・田中茂彦訳『スピリチュアル・マシーン：コンピュータに魂が宿るとき』，翔泳社，二〇〇一年〕

Kurzweil, R. (2000, October 23). Promise and Peril. *Interactive Week.*

Kurzweil, R. (2005). *The Singularity Is Near : When Humans Transcend Biology*. New York : Viking.〔小野木明恵監訳『シンギュラリティは近い：人類が生命を超越するとき』，NHK 出版，二〇〇七年〕

LaChat, M. R. (2003). Moral Stages in the Evolution of the Artificial Superego : A Cost-Benefits Trajectory. In I. Smit, W. Wallach, & G. Lasker (Eds.), *Fifteenth International Conference on Systems Research, Informatics and Cybernetics : Symposium on Cognitive, Emotive and Ethical Aspects of Decision Making in Humans and in Artificial Intelligence* (Vol. II, pp. 18–24). Windsor, Ontario, Canada : International Institute for Advanced Studies in Systems Research and Cybernetics.

LaChat, M. R. (2004). "Playing God" and the Construction of Artificial Persons. In I. Smit, W.

Wallach, & G. Lasker (Eds.), *Sixteenth International Conference on Systems Research, Informatics and Cybernetics* (Vol. III, pp. 39–44). Windsor, Ontario, Canada : International Institute for Advanced Studies in Systems Research and Cybernetics.

Lakoff, G. (1987). *Women, Fire, and Dangerous Things—What Categories Reveal about the Mind*. Chicago : University of Chicago Press.〔池上嘉彦・川上誓作ほか訳『認知意味論：言語から見た人間の心』，紀伊國屋書店，一九九三年〕

Lakoff, G. (1995). Metaphor, Morality, and Politics, Or, Why Conservatives Have Left Liberals in the Dust. *Social Research* 62 (2), 177–214.

Lakoff, G., & Johnson, M. (1980). *Metaphors We Live By*. Chicago : University of Chicago Press.〔橋本功ほか訳『メタファに満ちた日常世界』，松柏社，二〇一三年〕

Lang, C. (2002). Ethics for Artificial Intelligences. Paper presented at *Wisconsin State-Wide Technology Symposium "Promise or Peril? Reflecting on Computer Technology : Educational, Psychological, and Ethical Implications,"* Madison, Wisconsin.

Latané, B. D., Darley, J. M. (1970). *The Unresponsive Bystander : Why Doesn't He Help?* New York : Appleton-Century Crofts.〔竹村研一・杉崎和子訳『冷淡な傍観者：思いやりの社会心理学』，ブレーン出版，一九九七年〕

Lazarus, R. (1991). *Emotion and Adaptation*. Oxford : Oxford University Press.

LeDoux, J. (1996). *The Emotional Brain : The Mysterious Underpinnings of Emotional Life*. New York : Simon & Schuster.〔松本元・川村光毅ほか訳『エモーショナル・ブレイン：情動の脳科学』，東京大学出版会，二〇〇三年〕

Lehman-Wilzig, S. (1981, December). Frankenstein Unbound : Towards a Legal Definition of Artificial Intelligence. *Futures*, 442–457.

Lenggenhager, B., Tadi, T., Metzinger, T., & Blanke, O. (2007). Video Ergo Sum. *Science* 317, 1096–1099.

Levy, D. (2007). *Love and Sex with Robots : The Evolution of Human-Robot Relationships*. New York : HarperCollins.

Lewis, J. (2005). Robots of Arabia. *Wired* 13 (11), 188–195.

Libet, B. (1999). Do We Have Free Will? *Journal of Consciousness Studies* 6, 47–57.

Libet, B., Gleason, C. A., Wright, E. W., & Pearl, D. K. (1983). Time of Conscious Intention to Act in Relation to Onset of Cerebral Activity (Readiness-Potential) : The Unconscious Initiation of a Freely Voluntary Act. *Brain* 106, 623–642.

Lisetti, C., et al. (2003). Developing Multimodal Intelligent Affective Interfaces for Tele-Home Health Care. *International Journal of Human-Computer Studies* 59 (1–2), 245–255.

Logical Endings : Computers May Soon Be Better Than Kin at Predicting the Wishes of the Dying. (2007, March 15). *Economist*, p. 63.

Longnian, L., et al. (2007). Neural Encoding of the Concept of Nest in the Mouse Brain. *Proceedings of the National Academy of Science*s 10, 1073.

Looks, M., Goertzel, B., & Pennachin, C. (2004). Novamente : An Integrative Architecture for General Intelligence. In N. Cassimatis & P. Winston (Co-chairs), *AAAI Symposium : "Achie-*

ving Human-Level Intelligence via Integrated Systems and Research." Alexandria, VA : AAAI Press.

Lorenz, E. (December, 1972). Predictability : Does the Flap of a Butterfly's Wings in Brazil Set Off a Tornado in Texas? Paper presented to *the American Association for the Advancement of Science*. Washington, DC.

MacDorman, K. F. (2006, July). Subjective Ratings of Robot Video Clips for Human Likeness, Familiarity, and Eeriness : An Exploration of the Uncanny Valley. Paper presented at *the International Conference of the Cognitive Science/CogSci-2006 Long Symposium : Toward Social Mechanisms of Android Science*, Vancouver, Canada.

Maes, P. (1989). How to Do the Right Thing. *Connection Science* 1, 291-323.

Maes, P. (1991). A Bottom-Up Mechanism for Behavior Selection in an Artificial Creature. In J. Meyer & S. W. Wilson (Eds.), *Proceedings of the First International Conference on Simulation of Adaptive Behavior : From Animals to Animats* (pp. 238-246). Cambridge, MA : MIT Press.

Malinowski, B. (1944). *A Scientific Theory of Culture*. Raleigh : University of North Carolina Press.〔姫岡勤・上子武次訳『文化の科学的理論』, 岩波書店, 1958 年〕

Maner, W. (2002). Heuristic Methods for Computer Ethics. In J. H. Moor & T. W. Bynum (Eds.), *Cyberphilosophy : The Intersection of Philosophy and Computing* (pp. 339-365). Malden, MA : Blackwell.

Markowitsch, H. J. (2000). Neuroanatomy of Memory. In E. Tulving & F. I. M. Craik (Eds.), *The Oxford Handbook of Memory* (pp. 465-484). Oxford : Oxford University Press.

Marks, P. (2006, September 21). Robot Infantry Get Ready for the Battlefield. *New Scientist*.

Marshall, J. (August, 2002). Metacat : A Self-Watching Cognitive Architecture for Analogy-Making. Paper presented at *the twenty-fourth annual conference of the Cognitive Science Society, Fairfax*, VA.

Martin, J. (2000). *After the Internet : Alien Intelligence*. Washington, DC : Capital Press.

Massimini, M., Ferrarelli, F., Huber, R., Esser, S. K., Singh, H., & Tononi, G. (2005). Breakdown of Cortical Effective Connectivity during Sleep. *Science* 309, 2228-2232.

Maturana, H. R., & Varela, F. J. (1980). *Autopoiesis and Cognition : The Realization of the Living*. New York : Springer.〔河本英夫訳『オートポイエーシス：生命システムとは何か』, 国文社, 一九九〇年〕

May, L., Freidman, M., & Clark, A. (Eds.). (1996). *Mind and Morals : Essays on Ethics and Cognitive Science*. Cambridge, MA : MIT Press.

McCarthy, J. (1995). Making Robots Conscious of Their Mental States. https://pdfs.semanticscholar.org/56fd/32741b91482798c35c3344f9fceba7a846f0.pdf

McCauley, L., & Franklin, S. (2002). A Large-Scale Multi-Agent System for Navy Personnel Distribution. *Connection Science* 14, 371-385.

McDermott, D. (1988). We've Been Framed : Or, Why AI Is Innocent of the Frame Problem. In Z. W. Pylyshyn (Ed.), *The Robot's Dilemma : The Frame Problem in Artificial Intelligence* (pp.

113-122). Norwood, NJ : Ablex.

McDermott, D. (2008, July 12). Why Ethics is a High Hurdle for AI. Paper presented at *2008 North American Conference on Computing and Philosophy*. Bloomington, Indiana.

McGinn, C. (1999). *The Mysterious Flame : Conscious Minds in a Material World*. New York : Basic Books.〔石川幹人・五十嵐靖博訳『意識の〈神秘〉は解明できるか』, 青土社, 二〇〇一年〕

McKeever, S., & Ridge, M. (2005). The Many Moral Particularisms. *Canadian Journal of Philosophy* 35 (1), 83-106.

McLaren, B. (2003, November). Extensionally Defining Principles of Machine Ethics : An AI Model. *Artificial Intelligence Journal* 150, 145-181.

McLaren, B. (2006). Computational Models of Ethical Reasoning : Challenges, Initial Steps, and Future Directions. *IEEE Intelligent Systems* 21 (4), 29-37.

McLaren, B., & Ashley, K. D. (1995). Case-Based Comparative Evaluation in Truth-Teller. In E. Lawrence (Ed.), *Seventeenth Annual Conference of the Cognitive Science Society* (pp. 72-77). San Diego, CA.

McNally, P., & Inayatullah, S. (1988). The Rights of Robots : Technology, Culture and Law in the Twenty-first Century. http://metafuture.org/Articles/TheRightsofRobots.htm

Meador, K. J., Ray, P. G., Echauz, J. R., Loring, D. W., & Vachtsevanos, G. J. (2002). Gamma Coherence and Conscious Perception. *Neurology* 59, 847-854.

Merker, B. (2005). The Liabilities of Mobility : A Selection Pressure for the Transition to Consciousness in Animal Evolution. *Consciousness and Cognition* 14, 89-114.

Metzinger, T. (2004). *Being No One : The Self-Model Theory of Subjectivity*. Cambridge, MA : MIT Press.

Mikhail, J. (2000). *Rawls' Linguistic Analogy : A Study of the "Generative Grammar" Model of Moral Theory Described by John Rawls in "A Theory of Justice."* Ithaca, NY : Cornell University Press.

Mikhail, J., Sorentino, C., & Spelke, E. (1998). Toward a Universal Moral Grammar. Paper presented at *the twentieth annual conference of the Cognitive Science Society*, Mahwah, NJ.

Mill, J. S. (1998 [1864]). *Utilitarianism*. Oxford : Oxford University Press.〔川名雄一郎・山本圭一郎訳「功利主義」,『功利主義論集』所収, 京都大学学術出版会, 二〇一〇年〕

Miller, G. (1956). The Magical Number Seven, Plus or Minus Two : Some Limits on Our Capacity for Processing Information. *Psychology Review* 63 (2), 81-97.

Minsky, M. (1985). *The Society of Mind*. New York : Simon & Schuster.〔安西祐一郎訳『心の社会』, 産業図書, 一九九〇年〕

Minsky, M. (2006). *The Emotion Machine*. New York : Simon & Schuster.〔竹林洋一訳『ミンスキー博士の脳の探検：常識・感情・自己とは』, 共立出版, 二〇〇九年〕

Mitchell, T. (1997). *Machine Learning*. Boston : McGraw-Hill.

Moor, J. H. (1979). Are There Decisions Computers Should Never Make? *Nature and System* 1 (4), 217-229.

Moor, J. H. (1995). Is Ethics Computable? *Metaphilosophy* 26 (1-2), 1-21.

Moor, J. H. (2001). The Future of Computer Ethics : You Ain't Seen Nothing Yet! *Ethics and Information Technology* 3 (2).

Moor, J. H. (2001). The Status and Future of the Turing Test. *Minds and Machines* 11, 77-93.

Moor, J. H. (2006). The Nature, Importance, and Difficulty of Machine Ethics. *IEEE Intelligent Systems* 21 (4), 18-21.

Moravec, H. (1988). *Mind Children : The Future of Robot and Human Intelligence*. Cambridge, MA : Harvard University Press.〔野崎昭弘訳『電脳生物たち：超AIによる文明の乗っ取り』，岩波書店，一九九一年〕

Moravec, H. (2000). *Robot : Mere Machine to Transcendent Mind*. Oxford : Oxford University Press.〔夏目大訳『シェーキーの子どもたち：人間の知性を超えるロボット誕生はあるのか』，翔泳社，二〇〇一年〕

More, M. (2000). Embrace, Don't Relinquish, the Future. http://www.kurzweilai.net/embrace-dont-relinquish-the-future

Morgenstern, O., & von Neumann, J. (1944). *Theory of Games and Economic Behavior*. New York : Wiley.〔銀林浩・橋本和美・宮本敏雄監訳『ゲームの理論と経済行動』(I)(II)(III)，筑摩書房，二〇〇九年〕

Mori, M. (1970). Bukimi no tani (The Uncanny Valley). Energy 7 (4), 33-35.〔森政弘「不気味の谷」，『Energy』第七巻第四号，エッソスタンダード石油（株），一九七〇年，33-35頁〕

Mowbray, M. (2002). Ethics for Bots. In I. Smit & G. Lasker (Eds.), *Sixteenth International Conference on Systems Research, Informatics and Cybernetics : Symposium on Cognitive, Emotive and Ethical Aspects of Decision Making in Humans and in Artificial Intelligence* (Vol. I, pp. 24-28). Windsor, Ontario, Canada : International Institute for Advanced Studies in Systems Research and Cybernetics.

Mulcahy, N. J., & Call, J. (2006). Apes Save Tools for Future Use. *Science* 312, 1038-1040.

Murakami, Y. (2004, September). Utilitarian Deontic Logic. Paper presented at *Advances in Modal Logic Fifth International Conference*, Manchester, UK.

Muramatsu, R., & Hanoch, Y. (2004). Emotions as a Mechanism for Boundedly Rational Agents : The Fast and Frugal Way. *Journal of Economic Psychology* 26 (2), 201-221.

Nadel, L. (1992). Multiple Memory Systems : What and Why. *Journal of Cognitive Neuroscience* 4, 179-188.

Nadel, L., & Moscovitch, M. (1997). Memory Consolidation, Retrograde Amnesia and the Hippocampal Complex. *Current Opinions in Neurobiology* 7, 217-227.

Nagel, T. (1974). What Is It Like to Be a Bat? *Philosophical Review* 83 (4), 435-450.〔永井均訳「コウモリであるとはどのようなことか」，『コウモリであるとはどのようなことか』所収，勁草書房，一九八九年〕

National Society of Professional Engineers. (1996). The NSPE Code of Ethics. https://www.nspe.org/resources/ethics/code-ethics

Negatu, A., D'Mello, S. K., & Franklin, S. (2007). Cognitively Inspired Anticipatory Adaptation and Associated Learning Mechanisms for Autonomous Agents. In M. V. Butz, O. Sigaud, G. Pezzulo, & G. Baldassarre (Eds.), *ABiALS-2006—Anticipatory Behavior in Adaptive Learning Systems* (pp. 108-127). Rome : Springer.

Negatu, A., & Franklin, S. (2002). An Action Selection Mechanism for "Conscious" Software Agents. *Cognitive Science Quarterly* 2, 363-386.

Negatu, A., McCauley, T. L., & Franklin, S. (In Review). Automatization for Software Agents.

Nehaniv, C. L., & Dautenhahn, K. (2007). *Imitation and Social Learning in Robots, Humans and Animals : Behavioral, Social and Communicative Dimensions*. Cambridge, UK : Cambridge University Press.

Newell, A., & Simon, H. A. (1976). Computer Science as Empirical Inquiry : Symbols and Search. *Communications of the ACM* 19 (3), 113-126.

Newman, S. D., Carpenter, P. A., Varma, S., & Just, M. A. (2003). Frontal and Parietal Participation in Problem Solving in the Tower of London : fMRI and Computational Modeling of Planning and High-Level Perception. *Neuropsychologia* 41, 1668-1682.

Nichols, S. (2004). *Sentimental Rules : On the Natural Foundations of Moral Judgment*. Oxford : Oxford University Press.

Nissenbaum, H. (1996). Accountability in a Computerized Society. *Science and Engineering Ethics* 2, 25-42.

Nissenbaum, H. (2001). How Computer Systems Embody Values. *Computer* 34 (3), 118-119.

Nolfi, N., & Floreano, D. (2000). *Evolutionary Robotics : The Biology, Intelligence, and Technology of Self-Organizing Machines*. Cambridge, MA : MIT Press.

Norman, D. (2004). *Emotional Design*. New York : Basic Books.〔岡本明ほか訳『エモーショナル・デザイン：微笑を誘うモノたちのために』，新曜社，二〇〇四年〕

Norvig, P. (2007, September 9). *The History and Future of Technological Change*. Transcript of a talk presented at the Singularity Summit 2007 : AI and the Future of Humanity. San Francisco, CA.

Ornstein, R. (1986). *Multimind*. Boston : Houghton Mifflin.

Ortony, A., Clore, G., & Collins, A. (1988). *The Cognitive Structure of Emotions*. Cambridge, UK : Cambridge University Press.

Oyama, S. (1985). *The Ontogeny of Information*. Cambridge, UK : Cambridge University Press.

Panksepp, J. (1998). *Affective Neuroscience : The Foundations of Human and Animal Emotions*. Oxford : Oxford University Press.

Pascal, B. (2004 [1670]). *Pensées*. Whitefish, MT : Kessinger.〔塩川徹也訳『パンセ』(上)(中)(下)，岩波書店，二〇一五年〕

Penrose, R. (1989). *The Emperor's New Mind : Concerning Computers, Minds, and the Laws of Physics*. Oxford : Oxford University Press.〔林一訳『皇帝の新しい心：コンピュータ・心・物理法則』，みすず書房，一九九四年〕

Perkowitz, S. (2005). *Digital People : From Bionic Humans to Androids*. Washington, DC :

Joseph Henry Press.

Pettit, P. (2003). Akrasia, Collective and Individual. In S. Stroud & C. Tappolet (Eds.), *Weakness of Will and Practical Irrationality* (pp. 68–97). Oxford : Oxford University Press.

Piaget, J. (1932). *The Moral Judgment of the Child*. London : Routledge & Kegan Paul. 〔大伴茂訳『臨床児童心理学 III 児童道徳判断の発達』，同文書院，一九七七年〕

Piaget, J. (1972). *Judgment and Reasoning in the Child*. Totowa, NJ : Littlefield, Adams. 〔滝沢武久ほか訳『判断と推理の発達心理学』，国土社，一九六九年〕

Picard, R. (1997). *Affective Computing*. Cambridge, MA : MIT Press.

Picard, R. W., & Klein, J. (2002). Computers that Recognise and Respond to User Emotion : Theoretical and Practical Implications. *Interacting with Computers* 14 (2), 141–169.

Pickering, J. (2000, April). Agents and Ethics. Paper presented at *the Convention of the Society for Artificial Intelligence and Simulated Behavior, Symposium on AI, Ethics and (Quasi-) Human Rights*, Birmingham, UK.

Pollack, J. B. (2005). Ethics for the Robot Age : Should Bots Carry Weapons? Should They Win Patents? Questions We Must Answer as Automation Advances. *Wired* 13 (1). www.wired.com/wired/archive/13.01/view.html.

Pollack, J. B. (2006). Mindless Intelligence. *IEEE Intelligent Systems* 21 (3), 50–56.

Powers, T. (2006). Prospects for a Kantian Machine. *IEEE Intelligent Systems* 21 (4), 46–51.

Premack, D. W., & Woodruff, G. (1978). Does the Chimpanzee Have a Theory of Mind? *Behavioral and Brain Science* 1, 515–526.

Prinz, J. (2004). *Gut Reactions : A Perceptual Theory of Emotions*. Oxford : Oxford University Press. 〔源河亨訳『はらわたが煮えくりかえる：情動の身体知覚説』，勁草書房，二〇一六年〕

Prinz, J. (2006). The Emotional Basis of Moral Judgments. *Philosophical Explorations* 9 (1).

Ramamurthy, U., D'Mello, S. K., & Franklin, S. (2004). *2004 Institute of Electrical Engineers International Conference on Systems, Man and Cybernetics*, 6 (pp. 5858–5863). The Hague : Institute of Electrical Electronics Engineers.

Ramamurthy, U., D'Mello, S. K., & Franklin, S. (2005, June). Role of Consciousness in Episodic Memory Processes. Poster presented at *the ninth conference of the Association for the Scientific Study of Consciousness*. Pasadena, CA.

Rao, R. P. N., & Fuentes, O. (1998). Hierarchical Learning of Navigational Behaviors in an Autonomous Robot Using a Predictive Sparse Distributed Memory. *Machine Learning* 31 (1–3), 87–113.

Rawls, J. (1999). *A Theory of Justice*. Cambridge, MA : Harvard University Press. 〔川本隆史・福間聡・神島裕子訳『正義論 改訂版』，紀伊國屋書店，二〇一〇年〕

Ray, T. (1991). An Approach to the Synthesis of Life. In C. G. Langton, C. Taylor, J. D. Farmer, & S. Rasmussen (Eds.), *Artificial Life II* (pp. 371–408). Santa Fe, NM : Westview Press.

Ray, T. (2002). Kurzweil's Turing Fallacy. In J. Richards & G. Gilder (Eds.), *Are We Spiritual Machines? Ray Kurzweil vs. the Critics of Strong A.I.* (pp. 116–127). Seattle : Discovery

Institute.
Richards, J. W., & Gilder, G. (Eds.). (2002). *Are We Spiritual Machines? Ray Kurzweil vs. the Critics of Strong A.I.* Seattle : Discovery Institute.
Reeves, B., & Nass, C. (1996). *The Media Equation : How People Treat Computers, Television, and New Media*. Cambridge, MA : Cambridge University Press.〔細馬宏通訳『人はなぜコンピューターを人間として扱うか：「メディアの等式」の心理学』，翔泳社，二〇〇一年〕
Reynolds, C., & Picard, R. (2004, April). Affective sensors, privacy, and ethical contracts. Paper presented at *Conference on Human Factors in Computing Systems*. Vienna, Austria.
Robbins, R. W., & Wallace, W. A. (2007). Decision Support for Ethical Problem Solving : A Multi-Agent Approach. *Decision Support Systems* 43 (4), 1571-1587.
Roco, M., & Bainbridge, W. (2002). *Conference report Converging Technologies for Improving Human Performance—Nanotechnology, Biotechnology, Information Technology, and Cognitive Science*. Arlington, VA : NSF/DoC.
Rose, J., & Turkett, W. (2002). Emergent Planning with Philosophical Agents. Paper presented at *the Third International Workshop on Planning and Scheduling for Space*, Houston, TX.
Ross, W. D. (1930). *The Right and the Good*. Oxford : Clarendon Press.
Rothstein, J. (2006, May 23). Soldiers Bond with Battlefield Robots : Lessons Learned in Iraq May Show Up in Future Homeland "Avatars." MSNBC/Reuters. http://web.archive.org/web/20060613225745/http://www.msnbc.msn.com/id/12939612.
Rothstein, J. (2006, May 23). Soldiers Bond with iRobot Machine. Reuters, San Diego. https://www.nzherald.co.nz/technology/news/article.cfm?c_id=5&objectid=10383318
Rozin, P., Haidt, J. & McCauley, C. (2000). Disgust. In M. Lewis & J. M. Haviland-Jones (Eds.), *Handbook of Emotions* (2nd ed.) (pp. 637-653). New York : Guilford Press.
Russell, S., & Norvig, P. (1995). *Artificial Intelligence : A Modern Approach*. Upper Saddle River, NJ : Prentice Hall.〔古川康一監訳『エージェントアプローチ　人工知能』，共立出版，一九九七年〕
Rzepka, R., & Araki, K. (2005). What Could Statistics Do for Ethics? The Idea of Common Sense Processing Based Safety Value. In M. Anderson, S. L. Anderson, & C. Armen (Cochairs), *Machine Ethics : Papers From The AAAI Fall Symposium*. (pp. 85-87). Arlington, VA : AAAI Press.
Saletan, W. (2007, May 11). Chess Bump : The Triumphant Teamwork of Humans and Computers. *Slate*. www.slate.com/id/2166000.
Salovey, P., & Mayer, J. D. (1990). Emotional Intelligence. *Imagination, Cognition, and Personality* 9, 185-211.
Satpute, A. B., & Lieberman, M. D. (2006). Integrating Automatic and Controlled Processes into Neurocognitive Models of Social Cognition. *Brain Research* 1079, 86-97.
Sawyer, R. J. (2007). Robot Ethics. *Science* 318, 1037.
Scassellati, B. (2001). *Foundations for a Theory of Mind for a Humanoid Robot*. Ph. D. Thesis

submitted to the Department of Electrical Engineering and Computer Science. MIT, Cambridge, Massachusetts.

Schactman, N. (2007, August 16). Armed Robots Pushed to Police. Wired Blog Network. http://blog.wired.com/defense/2007/08/armed-robots-so.html

Schactman, N. (2007, Ocotober 18). Robot Cannon Kills 9, Wounds 14. Wired Blog Network. http://blog.wired.com/defense/2007/10/robot-cannon-ki.html.

Schactman, N. (2007, October 17). Roomba-Maker Unveils Kill-Bot. Wired Blog Network. http://blog.wired.com/defense/2007/10/roomba-maker-un.html.

Scheutz, M. (2004). Useful Roles of Emotions in Artificial Agents : A Case Study from Artificial Life. In *Proceedings of AAAI 2004* (pp. 42–48). San Jose, CA : AAAI Press.

Scheutz, M. C., & Crowell, C. (2007, April 14). The Burden of Embodied Autonomy : Some Reflections on the Social and Ethical Implications of Autonomous Robots. Paper presented at *the Workshop on Roboethics at the International Conference on Robotics and Automation*, Rome.

Scholl, B., & Tremoulet, P. (2000). Perceptual Causality and Animacy. *Trends in Cognitive Science* 4 (8), 299–309.

Searing, D. (1998). HARPS Ethical Analysis Methodology. https://web.archive.org/web/20081202105344/www.cs.bgsu.edu/maner/heuristics/1998Searing.htm

Searle, J. R. (1980). Minds, Brains, and Programs. *Behavioral and Brain Sciences* 3 (3), 417–458.〔久慈要訳「心・脳・プログラム」, 坂本百大監訳『マインズ・アイ：コンピュータ時代の「心」と「私」(下)』所収, 阪急コミュニケーションズ, 一九八四年〕

Seville, H., & Field, D. G. (2000, April). What Can AI Do for Ethics? Paper presented at *the convention for The Society for the Study of Artificial Intelligence and the Simulation of Behavior 2000*, Birmingham, UK.

Shalowitz, D. I., Garrett-Myer, E., & Wendler, D. (2007). How Should Treatment Decisions Be Made for Incapacitated Patients, and Why? *Public Library of Science Medicine* 4 (3), e35.

Shanahan, M. (2005, April). Consciousness, Emotion, and Imagination : A Brain-Inspired Architecture for Conscious Robots. Paper presented at *the Artificial Intelligence and the Simulation of Behavior '05 Convention, Social Intelligence and Interaction in Animals, Robots and Agents : Symposium on Next Generation Approaches to Machine Consciousness*, Hatfield, UK.

Shanahan, M. (2007, July). Is There an Ethics of Artificial Consciousness? Paper presented at *the Hungary Cognitive Science Foundation conference, Towards a Science of Consciousness*, Budapest.

Shanahan, M. P. (2005). Consciousness, Emotion, and Imagination : A Brain-Inspired Architecture for Cognitive Robotics, *Proceedings of the Artificial Intelligence and the Simulation of Behavior 2005 Symposium on Next Generation Approaches to Machine Consciousness* (pp. 26–35). https://www.doc.ic.ac.uk/~mpsha/ShanahanAISB05.pdf

Shanahan, M. P. (2006). A Cognitive Architecture that Combines Internal Simulation with a Global

Workspace. *Consciousness and Cognition*, 15, 433–449.

Shanahan, M. S. (2007). A Spiking Neuron Model of Cortical Broadcast and Competition. *Consciousness and Cognition* 17 (1), 288–303.

Shnayerson, M. (2004, January 1). The Code Warrior. *Vanity Fair*.

Sidgwick, H. (1874). *The Methods of Ethics*. London : Macmillan.〔山邊知春・太田秀穂共訳『倫理学説批判』, 大日本図書, 一八九八年〕

Sieghart, P., & Dawson, J. (1987). Computer-aided medical ethics. *Journal of Medical Ethics* 13 (4), 185–188.

Sigman, M., & Dehaene, S. (2006). Dynamics of the Central Bottleneck : Dual-Task and Task Uncertainty. *Public Library of Science Biology* 4 (7), e220.

Simon, H. A. (1967). Motivation and emotional controls of cognition. *Psychological Review* 74, 29–39.

Simon, H. A. (1982). *Models of Bounded Rationality*. Cambridge, MA : MIT Press.

Singh, S., & Thayer, S. (2001). *ARMS (Autonomous Robots for Military Systems) : A Survey of Collaborative Robotics Core Technologies and Their Military Application*s. Pittsburgh, PA : Robotics Institute, Carnegie Mellon University.

Singularity_Institute. (2001). SIAI Guidelines on Friendly AI. http://web.archive.org/web/20011102093959/http://singinst.org/friendly/guidelines.html

Skyrms, B. (1996). *Evolution of the Social Contract*. Cambridge, UK : Cambridge University Press.

Skyrms, B. (2000). Game Theory, Rationality and Evolution of the Social Contract. In L. Katz (Ed.), *Evolutionary Origins of Morality* (pp. 269–285). Thorverton, UK : Imprint Academic.

Skyrms, B. (2003). *The Stag Hunt and the Evolution of the Social Contract*. Cambridge, UK : Cambridge University Press.

Sloman, A. (1998). Damasio, Descartes, Alarms and Meta-Management. In *Proceedings of the Symposium on Cognitive Agents : Modeling Human Cognitio*n. San Diego, CA : Institute of Electrical Electronics Engineers.

Sloman, A. (1999). What Sort of Architecture Is Required for a Human-like Agent? In M. Wooldridge & A. S. Rao (Eds.), *Foundations of Rational Agency* (pp. 35–52). New York : Springer.

Sloman, A., & Chrisley, R. (2003). Virtual Machines and Consciousness. In O. Holland (Ed.), *Machine Consciousness* (pp. 133–172). Thorverton, UK : Imprint Academic.

Sloman, A. R., Chrisley, R., & Scheutz, M. (2005). The Architectural Basis of Affective States and Processes. In J. M. Fellous & Arbib, M. A. (Eds.), *Who Needs Emotions? The Brain Meets the Robot* (pp. 203–244). Oxford : Oxford University Press.

Slovic, P. (1987). Perception of Risk. *Science* 236, 280–285.

Smit, I. (2002). Equations, Emotions, and Ethics : A Journey Between Theory and Practice. In I. Smit & G. Lasker (Eds.), *Fourteenth International Conference on Systems Research, Informatics and Cybernetics : Symposium on Cognitive, Emotive and Ethical Aspects of Decision*

Making and Human Action (Vol. I, pp. 1–6). Windsor, Ontario, Canada : International Institute for Advanced Studies in Systems Research and Cybernetics.

Smit, I. (2003). Robots, Quo Vadis? In I. Smit, W. Wallach, & G. Lasker (Eds.), *Fifteenth International Conference on Systems Research, Informatics and Cybernetics : Symposium on Cognitive, Emotive and Ethical Aspects of Decision Making in Humans and in Artificial Intelligence* (Vol. II, pp. 6–11). Windsor, Ontario, Canada : International Institute for Advanced Studies in Systems Research and Cybernetics.

Smith, J. D., & Washburn, D. A. (2005). Uncertainty Monitoring and Metacognition by Animals. *Current Directions in Psychological Science* 14, 19–24.

Snapper, J. W. (1985). Responsibility for Computer-Based Errors. *Metaphilosophy* 16, 289–295.

Soskis, B. (2005, January/February). Man and the Machines. *Legal Affairs*. www.legalaffairs.org/issues/January-February-2005/feature_sokis_janfeb05.msp

Sousa, R. (1987). *The Rationality of Emotion*. Cambridge, MA : MIT Press.

Sparrow, R. (2002). The March of the Robot Dogs. *Ethics and Information Technology* 4 (4), 305–318.

Sparrow, R. (2006). In the Hands of Machines? The Future of Aged Care. *Minds and Machines* 16, 141–161.

Sparrow, R. (2007). Killer Robots. *Applied Philosophy* 24 (1), 62–77.

Stahl, B. C. (2002). Can a Computer Adhere to the Categorical Imperative? A Contemplation of the Limits of Transcendental Ethics in IT. In I. Smit & G. Lasker (Eds.), *Fourteenth International Conference on Systems Research, Informatics and Cybernetics : Symposium on Cognitive, Emotive and Ethical Aspects of Decision Making in Humans and in Artificial Intelligence* (Vol. I, pp. 13–18). Windsor, Ontario, Canada : International Institute for Advanced Studies in Systems Research and Cybernetics.

Stahl, B. C. (2004). Information, Ethics, and Computers : The Problem of Autonomous Moral Agents. *Minds and Machines* 14 (1), 67–83.

Stickgold, R., & Walker, M. P. (2005). Memory Consolidation and Reconsolidation : What is the Role of sleep? *Trends in Neuroscience* 28, 408–415.

Stiehl, D., Lieberman, J., Breazeal, C., Basel, L., Lalla, L., & Wolf, M. (2005). The Design of the Huggable : A Therapeutic Robotic Companion for Relational, Affective Touch. In T. Bickmore (Ed.), *AAAI Fall Symposium in Caring Machines : Alin Eldercare*. Washington, DC : AAAI Press.

Stross, C. (2006). *Accelerando*. New York : Ace.〔酒井昭伸訳『アッチェレランド』，早川書房，二〇〇九年〕

Stuart, S. (1994 [slightly rev. 2003]). Artificial Intelligence and Artificial Life—Should Artificial Systems Have Rights? http://susanstuart.me.uk/NewNightmares.pdf

Tarsitano, M. (2006). Route Selection by a Jumping Spider (Portia Labiata) during the Locomotory Phase of a Detour. *Animal Behavior* 72, 1437–1442.

Taylor, C. (1989). *Sources of the Self*. Cambridge, MA : Harvard University Press.〔下川潔・桜

井徹・田中智彦訳『自我の源泉：近代的アイデンティティの形成』，名古屋大学出版会，二〇一〇年〕
Transport for London. (2004). Central Line facts. Original web page retrieved from https://web.archive.org/web/20041010052816/ http://tube.tfl.gov.uk/content/faq/lines/central.asp
Thompson, H. S. (1999). Computational Systems, Responsibility and Moral Sensibility. *Technology in Society* 21 (4), 409–415.
Torrance, S. (2000, April). Towards an Ethics for Epersons. Paper presented at *the Symposium on AI, Ethics and (Quasi-) Human Rights*, Birmingham, UK.
Torrance, S. (2003). Artificial Intelligence and Artificial Consciousness : Continuum or Divide? In I. Smit, W. Wallach, & G. Lasker (Eds.), *Fifteenth International Conference on Systems Research, Informatics and Cybernetics : Symposium on Cognitive, Emotive and Ethical Aspects of Decision Making in Humans and in Artificial Intelligence* (Vol. II, pp. 25–30). Windsor, Ontario, Canada : International Institute for Advanced Studies in Systems Research and cybernetics.
Torrance, S. (2004). Us and Them : Living with Self-Aware Systems. In I. Smit, W. Wallach, & G. Lasker (Eds.), *Sixteenth International Conference on Systems Research, Informatics and Cybernetics : Symposium on Cognitive, Emotive and Ethical Aspects of Decision Making in Humans and in Artificial Intelligence* (Vol. III, pp. 7–14). Windsor, Ontario, Canada : International Institute for Advanced Studies in Systems Research and Cybernetics.
Tulving, E. (1983). *Elements of Episodic Memory*. Oxford : Clarendon Press.〔太田信夫訳『タルヴィングの記憶理論：エピソード記憶の要素』，教育出版，一九八五年〕
Turing, A. (1950). Computing Machinery and Intelligence. *Mind and Language* 59, 434–460.〔藤村龍雄訳「計算機械と知能」，坂本百大監訳『マインズ・アイ：コンピュータ時代の「心」と「私」(上)』所収，阪急コミュニケーションズ，一九八四年〕
Turkle, S. (1984). *The Second Self : Computers and the Human Spirit*. New York : Simon & Schuster.〔西和彦訳『インティメイト・マシン：コンピュータに心はあるか』，講談社，一九八四年〕
Tversky, A., & Kahneman, D. (1974). Judgment under Uncertainty : Heuristics and Biases. *Science* 185, 1124–1131.
Tyrell, T. (1994). An Evaluation of Maes's Bottom-Up Mechanism for Behavior Selection. *Adaptive Behavior* 2 (4), 307–348.
Uchida, N., Kepecs, A., & Mainen, Z.E. (2006). Seeing at a Glance, Smelling in a Whiff : Rapid Forms of Perceptual Decision Making. *Nature Reviews Neuroscience* 7, 485–491.
US Plans "Robot Troops" for Iraq. (2005, January 23). *BBC News*.
van den Hoven, J., & Lokhorst, G. (2002). Deontic Logic and Computer-Supported Computer Ethics. In J. H. Moor & T. W. Bynum (Eds.), *Cyberphilosophy : The Intersection of Computing and Philosophy* (pp. 280–289). Malden, MA : Blackwell.
Van der Loos, H. F. M. (2007, March). Ethics by Design : A Conceptual Approach to Personal and Service Robot Systems. Paper presented at *the Institute of Electrical Electronics Engineers '07*

Workshop on Roboethics, Rome.

Van der Loos, H. F. M., Lees, D. S., & Leifer, L. J. (1992, June). Safety Considerations for Rehabilitative and Human-Service Robot Systems. Paper presented at *the Fifteenth Annual Conference of the Rehabilitation Engeneering and Assistive Technology Society of North America*, Toronto.

Varela, F. J., Thompson, E., & Rosch, E. (1991). *The Embodied Mind*. Cambridge, MA : MIT Press.

Vauclair, J., Fagot, J., & Hopkins, W. D. (1993). Rotation of Mental Images in Baboons When the Visual Input Is Directed to the Left Cerebral Hemisphere. *Psychological Science* 4, 99-103.

Veruggio, G. (2005, April). The Birth of Roboethics. Paper presented at *the Institute of Electrical and Electronics Engineers International Conference on Robotics and Automation 2005 Workshop on Roboethics*, Barcelona.

Veruggio, G. (2006, June). EURON Roboethics Roadmap. Paper presented at *the EURON Roboethics Atelier*, Genoa.

Veruggio, G., & Operto, F. (2006). Roboethics : A Bottom-Up Interdisciplinary Discourse in the field of Applied Ethics in Robotics. *International Review of Information Ethics* 6, 2-8.

Vidnyánszky, Z., & Sohn, W. (2003). Attentional Learning : Learning to bias Sensory Competition [Abstract]. *Journal of Vision* 3, 174a.

Vinge, V. (1983, January). First Word. *OMNI*.

Vinge, V. (1993, Winter). The Coming Technological Singularity : How to Survive in the Post-Human Era. *Whole Earth Review*, 77.

von Foerster, H. (1992). Ethics and Second-Order Cybernetics. *Cybernetics and Human Knowing* 1 (1), 40-46.

Wallach, W. (2003). Robot Morals and Human Ethics. In I. Smit, W. Wallach, & G. Lasker (Eds.), *Fifteenth International Conference on Systems Research, Informatics and Cybernetics : Symposium on Cognitive, Emotive and Ethical Aspects of Decision Making in Humans and in Artificial Intelligence* (Vol. II, pp. 1-5). Windsor, Ontario, Canada : International Institute for Advanced Studies in Systems Research and Cybernetics.

Wallach, W. (2004). Artificial Morality : Bounded Rationality, Bounded Morality and Emotions. In I. Smit, W. Wallach, & G. Lasker (Eds.), *Sixteenth International Conference on Systems Research, Informatics and Cybernetics : Symposium on Cognitive, Emotive and Ethical Aspects of Decision Making in Humans and in Artificial Intelligence* (Vol. III, pp. 1-6). Windsor, Ontario, Canada : International Institute for Advanced Studies in Systems Research and Cybernetics.

Wallach, W. (2007, September 8). The Road to Singularity : Comedic Complexity, Technological Thresholds, and Bioethical Broad Jumps. *Transcript of a presentation at the Singularity Summit 2007 : AI and the Future of Humanity*. San Francisco.

Wallach, W. (2008). Implementing Moral Decision Making Faculties in Computers and Robots. *AI and Society* 22 (4), 463-475.

Wallach, W., Allen, C., & Smit, I. (2008). Machine Morality : Bottom-Up and Top-Down App-

roaches for Modelling Human Moral Faculties. *AI and Society* 22 (4), 565–582.

Warwick, K. (2003). Cyborg Morals, Cyborg Values, Cyborg Ethics. *Ethics and Information Technology* 5, 131–137.

Warwick, K. (2004). *Cyborg*. London : Century.

Watt, D. E. (1998). Affect and the Limbic System : Some Hard Problems. *Journal of Neuropsychiatry and Clinical Neuroscience* 10, 113–116.

Weckert, J. (1997). Intelligent Machines, Dehumanisation and Professional Responsibility. In J. van den Hoven (Ed.), *Computer Ethics : Philosophical Enquiry* (pp. 179–192). Rotterdam : Erasmus University Press.

Weckert, J. (2005). Trusting Agents. In P. Brey, E. Grodzinsky, & L. Introna (Eds.), *Ethics of New Information Technology : Proceedings of the Sixth International Conference of Computer Ethics : Philosophical Enquiry* (pp. 407–412). Enschede, The Netherlands : Center for Telematics and Information Technology.

Weiner, T. (2005, February 16). New Model Army Soldier Rolls Closer to Battle. *New York Times*.

Weinman, J. (2001). Autonomous Agents : Motivations, Ethics, and Responsibility. https://web.archive.org/web/20040615220736/http://www.weinman.cc:80/ethics/Autonomous_Agents.pdf

Werdenich, D., & Huber, L. (2006). A Case of Quick Problem Solving in Birds : String Pulling in Keas, Nestor Notabilis. *Animal Behaviour* 71, 855–863.

Wertheim, M. (1999). *The Pearly Gates of Cyberspace*. New York : Norton.

Whitbeck, C. (1995). Teaching Ethics to Scientists and Engineers : Moral Agents and Moral Problems. *Science and Engineering Ethics* 1 (3), 299–308.

Whitby, B. R. (1990, November). Problems in the Computer Representation of Moral Reasoning. Paper presented at *the Second National Conference on Law, Computers and Artificial Intelligence*. Exeter University, UK.

Whitby, B. R. (1991). AI and the Law : Proceed with Caution. In M. Bennun (Ed.), *Law, Computer Science and Artificial Intelligence* (pp. 1–14). New York : Ellis Horwood.

Whitby, B.R. (1996). *Reflections on Artificial Intelligence : The Social, Legal, and Moral Dimensions*. Exeter, UK : Intellect Books.

Whitby, B. R., & Oliver, K. (2000). How to Avoid a Robot Takeover : Political and Ethical choices in the Design and Introduction of Intelligent Artifacts. Paper presented at *the Convention of the Society for Artificial Intelligence and Simulated Behavior, Symposium on AI, Ethics and (Quasi-) Human Rights*. Birmingham, UK.

Wiegel, V., van den Hoven, J., & Lokhorst, G. (2005). Privacy, Deontic Epistemic Action Logic and Software Agents. In *Sixth International Conference on Computer Ethics : Ethics of New Information Technology* (pp. 419–434). Enschede, The Netherlands : Center for Telematics and Information Technology.

Wilcox, S., & Jackson, R. (2002). Jumping Spider Tricksters : Deceit, Predation, and Cognition. In M. Bekoff, C. Allen, & G. M. Burghardt (Eds.), *The Cognitive Animal* (pp. 27–33). Cambridge, MA : MIT Press.

Williams, B. (1985). *Ethics and the Limits of Philosophy*. Cambridge, MA : Harvard University Press.〔森際康友・下川潔訳『生き方について哲学は何が言えるか』, 産業図書, 一九九三年〕

Willis, J., & Todorov, A. (2006). First Impressions : Making Up Your Mind after a 100-Ms Exposure to a Face. *Psychological Science* 17, 592-599.

Wilson, E. O. (1975). *Sociobiology : The New Synthesis.* Cambridge, MA : Harvard University Press.〔坂上昭一ほか訳『社会生物学』, 新思索社, 一九九九年〕

World Health Organisation. (2002). *Injury : A leading cause of the global burden of disease, 2000.* Geneva : World Health Organisation.

Wu, X., Chen, X., Li, Z., Han, S., & Zhang, D. (2007). Binding of Verbal and Spatial Information in Human Working Memory Involves Large-Scale Neural Synchronization at Theta Frequency. *Neuroimage* 35 (4), 1654-1662.

Yaeger, L., & Sporns, O. (2006). Evolution of Neural Structure and Complexity in a Computational Ecology. In *Artificial Life X.* Bloomington, IN : MIT Press.

Yudkowsky, E. (2001). What Is Friendly AI? http://www.kurzweilai.net/what-is-friendly-ai

Yudkowsky, E. (2001). Creating Friendly AI. https://intelligence.org/files/CFAI.pdf

Yudkowsky, E. (Forthcoming). Artificial Intelligence as a Positive and Negative Factor in Global Risk. In M. Rees, N. Bostrom, & M. Cirkovic (Eds.), *Global Catastrophic Risks*. Oxford : Oxford University Press.

Zhang, Z., Dasgupta, D., & Franklin, S. (1998). Metacognition in Software Agents Using Classifier Systems. In *Proceedings of the Fifteenth National Conference on Artificial Intelligence* (pp. 83-88). Menlo Park, CA : AAAI Press.

Zhu, J., & Thagard, P. (2002). Emotion and Action. *Philosophical Psychology* 15, 19-36.

注

以下の注は各章のテーマのうちいくつかを補足したもので，我々は，これがさらなる思考と読書を触発するよう望んでいる．我々はまた，機械道徳について執筆する際に特に大きな影響をうけた人々とその著作を記しておく．ロボットに正と不正を教えることに関する我々の思考を育ててくれた情報源のより完全な一覧表は，参考文献として挙げている．そのような情報源が本文から容易にわかる場合，興味のある読者であれば関連する項目を参考文献から発見できるだろうと思うので，巻末注で繰り返すことはしなかった．

序章

アシモフ（I. Asimov）が最初にロボット工学三原則を導入したのは，「堂々めぐり(Runaround)」という短編小説である．これは *Astounding Science Fiction* 誌の 1942 年 3 月号に掲載された．アシモフは 1985 年の小説『ロボットと帝国（*Robots and Empire*)』で，元々の三原則の上位に位置する第零原則を「ロボットは人類に危害を加えてはならない．また，その危険を看過することによって，人類に危害を及ぼしてはならない」と定式化した．他の SF 作家も同じようなアイディアを探究してきた．その中には，アシモフの三原則を先取りしたものもあれば，三原則を拡大したものもある．

ジャーナリストのノア・シャクトマン（N. Schactman）は，南アフリカでロボット銃が故障してしまった事件についてのブログを書いた．「ロボット砲により死亡者 9 名，負傷者 14 名（Robot Cannon Kills 9, Wounds 14.)」*Wired*, 2007 年 10 月 18 日, http://blog.wired.com/defense/2007/10/robot-cannon-ki.html 最終的に事故の原因はメカニズムの機能不全であると特定されたが，シャクトマンのレポートはそれより前に，不具合にはソフトウェアが部分的に関係しているだろうと主張している．彼はまた，合衆国で起こった別の事件の動画へのリンクを貼っている．それは，遠隔操作兵器が制御されていない仕方で弾を撃ち尽くした上で，幸運なことに弾切れではあったが，カメラと見物人の方に砲身を振り回したのを見せるためである．なお，見物人には合衆国国会議員が含まれていると言われている．

将来のロボット市場は，*Robotics Trends* 誌の社長兼編集長であるダン・カラ（D. Kara）が，自らのブログで分析している．https://web.archive.org/web/20080621120511/http://www.robonexus.com:80/roboticsmarket.htm 彼の分析は部分的に，日本ロボット工業会の統計に基づいている（www.jara.jp/e/).

オックスフォード大学の哲学者ニック・ボストロム（N. Bostrom）は，我々は既に，正確にはマトリックスと同じものではないが，コンピュータ・シミュレーションの一部として生きているのだとしても全くおかしくないと論じている．*Philosophical Quarterly* 誌に掲載された 2003 年の論文「あなたはコンピュータ・シミュレーションの中で生きているのか？（Are You Living In a Computer Simulation?)」で，彼は以下の三つの事柄のうち一つは真になるだろうと論じている．(1) 人類は「ポストヒューマン」の段階に至る前にほとん

ど絶滅してしまう.(2) いかなるポストヒューマン文明も，その進化の歴史(あるいはその派生系)のシミュレーションを大量に走らせるということは，極めてありそうにない.(3) 我々はほぼ確実にコンピュータ・シミュレーションの中で生きている．ボストロムは，三つの可能性は等しくありそうだと考えている．彼の論文とその是非に関する論争はwww.simulation-argument.com/ で見つけることができる.

第1章

フィリッパ・フット(P. Foot)が路面電車《トロリー》問題の思考実験を導入したのは1967年の論文「中絶問題と二重効果説(The Problem of Abortion and the Doctrine of Double Effect)」である．さまざまな倫理学理論に従ったときに何が許容可能で何がそうでないのかについての哲学的直観を検討するために，元々の路面電車問題は何十もの，へたをすると何百もの亜種へと派生した．路面電車問題は近年，人間の道徳的意思決定の進化的・情動的・神経科学的基盤を理解するために，科学者によっても検討されている．ジョシュア・グリーン(J. D. Greene)は，路面電車問題を脳スキャナーの被験者に提示した最初の研究者である．彼のfMRI研究は2001年に*Science*誌に掲載された.

実際の無人運転列車についての議論は，ジャーナリストであり*International Railway Journal*誌の編集者でもあるマイク・ナットン(M. Knutton)の2002年の記事「未来は無人運転地下鉄の中にある(The Future Lies in Driverless Metros)」に基づいている．彼はコペンハーゲン・メトロのモーテン・スナゴーを引用し，パリ・メトロが無人運転地下鉄車両を導入したときの経験を論じた．ケンブリッジ大学のR・J・ヒル(R. J. Hill)は1983年に*Physics in Technology*誌に掲載された論文「鉄道の自動化(The Automation of Railways)」で，鉄道の自動化を押しとどめているのは工学ではなく政治と経済だと論じている．イギリスの国鉄・海事・運輸労働者組合の指導者であるボブ・クロウは，遅くとも2003年以降，ロンドン地下鉄における無人運転列車の拡大に反対してストライキ行動を行うと繰り返し脅迫している.

ジョセフ・エンゲルバーガー(J. F. Engelberger)のロボット工学とサービス産業に関する見解をさらに知るには，彼の1989年の著書『サービスにおけるロボット工学(*Robotics in Service*)』を見よ．ロボット産業協会によってロボット工学への大きな貢献に対してジョセフ・F・エンゲルバーガー賞が贈られることで，エンゲルバーガーの「ロボット工学の父」という地位は毎年確認されている.

IBMはディープ・ブルーについて，そしてそれが世界チャンピオンのガルリ・カスパロフを打ち破ったことについて，www.research.ibm.com/deepblue/ に完全なアーカイブを残している．ロシアのAI研究者アレクサンドロ・クロンロッドは，「チェスはAI研究のショウジョウバエだ」と主張している．現在の多くの認知科学者は，チェスはAI研究のショウジョウバエではなく，実際には数十年にもわたり研究者を先の見えない隘路に誘い込んだ燻製ニシンだったと信じている.

Fセキュア社の本社はヘルシンキにある．ミッコ・ヒッペネンはその主任研究者である．ジャーナリストのマイケル・シュネイヤーソン(M. S. Shnayerson)は，2004年1月に*Vanity Fair*誌に書いた記事「コードの戦士(The Code Warrior)」でヒッペネンを引用し

ている．

Blaster（Lovesan とも呼ばれる）は，Microsoft Windows オペレーティングシステムのいくつかのバージョンに広がったワームで，システムを不安定にして，Microsoft の Web サイト windowsupdate.com に対する DDOS 攻撃を開始するように乗っ取られたシステムをプログラムする．計画された攻撃は，Microsoft にとってはいかなる深刻な問題を引き起こすこともなかった．

コンピュータ倫理学は，1980 年代初頭に固有の分野として生まれた．テレル・ウォード・バイナム（T. W. Bynum）とジェイムズ・ムーアの編集で *Metaphilosophy* 誌に組まれた特集が書籍として出版され，デボラ・ジョンソン（D. Johnson）もまたこの主題についての教科書を出版した 1985 年には，その名が知られるようになった．またバイナムによって「コンピュータ倫理学小史」という論文が執筆され，2000 年の夏にアメリカ哲学会の *Newsletter on Philosophy and Computing* に掲載された．これは以下のサイトで閲覧できる．http://www.cs.utexas.edu/~ear/cs349/Bynum_Short_History.html

インターネット・アーカイブ・プロジェクトとその Wayback Machine は，www.archive.org/ で見ることができる．ジャーナリストのレニ・ガートナー（R. Gertner）は Wayback Machine を用いる法律家について，2005 年 8 月 15 日付の *Lawyers Weekly* 誌に「証拠を探して古いウェブサイトを巡回する法律家（Lawyers Are Turning to Old Websites for Evidence)」という記事を書いた．

米陸軍の自律戦闘システム計画は，未来戦闘システムのウェブサイトに示されている．https://web.archive.org/web/20090113200938/https://www.fcs.army.mil/ ジャーナリストのティム・ワイナー（T. Weiner）は，2005 年 2 月 16 日のニューヨーク・タイムズの記事「新型の陸軍兵士が戦場にじきに出荷される（New Model Army Soldier Rolls Closer to Battle)」で，陸軍の計画について説明している．ノア・シャクトマン（N. Schactman）とデイヴィッド・ハンブリング（D. Hambling）は，自動戦闘テクノロジーを専門にして追究しているジャーナリスト・ブロガーである．彼らの *Wired* ブログ・ネットワーク上の記事には，シャクトマンの「武装ロボットが警察に売り込まれる（Armed Robots Pushed to Police)」(2007 年 8 月 16 日)，「ルンバ・メーカーが殺人ボットを発表（Roomba-Maker Unveils Kill-Bot)」(2007 年 10 月 17 日)，ハンブリングの「武装ロボットが作動を開始する (Armed Robots Go into Action)」(2007 年 9 月 10 日）が含まれる．

小さなミスの累積的影響に関するピーター・ノーヴィグ（P. Norvig）のコメントは，2007 年 9 月 9 日に彼がサンフランシスコで行ったシンギュラリティ・サミットの講演の文字起こしに見つけることができる．シンギュラリティ・サミットは，AI と人類の未来に関する例年の会議である．https://web.archive.org/web/20071011000843/www.singinst.org/media/singularitysummit2007/ を見よ．

本章最後の引用は，1997 年のロザリンド・ピカード（R. Picard）の著作『アフェクティブ・コンピューティング（*Affective Computing*)』からのものである．ピカードは道徳的行動ではなく，情動を認識する能力をもったコンピュータに関心を抱いているが，明らかに後者は前者に影響を与える――このテーマについては第 10 章で展開する．

第2章

NSPE の倫理綱領は https://www.nspe.org/resources/ethics/code-ethics に見つかるだろう．

メディア・文化・コミュニケーションと計算機科学の教授であるニューヨーク大学のヘレン・ニッセンバウム（H. Nissenbaum）は，価値観が設計プロセスに影響を与える仕方を網羅的に調査した．ニッセンバウムのウェブサイトには彼女の論文の多くがまとめられている．www.nyu.edu/projects/nissenbaum/main_cv.html 彼女は「遊びの中の価値観（Values at Play）」研究プロジェクトの共同ディレクターでもある．（http://valuesatplay.org/）このプロジェクトでは，コンピュータ・ゲームの設計者に自分たちがつくるゲームに組み込む価値観をもっと自覚させようとする方法を研究している．

神経倫理学は，21 世紀に入る頃から目立ってきた言葉である．これは，生命倫理学の下位分野で，神経科学から生じる倫理問題を特に扱う分野を指す．スタンフォード大学は生命医療倫理学の一部として神経倫理学プログラムを展開している．（http://neuroethics.stanford.edu を見よ．）それ以外の情報源としては，ペンシルヴァニア大学の神経倫理学のウェブサイト（http://neuroethics.upenn.edu/）とフィランソロフィック・ダナ基金（www.dana.org/neuroethics/）がある．査読付きジャーナルの *Neuroethics* 誌は，2008 年 3 月に最初の号が出版された．

ドリュー・マクダーモット（D. McDermott）からの引用は，「なぜ AI にとって倫理は高いハードルなのか（Why Ethics is a High Hurdle for AI）」という論文からである．彼はこの論文を 2008 年 7 月 12 日にインディアナ州ブルーミントンのインディアナ大学で開催された計算と哲学に関する北米会議（2008 North American Conference on Computing and Philosophy）で発表した．

第3章

人間以外の動物，特にチンパンジーとニューカレドニアのカラスも道具を製造し使用する，という現代の科学的発見に照らせば，人間は道具を作る唯一の存在だという主張は擁護し難い．それでも，我々の道具製造能力が，他の動物たちに見つかる能力よりも数段上であるのは明らかである．

シェリー・タークル（S. Turkle）の発言は，MIT の校友会雑誌 *Open Door* でのインタビューから引用した．（http://web.mit.edu/sturkle/www/pdfsforstwebpage/ST_Open%20Door%20interview.pdf）

ヘレン・ニッセンバウム（H. Nissenbaum）は「いかにしてコンピュータ・システムは価値観を体現するのか（How Computer Systems Embody Values）」という論文で，工学的活動主義を呼びかけた．この論文は 2001 年 3 月に，電気・電子工学の研究の主導的雑誌，*Computer* 誌に掲載された．

マーガレット・ボーデン（M. A. Boden）からの引用の全文は以下である．

> AI は西洋人にとってのマンゴーの樹でありうる．AI が我々の食料，避難所，工業製品，そして行政官庁の運営に貢献すれば，我々は煩わしさから開放されるが，それだけではない．人類にとっては，ケア専門家，教育，工芸，スポーツ，エンターテインメントにおける「サービス」雇用の増加に繋がる．そのような職は，そのサービスを

提供される側にとってだけでなく，サービスを提供する側にも満足を与えるという点で，非人道的どころか人道的である．そして，これらの職でさえ，フルタイムではなくなる可能性が非常に高い．そのため，人々は仕事中でも仕事後でも，今日では享受できないような，お互いに捧げ合う時間を作れるだろう．友情が再び生きた芸術になりうる．

バティヤ・フリードマン（B. Friedman）とピーター・カーン（P. Kahn）はシアトルにあるワシントン大学の教員だが，彼らは1992年に *Systems Software* 誌に「人間の行為者性と責任ある計算：コンピュータ・システムの設計への含意（Human Agency and Responsible Computing : Implications for Computer System Design）」という論文を掲載した．これは医療資源分配の決定を補助するためにソフトウェアを用いることの含意を論じたものである．死にゆく患者の望みを予想するソフトウェアの使用についての我々の議論は，「論理的終末（Logical Endings）」と題された2007年5月15日の *Economist* 誌の記事に基づいている．元々の研究論文は「いかにして，そしてなぜ無能力患者の意思決定を扱うべきか？（How Should Treatment Decisions Be Made for Incapacitated Patients, and Why?）」であり，これはシャロヴィッツ（D. I. Shalowitz），ギャレット＝メイヤー（E. Garrett-Myer），ウェンドラー（D. Wendler）によって，2007年にオープンアクセスのジャーナル *PLoS Medicine* に掲載された．

人々が幾何学図形をただちに擬人化してしまうという主張を支える実験データは，*Trends in Cognitive Science* 誌に掲載されたブライアン・スコール（B. Scholl）とパトリック・トレモーレット（P. Tremoulet）による2000年の論文，「知覚的因果性と有生性（Perceptual Causality and Animacy）」に見られる．

イラクで運用された何百ものパックボットに関する引用は，ジョエル・ロススタイン（J. Rothstein）によるレポート「兵士と戦場のロボットとの絆：イラクで得た教訓は未来の家庭内「アバター」に生かされるだろう（Soldiers Bond with Battlefield Robots : Lessons Learned in Iraq May Show Up in Future Household ‘Avatars’）」MSNBC/Reuters，2006年5月23日，から行った．我々はスクービー・ドゥーとの絆を築いた兵士を論じる際に，この記事を用いた．iRobot社のコリン・アングルからの引用は，2006年5月24日のCNETのニュース速報で，トム・クラツィット（T. Krazit）による「私のともだち，ロボット（My Friend the Robot）」に見られる．

テキサスA&M大学の歴史学者ジョナサン・クーパースミス（J. Coopersmith）は，ポルノグラフィへの欲求がいかにテクノロジーを進歩させてきたかを広範囲に研究している．たとえば，彼の1999年の論文「ビデオテープとインターネットの発展におけるポルノ産業の役割（The Role of the Pornography Industry in the Development of Videotape and the Internet）」（*IEEE International Symposium on Technology and Society—Women and Technology : Historical, Societal, and Professional Perspectives* (New Brunswick, NJ : Institute of Electrical Electronics Engineers）所収）を見よ．

ニューヨーク・タイムズの2005年2月16日の記事，「新型の陸軍兵士が戦場にじきに出荷される（New Model Army Soldier Rolls Closer to Battle）」で，ティム・ワイナー（T. Weiner）は，米軍のロボット工学への投資をレポートして「合衆国は2010年までにロ

ボットに数十億ドルを支払うだろう」と述べている．2005年1月23日のBBCニュース記事「合衆国はイラクに「ロボット歩兵」を計画する（US Plans 'Robot Troops' for Iraq)」を見よ．http://news.bbc.co.uk/2/hi/americas/4199935.stm スーリャ・シンハ（S. Singh）とスコット・テイヤー（S. Thayer）は，軍事システムのための自律的ロボットの技術的サーヴェイ「ARMS (Autonomous Robots For Military Systems)：協力的ロボット工学のコア・テクノロジーのサーヴェイ」を執筆した．このレポートは，カーネギーメロン大学のロボット工学研究所のウェブサイトで見つかるかもしれない．https://www.ri.cmu.edu/publications/arms-autonomous-robots-for-military-systems-a-survey-of-collaborative-robotics-core-technologies-and-their-military-applications/ 注目に値するのは，倫理や道徳という言葉が72ページにわたる文書のどこにも見当たらないことと，安全（safety）は他の研究の題目としてのみ言及されている点である．

アメリカ人がどのようにさまざまなリスクを評価しているのかに関する我々の議論は，ポール・スロヴィック（P. Slovic）の1987年の*Science*誌の論文「リスクの知覚（Perception of Risk)」に基づいている．1999年のWHO報告書「危害：世界的な疾病負荷の主導原因（Injury : A Leading Cause of the Global Burden of Disease)」は，以下のURLで見ることができる．www.who.int/violence_injury_prevention/publications/other_injury/injury/en/.

第4章

ジョエル・ロススタイン（J. Rothstein）のMSNBC/Reutersのレポートについては第3章の注を見よ．ジョエル・ガリュー（J. Garreau）による「ボット，大地に立つ：戦場では（あるいは戦場以外ですら）ロボットは兵士の親友だ（Bots on the Ground : In the Field of Battle (Or Even above It), Robots Are a Soldier's Best Friend)」は，2007年5月6日のワシントン・ポストに掲載された．

読者にはクレイグ・ヴェンターという名前が目に留まるかもしれない．彼の研究所は，「ウェットなALife」の探究を後援している．ヴェンターは，民間団体のセレラ・ゲノミクスの代表者だった．このグループはヒトゲノムの最初のマップを生み出し（彼自身のゲノムも五つのサンプルの一つである），この成果の権利を国際ヒトゲノムプロジェクトと共有している．セレラを退職後，ヴェンターはJ・クレイグ・ヴェンター研究所（www.tigr.org/）を2006年に設立した．この研究所は，生物細胞をゼロから作り出そうとする試みを含めて，さまざまな生命工学的プロジェクトを遂行している．同じような目的をもった組織であるプロトライフ（www.protolife.net/）は，物理学者のノーマン・パッカードと哲学者のマーク・ベドウによって設立された．

アレン・ニューウェル（A. Newell）とハーバート・サイモン（H. Simon）によるチューリング賞受賞論文「経験的研究としての計算機科学：記号と検索（Computer Science as Empirical Inquiry : Symbols and Search)」は，元々は1975年に*Communications of the ACM*誌に掲載されたものであるが，現在は数え切れないほどの論文集に再録されている．

AIのシンギュラリティという概念が最初に造られたのは，数学者でありSF作家でもあるヴァーナー・ヴィンジ（V. Vinge）の「最初の言葉（First Word)」という論文においてである．この論文は1983年に*OMNI*誌（現在では休刊）に掲載された．ヴィンジはこの

主題に関する考えをまとめ，これは後に改稿されて1993年に「来るべき技術的シンギュラリティ：ポストヒューマン時代を生き残る方法（The Coming Technological Singularity : How to Survive in the Post-Human Era）」として*Whole Earth Review*誌に掲載された．

アラン・チューリングの人生と業績の魅力的で悲劇的な物語は，演劇とテレビドラマの『ブレイキング・ザ・コード』で描かれた．これはアンドリュー・ホッジス（A. Hodges）による1983年の伝記『エニグマ：アラン・チューリング伝（*Alan Turing : The Enigma*）』を原作としている．

トマス・ホッブズとルネ・デカルトの間の心の本性に関する見解の応酬は，「反論と応答（Objections and Replies）」で見つけることができる．これは当時の著名な哲学者たちの書簡集で，マーティン・メルセンヌによってデカルトの『省察』とともに1641年に出版された．（E・S・ハルダンとG・R・T・ロスによる英訳が，1978年に『デカルト哲学著作集（*The Philosophical Works of Descartes*）』という二巻本の書籍として出版されたため，大半の英語話者の研究者にとって選択するのはこちらである．）

サイバネティクス学者のハインツ・フォン・フェルスター（H. von Foerster）から引用した倫理と選択に関する一節は，彼の1992年の論文「倫理学と二階のサイバネティクス（Ethics and Second-Order Cybernetics）」からのものである．これはオンラインで読める．https://web.stanford.edu/group/SHR/4-2/text/foerster.html ダニエル・デネットの自由意志に関する議論は，彼の2003年の著書『自由は進化する（*Freedom Evolves*）』に見出せる．

ディープ・ブルーで用いられた手法は，M・キャンベル（M. Campbell）とA・J・ホーン（A. J. Hoane）とF・スー（F. Hsu）による2002年の*Artificial Intelligence*誌の論文で説明されている．ディープ・ブルーの人間と機械の協力という論点については，ウィリアム・サルタン（W. Saletan）による2007年5月11日の*Slate*誌の記事，「チェス・バンプ：人間とコンピュータのチームワークの勝利（Chess Bump : The Triumphant Teamwork of Humans and Computers）」を見よ．www.slate.com/id/2166000/

クリストファー・ラング（C. Lang）からの引用は，彼の2002年の未公刊論文「人工知能のための倫理学（Ethics for Artificial Intelligence）」からのものである．https://web.archive.org/web/20080513185947/http://philosophy.wisc.edu/lang/AIEthics/index.htm

ブルックス（R. A. Brooks）のMITのウェブサイトは，彼のロボットとプロジェクトに関する情報の宝庫である（http://people.csail.mit.edu/brooks/）．最も広く読まれ，論じられ，再録された認知とロボット構築についての彼の哲学の宣言は，「表象なき知能（Intelligence without Representation）」であり，これは元々1991年に*Artificial Intelligence*誌に掲載されたものである．「世界はそれ自体の最善の表象である」という一節は彼の1991年の論文に直接現れているわけではなく，彼とその他の大勢がロボットの包摂アーキテクチャの背後にある主要なアイディアを捉えるために使ってきたスローガンである．ブルックスの研究の実践的応用は，スピンオフ企業のiRobot社で見られる．（ウェブサイト：www.irobot.com/）ブライアン・スカセラティ（B. Scassellati）のコメントは，2005年11月にイェール大学でのウェンデル・ウォラックのセミナー「ロボットの道徳と人間の倫理」に彼がゲスト講演者としてやって来たときに頂いたものである．

コウモリの意識に関する問題は，トマス・ネーゲル（T. Nagel）が*Philosophical Review*

誌に書いた1974年の論文「コウモリであるとはどのようなことか（What Is It Like to Be a Bat?)」の登場によって意識の哲学にもち込まれた．この論文でネーゲルは，我々が知りうるものと我々が理解しうるものの間には隔たりがあるかもしれないというアイディアも提示している．パトリシア・チャーチランドはMITのピコワー学習記憶研究所で行った講演で，科学にはこの隔たりを埋める能力があると述べている．http://mitworld.mit.edu/video/342/ デイヴィッド・チャーマーズ（D. J. Chalmers）は，1996年の著書『意識する心：脳と精神の根本理論を求めて（*The Conscious Mind : In Search of a Fundamental Theory*)』において，二元論を復活させた．コリン・マッギン（C. McGinn）は，人間が意識を完全に理解することは永遠にありえないかもしれないという見解を，1999年の著書『意識の〈神秘〉は解明できるか（*The Mysterious Flame : Conscious Minds in a Material World*)』で提示している．

機械における意識と情動に関するイゴール・アレクサンダー（I. Aleksander）の見解は，彼とメルセデス・レーエンスタイン（M. Lahnstein）とラビンダー・リー（R. Lee）との共著論文「意思と情動：幻覚を回避する機械モデル（Will and Emotions : A Machine Model That Shuns Illusions)」に見出すことができる．これは2005年4月13日にイギリスのハートフォードシャー大学で開催されたイギリスのAI及び行動シミュレーション研究学会による，機械意識に対する次世代アプローチに関するシンポジウムで発表されたものである．オーウェン・ホランド（O. Holland）とロナルド・グッドマン（R. Goodman）は，自分たちのアプローチを2003年の論文「内的モデルをそなえたロボット：機械意識への道（Robots with Internal Models : A Route to Machine Consciousness)」で解説している．これはホランドの編著『機械意識（*Machine Consciousness*)』に収録されている．スタン・フランクリンのアプローチについては，本書第11章で重点的に扱っている．

本章最後の部分は，コリン・アレン（C. Allen）とゲイリー・ヴァーナー（G. Varner）とジェイソン・ジンザー（J. Zinser）によって書かれ，*Journal of Experimental and Theoretical Artificial Intelligence* 誌に掲載された2000年の論文「あらゆる将来のAMAのためのプロレゴメナ（Prolegomena to Any Future Artificial Moral Agent)」を下敷きにしている．

第5章

ジョージア工科大学で行われたロナルド・アーキン（R. Arkin）のロボットの戦闘倫理についての研究は，合衆国陸軍研究局の助成番号no. W911NF-06-0252から資金を受けている．研究内容を記した技報「致死的行動を制御する：熟慮的／応答的ハイブリッド・ロボット・アーキテクチャへの倫理の埋め込み（Governing Lethal Behavior : Embedding Ethics in a Hybrid Deliberative/Reactive Robot Architecture)」は，www.cc.gatech.edu/ai/robot-lab/online-publications/formalizationv35.pdf で見ることができる．アーキンはこのレポートのエピグラフとして，トマス・ジェファーソンが1787年に述べた言葉を引用しているが，ここでその言葉を繰り返す価値がある．「農夫と教授に同じ道徳的問題を与えてみよ．農夫は教授と同じぐらい，場合によっては教授以上にうまく問題を解決するだろう．というのも，農夫は人為的な規則によって道に迷うことがないからである.」

技術哲学者のピーター・アサーロ（P. Asaro）は，ラトガース大学の文化分析センター

の研究員であるが，彼は次のように書いて多くの専門家たちの見解を提示している．「私が思うに，ロボット倫理学について考える最も需要のあるシナリオは，より洗練された自律兵器システムの開発にあるだろう．」（「我々はロボット倫理学から何を欲するべきか（What Should We Want from a Robot Ethic?）」 *International Review of Information Ethics*（2006年））．

ロボット工学者自身はどう思っていようが彼らは哲学をしているのだ，というデネット（D. C. Dennett）の主張は，彼が 1997 年に *Journal of Robotics and Autonomous Systems* 誌に書いた論文「思考実験としての Cog（Cog as Thought Experiment）」に見られる．

我々はキャロライン・ウィトベック（C. Whitbeck）の工学倫理についてのアイディアを論じたが，そこでの引用は *Science and Engineering Ethics* 誌に掲載された彼女の 1995 年の論文「科学者と技術者に倫理学を教える：道徳的行為者と道徳的問題（Teaching Ethics to Scientists and Engineers : Moral Agents and Moral Problems）」から行った．

第 6 章

倫理学原則に対するヒューリスティック・アプローチを採用する倫理学の理論家には，1930 年に『正と善（*the Right and the Good*）』を著した W・D・ロス（W. D. Ross）や，1988 年に『道徳（*Morality*）』を著したバーナード・ゲルト（B. Gert）がいる．

近年の倫理学の「経験論的転回（empirical turn）」を代表するのは，チャペル・ヒルにあるノースカロライナ大学の哲学者ジョシュア・ノーブ（J. Knobe），タクソン郡にあるアリゾナ大学のショーン・ニコルズ（S. Nichols），セントルイスにあるワシントン大学のジョン・ドリス（J. M. Doris）等である．ドリスが参加している道徳心理学研究グループのウェブサイトは，この主題に関する良い入門的論点を提供してくれる．http://moralpsychology.net/group/.

ジェイムズ・ギプス（J. Gips）の論文「倫理的ロボットに向けて（Towards the Ethical Robot）」は，元々 1991 年に学会報告論文として発表され，1995 年にケン・フォードとクラーク・ギルモアとパトリック・ヘイズの編集による『アンドロイド認識論（*Android Epistemology*）』に収録された．

ジェレミー・ベンサム自身は適切な功利主義的計算の困難さに十分気づいており，有害な行為にも「元々の」帰結と「派生的な」帰結があり，その行為は「特定の」人々と「不特定の」人々に影響を与える，という問題を論じていた．この議論が行われている彼の『道徳及び立法の諸原理序説』が最初に出版されたのは 1780 年である．全知の「世界エージェント」は，バーナード・ウィリアムズ（B. Williams）が 1985 年の著書『生き方について哲学は何が言えるか（*Ethics and the Limits of Philosophy*）』で想像したものである．

アシモフの三原則に関するロジャー・クラーク（R. Clarke）の議論は，*IEEE Computer* 誌に掲載された「アシモフのロボット諸原則：情報技術への含意（Asimov's Laws of Robotics : Implications for Information Technology）」という一組の論文に見られる（1993 年と 1994 年）．三原則に関するさらなる議論については，ウェンデル・ウォラック（W. Wallach）の 2003 年の論文「ロボットの道徳と人間の倫理（Robot Morals and Human Ethics）」も見よ．

投票のパラドックスに関するフィリップ・ペティット（P. Pettit）の議論は，彼の論文「集合的アクラシアと個別的アクラシア（Akrasia, Collective and Individual）」に見られる．この論文はサラ・ストラウドとクリスティーン・タッポレット編集による『意志の弱さと実践的不合理（*Weakness of Will and Practical Irrationality*）』(2003 年）に収録されている．

ダートマス大学のバーナード・ゲルト（B. Gert）は，論文「新たな十戒（New Ten Commandments）」で，衝突が生じた際には服従しなくてもよい規則をもった倫理体系を提供している．これらの規則は彼の 1988 年の著書『道徳（*Morality*）』で解説されている．

カント主義的な機械を作るという可能性は，トマス・パワーズ（T. Powers）による論文「カント的機械に向けた展望（Prospects for a Kantian Machine）」(*IEEE Intelligent Systems*, July/August 2006）やベルント・カールステン・スタール（B. C. Stahl）の 2004 年の論文「情報，倫理，コンピュータ：自律的道徳的エージェントの問題（Information, Ethics, and Computers : the Problem of Autonomous Moral Agents）(*Minds and Machines* 誌所収）で批判的に分析されている．

トム・ビーチャム（T. L. Beauchamp）とジェイムズ・チルドレス（J. F. Childress）が 1979 年の著書『生命医学倫理（*Principles of Biomedical Ethics*）』で展開した四つの原則は，医療倫理学において幅広く用いられている．

認知と情動と反省的能力の統合に関する我々のアイディアは，イヴァ・スミット（I. Smit）に多くを負っている．2002 年の彼女の論文「方程式，情動，倫理：理論と実践の間の旅（Equations, Emotions, and Ethics : A Journey between Theory and Practice）」を見よ．

第 7 章

ヒトゲノム計画は生物学者たちの遺伝子から形質への関係に関する考え方に革命を起こした．ヒトゲノム中のタンパク質コード遺伝子の数は驚くほど少ない（線虫 *C.elegans* よりたった 50 パーセント多いだけ）ということがわかったからである．この発見により，発達的要因と遺伝子と環境の複雑な相互作用が表面化した．エヴァ・ヤブロニカ（E. Jablonka）とマリオン・ラム（M. Lamb）は 2005 年の著書『四次元の進化：生命史における遺伝的，後成的，行動的，記号的な多様性（*Evolution in Four Dimensions : Genetic, Epigenetic, Behavioral, and Symbolic Variation in the History of Life*）』で，ポスト・ゲノム生物学の活況への良い導入を提供している．

エイダ・ラヴレスの「解析機関についての覚書（Notes on the analytical engine）」は 1843 年の『テイラーの科学的紀要（*Taylor's Scientific Memoirs*）』が初出である．チャールズ・バベッジが最初に解析機関の設計を提案したのは 1837 年だが，彼が亡くなる 1871 年までに構築されたのはごくわずかな部分だけだった．

ジョン・ホランド（J. H. Holland）は 1975 年の著書『遺伝アルゴリズムの理論：自然・人工システムにおける適応（*Adaptation in Natural and Artificial Systems*）』で遺伝的アルゴリズムについてのアイディアを展開した．現在では遺伝的アルゴリズムに関する著作，国際会議，オンラインガイドは多数存在しており，我々には紹介しきれない．

E・O・ウィルソン（E. O. Wilson）は，アリの行動に関する世界的権威として知られていたが，1975 年に刊行された著書『社会生物学（*Sociobiology*）』によって大論争を引き起

こした．ウィルソンは人間の行動と道徳について不当なほどに還元主義的だと多くの人々に受け取られてしまった．

オスカー・モルゲンシュテルン（O. Morgenstern）とジョン・フォン・ノイマン（J. von Neumann）の『ゲームの理論と経済行動（*Theory of Games and Economic Behavior*）』は，ゲーム理論に関する古典的著作である（フォン・ノイマンは中枢演算ユニット，制御ユニット，メモリからなるデジタル・コンピュータの標準的設計のアーキテクチャを作った人物でもある）．どのようにゲーム理論が進化生物学と交配したのかという経緯はあまりに長い話であるためここでは語りきれないが，リチャード・ドーキンス（R. Dawkins）の1976年の著書『利己的な遺伝子（*The Selfish Gene*）』はこのアイディアの大衆化に大いに貢献した（ウィルソン同様に，彼もまた過激な還元主義者として非難されている）．

1981年に，ロバート・アクセルロッド（R. Axelrod）とウィリアム・ハミルトン（W. Hamilton）による大きな影響力をもった論文「協力の進化（The Evolution of Cooperation）」が，*Science* 誌の1981年3月27日号に掲載された．この研究は我々が本章で説明した多くのアイディアを触発した．たとえばピーター・ダニエルソン（P. Danielson）によるコンピュータ・シミュレーションはその一つで，このシミュレーションは『人工道徳：ヴァーチャルなゲームのための有徳なロボット（*Artificial Morality : Virtuous Robots for Virtual Games*）』（1992年）と『合理性・道徳・進化をモデル化する（*Modeling Rationality, Morality and Evolution*）』（1998年）という彼の二つの著書で説明されている．ウィリアム・ハームズ（W. Harms）の研究は，1999年と2000年の対となる二つの論文，「敵対環境における生物学的利他主義（Biological Altruism in Hostile Environments）」と「敵対環境における利他性の進化（The Evolution of Altruism in Hostile Environments）」が初出である．後者の論文は，ブライアン・スカームズ（B. Skyrms）による「ゲーム理論・合理性・社会契約の進化（Game Theory, Rationality, and Evolution of the Social Contract）」という題の論文への論評である．テニスンからの引用は，彼の「イン・メモリアム」という詩から行った．これらのテーマは，元々スカームズが1996年の著書『社会契約の進化（*Evolution of the Social Contract*）』で説明していたものである．単純なシミュレーションと現実世界の進化の間に実質的なギャップがあると指摘した批判者には，マーティン・バレット（M. Barrett），エレリー・エルズ（E. Eells），ブランダン・フィテルソン（B. Fitelson），エリオット・ソーバー（E. Sober）が含まれる．彼らは1999年に *Philosophy and Phenomenological Research* 誌でスカームズの著書の書評を行った．

人々は直接的な利得よりも公平さを好むことがある．この現象は「最後通牒ゲーム」の文脈で幅広く研究されている．「最後通牒ゲーム」とは，ワーナー・グース（W. Guth）らが1982年の *Journal of Economic Behavior and Organization* 誌の論文「最後通牒の実験的分析（An Experimental Analysis of Ultimatum Bargaining）」で説明したものである．動物の中にも食料よりも公平さを重視するものがいるかもしれない，との指摘は2003年9月18日の *Nature* 誌でのサラ・ブロスナン（S. Brosnan）とフランス・ドゥ・ヴァール（F. B. M. de Waal）による論文「猿は不平等な分配を拒絶する（Monkeys Reject Unequal Pay）」で行われている．

最後通牒ゲームから得られた成果によって，生得的な道徳的構造が存在するはずだとい

う想定を抱いた人々もいる．普遍的な道徳的文法というジョン・ロールズ（J. Rawls）の提案は，マーク・ハウザー（M. D. Hauser）によって熱心に取り上げられた．だが，ハウザーの2006年の著書『道徳的な心：いかにして自然は正と不正という我々の普遍的な感覚を設計したか（*Moral Minds : How Nature Designed Our Universal Sense of Right and Wrong*）』への反応は複雑だった．とりわけ生物学におけるポスト・ゲノム的な考えに触発された人々は，道徳が生得的だという強い主張には説明できないことが多いと批判した．

ALifeから得られた残念な成果に関してロドニー・ブルックス（R. A. Brooks）に帰されている引用は，彼の2001年の論文「生きる機械に向けたステップ（Steps towards Living Machines）」と，さらに彼の著書『ブルックスの知能ロボット論（*Flesh and Machines*）』に見られる．トマス・レイ（T. Ray）からの引用は，2002年の論文集『我々は精神的機械なのか？レイ・カーツワイル 対 強いAIへの批判者たち（*Are We Spiritual Machines? Ray Kurzweil vs. the Critics of Strong A. I.*）』に収録された彼の論文「カーツワイルのチューリング的誤謬（Kurzweil's Turing Fallacy）」に見られる．

自然選択における複雑性の役割に関する我々の記述は，インディアナ大学のラリー・イェーガー（L. Yaeger）とオラフ・スポーンズ（O. Sporns）の研究に基づいている．彼らの2006年の論文「コンピュータ化された生態系における神経構造と複雑性の進化（Evolution of Neural Structure and Complexity in a Computational Ecology）」は*ALife X*誌に収録されている．これは，2006年7月3〜7日にブルーミントンのインディアナ大学で開催された「ALife X」会議の報告論文集を公刊したものである．

ローレンス・コールバーグ（L. Kohlberg）の古典的研究は1981年に刊行された『道徳的発達に関する論文集　第一巻　道徳的発達の哲学（*Essays on Moral Development* Vol. 1, *The Philosophy of Moral Development*）』と1984年の第二巻『道徳的発達の心理学（*The Psychology of Moral Development*）』という二巻本である．

デブ・ロイのロボット，リプリーについての情報は，ビデオクリップや研究論文を含めて，www.media.mit.edu/cogmac/projects/ripley.html で見つけることができる．

第8章

コント＝スポンヴィル（A. Comte-Sponville）の『ささやかながら，徳について』の英訳は2001年に出版された．本文中で動機の種類に関して我々が挙げた例は，バーナード・ウィリアムズ（B. Williams）の1985年の著書『生き方について哲学は何が言えるか』に基づいている．既に同書は第6章の巻末注で言及している．

アリストテレスがコネクショニストだったという主張は時代錯誤のように思えるかもしれないが，アリストテレスとコネクショニズムの間にある親和性は，幾人かの著者によって指摘されている．その中には1995年の論文「倫理的ロボットに向けて（Towards the Ethical Robot）」を書いたジェイムズ・ギプス（J. Gips）や，1995年の著書『認知哲学：脳科学から心の哲学へ（*The Engine of Reason, the Seat of the Soul : A Philosophical Journey into the Brain*）』を書いたポール・チャーチランド（P. M. Churchland）がいる．チャーチランドはまた，1996年の論文「社会世界の神経表象（The Neural Representation of the Social

World)」において同じテーマを繰り返している．これはラリー・メイとマリリン・フリードマンとアンディ・クラークの編集によるアンソロジー『心と道徳（*Mind and Morals*)』に収録されている．

アリストテレス倫理学とコネクショニズムの間にはもっと強い結びつきがあるという主張は，ウィリアム・ケースビアー（W. Casebeer）が 2003 年の著書『自然的な倫理的事実：進化・コネクショニズム・道徳的認知（*Natural Ethical Facts : Evolution, Connectionism and Moral Cognition*)』で行っている．ケースビアーから我々が行った引用は同書 5 ページにある．ジョナサン・ダンシー（J. Dancy）は，1993 年の著書『道徳的理由（*Moral Reasons*)』で，コネクショニズムと個別主義の繋がりを描いた．アンディ・クラーク（A. Clark）は「コネクショニズム・道徳的認知・協力的な問題解決（Connectionism, Moral Cognition, and Collaborative Problem Solving)」の中で似たような見解を提案している．この論文もまた，メイとフリードマンとクラークの編著『心と道徳』に収録されている．デイヴィッド・デモス（D. DeMoss）は 1998 年の論文「アリストテレス・コネクショニズム・道徳的に優れた脳（Aristotle, Connectionism, and the Morally Excellent Brain)」でこの主題を探求している．本書第 9 章で説明しているマルセロ・グァリーニ（M. Guarini）の研究も見よ．

第 9 章

ビル・ジョイ（B. Joy）の論文「なぜ未来は我々を必要としないのか（Why the Future Doesn't Need Us)」は *Wired* 誌の 2000 年 4 月号に掲載された．これは www.wired.com/wired/archive/8.04/joy.html で読める．ジョイの悲嘆は，大きな騒動と一定数の批判を生み出した．その一例が 2000 年のマックス・モア（M. More）による「未来を歓迎しろ，諦めるな（Embrace, Don't Relinquish, the Future)」であり，もう一つの例がジョン・シーリー・ブラウン（J. S. Brown）〔とポール・ドゥーグッド〕の「社会を除外するな：ビル・ジョイへの応答（Don't Count Society Out : A Response to Bill Joy)」である．

マイケル・アンダーソン（M. Anderson）とスーザン・アンダーソン（S. L. Anderson）とクリス・アーメン（C. Armen）は *IEEE Intelligent Systems* 誌の 2006 年 7 月＝ 8 月号に掲載された論文「計算的倫理学へのアプローチ（An Approach to Computing Ethics)」で MedEthEx システムを説明している．スーザン・アンダーソンは MedEthEx チームの哲学者であり，彼女は MedEthEx に実装された義務を W・D・ロスの一応の義務（prima facie duties）として言及している．我々は本章では一貫して彼女の言葉遣いに従うが，医療倫理学においてはこれらの義務は生命医療倫理の四原則（のうちの三つ）としてより一般的に知られている．典型的な医療倫理学者はこれらの原則を W・D・ロスではなくトム・ビーチャム（T. L. Beauchamp）とジェイムズ・チルドレス（J. F. Childress）に帰属させる．影響力の大きかったビーチャムとチルドレスの 1979 年の著書『生命医学倫理』では，先行する W・D・ロスの研究に基づいて四原則が定式化されており，彼らはその結果として医療倫理学と研究倫理学に大きな影響をもつことになった．アンダーソンらの最近の研究は，ラクミ・C・ジェインの編集による 2008 年の書籍『医療における先進的計算知能パラダイム——三巻（*Advanced Computational Intelligence Paradigms in Healthcare—3*)』に所

収の「倫理的な医療エージェント（Ethical Healthcare Agents）」と題された章で説明されている．彼らからの引用箇所は同書の 244 ページにある．

ブライアン・ダフィー（B. R. Duffy）の社会的エージェントに関する研究は，彼がユニバーシティ・カレッジ・ダブリンの学生だった頃に始まっている．ダフィーはそれ以前よりフランスにある Eurécom アフェクティブ・ソーシャル・コンピューティング研究所に参加していた．BDI（信念・欲求・意図）という用語法は，マイケル・ブラットマン（M. Bratman）の 1987 年の著書『意図と行為：合理性，計画，実践的推論（*Intention, Plans, and Practical Reason*）』に従っている．同書は意思決定のコンピュータ・モデルに重要な影響を与えた．

マルチエージェント・シミュレーションについての最も哲学的に先進的な研究のいくつかはオランダから出ているが，オランダには，重要な公共政策の決定にはすべてのステイクホルダーを参加させる条例がある．ジェローン・ファン・デン・ホーフェン（J. van den Hoven）とゲルト・ジャン・ロクホースト（G. Lokhorst）はマルチエージェントな倫理的意思決定に対するコンピュータ化された支援に向けた自分たちのアプローチを，「義務論理とコンピュータに支援されたコンピュータ倫理（Deontic Logic and Computer-Supported Computer Ethics）」という論文で説明している．これは，テラル・バイナムとジェイムズ・ムーアによる編著『サイバー哲学：計算と哲学の交差点（*Cyber Philosophy : The Intersection of Computing and Philosophy*）』（2002 年）に収録されている．ヴィンセント・ウィーゲル（V. Wiegel）のソフォラブ・システムは，2005 年 12 月の *Ethics and Information Technology* 誌に彼がホーフェンとロクホーストとともに書いた共著論文「プライバシー，義務的認識的行為論理，ソフトウェア・エージェント（Privacy, Deontic Epistemic Action Logic and Software Agents）」で説明されている．我々が言及したウィーゲルによる彼のシステムにおけるエージェントの説明は，ウィーゲルが我々に送ってくれた 2007 年 8 月 16 日のメールから引用した．

第 10 章

人間レベルの AI に対する関心が復活した証拠は多くの方面に由来する．たとえば，*AI* 誌の 2006 年の夏号はこのテーマに集中している．

ポール・ロージン（P. Rozin）とジョナサン・ハイト（J. Haidt）とクラーク・マコーレー（C. McCauley）は，マイケル・ルイスとジェネット・ハヴィランド＝ジョーンズの編著『情動ハンドブック（*Handbook of Emotions*）』第二版（2000 年）に書いた章の中で嫌悪感についての文献の概観を行っている．ショーン・ニコルズ（S. Nichols）の 2004 年の著書『感情の規則：道徳判断の自然的基礎について（*Sentimental Rules : On the Natural Foundations of Moral Judgment*）』は，情動の心理学を道徳哲学の領域にもち込んだ．

ピーター・サロヴィー（P. Salovey）とジョン・メイヤー（J. D. Mayer）の論文「情動的知能（Emotional Intelligence）」は，1990 年に *Imagination, Cognition, and Personality* 誌に掲載された．

リチャード・ラザルス（R. Lazarus）による情動の認知的説明は，彼の 1991 年の著書『情動と適応（*Emotion and Adaptation*）』で説明されている．同書は我々が言及した 15 の

中心的関係テーマの情報源である．ラザルスに反対する哲学者のジェシー・プリンツ（J. Prinz）は，2004 年の著書『はらわたが煮えくりかえる：情動の身体知覚説（*Gut Reactions : A Perceptual Theory of Emotions*）』で，その代替案として情動は身体の変化を感じ取ったものであるというウィリアム・ジェイムズの見解の現代版を提供している．プリンツの見解は，情動は身体的マーカーを感じ取ったものであるとするアントニオ・ダマシオ（A. Damacio）の新ジェイムズ主義的見解にも似ている．ダマシオの見解は彼の 1994 年の著書『デカルトの誤り：情動，理性，人間の脳（*Descartes' Error : Emotion, Reason, and the Human Brain*）』や 1999 年の著書『無意識の脳 自己意識の脳（*The Feeling of What Happens : Body and Emotions in the Making of Consciousness*）』で説明されている．ロナルド・デ・スーザ（R. de Sousa）の 1987 年の単著『情動の合理性（*The Rationality of Emotion*）』も見よ．情動は合理性にとって不可欠なものだとするアイディアは，もちろん，それよりもっと前に起源をもっている．18 世紀のヒュームはその一例である．

意思決定に対する二つの経路アプローチの例として，神経科学者ジョセフ・ルドゥー（J. LeDoux）の 1996 年の著書『エモーショナル・ブレイン：情動の脳科学（*The Emotional Brain : The Mysterious Underpinnings of Emotional Life*）』を見よ．ジョシュア・グリーンとその同僚による，路面電車問題のバージョンが異なれば，それに取り組む際に働く情動中枢も異なっていると示している 2001 年の *Science* 誌における研究は，第 1 章の巻末注で言及した．グリーンは道徳的意思決定を行う際の経路について追加の研究を熱心に行っている．

ゲルト・ギーゲレンツァー（G. Gigerenzer）とピーター・トッド（P. Todd）によって導入された「早くて容易い」アプローチは，彼らの 1999 年の著書『我々を賢くする単純なヒューリスティック（*Simple Heuristics That Make Us Smart*）』で説明されている．

ハガブルは 1.8 ギガヘルツのペンティアム M と 1 ギガバイトの RAM を内蔵している．さらなる詳細については，ワルター・ダン・スティール（D. Stiehl）とその同僚による「ハガブルの設計：関係的，情動的接触のための医療用ロボット・コンパニオン（The Design of the Huggable : A Therapeutic Robotic Companion for Relational, Affective Touch）」（2006 年）を読むとよい．

ロザリンド・ピカードからの引用は，デイヴィッド・ダイアモンド（D. Diamond）による「ラブ・マシーン（The Love Machine）」*Wired*（2003 年 12 月）から行った．MOUE は，*International Journal of Human-Computer Studies*（2003 年）に掲載されたクリスティン・リセッティ（C. Lisetti）らの「遠隔家庭内医療のためのマルチモーダル知能的情緒的インターフェイスの開発（Developing Multimodal Intelligent Affective Interfaces for Tele-Home Health Care）」で説明されている．

情動の OCC モデルは，1988 年に刊行されたアンドリュー・オートニー（A. Ortony）とジェラルド・クロア（G. Clore）とアラン・コリンズ（A. Collins）による『情動の認知的構造（*The Cognitive Structure of Emotions*）』で提示された．スロマンの CogAff モデルは，アーロン・スロマン（A. R. Sloman），ロン・クリスレー（R. Chrisley），マシアス・シュウツ（M. Scheutz）による 2005 年の論文「情緒状態と情緒処理のアーキテクチャ的基礎（The Architectural Basis of Affective States and Processes）」で見ることができる．

サンドラ・ガダンホー（S. C. Gadanho）の研究についての説明は，*Journal of Machine Learning Research* 誌に掲載された彼女の 2003 年の論文，「多重目的ロボットタスクにおける情動と認知による学習的行動選択（Learning Behavior-Selection by Emotions and Cognition in a Multi-Goal Robot Task）」に基づいている．

（ロ）ボットが社会的相互作用のダイナミックな変化に適応する能力をもつ必要があると指摘したのは我々が最初だというわけではない．ここでの我々の思考はシンシア・ブリジール（C. Breazeal）の 2002 年の著書『社会的ロボットを設計する（*Designing Sociable Robots*）』の影響を受けている．ケルシュティン・ダウテンハーン（K. Dautenhahn）の 2002 年の著書『社会的に知能的なエージェント：コンピュータやロボットとの関係性を創造する（*Socially Intelligent Agents : Creating Relationships with Computers and Robots*）』も見よ．

心の理論というアイディアが最初に流布したのは，1978 年に *Behavioral and Brain Sciences* 誌に掲載されたデイヴィッド・プレマック（D. W. Premack）とガイ・ウッドラフ（G. Woodruff）の論文「チンパンジーは心の理論をもつか？（Does the Chimpanzee Have a Theory of Mind?）」による．

乳幼児の共感に関する最初期の研究の一部は，ニューヨーク大学の心理学教授マーティン・ホフマン（M. Hoffman）によって行われた．彼の 2000 年の著書『共感と道徳性の発達心理学：思いやりと正義のかかわりで（*Empathy and Moral Development : Implications for Caring and Justice*）』を見よ．

ウィリアム・シムズ・ベインブリッジ（W. S. Bainbridge）は，2006 年の『機械からの神：宗教的認知の人工知能モデル（*God from the Machine : Artificial Intelligence Models of Religious Cognition*）』と題された著書でサイバーグを説明している．

不服従ロボットに関するマシアス・シュウツ（M. Scheutz）の研究は，2007 年の彼とチャールズ・クロウェル（C. Crowell）の共著論文「身体化された自立性の重荷：自律的ロボットの社会的・倫理的含意についての考察（The Burden of Embodied Autonomy : Some Reflections on the Social and Ethical Implications of Autonomous Robots）」で説明されている．この論文は The International Conference on Robotics and Automation のロボット倫理学ワークショップで発表された．

フランシスコ・ヴァレラ（F. J. Varela）の研究，たとえば彼とウンベルト・マトゥラーナ（H. R. Maturana）による 1980 年の著書『オートポイエーシス：生命システムとはなにか（*Autopoiesis and Cognition : The Realization of the Living*）』は，生命と認知を自己組織化プロセスとして理解する見解の結集地となっている．

限られた領域における信頼に足るエージェントに対する二つの要求は，カトリオナ・ケネディ（C. Kennedy）の 2004 年の論文「信頼に足る倫理的補助のためのエージェント（Agents for Trustworthy Ethical Assistance）」に由来する．

意識に対する三つのアプローチのリストは，オーウェン・ホランド（O. Holland）の見解に基づいている．彼の発表はオンラインで見ることができる．http://cswww.essex.ac.uk/staff/owen/adventure.ppt.

第11章

本章はスタン・フランクリン（S. Franklin）との共同研究の結果であり，ここで共著者として彼の名を記しておくべきだろう．フランクリンは2001年の論文「機能的な心のための「意識」ベースのアーキテクチャ（A "Consciousness" Based Architecture for a Functioning Mind)」に始まり，バース（B. J. Baars）のGWTをコンピュータ上に実装するためのアイディアを多くの論文で展開してきた．さらなる参考文献は文献一覧に挙げている．バースの著書には『意識の認知理論（*A Cognitive Theory of Consciousness*)』（1988年）と『脳と意識のワークスペース（*In the Theater of Consciousness*)』（1997年）が含まれる．

インペリアル・カレッジ・ロンドンのマレー・シャナハン（M. P. Shanahan）のロボット工学グループは，LUDWIGと呼ばれる人間型上半身のロボットを用いた空間についての推論と認知のプロジェクトを実行している．（https://web.archive.org/web/20061230093121/http://casbah.ee.ic.ac.uk:80/~mpsha/ludwig/Introduction.html を見よ）シャナハンはバーナード・バースと共著で，GWTをロボット工学の問題に応用する研究論文をいくつも執筆している．スタニスラス・ドゥアンヌ（S. Dehaene）は国際意識科学会の元会長で，『意識の認知神経科学（*The Cognitive Neuroscience of Consciousness*)』の著者である．彼はバースのアプローチを拡張し，前頭前皮質の神経網表象に基づいた神経的グローバル・ワークスペース・モデルを展開している．

フランクリンのLIDAは，さまざまな情報源から技術を借りている．いくつか挙げると，ダグラス・ホフスタッター（D. Hofstadter）とメラニー・ミッチェル（M. Mitchell）のコピーキャット・アーキテクチャ（1994年），ペンティ・カネーヴァ（P. Kanerva）の希薄分散記憶（1988年），ゲイリー・ドレッシャー（G. L. Drescher）のスキーム・メカニズム（1991年），パティ・マース（P. Maes）の行動網（1989年），ロドニー・ブルックス（R. Brooks）の包摂アーキテクチャ（1991年）である．LIDAモデルのコードレットは，マーヴィン・ミンスキー（M. Minsky）の『心の社会（*Society of Mind*)』（1985年）におけるエージェント，ジョン・ジャクソン（J. V. Jackson）のパンデモニウムにおけるデーモン（1987年），ロバート・オーンスタイン（R. Ornstein）の小さな心（1986年）などに似ている．

ウィリアム・ジェイムズ（W. James）の意欲についての見解の要素は，彼の1890年の著書『心理学の諸原理（*The Principles of Psychology*)』に見ることができる．

1970年代には，安定した道徳的性格が倫理的行動を決定するというアイディアに異議を唱える社会心理学者らの実験が数多く行われた．我々が説明した実験は，アイゼン（A. M. Isen）とレヴィン（P. F. Levin）の「人助けによる良い気持ちの効果：クッキーと親切（The Effect of Feeling Good on Helping : Cookies and Kindness)」（1972年）とダーリー（J. M. Darley）とバットソン（C. D. Batson）の「エルサレムからエリコへ：人助け行動の状況的・傾向的変数の研究（From Jerusalem to Jericho : A Study of Situational and Dispositional Variables in Helping Behavior)」（1973年）に由来する．この論争においては，1970年に初出のラタネ（B. D. Latané）とダーリーの『冷淡な傍観者：思いやりの社会心理学（*The Unresponsive Bystander : Why Doesn't He Help?*)』もまた重要である．これらの結果に関する今日の議論やこれらの研究が倫理学に対してもつ論争含みの主張については，哲学者ジョン・ドリス（J. M. Doris）の2002年の著書『性格の欠陥：パーソナリティと道徳的行

動（*Lack of Character : Personality and Moral Behavior*）』を見よ．

想像力と認知と倫理に関するこれ以外の本としては，マーク・ジョンソン（M. Johnson）の 1993 年の著書『道徳的想像力：認知科学が倫理学に対してもつ含意（*Moral Imagination : Implications of Cognitive Science for Ethics*）』や，第 8 章の巻末注で言及したメイとフリードマンとクラークによる論文集を見よ．

第 12 章

我々の想像上の見出しのいくつかは，既に現実からそれほどかけ離れているわけではない．たとえば，ジャーナリストのマット・グロス（M. Gross）はヴァーチャル世界のセカンドライフへの旅行について，2006 年 11 月 3 日の『ニューヨーク・タイムズ』の旅行欄に「それが私の（ヴァーチャルな）世界…（It's My (Virtual) World…）」という記事を書いている．ヴァーチャル・コンサートの後援者を説明する際，グロスは「すると事態は本当に大荒れになってしまった．フォールズ氏は，ライトセイバーを抜き，観客に切りかかった」と書いている．https://www.nytimes.com/2006/11/03/travel/escapes/03second.html

シンギュラリティへの「ソフト・テイクオフ」というアイディアはレイ・カーツワイルとハンス・モラヴェックによって提唱され，チャールズ・ストロス（C. Stross）が SF 小説『アッチェレランド（*Accelerando*）』で描いた．この小説は当初無料でダウンロードできる電子書籍として公刊され，その後 2006 年に従来の紙媒体で出版された．

容易な基本的価値と難しい基本的価値についてのベン・ゲーツェル（B. Goertzel）からの引用は，彼の 2002 年の論文「AI 道徳についての考え（Thoughts on AI Morality）」から行った．この論文は彼のウェブサイトで読める．www.goertzel.org/dynapsyc/2002/AIMorality.htm.

マイケル・レイ・ラチェット（M. R. LaChat）からの引用は，彼の論文「人工スーパーエゴの進化における道徳的段階：費用便益の軌道 （Moral Stages in the Evolution of the Artificial Superego : A Cost-Benefits Trajectory）」から行った．この論文はイヴァ・スミットとウェンデル・ウォラックによって編集された，人間と人工知能における意思決定の認知的・情動的・倫理的アスペクトに関する 2002 年のシンポジウムの発表論文集に収められている．このシンポジウムはスミットとウォラックによって組織され，バーデン-バーデンで開催されたものである．

トマス・メッツィンガー（T. Metzinger）の意識の説明に基づいて我々が論じた実験は，ビーニャ・レンゲンヘイガー（B. Lenggenhager）とテジ・タディ（T. Tadi）とトマス・メッツィンガーとオラフ・ブランケ（O. Blanke）による 2007 年 8 月 24 日の *Science* 誌に掲載された論文「我見る，ゆえに我あり：身体的自己意識の操作（Video Ergo Sum : Manipulating Bodily Self-Consciousness）」で説明されている．人工意識システムの開発を中止するべきだとするメッツィンガーの見解については，メッツィンガーの 2004 年の著書『誰でもない者（*Being No One*）』622 ページから引用した．